作者简介

韩国河

1965 年 6 月生，河南延津人，历史、文学双博士，郑州大学副校长、二级教授、博士生导师。兼任国家社会科学基金学科规划评审组专家、中国考古学会秦汉考古专业指导委员会副主任、中国社会科学院古代文明研究中心专家委员会委员、全国文物与博物馆专业学位研究生教育指导委员会委员、河南省普通高校重点人文社科研究基地——郑州大学历史文化遗产保护研究中心主任等职。

主要研究方向为战国秦汉考古、秦汉史、文化遗产保护等。主持完成 3 项国家社会科学基金项目、1 项教育部人文社会科学研究规划基金项目和 2 项国家文物局研究项目，目前正主持 1 项国家社会科学基金重大项目。出版个人学术专著、考古报告 12 部。在《考古学报》《考古》《文物》《光明日报》等刊物上发表论文近百篇。

2004 年，获"全国模范教师"荣誉称号；2007 年，入选"新世纪百千万人才工程"国家级人选，并入选享受国务院政府特殊津贴专家，获第三届郭沫若中国历史学奖三等奖；2007 年和 2015 年，两次获河南省社会科学优秀成果奖一等奖；2008 年，被评为第七批"河南省优秀专家"；2013 年，获"河南省师德先进个人"；2015 年，入选中宣部文化名家暨"四个一批"人才；2016 年，入选国家"万人计划"哲学社会科学领军人才。

本　　书

获郑州大学中原历史文化一流学科经费资助
获河南省优势特色学科建设工程一期建设学科"中原历史文化"
特色学科群经费资助

"中原历史文化"研究丛书第 9-1-3 卷

旨归汉道

韩国河 著

科学出版社

北京

内 容 简 介

本书内容大致分为文化与文明、帝陵与陵寝制度研究、王侯与中小型墓葬研究和书评四个部分，从考古资料出发，辅以文献记载，阐述了东周秦汉时期历史文化的演进模式从"多元一体性"向"统一多样性"的转化，而"统一多样性"也是中国古代大一统时代的基本特征。同时，基于海昏侯墓、东汉帝陵、曹操高陵、西朱村曹魏墓等汉代陵墓典型案例的多方位解析，着力于汉代陵墓考古、城市考古、聚落考古和中外考古比较等领域的研究视角，去理解和思考"汉文化"与"汉制"的流变过程，具有一定的研究价值。

本书适合于秦汉考古学、历史学等相关学科的研究者及大专院校相关专业师生参考、阅读。

图书在版编目（CIP）数据

旨归汉道 / 韩国河著. —北京：科学出版社，2020.5
（"中原历史文化"研究丛书第 9-1-3 卷）

ISBN 978-7-03-064928-7

Ⅰ.①旨⋯　Ⅱ.①韩⋯　Ⅲ.①汉墓—研究—中国　Ⅳ.① K878.84

中国版本图书馆 CIP 数据核字（2020）第 068185 号

责任编辑：张亚娜 / 责任校对：贾伟娟
责任印制：肖　兴 / 封面设计：张　放
封面题字：刘庆柱

科学出版社 出版
北京东黄城根北街 16 号
邮政编码：100717
http://www.sciencep.com

北京九天鸿程印刷有限责任公司 印刷
科学出版社发行　各地新华书店经销
*
2020 年 5 月第　一　版　　开本：787×1092　1/16
2020 年 5 月第一次印刷　　印张：15 1/4　插页：1
字数：358 000
定价：138.00 元
（如有印装质量问题，我社负责调换）

前　言

　　这本文集收录的内容大致分为文化与文明、帝陵与陵寝制度研究、王侯与中小型墓葬研究和书评四个部分，撰文时间跨度为 1999 年至 2019 年。虽然是考古学研究论文集，亦基本反映出笔者的一些学术轨迹、涉猎范围以及研究思考历程。

　　第一部分，文化与文明，10 篇。

　　考古学研究以物为本，讲究做到"透物见人，证经补史"，王国维先生提出的"二重证据法"在现代考古学研究中影响较大。《文化认定与价值立场：考古学对历史文献的态度》阐述了考古学与狭义历史学的区别，分析了目前考古学研究的三种目的趋向与不同特点，认为只有坚持求真立场，站在大历史角度看待考古学与历史文献乃至其他学科的关系，不断吸收其他学科的内涵和理论，进行充分的交叉与融合，才能促进考古学科的深化发展。笔者在负责编写《中国古代物质文化史·秦汉》过程中，也体会到考古学与其他学科交融的价值，在绪论部分概述了秦汉三国时期物质文化的特征、影响及意义。《两汉时期文明特点述论——兼及两汉时期中原文明的地位与作用》一文选择几种相互关联因素来说明两汉时期文明特殊性、创新性和传统性的并存，重在强调文明还代表着产生自己主体文化的文化特质和精神实质，对两汉文明特征的形成过程进行了辩证思考。《多元一体到统一多样：东周秦汉历史文化演进的考古学观察》与《考古视野中汉文化的特征：统一性与多样性》，二文在分析东周秦汉时期主要考古资料的基础上，指出这一历史时期考古学文化的发展脉络整体上是由东周时期的"多元一体"格局逐渐向两汉时期"统一多样"面貌的转化，这一动态过程的重要历史节点在于秦始皇统一六国且建立大一统的帝国，并最终在西汉武帝时期确立了全新的汉文化风貌，至少在西汉晚期，汉王朝疆域之内考古学文化的面貌已呈现出统一多样性的局面。城市也是考古学研究的重要内容之一，《都市文明与河流关系的思考》这篇短文认为河流与都市文明互为影响，且有"互利互害"的双重作用。《中原地区先秦城市的保护与利用研究》对中原地区二百余座先秦城市现状进行分类考察，探索了中原地区先秦城市文化遗产"活化"发展措施，论证实现历史文化遗产价值达到的最佳状态，力图文化资源的可持续利用。在长期的秦汉考古研学过程中，笔者对汉代城市聚落考古学也有一定的认识和思考，《汉代考古学研究的思考》一文呼吁学术界需重视东汉帝陵和秦汉时期村落两方面的研究工作，《汉代聚落考古的几个问题》认为汉代普通聚落考古工作一直相对滞后，今后应加强汉代普通聚落的田野考古及其考古学研究，需着力探讨其与汉代基层社会组织单位之间的对应关系。此外，因笔者曾在日本广岛大学研究学习，对中日考古学文化研究的异同也有相应思考，从而撰成了《中日考古学比较研究的视点和存在的问题》一文，日本的弥生、古坟时代主要对应中国的东周秦汉魏晋南北朝时期，熟悉了同时期的中日考古学资料，自然可以从物质文化直接关联以及不关联两个角度去比较中日古代文化的进程特征。

第二部分，帝陵与陵寝制度研究，6篇。

上述提到，东汉帝陵一直是秦汉帝陵研究的薄弱环节。笔者对东汉帝陵的关注从《汉代考古学研究的思考》一文出发，与研究生一起于2002年7月开始了第一次实地踏查，《东汉陵墓踏查记》就是记录了这次踏查的结果和初步认识，通过对东汉陵区的分区考察，对可能是帝陵的部分墓冢归属做出推测，还就东汉陵寝的诸多要素进行了尝试性探讨与展望。以此为肇始，为进一步分析之前提出的问题，在洛阳考古界诸多同仁的共同努力下（吸收他们的调查研究成果），成文《东汉帝陵有关问题的探讨》，首次从九个方面对东汉陵寝的组成要素进行了归纳总结，通过两汉陵寝的对比研究，认为东汉"葬制"虽走向简约，但丧制、祭制的内涵却有所扩展，尤其是葬制发生了巨变。关于变制的原因，《东汉帝陵变制原因探析》一文认为，帝陵形制的变化受到当时的宇宙观（封土改为圆形）、社会中下层葬俗（一条墓道的"穹隆"顶砖室墓）、东汉洛阳城布局等因素的影响，而推行上陵礼实质上是为了巩固政权，客观上确立了"同堂异室"的"合庙"制度，形成了"陵崇庙杀"的格局。《东汉帝陵与诸侯王墓比较研究》一文认为诸侯王墓作为仅次于帝陵的高等级墓葬，对帝陵研究有重要的参考意义，指出东汉帝陵及诸侯王墓是东汉丧葬制度的集中代表，二者之间有较大的共性，同时也存在一些差别，帝陵虽对诸侯王墓有着较大影响，但诸侯王墓的发现和发掘，则从侧面折射出帝陵的一些情况。基于古代帝王"死葬北邙"的特征，关注洛阳邙山东汉、北魏帝陵区紧邻分布关系，促成了《东汉北魏陵寝制度特征和地位的探讨》一文，认为东汉、北魏陵寝制度既有相同性，也有差异性，通过东汉帝陵封土改方为圆的历史思考与"汉化中"北魏陵寝制度模式的历史考察，分别对东汉、北魏陵寝制度形成的历史背景进行了深入分析，认为东汉至南北朝时期是中国古代陵寝制度的创新和发展时期，与秦西汉时期有很大的不同。随着东汉帝陵田野考古工作的深入进展，《东汉陵园建筑布局的相关研究》认为东汉陵园布局具有一致性，存在标准（成年帝陵）与简化（未成年帝陵）两种模式，标准模式中的5组建筑单元可与文献记载的"石殿"、"钟虡"、"寝殿"、"园省"、"园寺吏舍"相对应；文中还对原陵"寝殿"的性质，以"石殿"、"寝殿"为代表的"朝寝分离"模式的形成，陵园布局"以西为尊"向"坐北朝南"转变等问题进行了探讨，帝陵南向的布局模式一直持续到明清时期。

第三部分，王侯与中小型墓葬研究，7篇。

汉魏高等级贵族墓葬考古的陆续新发现，引起了学界乃至全社会的广泛关注。笔者也注重最新和重要考古发现的研究和探索，如《安阳西高穴曹操高陵的"多面性"解析》、《侯制与"王气"——论南昌西汉海昏侯墓葬的特征》、《洛阳西朱村曹魏墓考古发现及其学术价值》三文，对三处重要的汉魏墓葬进行及时解读和分析，均发表于《光明日报》理论版。至于中小型秦汉墓葬，从20世纪80年代中期读研究生开始笔者就一直关注和研究，如《秦代墓研究的几个问题》《西安地区中小型西汉墓的分期与年代研究》等就是如此。不断研究、不断琢磨与墓葬考古学研究的相关问题，形成了《有关墓葬考古学研究的思考——以两汉墓葬为例》《关于中小型汉墓研究的思考》二文，前者对两汉墓葬进行考古学研究的内容作了全面归纳，认为从墓葬建筑模式到随葬物品，大致可分为天神系统、人间系统和阴界系统等三个系统，对于墓葬的考古学研究，除了对其形制、葬式的考古类型学研究外，还包括对墓葬及其包含物所反映的社会关系、社会意识等的研究，提示自己只有立体、全方位考察古代的社会面貌，才是考古学研究最终想要达到的真实目标。后者则是着眼于两汉考古学文化中最为丰富的遗存，认为中小型汉墓的研究需要扩展广度、提升高度和加强深度，进而形成全面系统的考古学研究。

最后一部分名为书评，实为学习白云翔和刘毅两位先生著作的心得体会，感觉到既可从二位先生论著中汲取营养，又可与自己的研究内容、研究心得相互共鸣，不断推动自身的研究走向深入，故收录于此。回望过去，《先秦两汉铁器的考古学研究》出版近 15 年，已成为学习和研究先秦两汉铁器的必备资料；《明代帝王陵墓制度研究》出版近 10 年，笔者认为其仍然是关于明代帝王陵墓研究的优秀之作，具有很强的学术指导价值。

通观小集，从考古资料出发，辅以文献记载，笔者的主要结论是认为东周秦汉时期历史文化的演进模式是从"多元一体性"向"统一多样性"的转化，"统一多样性"也是中国古代大一统时代的基本特征。笔者依心而行，致力于汉代陵墓考古、城市考古、聚落考古和中外考古比较等领域的研究视角，去揣摩思考"汉文化"与"汉制"的流变过程，三十多年的学术重心和研究主旨基本围绕"汉道"展开。当然，从自身研究体验中也有向往"坐忘、心斋"之意，以视"天人古今"之变，故本书名为"旨归汉道"。并由著名考古学家刘庆柱先生为本书题写书名。

值得指出的是因为种种因素，文集中论证论据不完善或者前后论点不完全弥合的地方肯定存在，敬请大家批评指正。

韩国河

于郑州大学盛和苑

2020 年 2 月

目　录

四、书　　评

一

文化与文明

文化认定与价值立场：考古学对历史文献的态度

众所周知，考古学与狭义历史学从大的目标来看都是研究人类历史的过去，二者的不同主要是研究的对象和方法有一定的差别（当然也存在"你中有我，我中有你"的情况，如文物学、文字学、铭刻学、简牍学、历史考古学等领域）。主要差别在于研究的对象一个侧重于文物和遗存，一个侧重于文献和文本；研究方法上一个侧重于田野考古发现，一个侧重于考据、分析、归纳和逻辑推理，二者都强调二重证据或多重证据法，但考古学的物（实）证特征更加突出。

目前考古学研究的目的可以分成三种趋向，一是物质文化史的研究，二是复原古代社会的研究，三是文化遗产的保护、管理与服务（即对传统文化的继承发扬与光大）。这三个目的有交叉也有区别，主要是根据目的采取的研究方法、理念、工作进程和文化价值选项判定的出发点不太一致。第一种物质文化史的研究对考古学而言是以年代学为核心的研究，一直代表了中国考古学界的主流业态，其核心的研究方法以田野考古学为基础，在地层学、类型学和文化因素分析的研究当中，梳理一个区域考古学文化的主题面貌和发展脉络；第二种复原古代社会的研究是以聚落考古为核心的研究，其核心的研究方法是在前一种研究的基础上，更多采用科技考古的手段和相关学科的研究方法和理论，总结出一个区域、考古学文化时段遗存的社会结构、组织乃至文化精神方面的发展特征；第三种文化遗产的保护、管理与服务对考古学而言是一个全新的挑战，当前大遗址的考古研究已经走在了这条路上。其核心的工作理念是在前两种研究的基础上，一方面要解决复原古代社会的问题，另一方面解决在保护的基础上，致力服务于国家和现代社会文化创造与发展的问题。

这三种趋向在对待历史文献或处理考古发现与文献记载关系方面也呈现出不同特点。第一种形式，文献或文本为考古学所用并发挥关键作用。例如，研究秦始皇陵的修建时间时，根据《史记·秦始皇本纪》有关"始皇初即位，穿治郦山"的记述，得出秦始皇陵修建了 38 年（公元前 246～前 209 年），这是建立在司马迁记述真实的基础上推导出的时间，是否符合历史实际要随着秦始皇陵各组成要素年代的界定进行深入推敲和确认。这种形式，在夏商周三代考古研究中更为突出。如殷人屡迁，是殷商史上一个十分值得注意的历史现象。文献记载，殷人"不常厥邑"，屡次迁都，"前八后五"。成汤以前的八迁，基本上属于部族的流动或方国的转移，不能算严格意义上的都邑迁徙。成汤以后的五迁，学界耳熟能详，即仲丁自亳迁隞，河亶甲自隞迁相，祖乙迁邢，南庚迁奄，盘庚迁殷。这些文献记载对殷都的考古工作具有重要的指导意义，依据对考古学文化分期和文化因素的不同理解，既引起了郑州商城"亳""隞"之争，同时也逐步改变了学界对小屯殷墟的布局认识，形成了洹北商城应是盘庚迁殷最初地点的见解。

　　第二种形式，在搞清楚考古学文化时间堆积机理和遗存空间布局的基础上，把文献的研究贯穿于聚落考古研究的每一个层面和环节，并结合科技考古（自然环境、地理气候等）研究成果，总结复原一个聚落的发展面貌。例如，河南内黄三杨庄汉代聚落的形成及废弃过程就是借助文献记载得以进一步细化。三杨庄遗址的主体遗迹被水流冲积基层所叠压，其形成应与汉代黄河决溢、泛滥有密切关系。三杨庄遗址汉代隶属魏郡管辖，毗邻黄河，《汉书·沟洫志》记载，西汉哀帝时，因黄河经常从魏郡以下决口，故广征治河应对之策。贾让献《治河三策》，他在开篇处说：汉代一部分农夫，在原来黄河堤内的滩地上，"稍筑室宅，遂成聚落"，而且是"稍去其城郭，排水泽而居之"。如果我们以贾让所说的"新起庐舍"来观察和分析三杨庄遗址的总体布局，可以发现，这里不是汉代的寻常农村，而是在黄河滩地新垦殖区出现的新起庐舍。三杨庄汉代聚落整体上呈现为"田宅相接、宅建田中、宅与宅隔田相望"的形态，这种形态的历史意义在于其与间里化聚落的巨大差别，预示了新的社会形势下农业聚落形态发展演变的一种新趋势。结合文献与考古发现来看，三杨庄遗址的形成与新莽始建国三年（11 年）"河决魏郡"有着密切的关系，推断这一地区汉代聚落整体被淹没、埋藏的时间应在新莽天凤元年（14 年）之后。通过这些细节，一幅活生生的汉代黄河滩地垦田兴衰的画卷跃然纸上。

　　第三种形式更加关注为现实社会生活服务，或者突出其历史和科学价值，或者突出文化与社会价值。各地在考古学研究基础上成为进入世界文化遗产名录的地方尤其如此。例如，登封"天地之中"历史建筑群，分布于中岳嵩山南麓，包括观星台、太室阙、中岳庙、启母阙、少室阙、嵩岳寺塔、会善寺、少林寺建筑群在内的 8 处历史建筑。这些建筑既是中国古代先民集体劳动和智慧的结晶，也是中华文明发展演变的实物见证。以观星台为例，西周初年周公在阳城"以土圭之法，测土深，正日景，以求地中"；东汉天文学家张衡在《灵宪》一书中最终确定的天地之中也在古阳城。元代至元十三年至十六年（1276～1279 年），郭守敬以此为中心点观测，并推算出了当时较为先进的历法——《授时历》，其精确度与现行公历仅相差 26 秒，但创制时间却早了 300 年。因此可以说，周公测景台和观星台是中国现存很早的天文观测建筑。诸如此类，对历史文献的解读，服务于文化遗产保护和利用，当然这些解读得到了学术界的公认，也作为可信知的历史文化受到社会大众的认可与传播。又如我们在研究中原历史文化时，曾提出"中原历史文化"实质上是中国历史上的"政治文化""社会主导文化"①。这种大历史观的文化解读涉及的文献很多，既不能把历史文献拿来了事，也不能拘泥于文献而怀疑一切，更不能围绕自己的"中心文化价值"过度阐释，有意否认其他文献记录和考古事实。

　　第一，关于整体中国历史文化脉络与物化载体连贯性的互证把握，如"早期国家形态"与考古发现、历史解读问题。根据文献记载，夏王朝是中国历史上第一个王权国家。就目前的考古发现和研究，可将中原地区的王城岗遗址、新砦遗址和二里头遗址作为夏代早中晚三个都邑遗址。王城岗遗址发现大、小两座城址，发掘者认为，小城可能为"鲧作城"，大城应是"禹都阳城"，王城岗城址可能是夏王朝最早的都邑。新砦城址由外壕、城墙及护

---

　　① 刘庆柱、韩国河：《中原历史文化演进的考古学观察》，《考古学报》2016 年第 3 期。

城河、内壕三重防御设施组成，城内复原面积约为 70 万平方米，与文献记载的"启居黄台之丘"基本一致。二里头遗址是一处规划缜密、布局严谨的大型都邑。布局以宫室宗庙区为中心，北面主要是祭祀区，南面多为铸铜、制作绿松石的手工业作坊区，宫城周围是贵族聚居区，外围分布有一般居民区和墓葬区。二里头遗址为夏代中晚期的都邑，有学者认为应为夏都斟寻。这些结论是几代考古人考古实践与文献甄别的结果。虽然"夏"的历史还需要文字来佐证，"早期国家形态"的考古学文化研究也需要更加细化文化发展模式的探索，但可以肯定的是从文献的已知（并得到考古学的印证）出发，到考古学未知的"物化文献"解读，这样的研究才更加符合寻找历史真相的方向。

第二，关于历史背景与文化研究立场的切入视角，如"郑卫之音"的文化属性与考古学发现判读问题。一般认为"郑卫之音"主要是指春秋时期以郑国、卫国地区（今河南省新郑至濮阳一带）为代表的民间音乐。这种民间音乐在先秦时期受到儒家的批评，被孔子贬斥为"淫乐""亡国之音"。从考古发现来看，以郑国高等级墓葬和新郑中行祭祀遗址出土的乐器组合皆为金石之乐，以青铜编钟和石磬为主体，属于雅乐之器。根据王子初先生对中行遗址 1、4 号坑编钟的测音报告，其宫音相当于 G 这一标准，与西周编钟通行的 C 宫音律传统一脉相承，属于《诗经》郑卫诗歌的范畴[①]。但是，通过对新郑城关出土的六件甬钟的测音结果可知，其音阶形式与西周钟"宫—角—徵—羽"的形式大相径庭，反而与安阳商钟和温县商钟的音阶关系亲近。结合郑卫之地属于殷商旧地分析，从音乐的传统和继承关系上来看，郑卫之音与商音具有一定的传承关系。因此，我们不能把郑卫地区出土的青铜乐器与郑卫之音直接等同，也不宜将墓葬或遗址中出土的成套乐器视为"郑卫之音"的具体表现。通过考古发现可知，郑卫地区的高等级贵族在祭祀、朝聘、殓葬等过程中使用的仍然是雅乐，而郑卫之音可能是民间音乐的一种（类）。郑卫之音与雅乐的区别不是地域之别而是使用者身份的等级差异。战国时期，郑卫之音兴盛远播并受到各诸侯国的欢迎，形成一股俗乐的潮流，并被后来的秦汉所接纳。可见文化立场不同，学术研究结果指向也不同。站在人民创造历史与文化的立场审视考古与文献的解释，更符合历史的实际与真相。

第三，关于考古发现真实及历史文化社会价值"溢出效应"（指超出历史真相的价值效应）的衔接，如河南太昊陵、湖南的炎帝陵等在考古视野中的真假问题。这一类现象很多，充斥在文献记载当中，当考古发现的真相指向历史原点的时候，由于历史文化载体所表现出的价值溢出效应，已经演变为一种精神象征。对此，就没有必要拘泥于考古的真实而质疑大家约定俗成的文化传统。而对于那些经过考古发现证实文献记载与史实不符的则无须否定其"溢出效应"，要恰当地反映出文献记载、历史真相与考古实证的关系。这里值得一提的是洛阳邙山大汉冢与孟津刘秀坟。最近十几年，考古工作者一直在洛阳做东汉帝陵的考古调查研究工作，直接验证结果：邙山上的大汉冢是真正的光武帝刘秀的葬地（原陵），而孟津黄河岸边的刘秀坟是北宋时期建造的假光武帝陵。关于"原陵"方位的文献记载，北宋初年曾于黄河南岸孟津铁榭村"刘秀坟"处立碑，即《大宋新修后汉光武皇帝庙朝碑铭》，此后学者多以"刘秀坟"为光武帝原陵所在地。该遗存 1963 年被定为河南省重点文

---

① 王子初：《新郑东周祭祀遗址 1、4 号坑编钟的音乐学研究》，《文物》2005 年第 10 期。

物保护单位，2001 年被国务院公布为第五批全国重点文物保护单位。近年来，随着邙山东汉帝陵考古工作的不断开展，无论是帝陵方位、封土大小、陵寝建筑规模，均显示出邙山上三十里铺的"大汉冢"才是真正的"原陵"①。考古学术研究的求真态度必须坚持，修正文献的记载也不可避免，关键是如何解释好历史真实与社会价值带来的"溢出效应"关系成为文化遗产工作者面临的一大课题。坚持求真立场，站在大历史角度看待考古学与历史文献乃至其他学科的关系，不断吸收越来越多其他学科的内涵和理论，进行充分的交叉与融合，才能促进考古学科的深化发展。

（原载于《光明日报》2018 年 6 月 25 日第 14 版）

---

① 洛阳市文物考古研究院：《邙山陵墓群考古调查与勘测第一阶段考古报告》，文物出版社，2018 年。

多元一体到统一多样：东周秦汉历史文化演进的考古学观察

两周至秦汉时期是中国古代"王国"向"帝国"转变的关键时期[①]，是血缘地缘政治并重向地缘政治为主、血缘地缘政治相结合转变的重要时期[②]，同时也是汉族作为一个"民族实体"的育成时期[③]。该时期的历史文化历来是学界研究的重点，但研究多着眼于商周或秦汉一个时期的论证，将东周至秦汉进行大时段的观察，尚显不足。本文立足考古资料，站在多元一体到统一多样的角度，对东周到秦汉时期的物质文化进行探讨。

一、概念与问题的提出

多元论，即认为事物的产生、发展由多种本源因素构成和决定的哲学学说[④]。在哲学上，一元论、二元论、多元论是依据它们对世界本原问题的不同回答来划分的。

一体指关系密切，协调统一，如同一个整体[⑤]。《管子·七法》："有一体之治，故能出号令，明宪法矣。"《仪礼·丧服》："父子，一体也；夫妇，一体也；昆弟，一体也。"《汉书·礼乐志》："二者并行，合为一体。"

多元与一体从哲学层面解析，应该是不同事物相互依存、相互对立、相互转化的关系。多元一体有两重意思：一指来源多元，二指由多元的来源结合在一体之中。一体多元也有两重意思：一指在一体中诸事物的并存，二指在一体中并存的多元事物在一定条件下的发展变化和转化[⑥]。

统一性是反映事物自身固有的常住的主导、统摄、包容一切的性质的哲学范畴，是各种形态的事物的基础，是各种现象及其相互关系得以展开和显现的基础[⑦]。多样性是表现事物形态、结构、发展过程、阶段等方面的差异的范畴，是指区别事物自身以及区别事物间的关系[⑧]。

多元一体与统一多样中存在着相对辩证发展的关系，即在多元性占主体的时期，仍有

① 苏秉琦：《中国文明起源新探》，生活·读书·新知三联书店，1999年。
② 刘庆柱：《中国古代都城宫庙遗址的考古发现与研究》，《二十一世纪的中国考古学——庆祝佟柱臣先生八十五华诞学术文集》，文物出版社，2006年。
③ 费孝通：《中华民族多元一体格局（修订本）》，中央民族大学出版社，1999年。
④ 辞海编辑委员会：《辞海》（第6版彩图本），上海辞书出版社，2009年。
⑤ 广东、广西、湖南、河南辞源修订组，商务印书馆编辑部：《辞源》，商务印书馆，1979年。
⑥ 张博泉：《中华一体论与中国地方史学》，《史学集刊》1993年第4期。
⑦ 吴小松：《论统一性与多样性》，《北京航空学院学报》1986年第2期。
⑧ 吴小松：《论统一性与多样性》，《北京航空学院学报》1986年第2期。

向一体性演变的趋势；大一统之后，仍存在多样性或向多样化发展的面貌。针对这两组概念，学界在多个领域有不同应用和解释。

在民族学研究领域，费孝通先生最先提出"中华民族的多元一体格局"理论，认为中国的50多个民族单位是多元，中华民族是一体[①]。陈连开先生对此做了更为明确的解释："多元，是指各兄弟民族各有其起源、形成、发展的历史，文化、社会也各具特点而区别于其他民族；一体是指各民族的发展相互关联，相互补充，相互依存，与整体有不可分割的内在联系和共同的民族利益。中华民族的一体是指各兄弟民族的多元中包含着不可分割的整体性。"[②]

文化研究领域，学者也多涉及统一性和多样性的概念。例如，陈筠泉先生所著的《文化的统一性和多样性》提到"人类文化具有统一性，但就其表现来说，是千差万别的。例如，满足衣、食、住、行等基本生活需要的活动，在任何时代的任何民族都是不可缺少的。这是人类文化统一性的最深刻的根源……一般来说，'文化多样性'是指同一社会中多种文化互相并存和共同发展的状态"[③]。

在宗教研究领域，这两个概念也有运用。例如，王宇洁先生所著的《伊斯兰教的统一性与多样性》，文中提到伊斯兰教统一性的表现在于"万物非主、唯有真主穆罕默德是主的使者"这句基本教义；其多样性在宗教观念、哲学思想和政治主张方面的不同，从而衍生出很多的派别[④]。

在历史学界，统一性和多样性问题一直是史学理论研究重点，如社会经济形态的发展问题。斯大林提出的社会发展的五种生产方式理论，即原始公社制的、奴隶占有制的、封建制的、资本主义的、社会主义的[⑤]，阐述的是一元单线式的模式。而目前的多数学者则认为马克思主义历史观是一元多线式发展，即人类历史围绕生产力的发展为核心的经济发展而发展，但在同一生产力的水平和条件下，社会形态可以是多模式的，发展的道路也可以是多模式的[⑥]。

考古学界对该问题的解读，主要集中在文明的起源、古代国家形态的演进模式等方面。中国文明起源学说经历了20世纪20年代的西来说，到30～40年代的东、西二元说，再到50年代后的"中原中心论"的一元学说[⑦]。20世纪80年代，苏秉琦先生提出了"区系类型学说"，并将中国古代文化划分为六个区域[⑧]，此后中华文明的起源与演进具有多元性、区域性的特征被学界所接受。严文明先生认为中国史前文化的格局是"重瓣花朵式的向心结构"[⑨]，进一步明确了中华文明的起源属于多元一体的模式。

---

① 费孝通：《中华民族多元一体格局（修订本）》，中央民族大学出版社，1999年。
② 陈连开：《民族研究新发展的良好开端——1990年民族研究国际学术讨论会纪闻与体会》，《西北民族研究》1990年第2期。
③ 陈筠泉：《文化的统一性和多样性》，《江苏社会科学》2004年第1期。
④ 王宇洁：《伊斯兰教的统一性与多样性》，《回族研究》2012年第2期。
⑤ 中共中央马克思、恩格斯、列宁、斯大林著作编译局编译：《斯大林文选》，人民出版社，1962年。
⑥ 罗荣渠：《论一元多线的历史发展观》，《历史研究》1989年第1期。
⑦ 陈星灿：《从一元到多元：中国文明起源研究的心路历程》，《中原文物》2002年第2期。
⑧ 苏秉琦、殷玮璋：《关于考古学文化的区系类型问题》，《文物》1981年第5期。
⑨ 严文明：《中国史前文化的统一性与多样性》，《文物》1987年第3期。

中国古代文明的形成与国家的起源有紧密的联系，苏秉琦先生提出了中国古代国家演进模式为"古国—方国（王国）—帝国"这样一个递进的过程①，王震中先生进一步修正为"邦国—王国—帝国"模式②。亦有学者指出，中国古代早期国家演进模式中"多元"是邦国文明的多元，一体是王国文明的一体③。这些结论和解释都值得我们进一步深思。

历史发展到夏商时期，考古材料表明中原地区的文化居于主导地位，并不断向周边地区扩散。二里头遗址面积约 300 万平方米，发现了宫城、围垣作坊区及高等级贵族墓葬，出土大量青铜器、玉器、绿松石器等礼器。学者认为，夏文化早中期虽建立王朝，但仍邦国林立，到以二里头古都为核心的晚期夏文化，才达到四海之内唯我独尊的真正王国阶段④，二里头文明被视为最早的中国⑤。二里头文化在扩张中与当地文化结合形成若干地方类型，体现了二里头文化的多样性。

殷革夏命，商文化逐渐扩张。早商文化最大范围东到豫东、西至关中、南达江淮地区、北到太行山东部，可分为以中原地区二里冈类型为中心类型的八个类型；中商文化继续扩张，东到泰沂山脉一线、西抵关中西部、北至长城、南逾长江，分为以白家庄类型和曹演庄类型为中心类型的九个类型⑥。早、中商文化多个地方类型的存在，体现了商文化多样性，各类型又保存商文化的基本特征，又反映了政治或军事管理上商文化的统一性。晚商时期以殷墟文化为代表，殷墟遗址发现了大型宫殿宗庙区、王陵区、铸铜作坊及目前中国最早可释读的系统文字——甲骨文，殷墟类型在晚商文化诸类型中居于核心地位，体现了商文化由早至晚的统一性逐渐增强。这三个阶段表明随着商文化的发展，在商王朝统治腹地及周边区域形成了一个"商代青铜礼器文化圈"⑦，但商代青铜器在统一性中，也存在各地区的多样性⑧。

周人以"小邦周"取代"大邑商"后，周文化在全国迅速推进，但商文化因素仍保持了一个较长时期，如西周早期的豫北、豫中地区的墓葬，商文化因素占主要地位⑨，洛阳地区、丰镐地区亦可明显区分出殷遗民墓和周人墓葬，体现了西周初期周文化的多样性。随着西周宗法制和分封制的巩固和发展，周文化在扩张中形成了以用鼎制度等为代表的礼乐制度，并推向各地。考古发现表明，在宗周地区、天马—曲村晋侯墓地、三门峡虢国墓地、应国墓地等均发现了较完善的用鼎制度和多重棺椁埋葬制度。周文化的形成对东周秦汉时期历史文化有着深远影响，有学者将周代埋葬习俗概括为周制，并指出商周到秦汉时期是

---

①　苏秉琦：《中国文明起源新探》，生活·读书·新知三联书店，1999 年。

②　王震中：《邦国、王国与帝国：先秦国家形态的演进》，《河南大学学报》（社会科学版）2003 年第 4 期。

③　袁建平：《中国早期国家时期的邦国与方国》，《历史研究》2013 年第 1 期。

④　韩建业：《良渚、陶寺与二里头——早期中国文明的演进之路》，《考古》2010 年第 11 期。

⑤　许宏：《二里头文明：最早的中国》，《社会科学报》2015 年 7 月 2 日第 5 版。

⑥　中国社会科学院考古研究所：《中国考古学·夏商卷》，中国社会科学出版社，2003 年。

⑦　徐良高：《文化因素定性分析与商代"青铜礼器文化圈"研究》，《中国商文化国际学术讨论会论文集》，中国大百科全书出版社，1998 年。

⑧　苏荣誉、彭适凡：《新干青铜器群技术文化属性研究——兼论中国青铜文化的统一性和独立性》，《南方文物》1994 年第 2 期。

⑨　张应桥：《河南地区西周墓葬研究》，郑州大学博士学位论文，2006 年。

周制向汉制的转变过程①。

东周时期王纲解纽，周文化衰落，列国多元文化崛起。李学勤先生将东周列国考古学文化分为七个文化圈，并指出秦文化是汉文化的基础，楚文化对汉文化的形成也有重大影响，而其他文化作用同样不可抹杀②，可视为东周时期多元文化向一体转变的重要论断。

秦汉时期，中国历史进入大一统时期，在文化形态上呈现出统一多样的特点，学界关于秦汉文化的论述较多。俞伟超先生曾对汉初文化形态特点进行了归纳，并指出汉文化是一个多元结构组成的文化③。《中国考古学·秦汉卷》指出秦汉王朝无论物质文化还是精神文化都表现出强烈的统一性特征，但由于秦汉王朝是多民族统一的国家，国土广阔，自然地理环境多样，历史发展背景多异，其表现出的"文化"也就多不相同④。笔者在拙著《秦汉魏晋丧葬制度研究》中对"汉制"形成的要素进行了归纳，即承周制、袭秦制、融楚俗，汉制的形成正是在诸多因素的糅合下形成的一种以土葬为主的礼仪形式；汉晋时期的丧葬特点又有着明显的统一性，在各地的历史传统、地理环境、文化习俗等影响下又存在着差异性⑤。

结合以上多元一体、统一多样概念的阐释和相关领域的研究成果，可对本文研究的多元一体与统一多样进行界定。我们认为的多元一体，主要指的是东周时期政治分裂，导致西周时期一体的"周文化"逐渐向东周列国多元文化的过渡，且各列国的地方性文化逐渐上升成为各国的主体文化。随着各地区政治、经济、文化的发展和交流的增强，东周列国多元文化一体性也在不断加强，并随着秦汉统一的政治脚步孕育出相对统一的考古学文化即汉文化。

东周多元一体的考古学文化进程是如何展开的，又如何走向大一统的汉文化？本文将结合都城、墓葬等考古资料和相关的历史文献对这一过程进行考证。

二、东周时期考古学文化的多元性与一体性

周平王东迁洛邑后，王室逐渐衰微，形成礼乐征伐自诸侯出的局面，列国文化多元性增强。战国时期，随着经济的发展、政治的变革，各地区文化逐渐趋同，大一统的思想开始形成。学界对东周时期列国文化有较多论述，如滕铭予先生对秦文化进行考古学观察，指出秦文化较早实现了社会组织、统治集团由血缘向地缘转变以及文化的包容和开放，正是上述条件是秦国较早实行郡县制、最终建立统一的秦帝国的关键⑥。还有学者从器物群、器用制度、墓葬等级序列、都城形态、列国城址等级序列等方面，比较秦国与东方六国的

① 俞伟超：《汉代诸侯王与列侯墓葬的形制分析——兼论"周制"、"汉制"与"晋制"的三阶段性》，《先秦两汉考古学论集》，文物出版社，1985年。

② 李学勤：《东周与秦代文明》，上海人民出版社，2014年。

③ 俞伟超：《考古学中的汉文化问题》，《古史的考古学探索》，文物出版社，2002年。

④ 中国社会科学院考古研究所：《中国考古学·秦汉卷》，中国社会科学出版社，2010年。

⑤ 韩国河：《秦汉魏晋丧葬制度研究》，陕西人民出版社，1999年。

⑥ 滕铭予：《秦文化：从封国到帝国的考古学观察》，学苑出版社，2002年。

差别，对为何是秦国完成统一进行考古学解读[①]。都城是国家历史的缩影，帝王陵墓是都城的缩影[②]。现从都城、陵墓这两个重要的物化载体着手，对东周时期的多元一体考古学文化的特征进行论述。

（一）东周都城

东周时期政治上列国分立，各自立都；军事上兼并战争频繁；经济上，随着铁器时代的到来，农业、手工业和商业都有长足的进步。在巨大的社会变革中，列国都城的形制和布局也随之发生了变化。

1. 东周都城差异性

春秋时期的都城主要有东周王城、郑都新郑、晋都新田、秦都雍城、姜齐临淄城、楚都纪南城和曲阜鲁国故城等；战国时期的都城有战国王城（西周君都城）、韩都新郑、赵都邯郸、田齐临淄、燕下都、中山灵寿城等。

第一，春秋时期各都城平面形制有较大差异，可分为单城制、内城外郭制和多城制三类。单城制又可分为单一的宫城制、单一的大城制。单一的宫城制以东周王城为代表，单一的大城制以郑都新郑城为代表，秦都雍城也属单城制。曲阜鲁国故城、姜齐临淄城和楚都纪南城属于内城外郭制，而多城制都城仅晋都新田一座。春秋时期，各国在政治上又趋于离周僭礼的"分裂"状态，故在城市规划方面自主性增强。

战国时期各国都城均为广义的两城制，凡战国时期新建或改建的都城，格局都为之一变，出现了将宫城迁至郭外或割取郭城的一部分为宫城的新布局，可简单概括为从单城制或内城外郭变为城郭并列的形式，并成为战国都城主要的格局模式。

第二，春秋时期各都城宫殿区、礼制建筑的设置也不同。例如，郑国宫殿基址位于城西北部，宗庙社稷遗址位于城址中部偏南。雍城主要宫殿建筑都集中在城中部和偏北区域，宗庙遗址位于城中部偏北[③]，二者相距较近。晋都新田宫城由牛村、台神、平望3个小城组合而成，牛村古城北部中央、平望古城中部偏西均发现了大型夯土基址，三城外东部发现了宗庙建筑基址群及祭祀坑，牛村古城外南部发现了祭祀建筑遗址。

战国时期各国都城宫殿区普遍位于宫城中部或北部，如中山灵寿城大型宫殿建筑基址群位于东城东北部，韩都新郑宫殿区位于西城中北部的方形小城，宗庙基址位于宫殿区南部的长方形小城。

第三，春秋时期，各都城手工业作坊在城内外均有分布。例如，郑都新郑多分布于城内东部，曲阜故城位于城内北部和西部，姜齐临淄城分布于东北部、中部和偏西处。秦雍城手工业作坊分散于城内外，包括城外北部、城内东部等区域，晋都新田手工业作坊遗址位于宫城之东南部浍河岸边，牛村城内东部和城南也有手工业作坊遗址分布。

---

①　梁云：《战国时代的东西差别——考古学的视野》，文物出版社，2008年。

②　刘庆柱：《中国古代都城建筑的思想理念探索》，《古都问道》，中国社会科学出版社，2015年。

③　陕西省雍城考古队：《凤翔马家庄一号建筑群遗址发掘简报》，《文物》1985年第2期；韩伟：《马家庄秦宗庙建筑制度研究》，《文物》1985年第2期。

战国时期，手工业作坊大多位于郭城内。例如，战国王城位于大城的西北部和东北部，韩都新郑主要位于东城内，邯郸城郭城中部偏东一带发现了冶铁、铸铜、制陶、制骨等作坊遗址。但个别都城宫城内也分布了手工业作坊，如郑韩故城小城发现了纺织作坊遗址[①]，中山灵寿故城手工业作坊集中于东城即宫城内。

第四，都城与高等级贵族墓葬区相对位置的变化。春秋时期，高等级贵族墓葬区既有分布于城内也有分布于城外者。分布于城内者如郑都的大中型墓葬均位于城内西南部和东北部，姜齐贵族墓分布在临淄城大城内东北部，曲阜鲁城墓地分布于城内西部。分布于城外的如春秋王城两处王陵区分别位于宫城外东北部与王城遗址外西南部，秦公陵园位于秦雍城西南，纪南城的大中型楚墓分布在城外东部与西部，晋公陵墓则分布在晋都新田的西南远郊。

随着春秋战国时期封土墓的出现和流行，特别是等级封土制的形成，战国时期陵和高级贵族墓多分布在城外，陵与都城的相对位置已经基本确立，并流行高址山陵埋葬形式。例如，韩王陵和高级贵族墓分布于韩都新郑城西、南侧的广大区域，田齐的王陵区位于临淄城外东南部，赵国王陵区位于邯郸城外西北部。但此时仍存在高等级墓葬在城内或城内外均有分布，如战国西周君陵区则位于王城大城内北部，燕国王室贵族的"公墓"区位于燕下都东城的西北隅，中山国王陵区位于灵寿城西城北部和城外西部，表现出列国文化一体化进程中的多元性。

2. 东周都城的普遍性

东周各国都城规模宏大、高城深池成为当时都城的显著特点，都城内部结构也比较复杂。在政治、经济、文化进一步发展的大背景下，都城建制理念和价值取向存在相当多的共同之处。

第一，都城的营建均选择地理环境优越、位置适中、交通便利的地区，且都城更加重视防御功能。城址基本上都选在易守难攻、依山傍水之处，控制交通要道。周边有山川河流，既可以凭险据守，又可以解决交通、给水及污水排放等问题，城内往往有河流通过。例如，郑韩故城位于双洎河与黄水河的交汇处；东周王城西有涧河，南有洛河，涧河还穿越城西部。秦都雍城东有纸坊河，南有雍水。齐都临淄，顾名思义近邻淄水，西侧有系水，南有牛山、稷山。赵都邯郸位于太行山东麓，清河从城西北穿过，沁河从城东北流过。燕下都位于北易水和中易水之间。

除了依据山川地理形势作为防御外，各国都城普遍夯筑高大的城垣，在都城外围没有河流经过的地区，常发现有护城壕。例如，郑韩故城的城垣更为高大、宽厚，残存最高处达 19、最宽处 60 米。赵都邯郸宫城中的西城城墙残高 3～8 米，墙基宽度不一，在15～40 米。

第二，东周诸多都城突破旧的等级城制的束缚，"违制"营建新城和扩大城邑规模。《左传·隐公元年》引孔颖达《正义》云："天子之城方九里，诸侯礼当降杀，则知公七里，侯伯五里，子男三里。"齐本侯国，按营国旧制，侯伯之城不过方五里，而实际规模为旧制规模的 2.4 倍。郑本伯国，按营国旧制，侯伯之城不过方五里，而实际规模却为旧制的 3.6

① 蔡全法、马俊才：《新郑市郑韩路东周遗址》，《中国考古学年鉴·1996》，文物出版社，1998 年。

倍。另燕下都、楚郢都、赵都邯郸等列国都城的规模都远远超越旧制。各国违制营建都城成为当时的普遍现象。

第三，宫殿区的规划和形制体现出一致性，即各个都城宫殿区普遍以高台建筑为主体，宫殿区的主体建筑并按中轴线布置。宫殿基址作为都城政治中枢，一般选择于都城中地势较高的区域，控制都城的制高点。因此在建造的过程中，宫殿均筑于高台之上，在台四周建屋，形成在台基最上层建主殿，四周廊屋环抱的台榭高层建筑。邯郸赵王城以龙台为核心的宫殿区中轴线布局、燕下都以武阳台为中心的宫殿中轴规划等，均显示出宫殿区沿中轴线布局，但此时尚未形成后世那样较为严格、规整的都城中轴线布局，对于宫殿区以外的建筑并无严格的规划和安排。

第四，各国都城除作为传统的政治文化中心外，作为经济中心的功能加强，真正使"城"与"市"结合起来。都城内手工业作坊种类较多，铸铜、冶铁、制陶、制骨等作坊遗址广泛存在，大量分布在郭城中。秦都雍城发现了比较明确的"市"遗址，"市"周围有围墙，四边开门，门上有市楼。这种构造表明它已渐趋成熟，它的这种四方形而又四面设门的形制，奠定了后世市的基本面貌，在中国城市发展史上有深远的影响。

东周城址的差异性一方面体现出地理环境等方面的不同，另一方面列国国君为体现其王权的独立性，在都城建设方面实施相对不同的理念，从而造就了东周各国都城的多元化。但这种多元化的现象又存在较大的趋同性，最主要的是"王权至上"的理念，具体的表现是中轴线思想在战国时期的列国都城中均有不同程度的体现；此外"左祖右社"的理念在曲阜鲁国故城、秦都雍城已经展现出来[1]。这些趋同性的内容正是都城文化逐步一体化的最核心要素，这一过程在经历秦都咸阳城的初步整合后，最终在西汉长安城确定下来。

（二）东周陵墓

东周时期多元的文化特征，在墓葬方面表现即为各地区（列国）的墓葬制度（埋葬特点），通过对中原地区（东周王朝统治腹心地区）、秦、燕赵地区、齐鲁地区、楚、吴越地区的东周墓葬墓葬制度的对比，可以看出各区域的墓葬存在着巨大差别，但同时也可以看出各区域的墓葬有着密切的联系，存在着共同的发展趋势。

1. 陵墓的差异性

第一，陵园的设置不同。春秋时期，秦雍城陵区每座陵园大多有隍壕，越王陵园也发现了隍壕，但其他列国王陵尚未发现独立的陵园设施。

战国时期，各国王陵普遍设置独立陵园，但陵园形制也不尽相同。例如辉县固围村魏国墓地发现了"回字式陵园"，中山王陵有内外两重垣墙，邯郸赵王陵也发现了垣墙，新郑胡庄韩王陵有内中外三重隍壕[2]，秦东陵各陵园有一重隍壕，神禾塬秦陵园外有兆沟、内有垣墙[3]。

---

[1] 详细论证分别参见韩伟：《马家庄秦宗庙建筑制度研究》，《文物》1985 年第 2 期；高崇文：《古礼足征：礼制文化的考古学研究》，上海古籍出版社，2015 年。

[2] 河南省文物考古研究所：《河南新郑胡庄韩王陵考古发现概述》，《华夏考古》2009 年第 3 期。

[3] 张天恩、丁岩：《神禾塬战国秦陵园遗址》，《中国考古学年鉴·2006》，文物出版社，2007 年。

第二，春秋时期各地区大型墓葬在墓葬形制、结构方面有较大差异。例如，周王陵有带四条墓道的"亚"字形墓和带两条墓道的"中"字形墓等，秦公陵墓多为带两条墓道的"中"字形墓，而晋侯墓地、吴越地区王陵多为"甲"字形墓。

战国时期，各国国君墓普遍以两条墓道的"甲"字形墓为主，如新郑胡庄韩王陵、中山王陵等。但也有例外，如秦东陵区存在带四条墓的"亚"字形墓。

第三，春秋时期各国使用棺椁重数差异较大，仅中原地区和齐鲁地区有多重棺椁制度，如中原地区铜器墓葬具有一椁三棺、一椁二棺、一椁一棺等，齐鲁地区葬具有双棺双椁、重椁一棺或一椁重棺、一椁一棺等。而楚、秦、燕赵地区尚未形成多重棺椁制度，铜器墓一般为一棺一椁，且楚墓承袭了周代多见的"井椁"之制。而吴越地区春秋早中期大型墓葬并未使用葬具，春秋晚期在中原地区与楚文化的影响下大型墓葬应已普遍设置棺椁。

战国时期各地区已普遍使用多重棺椁，如楚墓多见二至四层套棺，中原地区与春秋时期差别不大，以一椁二棺为主。但燕赵地区与秦墓仍延续春秋时期的葬制，主要仍为一椁一棺，个别为三四重葬具。

第四，春秋时期各地区随葬铜器组合不同。中原地区、齐鲁地区、秦国列鼎墓铜器组合主要由食器、酒器、水器组成，差别不大，燕墓常见组合为鼎、豆，楚墓铜礼器以鼎、簋、缶为主。此外，齐鲁地区流行偶数列鼎，而其他地区一般用奇数列鼎。

战国时期，各地区普遍流行鼎、豆、壶和鼎、敦、壶等组合。但秦铜器中鍪、蒜头壶等器形较有特色，楚墓随葬铜器仍盛行鼎、簋、缶组合。

第五，春秋时期，中小型墓葬在墓向、葬制、陶器组合等方面差别较大。例如，晋墓、齐鲁地区墓向以北向和东向为主，楚国贵族墓葬以东向为主，中原地区今河南一带、燕赵地区以北向为主，秦墓多西向。中原地区、齐鲁地区葬式极其一致，以仰身直肢为主，不同墓地存在有屈肢葬；燕赵地区以仰身屈肢为主；南方楚墓与吴越地区墓葬，则不见屈肢葬，均为仰身直肢；关中地区以屈肢葬为主。中原地区陶器组合以鬲、盆、罐为最基本组合，齐墓中鬶较常见，楚墓以鬲、盂（钵）、罐、豆组合为主，楚式鬲最具特色，秦墓鼎、瓿最常见，燕赵地区以鬲、罐为主。

2. 陵墓的一体性

东周时期各地区的墓葬虽有差异性，但从墓葬类型、葬式、随葬制度等方面的发展来看，又呈现出一定的统一性，特别是进入战国时期，统一性表现得越发明显。

第一，在墓葬的类型与结构方面，各区域大同小异，基本上都以大型墓、中型墓、小型墓以及平民墓为主。带墓道的大型墓以"甲"字形和"中"字形为主。墓葬结构基本上都是以竖穴土坑墓为主，墓室一般都有二层台，到战国晚期，各地区普遍出现洞室墓。

第二，春秋时期，各国贵族墓地大都实行聚族而葬的"公墓"制度，贵族墓地在城内外均有分布。到战国时期，列国王陵普遍设置独立陵园，高等级贵族墓地大多移至城外，如已发现十一处韩王陵区，位于郑韩故城城西、南侧的广大区域，陵园设有隍壕。此外，《史记·秦始皇本纪》载秦国自惠文王后每代国君都有相对独立的陵园名称，如惠文王葬"公陵"，悼武王葬"永陵"，昭襄王葬"芷陵"等。王陵陵园名称的设置，更加明确了陵园的独立性。

第三，春秋时期，诸侯国国君等大型墓葬多是不封不树，仅个别发现了墓上建筑，如春秋晚期雍城陵区 M1 墓室上发现许多春秋板瓦、筒瓦，并在东墓道清理出一排柱洞及凹字形板瓦衔接叠压的现象①。

春秋战国之际，坟丘墓开始普遍流行，墓上封土的高低、大小成为死者生前社会地位、贵贱等级的标志象征，《周礼·冢人》曰："以爵等为丘封之度。"《礼记·月令》曰："茔丘垄之大小、高卑、厚薄之度，贵贱之等级。"各诸侯国君及高级贵族墓上均有高大的封土，占据的面积很大，《吕氏春秋·节丧》载"世之为丘垄也，其高大若山"，如新郑胡庄韩王陵和后陵封土残高分别为 10 米、7 米。

第四，战国时期，各地区墓葬在墓向、葬制、陶器组合等方面一致性增强。如墓向统一向北向的发展，仰身直肢葬的盛行，鼎、豆、壶与鼎、盒、壶等仿铜陶礼器组合的普遍流行。但同时也应看到各地区仍存在一定差别，如秦墓以西向、屈肢葬为主，其他地区墓葬中屈肢葬也有一定数量；秦墓和楚墓以随葬日用陶器为主，秦墓流行釜、盆、罐或缶、瓮、茧形壶、蒜头壶等，楚墓以鬲、盂（钵）、罐、豆组合为主。

总体来看，东周王陵在春秋晚期逐渐形成了地方特色较为明显的"秦制""楚制"等，秦国率先突破诸侯的礼制，建造有四条墓道的王陵②；楚国高等级墓的"井椁制"以及墓中随葬的大量漆器、偶数铜鼎、楚地特色的镇墓兽等，均是"楚制"的重要特征；三晋故地的韩、赵、魏等国在继承原有"周制"的基础上，又有了较大的发展，如陵寝建筑普遍出现等。这些内容均是东周王陵多元性的体现，但这种多元性随着时代的发展形成一种相对统一的脉络，如独立陵园制、陵寝制度的初步发展等，最终在秦始皇陵形成了成熟的模式。

三、秦汉时期考古学文化的统一性与多样性

公元前 221 年，秦始皇统一六国，建立了中国历史上第一个大一统王朝，全面推行郡县制，实行思想文化专政，以法家治天下，国家统一。西汉承秦制，揉以周礼和楚俗。从汉初到武帝时期，经过近百年的发展，出现了"六合同风，九州共贯"的景象。由于各地区地理环境、文化传统的不同，考古学文化的多样性依然存在。

（一）秦汉时期城邑的统一性

秦汉时期城址的统一性主要体现在政治取向层面，或主要是国家统一性的体现，具体表现在以下四个方面。

第一，秦汉都城形制特征与政治动态发展格局相一致。秦咸阳城以现在的渭河为界，可以分为渭北和渭南两部分，渭北咸阳城为秦都咸阳的主体部分。战国中期秦国迁都咸阳，营建了秦咸阳城，因此咸阳城为战国时期都城的主体风格。渭南部分则是在战国晚期开始

---

① 陕西省雍城考古队：《凤翔秦公陵园钻探与试掘简报》，《文物》1983 年第 7 期。
② 陕西省考古研究院等：《咸阳"周王陵"考古调查、勘探简报》，《考古与文物》2011 年第 1 期。

营建，秦代又在那里进行了大规模建设，其中最著名的是阿房宫前殿，但由于秦王朝存在时间较短，阿房宫并未建成。

汉长安城的营建也是一个动态过程，高祖时以秦代兴乐宫为基础修建长乐宫，同时还修建了未央宫前殿、东阙、北阙，北宫，武库，太仓，东市也于此时修建。惠帝时修筑长安城城墙、西市。武帝时在秦上林苑基础之上扩建上林苑，营建建章宫、桂宫和明光宫，扩建北宫、甘泉宫，在漕渠渠口修建京师仓。西汉末年，王莽在汉长安城南郊修建了规模庞大的宗庙、社稷、辟雍等礼制建筑。

第二，秦汉城市具有较强的等级性并初步形成了多级体系。就目前资料来看，秦汉时期都城、郡国治所、县邑城市等在面积和城门数量方面存在一定的差异，体现出较强的等级性。都城在面积及城门数量方面，远超其他城市，这与东周时期很多列国都城面积都超过东周王城形成鲜明反差。长安城面积为 34.39 平方千米 ①。汉长安城共有 12 座城门，每面各有 3 座。就已有发现来看，秦汉时期地方性城市尚未见到 12 城门，且"旁三门"的城市。

第三，除受河流及山势影响外，城市形制有追求方形或长方形的倾向。

秦汉都城方面，秦咸阳城郭城不明确，但宫城除南墙略有弯曲外，基本为长方形 ②。汉长安城郭城和未央宫也皆为近方形或长方形。刘庆柱先生还就汉长安城反映出的崇方思想进行了阐述 ③。都城这种对方形或长方形规划理念的重视，对地方性城址有显著影响。

据统计，秦汉时期黄河中下游地区、长江中下游地区、北方长城沿线地带以及边远地区汉人兴建的城邑，皆以方形或长方形为主。值得注意的是，边远地区少数族群城邑多随形就势，城址不追求方正，平面多不规则 ④。由此看来，汉族与少数族群所建城邑形状的差别，尤其鲜明地反映出长方形或方形城址的规划理念，已经成为此时汉族城邑文化的一个重要特质。

第四，高等级的宫殿建筑有模仿都城（汉长安城）的倾向。

目前这方面的例子有武夷山城村汉城和广州番禺城。例如，番禺城城内 2 号殿址出土的"华音宫"及南越王宫出土的"未央"等文字资料表明，番禺城很可能仿照了西汉长安城的布局，甚至宫殿名称都与长安城相同 ⑤。

总之，秦汉时期城址体现出的统一性，主要是大一统的君主专制与中央集权体制影响的结果。这一体制产生了具有金字塔形分层结构的城市体系，作为自身存在的一种物质表征。位于塔尖的都城，除了在多方面刻意突出自身的独尊地位外，还以其政治中心和文化（或意识形态）中心的巨大优势，对地方性城址形态产生示范作用，导致整个城市体系出现某些趋同的时代特征，并影响到了后世的都城文化。

---

① 董鸿闻、刘起鹤等：《汉长安城遗址测绘研究获得的新信息》，《考古与文物》2000 年第 5 期。
② 陕西省考古研究所：《秦都咸阳考古报告》，科学出版社，2004 年。
③ 刘庆柱：《汉长安城的考古发现及相关问题研究——纪念汉长安城考古工作四十年》，《考古》1996 年第 10 期。
④ 中国社会科学院考古研究所：《中国考古学·秦汉卷》，中国社会科学出版社，2010 年。
⑤ 中国社会科学院考古研究所：《中国考古学·秦汉卷》，中国社会科学出版社，2010 年。

（二）秦汉时期城邑的多样性

秦汉时期城址的多样性主要体现在各地区地方城邑的差别上，现依据徐龙国的研究[①]进行简要论述。

第一，政治地位相若的城址，因为区位不同，面积往往有明显差别。秦汉地方性城址中，同一政治级别的城市规模大小，大体呈现出从黄河中下游地区、长江中下游地区至北方长城地带及边远地区的递减趋势。

第二，受地理环境及人文传统影响，城址轮廓及建筑方式往往有区域差异。平原地区多见方形或长方形，山地或河流经过处多曲折或不规则。南方对水资源的利用，如水门、水道和吊桥等，富有地方特色。不同地区筑城技术不同。

第三，受人文环境影响，边城与内地城址形态有明显区别。布局方面，边城盛行大小城的双层布局，而在内地则较为少见。一些小城城墙厚度不亚于大城城墙，瓮城、马面、角楼等出现较中原地区早，体现出浓厚的防御色彩。边城除较大的城址四面各有一门外，一般城址只开一门。城门多开在南城墙或东城墙上，这可能也是出于防御的需要。边城城内往往发现武器及冶炼遗址，有的城址外围还设有烽燧。

第四，受区域经济发展程度不一影响，城市数量及经济特征在不同地区各有差别。城市群数量主要通过区域内城址总数及密度来说明。根据《文物地图集》的统计结果，黄河中下游地区城址总数及密度皆大于其他地区。长江中下游地区不仅城址总数明显少于黄河中下游，而且属于全国城邑密度最低的地区。北方长城地带尽管城邑数量多，但人口密度却明显低于前两区域。显然，这些差别主要是区域经济发展水平制约的结果。

（三）秦至西汉早期陵墓文化的统一性

秦代至西汉早期，无论是大型的帝王陵、诸侯王墓、列侯墓，还是大量发现的中小型普通官吏、平民墓，其展现出来的主要特点就是在对前代墓葬文化因素继承的同时，又出现了东周时期各国文化因素的整合现象，这种现象正是大一统文化出现的前奏。在不断整合的过程中，各地该时期的墓葬文化已经开始出现统一性的趋势。

（1）大型墓葬方面，由于等级制度的差异，在墓葬的规模、随葬品的多寡及规格等方面有一定的不同，但从整体上看，陪葬系统、墓葬形制以及随葬品的组合等方面，均呈现出同质性的特点。

秦与西汉早期帝陵均设置陵邑，陵邑位于陵园附近，如秦始皇陵设"丽邑"，惠帝有安陵邑，景帝的阳陵邑。但秦与汉初设置陵邑的目的和作用不尽相同。秦始皇设置陵邑的目的是"奉侍陵园"，西汉陵邑设置除为了奉侍陵园外，还有"内实京师，外销奸猾"[②]的意图。

秦始皇陵与汉初帝陵均承袭战国时期王陵的独立陵园制，但陵园形制不断演变，文帝以后才固定下来。秦始皇陵可能受关东战国中晚期王陵陵园围筑垣墙的影响，有内外两重

---

① 徐龙国：《秦汉城邑考古学研究》，中国社会科学出版社，2013年。

② （汉）班固撰，（唐）颜师古注：《汉书·主父偃传》，中华书局，1962年。

垣墙，且封土位于陵园东西居中位置。汉初的帝陵发生变化，变秦始皇陵的大小城相套为大小城相邻接，长陵陵园北墙与长陵县邑南墙共用一道墙垣。文帝霸陵以后，帝陵、后陵各自于其陵墓周围筑墙垣以为陵园，皇后陵一般在帝陵之东，帝陵陵园墙垣和陵邑城墙不再相邻接，而是彼此有一段距离[①]。

帝陵、诸侯王墓等高等级墓葬均有高大的封土，封土的高度严格按照礼制。文献记载秦始皇陵封土高五十丈，学者认为由于农民战争的原因封土并未完全建成[②]，现存高度说法不一，为 35.5—77 米。但无论如何，它的高度超过任何一位西汉皇帝的封土高度。汉代对坟丘的高度已有法律规定，《周礼·春官·冢人》郑玄注引《汉律》载："列侯坟高四丈，关内侯以下至庶人各有差。"西汉时帝陵一般高十二丈，除吕后陵墓的封土规模与高祖长陵基本相同外，皇后陵墓一般均较帝陵缩小，诸侯王坟高五至八丈[③]，列侯坟高四丈，这些规制都得到了考古发掘成果的证实。

在墓葬形制上，帝陵均为四条墓道的土圹竖穴墓，诸侯王墓中除了崖洞墓，其余大多为带有两条墓道的土圹墓，西汉早期列侯墓基本为带墓道的土坑竖穴木椁墓。

陪葬系统方面，帝陵、诸侯王墓以及列侯墓均分为内藏和外藏，在外藏方面，随葬方式上有车马坑、动物坑以及兵器坑等，通常位于墓道附近，有的诸侯王墓还设置兵马俑坑，如徐州狮子山汉墓和杨家湾汉墓。因此，在陪葬系统的形式方面，西汉早期已开始展现出较强的统一性。

合葬方面，秦始皇陵未发现后陵。西汉初期，无论是帝陵、诸侯王墓以及列侯墓，均采用夫妻异穴合葬。

西汉早期的诸侯王墓和列侯墓已经开始使用"黄肠题凑"的葬制，"井椁"的使用较为普遍，主棺的周围设置头厢、边厢、足厢等。

随葬品方面，除了外藏的车、马、动物以及兵器等以外，内藏椁内普遍出土了鼎、壶、钫等青铜礼器，此外还有大量的陶鼎、陶壶等。

（2）中小型墓方面，该时期的墓葬文化开始呈现出统一化的趋势。

墓葬形制方面，虽然东周时期的土坑竖穴墓依旧是主流，竖穴墓道土洞墓已经在关中、中原、江汉和徐州等地均有大量的发现，这种新的墓葬形制代表了新的丧葬思想。

随葬品方面，鼎、盒、壶的组合依然是各地区最为常见的组合。经过秦统一的进程，秦文化也随之传入各地，无论是在中原、江汉、长江下游地区，还是较为偏远的四川地区，均能见到茧形壶、蒜头壶等典型的秦器。此外，关中地区在战国时期已经开始出现的仓、仓房、灶等模型明器在西汉早期逐渐推行到全国，其中江汉地区和徐州地区已有大量发现，长江下游吴越地区、岭南地区、山东地区也在西汉早期的偏晚阶段都有发现，这种因素则是汉文化在西汉中期以后所展现出的新特点之一[④]。

---

①　刘庆柱：《关于西汉帝陵形制诸问题探讨》，《考古与文物》1985 年第 5 期。

②　段清波：《秦始皇帝陵园考古研究》，北京大学出版社，2011 年。

③　杨宽：《中国古代陵寝制度史研究》，上海人民出版社，2003 年。

④　俞伟超：《考古学中的汉文化问题》，《古史的考古学探索》，文物出版社，2002 年。

（四）秦至西汉早期墓葬文化的多样性

随着秦汉王朝的建立和郡县制的确立，各地的墓葬文化面貌有了一致的趋势，但由于秦汉王朝是在东周列国的基础上建立起来，各地又有不同的自然环境，这在考古遗存上就体现出了多样性特征[①]。

第一，地理环境因素的不同导致了不同的埋葬习俗。例如，西汉早期诸侯王墓的形制主要为竖穴土坑木椁墓、竖穴石圹墓和横穴崖洞墓三类，其中崖洞墓主要出现在徐州、商丘永城等多丘陵地带。

第二，旧有习俗在西汉早期得以延续，体现出该时期墓葬文化的多样性。关中地区中小型汉墓中常见小口广肩罐（缶）、茧形壶、仓房、蒜头壶等秦文化因素的器物；中原地区在西汉早期流行空心砖墓，这类墓在战国时期已经普遍存在，一直持续到西汉晚期，随葬品常见鼎、敦（盒）、壶等仿铜陶礼器组合；江汉地区中小型墓葬常见头厢、边厢以及足厢等设置，"井椁"依然存在，出土器物方面常见大量的漆木器、陶俑等楚国特色的文化因素；长沙一带的大型诸侯王墓的墓室外还发现了偶人，如长沙象鼻嘴M1[②]和徒壁山M1[③]，这种特征明显是东周时期楚国的因素。

第三，西汉早期的合葬方式则呈现出多样性。大型王陵、诸侯王墓以及列侯墓均为同茔异穴合葬方式。中小型墓的合葬方式有以下几类：同茔并穴、同坟异穴、同坟同穴异室合葬等。

综上所述，秦代至西汉早期的墓葬文化的主题风格是融合和过渡，东周时期的诸多因素还大量存在，随着大一统王朝的建立，墓葬文化的统一性进程大大加快，当然各地区的考古学文化并不会随着政治制度的更迭而迅速改变，加之各地自然环境的因素，西汉早期全国各地的墓葬风格还是个性大于共性，即多样性大于统一性。

（五）西汉中、晚期墓葬文化统一性加强的趋势

从西汉中期开始，无论是在大型墓还是中小型墓，墓葬文化呈现出统一的面貌。其深层次的原因是大一统的汉文化逐渐定型，这种强势的文化在中央集权制的影响下迅速传播。

西汉中期以后，诸侯王、列侯等高等级墓葬整体呈现出了"制同京师"的现象。在墓葬选址方面，帝陵和所有的诸侯王墓均选择在距离都城不远的地方，并处在地势高亢的台地或山丘上，符合当时的堪舆之术。

帝陵与诸侯王墓均设置寝园，无论是文献还是考古资料都有了证实。

合葬方面，帝陵均采用同茔不同穴的方式，诸侯王墓大多采取这种方式，但也存在同穴合葬的现象。

---

① 中国社会科学院考古研究所：《中国考古学·秦汉卷》，中国社会科学出版社，2010年。
② 湖南省博物馆：《长沙象鼻嘴一号西汉墓》，《考古学报》1981年第1期。
③ 长沙市文化局文物组：《长沙咸家湖西汉曹㜍墓》，《文物》1979年第3期。

墓葬形制方面，由于等级地位和各地自然环境的差异，呈现出不同的面貌，有竖穴土圹木椁墓，也有数量较多的崖洞墓，但墓葬形制的演变过程具有较强的统一性，主要体现在墓葬中回廊逐渐衰落和形制的逐步宅第化。

玉衣制度在西汉中期以后成为定制，大多数西汉中、晚期的诸侯王、后埋葬时均着金缕玉衣。

大型墓葬受宗法和礼制的约束更为强烈，鼎、盒、钫、壶的器物组合贯穿着西汉一代的诸侯王墓葬，模型明器的组合在大型墓葬中很少出现。但诸侯王墓中的随葬品则逐步趋向于生活化，礼器陪葬逐渐衰落[①]，这一点则与中小型墓的发展趋势相一致，如徐州北洞山楚王墓内设置的灶、井、仓则是以遗迹的方式出现，这种现象体现了大型墓葬的逐步从俗化。

中小型墓是体现各地墓葬文化最为鲜明的代表，西汉中期以后，各地的墓葬面貌均有了巨大的变化，主要体现在墓室宅第化，模型明器的出现并盛行，同穴合葬兴起。此外，从西汉中期开始，各地汉墓出土的铜镜类型基本一致，昭明镜、日光镜成为各地西汉中期至晚期汉墓中较为常见的镜类。

当然，在统一性文化的主体下，多样性仍然存在，但这种多样性主要体现的是形式上的不同。例如，各地区模型明器的形制有很大的差别，其中最突出的便是陶灶。关中地区流行马蹄形灶；中原地区多为长方形灶；江汉地区的陶灶有曲尺形和长方形；长江下游地区多见船形灶；湘西的少数民族地区流行双火眼灶；两广地区的陶灶有龙首形烟囱，并在灶门处伸出地台[②]。两广地区的陶灶灶门处伸出地台，显然是由于当地的潮湿环境所致；长江下游的船形灶则很可能与当地人们的生业方式有较大关系。

总体来说，随着西汉中期"汉制"的形成和确立，墓葬文化逐步完成了统一性的进程，这种趋同性很强的墓葬文化区涵盖了整个汉代疆域，并延伸至相近的东亚地区。

四、多元一体到统一多样的成因分析

通过以上对东周秦汉时期两大类考古资料的梳理，我们可以看出这一时期的考古学文化的发展脉络整体是由东周时期的"多元一体"格局逐渐向"统一多样"的面貌转化，这一动态过程的重要历史节点在于秦始皇统一六国并建立大一统的帝国，最终在西汉武帝时期确立了全新的汉文化风貌。随着西汉中央集权的日益加强，各地的文化面貌呈现出强烈的统一性，至少在西汉晚期汉王朝疆域之内考古学文化的面貌已呈现出统一多样性的局面。东周秦汉时期的物质文化面貌由"多元一体"向"统一多样"的转型不仅仅是一种形态化和具象化的体现，其中则包含着复杂的历史动因和社会背景。

（一）"多元一体"局面的历史基础

中国"多元一体"的文化局面的产生可追溯至新石器时代末期。严文明先生在《中国

---

① 刘尊志：《汉代诸侯王墓研究》，社会科学文献出版社，2012年。
② 朱津：《汉墓出土陶灶研究》，郑州大学硕士学位论文，2010年。

史前文化的统一性与多样性》一文中有精辟的论述：中国的史前文化是"重瓣花朵式的向心结构"，即我国新石器时代文化像一个巨大的花朵，中原文化区是花心，周围的燕辽文化区、山东文化区、江浙文化区、长江中游区、甘文化区等五个文化区是花瓣①。赵辉先生在此基础上阐释了公元前 2000 年前后，中原为中心的历史趋势的形成②。近年来，许宏③、韩建业④、李新伟⑤等学者陆续提出了"最早的中国""中国文化圈"等概念，均是对史前至二里头时期考古学文化多元一体格局的论述。

《论语·为政篇》载："殷因于夏礼，所损益，可知也；周因于殷礼，所损益，可知也。"这说明夏商周时期的礼制文化具有较大的传承性，这也是"早期中国"文化的核心内容。根据韩建业先生的研究，在商代早期二里冈文化向外强势扩张，使得文化格局产生了重大调整，中国大部分地区文化再次交融联系成更大范围的相对的文化共同体，以中原为核心向外形成四个层次的文化圈⑥。这说明在夏商时期已形成了文化一体的局面。进入西周以后，实施分封制，并推行严格的等级制度，以用鼎制度为代表的礼乐文化迅速推行，使得文化一体的面貌在区域上更加广泛，产生的影响也更加深远。

（二）东周"分裂"向秦汉"统一"的政治局面是文化格局转折的重要动因

东周时期周天子的地位日益衰落，与此同时列国僭越纷争，各国政权相对独立，从春秋晚期开始这种现象体现得愈加明显，一方面是各地区受到周文化的统治或影响越来越弱，地方本土文化逐渐加强，表现为较多的不一致性，即文化的多元性。另一方面，各国对"周礼"大目标的遵循，使得各国的文化面貌又存在着较多的相似性。

观察东周时期城址的平面布局、礼制建筑的设置、手工业作坊区的分布等方面，各国均有较大的差异，有各地自然环境不同的原因，更重要的是各国的国情存在较大的不同，如晋国中后期卿大夫的势力逐渐增大，使得都城的布局呈现出三城并列的现象。同样在陵墓方面体现得也较为明显，各国陵墓的分布、陵园的布局以及礼乐器随葬的规制都有一定的差异，这些现象在战国时期体现得最为明显，其中最为典型的是秦国，自商鞅变法后，秦国的文化面貌呈现出与东方六国完全不同，陵园的设置实施独立陵园制，陵园外设置兆沟，东陵陵区的王陵形制为四条墓道的亚字形。

同时我们也要看到，东周社会的发展具有相对的一致性，各国国君均有"大一统"的政治诉求，在都城的规划上，宫殿往往选择在地势高亢之处，体现王权至上的思想；由于战乱频繁，都城的布局在战国时期有较大的相似之处，各国筑城遵循"筑城以卫君，造郭以守民"的思想，两城制的布局最为流行。此外，中轴线的设计理念在列国都城中纷纷出现，也是突出王权的表现。这种现象在东周陵墓的发展轨迹中同样体现得较为清晰，如果

①　严文明：《中国史前文化的统一性与多样性》，《文物》1987 年第 3 期。

②　赵辉：《以中原为中心的历史趋势的形成》，《文物》2000 年第 1 期；赵辉：《中国的史前基础——再论以中原为中心的历史趋势》，《文物》2006 年第 8 期。

③　许宏：《最早的中国》，科学出版社，2009 年。

④　韩建业：《早期中国：中国文化圈的形成和发展》，上海古籍出版社，2015 年。

⑤　李新伟：《"最初的中国"之考古学认定》，《考古》2016 年第 3 期。

⑥　韩建业：《早期中国：中国文化圈的形成和发展》，上海古籍出版社，2015 年。

把春秋时期分为早中期和晚期两个阶段，可以发现春秋早中期，周天子的墓葬还在某些方面体现出其特权性，诸侯王墓则遵循西周以来的诸多制度。基本实行族葬公墓，墓葬位于城内的比例较大，不封不树，陵寝设施基本不见，等等。春秋晚期，周天子墓葬整体衰落，诸侯王墓强势发展，虽在很多方面仍具有早中期的特征，如族葬公墓等，但一些诸侯王墓葬开始使用封土等，标志着陵寝统一的相关要素开始出现。战国时期可分为战国早期和中晚期两个阶段。战国早期，墓葬制度沿袭春秋晚期的发展态势，墓葬大多葬在城外，主墓与陪葬墓等界限逐渐明显。封土墓大量普及，陵墓设施渐被使用，诸侯王墓葬的规模增大，形制趋于复杂，一些墓葬陪葬的礼乐器亦可达到天子之制。战国中晚期，封土已全面普及，规模变大，更趋规整。陵园趋于独立，墓葬外建筑增多，内涵丰富，除保护陵墓的设施外，祭祀及其他设施增加。

随着秦始皇征服六国，建立中国历史上第一个统一的中央集权的帝国，不但实现了疆域的扩大、政治的统一，而且在行政管理上废除了先秦时期的封国建藩制度，将战国后期已实行的郡县制推行到全国，实现了社会的组织方式由血缘关系向地缘关系的转变。这种转变促使物质文化面貌逐渐向统一性转化。

首先是都城规划思想转变，由东周时期的"筑城以卫君"思想向秦汉时期"法天""非壮丽无以重威"思想的转变。秦咸阳城是战国时代修建、帝国时代继续使用的都城，表面看是一个不断营建、没有严格区划的"散点式布局"的城市，其实是采用了"渭水贯都"——"法天"的指导思想，实现了天人理论的实践[①]。咸阳城主体风格在战国时期已形成，由于秦代短命，阿房宫并未建成，其所反映的统治理念并未完整显示出来，但已发现规模宏大的阿房宫的前殿遗址，揭示了当时营建都城已有"非壮丽无以重威"的思想雏形。

汉长安城是利用秦代宫殿基础上逐渐修建起来的，北墙和南墙的曲折包含了对"北斗"及"南斗"文化思想，所以汉初营建长安城应是在"非壮丽无以重威"的建城指导理念下，并继承了秦咸阳城的"法天"思想成分。汉武帝时长安城布局发生重大变化，"法天"思想得到了进一步发展，神仙思想也浸透在城市设计规划当中，并从战国时期军事防御为主的城市模式中解放出来，呈现出政治上"重威"、市场功能增强、交通发达、文化开放的国际大都会面貌[②]。

其次是由于政治上高度集权封建专制的模式建立，陵寝统一的趋向特征也越来越稳固。秦始皇陵在前代秦公墓的基础上，吸收其他诸侯王墓葬制的一些特点，并有所创新，形成了具有自身特点的陵寝制度。例如，陵园规模扩大、二重陵园、内外有多种设施，而且规划整齐，建筑考究。设置陵邑、陵园命名等均为前代所未见。墓侧起陵寝，建寝殿、便殿及食官、吏舍等设施，改变了战国时期墓上建造相关建筑的传统，并为后世所沿用。从陵园内的建筑设置来看，陵冢的地位更为突出。这些特点都为西汉陵寝所沿用，即便是东汉时期封土改方为圆，但仍然通过"上陵之礼"提高了陵寝在国家大型政治活动中的重要地位。中小型墓葬在秦汉时期新出现了两个走向，一是比较一致的发展趋势如洞室砖墓的普及、夫妇合葬的流行、模型明器的随葬等，这些都是"九州共贯，六合同风"的结果；二

① 韩国河：《汉长安城规划思想辨析》，《郑州大学学报》（哲学社会科学版）2001年第5期。

② 韩国河：《汉长安城规划思想辨析》，《郑州大学学报》（哲学社会科学版）2001年第5期。

是原有土著的或地域墓葬文化在统一"汉化"的过程中，演进出新的墓葬风格，凝聚成新的多样特征。例如，南阳、徐州、陕北、四川流行的画像石墓如此，巴蜀地区流行的崖墓也是如此，还有汉代边疆地区的民族文化浓郁的墓葬因素也是如此。

（三）儒家"大一统"的思想观念是促使大一统考古学文化形成的关键

战国时期是诸子百家思想齐放，社会的意识形态存在着较多多样性。秦代统一后，为便于国家的管理和政权的稳定，主要推行法家思想，强制性地推行一系列文化政策，使得各地的文化面貌出现较大的"秦化"，但由于秦代存在时间较短，统一的文化模式便延至汉武帝时期才得以完成。尤其是汉武帝时期，"罢黜百家，表彰六经"，董仲舒以儒家思想为主导，并充分吸收法家、阴阳五行等思想，奠定了汉代的新儒学，使其成为汉代的社会主导思想。

从汉代初期"重天子之威"思想意识的确立，到"君君臣臣父父子子"伦理道德观念的固化，这种儒家思想以及等级森严的中央集权制度也表现在城市建设上，都城的城郭布局、门制、道路、闾里、市和作坊区布局等各方面都出现了规范化、制度化。例如，郭城十二座城门，一门三道；宗庙与宫室分开，宫室位于北部，宗庙一般位于宫室南部；郭城、皇城（北魏洛阳城开始出现）；宫城的正门在一条直线上，成为全城的中轴线；居民闾里、作坊区整齐规划等，这些都成为我国都城规划思想中的核心内容。

墓葬方面，孝道思想的盛行显然是受到儒家思想的影响，无论是王公贵族还是普通平民，均十分重视墓葬的修建，厚葬习俗贯穿两汉社会。"事死如事生"的理念深入人心，模型明器和宅地化的墓葬形制是较为直接的体现。

（四）汉文化模式的形成及其影响

汉文化的形成过程体现了多元向统一性文化的过渡特征。汉文化的构成要素较为复杂，大致可总结为"承周制""袭秦制""融楚俗"以及自身的创新因素[①]。首先，在礼制规范上继承了较多的周文化，都城的形制和布局隐含了周礼的内容，《周礼·考工记》记载："匠人营国，方九里，旁三门。"西汉长安城的四面各置三座城门，共十二座；东汉洛阳城略有改变，其中东、西各三门，南门二座，北门四座。两汉都城礼制建筑的设置同样是参照了周礼的内容，《周礼·春官》载："小宗伯之职，掌建国之神位，右社稷，左宗庙。"汉长城南郊发现的宗庙、社稷建筑，是目前所知反映"左祖右社"制度最早、最完整的考古资料[②]。在墓葬方面，周制的因素影响深远，高等级墓葬中车马乐器的随葬、中小型墓葬中仿铜陶礼器的组合一直持续至西汉晚期。其次，在统治模式上汉承秦制，即在全国推行地缘政治的郡县制，在小农经济的基础之上实施"编户齐民"的政策，使得上层的思想文化能够较快地普及至下层平民。最后，"融楚俗"主要指的是楚人当政的结果，这一点在汉初表现比较充分。例如，"淫祀"的特征，埋葬用鼎为偶数，用木俑随葬的风格等，尤其是"太一"祭祀的出现，打造了一个楚式宗教政治氛围，并影响到了汉画的艺术构成。

---

①　韩国河：《秦汉魏晋丧葬制度研究》，陕西人民出版社，1999年。

②　刘庆柱：《汉长安城的考古发现及相关问题研究——纪念汉长安城考古工作四十年》，《考古》1996年第10期。

　　总之，汉文化的形成，不仅是统一文化的表征，也是各种文化融合一体的结果。它的出现标志着中国五千年文明史中最大根脉的育成，从此，之后不断循环多元到统一的"星体"就有了一个稳定的内核，并伴随着历史长河的流淌以及各个民族的不断融合，成为今天中华文化这棵参天大树的主干。我们相信，多元一体是古代历史发展的必然轨迹，统一多样也是中华文化进化的必然进程。

两汉时期文明特点述论
——兼及两汉时期中原文明的地位与作用

中国古代文明的形成如果从公元前 3000 年开始，已经有 5000 年的文明史。以河南为中心区域的中原文明的发生与发展，基本上代表了中国古代文明的形成过程以及文明积淀的内涵和本质 ①。历史的脚步踏入东周时期以后，中国的文明发生了一次大的量变与质变，有人谓之为中国文化的"轴心时代"②，也可以说是中国区域文明个性特点极为张扬和融合的时代。秦王朝的确立，意味着文明大一统局面的出现，两汉时期区域文明的进步程度与京都、郡治乃至重镇所在的位置有着密切的关系。那么，两汉时期的文明有什么样的特点？中原文明在两汉时期的地位与作用如何？是值得思考的问题。

（1）在回答以上两个问题之前，不妨简单讨论一下文明的含义。《周易·乾卦》说："见龙在田，天下文明。"《周易·明夷卦·象》曰："内文明而外柔顺，以蒙大难。"《史记·乐书》载："是故情深而文明。"唐张守节《史记正义》曰："德为性本，故曰情深也。乐为德华，故云文明。"《后汉书·邓禹传》载："（邓）禹内文明，笃行淳备，事母至孝。"由此可见，汉代以前文明的字义与今天我们理解的文明内涵有一定的差别。

今人林剑鸣先生认为："'文明'既包含物质方面，也包含精神方面……举凡人类在实践过程中所创造的一切物质财富都应该包括在'文明'之中。"③基于这种认识，《秦汉社会文明》一书的内容主要涉猎了农业、手工业、城市、服饰、饮食、居室、交通、祭祀、婚丧、迷信、信仰和精神风貌 ④。1999 年，《周秦汉唐文明》出版，黄留珠先生认为："文明是与文化大体相同的一个概念，但更着重表现人类社会进步的状态，是先进的文化形态。它包括：人与自然关系的进步，表现为物质文明；人与社会关系的进步，表现为制度文明；人与人本身关系的进步，表现为精神文明。"⑤较之前述的定义更加强调的是文明的进步形态。因此，该书涉猎的内容囊括了社会实业（农业、手工业、商业）、物质生活（服饰、饮食、都邑建筑、交通）、社会制度（职官、选举、法制、军制、礼制）、文化信仰（文字、文学、艺术、哲学思想、教育、经学、史学、科学技术、宗教）、时代风貌（节日、风俗、精神风貌）、中外文化交流等内容，几乎是包罗万象。秦汉文明的标尺及指标到底是什么？虽说仁者见仁，智者见智，但黄留珠先生的观点比较易于接受。不过，秦汉时期的丧葬礼俗以及宗教信仰等指标是否属于先进的文化形态，仍存有疑问。

---

① 关于文明的定义颇多，笔者比较倾向黄留珠先生的意见，认为文明是一种表现历史发展（进步）的物质文化、制度文化和精神文化；同时，想补充的是文明还代表着产生自己主体文化的文化特质和精神本质。

② 〔德〕卡尔·雅斯贝尔斯著，柯锦华、范进译：《智慧之路》，中国国际广播出版社，1988 年。

③ 林剑鸣等：《秦汉社会文明》，西北大学出版社，1985 年，第 20 页。

④ 林剑鸣等：《秦汉社会文明》，西北大学出版社，1985 年，第 20 页。

⑤ 黄留珠主编：《周秦汉唐文明》，陕西人民出版社，1999 年，第 4 页。

　　综观 5000 年的文明史，文明的内涵不断在丰富，两汉时期的文明较之夏商时期的文明有很大的差别，这种差别既表现于帝国与方国（王国）性质的不同，也表现于人文主义、道德主义、人本主义、"天下太平"、"贫而乐，富而好礼"与人祭、人殉、巫术宗教、贵族经济性质的不同。那么，从不同与发展的角度出发，对文明的研究，不可拘于一定时代的特征，也不能完全借用国外的文明特点，应当根据中国历史的实际发展情况和各段进程的特点展开讨论。

　　（2）关于秦汉时代文明的发展特点，《秦汉社会文明》直接概括为"多样化的统一""大规模的吸收和远距离的传播""在对抗中的进步"三点。《周秦汉唐文明》中，由于撰写的历史跨度比较长，大约是为了涵盖内容之故，把周秦汉唐文明的特点概括为"集大成性或开创性的文明成就""影响最为巨大""体现中国文明诸多特色"三点。为了体现整个历史文明的特点，又涵盖中国历史的不同时期，从大处着眼我们把两汉时期的文明概括为三种特点，即特殊性、创新性和传统性。

　　1）文明的特殊性指的是个性不同，也就是民族精神的不同，或者是文化气象的不同。汉代文化的生命力就体现于个性的特点之中。

　　首先，是大一统国家精神和共同民族意识的形成。经过了秦代短暂统一，建立了以刘邦为首的布衣王朝。它从建国之初就十分注意社会各阶层之间及与边远民族的关系，萧何、曹参、周勃、陆贾、樊哙、灌婴及韩信等出身低贱之辈均担任了朝廷要职。东汉亦不例外，光武帝时期入官的戴凭、郭宪、钟兴、夏恭、洼丹、苏竟、王良等都是平民出身，官秩比二千石或以上之职。这种参政议政的方式直接引导了社会各阶层对汉代政权的向心力，进而转化为一种爱国意识情操。另外，在平素使用的铜镜铭文里，铸有"国家""四夷""胡虏"等字 [1]，葛兆光先生认为"它们标志着中国人已经确认了中国、中国的近邻、中国的敌对力量，正因为如此，'汉'成了民族、国家的共同名称，成了人们相互认同的基础，中国人在此时有了一个相当明确的国家概念，他们才会在铜镜铭文中企盼自己的国家安定、强盛和繁荣" [2]。对少数民族的政策，两汉时期因民族对象不同，所采取的策略也不同。在完成疆域统一之前，基本是武力征服、和亲援助恩威并用的手段，统一之后，就纳入了中央和郡县治理的双重轨道。例如，西汉王朝中央管理机构大鸿胪和典属国，地方管理机构除郡县制外有专门的护乌桓校尉、护羌校尉、西域都护和属国都尉等；东汉王朝基本同于西汉，新增加了管理南匈奴的使匈奴中郎将之职。这些措施，不但促进了民族文化交流，也为今日以汉民族为主的多民族国家的建立奠定了基础，意义之大，较之商周时期自不待言。

　　其次，是形成了共同的思维模式和审美情趣。从黄老思想到独尊儒术的转变，标志着这种共同模式的形成。《礼记·中庸》曰："今天下车同轨，书同文，行同伦。"以此形容两汉时期的思维模式，适合贴切。简单地用考古资料举例，汉墓营建的形制和随葬品的组合，虽然因时期有所变化，但每一时期的特点在汉代疆域的东西南北墓葬里俱可找到相同的内容，这种惊人的相似应当是来自共同的思维和认识。尤其是到了东汉时期，《广州汉

　　① 王士伦著《浙江出土铜镜》（文物出版社，1987 年）第 38 页辑录："驺氏作竟（镜）四夷服，多贺国家人民息，胡虏殄灭天下复，风雨时节五谷熟，长保二亲得天力。"与之雷同者，还有"吕氏作镜""伯氏作镜"等。
　　② 葛兆光：《七世纪前中国的知识、思想与信仰世界》，复旦大学出版社，1998 年。

墓》《长沙发掘报告》《洛阳烧沟汉墓》《上孙家寨汉晋墓》《山西朔县秦汉墓发掘简报》等发掘报告或简报反映出来的情况，可知小砖室墓流行、井灶模型明器多见、案盘耳杯备具，足以说明"行同伦"的效果。审美情趣的认同，从铜镜背面花纹上可以追寻它的踪迹。从汉初到文景时期，汉镜主要流行蟠螭纹镜类，但已经摈弃了战国时期该镜种繁缛神秘的格调；武帝时期前后，开始流行草叶纹镜、星云纹镜和日光铭文镜；宣元时期，主要流行铭文镜和四乳四虺纹镜；新莽时期开始流行博局镜、多乳禽兽镜；东汉早期，常见云雷连弧纹镜和简式博局镜；东汉中期以后，变形四叶纹镜流行；东汉晚期，北方多龙虎镜、夔凤镜，南方多神兽镜、画像镜。这些特征的出现和流行，来源于共同的审美情趣。汉初，为了从战乱中求得经济的稳固发展，"清静无为"的思想深入人心。到了文景时期，人民的思想已经从颠沛流离的生活以及崇尚神仙鬼怪的幻想中脱离出来，去真正领悟来自生活、生产的现实乐趣。与此相适应，铜镜的装饰，首先是简化过去繁缛神秘的蟠螭纹图案，用常见的花叶和草叶作为新的装饰图案。"见日之光""日有熹""与天无极"等词句正是从内心深处发出与自然关系和谐的感叹。可惜，随着儒学的独尊及阴阳五行、谶纬之学的兴起，这种审美情趣又被引入另一条途径，星云纹镜、博局镜以及多乳禽兽镜的出现就是这种思想变化的产物。西汉末年至新莽时期、东汉晚期的社会动乱，人们对生命状态审美的思考借助于物化载体，达到了自由和超越的境界，一方面是广筑和美化墓室（壁画墓、画像砖墓、画像石墓），另一方面追求不死的神仙境界和子孙繁衍带来的生命延续。这一切均在长宜子孙镜和神兽镜、画像镜中折射出来。

2）文明的创新性，是指时、空中的差异、变革、演进或推陈出新。

两汉文明的创新性，也就是在发展中铸就自己的血肉之躯。例如，汉代的盐铁官营制度，这项政策有效地节制了资本，裁抑了兼并，剥夺了私家操纵盐铁的专利，为中国社会永远没有以盐铁垄断为利的大资本家出现奠定了基础。值得指出的是，由于冶铁作坊的官营适应于批量的铁器制造，极大地促进了生产技术水平和生产效率的提高。犁铧、镢、锄、锸、铲、锹、耙、镰等的推广使用，满足了汉代以农耕为生存命脉的各个环节的需要，奠定了中国传统耕作方式的基础。这喻示着两个问题，一是铁器制造制度、技术（炒钢、百炼钢等）、器类、使用方法，在两汉时期完成了铁器历史上最为突出的变革。二是在魏晋以后直至20世纪50年代以前的农村，铁器的形状及使用方法并没有多大的改变。反证出汉代铁器技术变革的重要性。铸造铁器的使用，从春秋晚期算起至秦代，也有300余年的历史，为什么在两汉时期达到了铁器文明的巅峰？此问题很令人深思。

还有，具有特色的选官制度实施。钱穆先生在《如何研究社会史》中将东周以后士的社会演化分为游士时期、郎吏时期、九品中正时期、科举时期、进士时期[1]。从中可见两汉时期郎吏制度就是一种察举、征辟或太学生的仕途路线，较之战国时期朝秦暮楚的游说之制和魏晋时期门阀制度有着显著的不同。这一制度的形成始于汉文帝[2]，汉武帝时以法的形式确立下来[3]。对于这套选官制度之意义，许多知名学者都有评述。最近，《中国文明史》中

---

① 钱穆：《中国历史研究法》，生活·读书·新知三联书店，2001年。
② 《汉书·文帝纪》："二年（前178年）十一月诏曰：'举贤良方正能直言极谏者，以匡朕之不逮。'"
③ 《汉书·武帝纪》："不举孝，不奉诏，当以不敬论。不察廉，不胜任也，当免。"

有另外一层陈述:"因为在中国的文明模式中,这是惟一的可供选择的文官制度。而且在前工业时代,它还是一种较为理想的政治形态。……然而又必须看到,贤人政治是古代中国人无奈的选择,而且是一种较为理想的选择,但这并不等于说今日的中国人没有必要告别这份遗产。可以说,中国人哪一天告别了贤人政治,哪一天便有了真正意义上的现代化。"①这种肯定中的否定思辨精神,值得称道。但是如果摈弃了两汉之后以贤良政治为目的的文官制度,现代文明与传统文明的纽带又在哪里呢?"无奈的选择""较为理想的政治形态"已经造就了中国汉代以来连绵不断的 2000 年文明史,其结果要求今天的评判一定要立足于历史的全部,更要善待古老文明的传统性。

3)文明的传统性是指文明内在的精神和力量,是指文明形成以后,无形当中遵循自己路线前进的规律和趋势。

对该题目的阐释,可以从深层的特质与浅层的制度两方面进行。

两汉文明的礼性和德性当属于前者。《礼记·礼运》载:"夫礼之初始诸饮食。其燔黍捭豚,污尊而抔饮,蒉桴而土鼓,犹若可以致其敬于鬼神。"简单地概括出礼的起源与祭祀有关。东周时期,"礼"的含义泛指各种制度、规则,主要是吉、凶、军、宾、嘉五礼。礼性的传承到两汉时期,已经渗透于上自天子下至普通百姓的生活当中,出现了"中国人的生活完全以礼为指南"的局面②。刘邦当朝以后,经过叔孙通等人的"制礼",懂得了"礼仪三百,威仪三千"的道理;汉武帝以儒术为本,并不是与礼教精神相背离;新莽时期的"托古改制",实质是想恢复周礼的主旨;谶纬神学的直接受益者刘秀"六月己未,即皇帝位。燔燎告天,禋于六宗,望于群神"。故《后汉书·礼仪志上》说:"夫威仪,所以与君臣,序六亲也。若君亡君之威,臣亡臣之仪,上替下陵,此谓大乱。大乱作,则群生受其殃,可不慎哉!故记施行威仪,以为《礼仪志》。"邹昌林先生说:"中国文化以礼为基础,虽然有着多种原因,但有特殊的自然地理环境和社会历史环境下形成的特殊生产方式,却是古礼发展、定型的内在动力和基础。而古礼的衰落,最终也是由这种生产方式的变更引起的。古礼向新礼的过渡,以及汉代以后,礼仍成为中国文化的基础,仍然离不开这种经济上的原因。它说明,在中国,礼不但是一种处理人际关系的准则,而且还是一种财产分配方式。"③由于礼的系统庞大、内涵丰富,每一位中国人都会时时处处感到礼的存在和作用。至此,我们也不难理解汉代先民对礼不懈追求的缘由所在。

"德"字,不见于殷代的甲骨文,而频见于西周以后的金文④。《礼记·礼运》说:"天子以德为车。"春秋战国时代,各国王侯为了争取人民、治理好国家,力求"德不失民""德以施惠""恤民为德"。个人的追求亦如晋国叔孙豹所言:立德、立功、立言之三不朽。秦汉以后儒家、士人继续保持"修身、齐家、治国、平天下"的理想追求,以"德"为源、为本,实现理想与实践相结合的完美境界。国家的政策,基本是"大德小刑""德主刑辅"。

---

① 启良:《中国文明史·上册》,花城出版社,2001 年,第 661 页。
② 〔法〕孟德斯鸠:《论法的精神》(上册),商务印书馆,1978 年,第 316 页。
③ 邹昌林:《中国礼文化》,社会科学文献出版社,2000 年,第 285 页。
④ 《克鼎》载:"天子明德,显孝于神。"《历鼎》说:"肇对元德,孝友唯型。"《善鼎》曰:"唯用绥福,号前文人,秉德恭纯。"等。

德性贯穿于人与自然、社会、神灵、祖先各个方面的关系之中。

换一个角度看，正因为两汉文明接受了"礼性"和"德性"的传承，很大程度上约束了宗教文化的作用和成长，价值取向始终重伦理而轻宗教。虽然东汉时期原始道教和佛教已经踏入社会生活，但宗教性最终不能成为中国古代文明的特质。

至于两汉文明的制度传承，脉络比较清楚。郡县制、职官、城邑、交通、陵寝乃至经济制度的赋役等，都和东周与秦代的制度相关联。

（3）文明的区域特征指的是历史地理观下的文明特征。也就是从历史、地域特性之间了解文明的复杂性和创新性，最终达到融汇合和、冶铸一炉的文明史观。

根据《汉书》《后汉书》记载的各郡具体户口数目，可知户数、人口数中原都占据了西汉、东汉的1/5。在当时的小农经济社会里，拥有人数的多少，在某种程度上说明了该地区的发展与进步程度。特别是东汉时期的中原，作为京都的所在地，天下财富，辐辏而来；人才熙熙，云会京师。《史记·货殖列传》曾形容西汉长安"故关中之地，于天下三分之一，而人众不过什三；然量其富，什居其六"。二者实为一理也。

对于西汉时期中原地区的风土人情，司马迁在《史记·货殖列传》中有过详细的评述，重温如下：

> 昔唐人都河东，殷人都河内，周人都河南。夫三河在天下之中，若鼎足，王者所更居也，建国各数百千岁，土地小狭，民人众，都国诸侯所聚会，故其俗纤俭习事。……
>
> 夫自鸿沟以东，芒、砀以北，属巨野，此梁、宋也。陶、睢阳亦一都会也。昔尧作游成阳，舜渔于雷泽，汤止于亳。其俗犹有先王遗风，重厚多君子，好稼穑，虽无山川之饶，能恶衣食，致其蓄藏。……
>
> 颍川、南阳，夏人之居也。夏人政尚忠朴，犹有先王之遗风。颍川敦愿。秦末世，迁不轨之民于南阳。南阳西通武关、郧关，东南受汉、江、淮。宛亦一都会也。俗杂好事，业多贾。其任侠，交通颍川，故至今谓之"夏人"。……
>
> 周人既纤，而师史尤甚，转毂以百数，贾郡国，无所不至。洛阳街居在齐秦楚赵之中，贫人学事富家，相矜以久贾，数过邑不入门，设任此等，故师史能致七千万。

从以上材料不难看出，"纤俭习事""好稼穑""业多贾"是当时河南人的一个基本特点。尤其是无所不至的商贾活动反映出的商业文明特点，已经打上了传统的印记。今天郑州仍然作为"商城"定位，应当是历史发展中的必然。但是，众所周知，两汉时期实行的是重农抑商政策，把商业文明或者手工业文明作为两汉时期文明的特征有不妥之处。不过，就地域来言，拥有许多"治商有道"的大商人和实际经商经验的中原地区①，确实是非常突出的现象，值得重新总结和审视。《汉书·食货志上》说："今法律贱商人，商人已富贵

---

① 《汉书·卜式传》："卜式，河南人也。以田畜为事。有少弟，弟壮，式脱身出，独取畜羊百余，田宅财物尽与弟。式入山牧，十余年，羊致千余头，买田宅。"《汉书·货殖传》："师史既衰，至成、哀、王莽时，雒阳张长叔、薛子仲訾亦十千万。"《后汉书·岑晊传》："宛有富贾张汎者，桓帝美人之外亲。"

矣；尊农夫，农夫已贫贱矣。故俗之所贵，主之所贱也；吏之所卑，法之所尊也。"为什么会出现如此结果？《史记·货殖列传》已经总结出答案："夫用贫求富，农不如工，工不如商，刺绣文不如倚市门，此言末业，贫者之资也。"

作为两汉时期的中原文明，还有很多突出的特点。单远慕先生在《中原文化志》中按照思想、学术、宗教、科技、文学、美术、艺术、建筑、教育、体育、民俗等领域的成就，总结出中原文化的特点是："发展持续，源远流长""文化渊薮，地位领先""领域繁多，异彩纷呈""骨干作用，影响广泛""遗迹遍域，文物首屈"①。除去最后一条不适于形容两汉时期中原文明的地位和作用外，其余四论可谓道出了中原文明存在的真谛。作为中原文明的特色有两点还需要进一步强调，一是科技领域内铁器铸造、使用和流通的情况；二是东汉时期洛阳的太学、鸿都门学、宫邸学、四姓小侯学和中原地域全面兴起的私学。

根据《汉书·地理志》的记载，全国共有铁器国营管理机构——铁官 49 处②，各自掌辖有若干冶铁作坊。目前，发现的冶铁遗址有 30 余处，河南发现的冶铁遗址不仅规模大（1 万至 12 万平方米），冶铁的质量也处于领先地位。李京华先生认为："河南冶铁业，既起始较早而又历代延续；既具有早晚连续性而又冶、铸、锻造等工艺齐全。""古荥有日产近一吨铁的世界最大高炉；许多高炉应用真正耐高温而被当今号称时髦的黑色耐火材料；巩县铁生沟遗址开始尝试铝土新耐火材料；巩县的烘范窑最为科学并脱碳出相当今天 I A 级'球墨可锻铸铁'和较多的铸铁脱碳钢。""南阳铸铁作坊，已创造出热鼓风熔炉③，这种先进鼓风技术也在河南等郡应用。""河南地区的河南郡、南阳郡、颍川郡的铁制品，除了满足本郡使用外，还外运到江西、湖北、陕西和西南夷的许多地区，足见河南冶铁量之多和对当时经济发展贡献之大。"④还有，叠铸法的使用不仅提高了工效，也可以批量生产铁器。铁器的价格在当时仅仅是铜的 1/4，每斤八个五铢钱稍多⑤，非常有利于铁器的普及及使用。

两汉时期，以中原为领先地位的冶铁技术的发展与变革，给整个两汉社会带来了巨大的经济效益。不仅在于有效地维护了"五口之家"的小农生活，也对西域军事上的胜利奠定了基础；同时，对开发江南地区的经济起到了极大的推动作用。

如果说冶铁业带来的是物质上的丰富，那么，太学、鸿都门学、宫邸学、四姓小侯学和私学教育的兴起，给东汉人鼓起了精神和思想翱翔的风帆。

关于太学，武帝开始置博士弟子，昭帝增员满百人，宣帝倍之，元帝更设员千人，成帝增员三千人⑥，这是西汉太学的情况。东汉光武帝建武五年，都城洛阳设太学，陆机《洛阳记》载"太学在洛阳城故开阳门外，去宫八里。讲堂长十丈，广三丈"。考古调查也证明

---

① 单远慕：《中原文化志》，上海人民出版社，1998 年。

② 铁官有大、小之分，郡不出铁者，置小铁官。河南有渑池、隆虑（林县）、河南郡（洛阳市东北）、阳城（登封）、西平、宛（南阳）等。

③ 除热鼓风技术之外，还有马排、水排的强鼓风方法。《后汉书·杜诗传》建武七年（31 年），南阳太守杜诗"造作水排，铸为农器，用力少，见功多，百姓便之"。

④ 李京华：《河南冶金考古的发现与研究》，《河南考古四十年》，河南人民出版社。

⑤ 杨宽：《中国土法冶铁炼钢技术发展简史》，上海人民出版社，1960 年。

⑥ 《汉书·儒林传》："成帝末，或言孔子布衣养徒三千人，今天子太学弟子少，于是增弟子员三千人。"

位于河南省偃师市佃庄镇东大郊大队太学村的遗址为东汉的太学①。它的发展沿革和盛衰状况，《后汉书·儒林传》里记载的非常清楚。"建武五年，乃修起太学……中元元年，初建三雍。明帝即位，亲行其礼。……飨射礼毕，帝正坐自讲，诸儒执经问难于前，冠带缙绅之人，圜桥门而观听者盖亿万计。其后复为功臣子孙、四姓末属别立校舍，搜选高能以受其业，自期门羽林之士，悉令通《孝经》章句，匈奴亦遣子入学。济济乎，洋洋乎，盛于永平矣！""自安帝览政，薄于艺文……学舍颓敝，鞠为园蔬，牧儿荛竖，至于薪刈其下。顺帝感翟酺之言，乃更修黉宇，凡所造构二百四十房，千八百五十室。试明经下第补弟子，增甲乙之科员各十人，除郡国耆儒皆补郎、舍人。本初元年，梁太后诏曰：'大将军下至六百石，悉遣子就学，每岁辄于乡射月一飨会之，以此为常'。自是游学增盛，至三万余生。""熹平四年，灵帝乃诏诸儒正定《五经》，刊于石碑，为古文、篆、隶三体书法以相参检，树之学门，使天下咸取则焉。"

鸿都门学设立于光和元年（178年），主要是招收文学艺术人才，即《后汉书·杨震列传》附杨赐传所载"又鸿都门下，招会群小，造作赋说，以虫篆小技见宠于时"。

宫邸学设立于元初六年（119年），主要是从事宫中幼儿教育和提高宫人知识水平。即《后汉书·皇后纪·和熹邓皇后》载"太后诏征和帝弟济北、河间王子男女年五岁以上四十余人，又邓氏近亲子孙三十余人，并为开邸第，教学经书，躬自监试"。"又诏中官近臣于东观受读经传，以教授宫人，左右习诵，朝夕济济。"

四姓小侯学也属于宫邸学的一种，设立于永平九年（66年），即《后汉书·孝明帝纪》载"为四姓小侯开立学校，置《五经》师"。其主要是为外戚樊氏、郭氏、阴氏、马氏诸子立学于南宫，并选用高师授其业。因为外戚樊氏、郭氏、阴氏、马氏诸子不是列侯，故称"四姓小侯"。

另外，据《后汉书·儒林传》记载，东汉时期中原人士开办有很多私学。例如，"洼丹字子玉，南阳育阳人也。世传《孟氏易》。王莽时，常避世教授，专志不仕，徒众数百人。""张兴字君上，颍川鄢陵人也。习《梁丘易》以教授。"刘昆字桓公，陈留东昏人，"王莽世，教授弟子恒五百余人"。"薛汉字公子，淮阳人也。世习《韩诗》，父子以章句著名。汉少传父业，尤善说灾异谶纬，教授常数百人。""楼望字次子，陈留雍丘人也。少习《严氏春秋》。操节清白，有称乡闾。……教授不倦，世称儒宗，诸生著录九千余人。""蔡玄字叔陵，汝南南顿人也。学通《五经》，门徒常千人。"

按现代学校的分类，除了以上国立大学（太学）、贵族学校（四姓小侯学、宫邸学）、文艺专科学校（鸿都门学）和私立学校之外，两汉还有郡、县、乡、聚四个级别的普通教育（相应为学、校、庠、序）为地方官学。从人数来看，太学的3万余人有夸张的成分，属于万人的太学应该没有大的疑问，因为西晋时期的太学仍然有7000余人。四姓小侯学、宫邸学、鸿都门学虽然仅存于东汉时期，但开创的意义颇大。尤其是私人授经的大量私学存在，使东汉时期的中原成为教育最为先进和普及的地区，这不但提高了人口素质，也对东汉政治走向产生了很大影响。例如，东汉末年，太学生反对宦官专制，积极参与时政，

---

① 中国社会科学院考古研究所洛阳工作队：《汉魏洛阳故城太学遗址新出土的汉石经残石》，《考古》1982年第4期。

足见东汉时期中原地区教育文明的重要性。

以上，在探讨两汉文明特征之时，笔者仅选择几种相互关联的因素来说明其特殊性、创新性和传统性的存在。其实，严格意义上的区分和举例是相当困难的，因为中国商周与两汉的文明之间，并不存在如希腊文明与罗马文明之间的断层特点。从这个角度出发，更能把握和理解每一历史时期文明的个性和意义。

中原地区两汉时期的文明由于自然、地理、交通、历史传统等条件的存在，一直处于领先地位，尤其是在生产技术与社会教育方面有过突出的表现。特别是后者的兴盛，不但培养了一大批有知识、有思想的文人志士，也为中国文明的新发展提供了新的思维方式和哲学给养，并迎来了个体自觉和群体自觉的魏晋时代。

最后，想要说明的是文明的研究意义。首先是一种多方位的哲学思考，是一种历史真情的思辨。其次，对个人研究而言，在于探讨历史深层中的个性，在于一种心智的修养和锻炼，也在于史识的积累和综合。最后，从社会意义着眼，在于发现历史进步和前进的动力，探求人们认识世界和改造世界的能力，寻求民族精神的灵魂与尊严。

［原载于《郑州大学学报》（哲学社会科学版）2004 年第 1 期］

考古视野中汉文化的特征：统一性与多样性

汉文化是指公元前 206 至公元 220 年两汉王朝统治时期汉统治区域内各族人群共同创造的物质文化与精神文化的总和。

汉代的考古发现极其丰富，特别是 20 世纪 50 年代以来，一系列两汉时期的重要遗存相继面世。城址方面，包括都城和其他城址。西汉长安城和东汉洛阳城的位置、范围及基本形制已探明，在此基础上对城址内的重要宫殿和相关设施进行发掘，如长安城中的未央宫、桂宫、武库以及南郊礼制建筑等；洛阳城的灵台、太学等遗址。汉代城址发现较多，除都城外，还包括诸侯王国都城、郡治县城、一般县城和其他城址。此外，汉代聚落方面也有较为丰富的遗存，保存最为完好的是河南内黄三杨庄庭院遗址，全面地展示出汉代普通院落的布局和内涵。墓葬方面，包括帝陵、诸侯王和列侯墓及普通官吏和平民墓，西汉十一座帝陵的位置、陵主以及基本布局和形制已大体探明，其中以景帝阳陵最为典型。东汉帝陵的考古工作陆续展开，目前已探明陵区的基本范围，并发掘了相关的陪葬设施。诸侯王墓和列侯墓发现较多，包括满城汉墓、徐州狮子山汉墓、北京大葆台汉墓、永城梁王墓等；中小型墓发现有 10 多万座，各地汉墓的分期工作基本完成。此外，还发现了较多的壁画墓、画像石墓和画像砖墓；洛阳、西安等地发现了较多的壁画墓；画像石墓集中于四个地区，即河南南阳，四川，山东、苏北和皖北，陕北和晋西北；画像砖墓主要发现于河南南阳地区、郑洛地区和四川成都地区。汉代手工业涉及广泛，考古遗存较为丰富，包括冶铁、陶瓷、纺织和漆器生产等方面，其中在已发掘的冶铁遗址中，以南阳瓦房店、巩义铁生沟、郑州古荥和温县招贤村等遗址最具代表性。

这些考古发现的遗存和遗物，毫无疑问都印上了时代的烙印。如果从文化的角度来审视这个烙印的特征，统一性和多样性成为其最明显的标志，这种标志大约可以从政治、经济、宗教信仰这三个方面来理解。

一、血缘与地缘政治的结合：王国文化到帝国文化的转型

秦始皇统一六国，建立了中国古代历史上的第一个统一封建王朝，中国开始由王国时代进入帝国时代。但由于秦王朝存在时间较为短暂，大一统的帝国文化直到两汉时期才得以完成，也就是说汉文化的统一多样性的确立可以视为东周礼乐文化的新生、秦朝制度在汉代的继承与发展以及新汉制（即汉文化模式）的诞生。

1. 东周礼乐文化的新生

礼乐文明是两周文化的核心内容，具体到实物资料上，则是各种材质的礼器和乐器，并且在使用方面有严格的限制，其中用鼎制度最为典型。这种状况在春秋时期逐渐受到破坏，由于周天子的地位和权势的降低，各诸侯国的僭越行为逐渐严重，出现了"礼崩乐坏"

的局面，但礼乐文化作为一种价值观念已经深入人心，从春秋晚期开始，中下层平民墓中广泛出现了仿铜陶礼器的组合。战国时期，各国实施变法，其中以秦国的商鞅变法最为彻底，从而在战国中期呈现出与东方六国不同的文化特征①。秦在统一的过程中，实施了严苛的政策法规，实用主义、拿来主义盛行，使得各地的考古文化面貌在秦代至汉初保留了较多的秦文化因素，包括墓葬中出土的典型秦器茧形壶、陶囷、铜鍪等。这一时期，东周的礼乐文化虽然在一定程度上遭到了破坏，但关东六国旧民的精神世界里，依然精彩纷呈。

汉代建立后，国家的政论偏向于"褒周过秦"，代表人物为陆贾、贾生和贾谊②。此外，汉初叔孙通制订汉仪时有言："臣愿颇采古礼与秦仪杂就之"，"于是通使征鲁诸生三十余人"③。汉文帝时期，贾谊提出的政治方略史是强调了周代礼乐教化的重要性，《汉书·礼乐志》对此有概括，"汉兴至今二十余年，宜定制度，兴礼乐，然后诸侯轨道，百姓素朴，狱讼衰息"。贾谊《新书·过秦下》载："借使秦王论上世之事，并殷周之迹，以制御其政，后虽有淫骄之主，犹未有倾危之患也。故三王之建天下，名号显美，功业长久……故周王序得其道，千余载不绝，秦本末并失，故不能长。"④东周礼乐文化在西汉时期获得新生，这种现象在社会习俗方面表现得最为明显，特别是葬俗方面较为突出。大型帝王陵方面，西汉帝陵的形制均为带四条墓的竖穴土圹墓，地宫外设置数量众多的陪葬坑，种类包括车马坑、乐器坑等；诸侯王墓的形制多样，其中有较多的横穴崖洞墓，但其内涵则是"制同京师"，如河南永城保安山二号墓的陪葬坑中出土上千件车马器具；中小型墓中常见鼎、敦、壶的仿铜陶礼器组合，并在西汉一代的墓葬中占据主要地位，即使在"汉制"成熟的西汉晚期，此类组合仍有较多发现。到了东汉时期，鼎仍然是权力和身份的象征，《后汉书·礼仪志下》中记载了天子的葬制，"东园武士执事下明器……瓦鼎十二，容五升"⑤。安阳西高穴曹操高陵中出土了 12 件陶鼎，体现了周制对汉制的深远影响。

两汉城址的形制和布局同样隐含有较多周礼的内容。《周礼·考工记》记载："匠人营国，方九里，旁三门。"汉长安城的四面各置 3 座城门，共 12 座；东汉洛阳城则略有改变，总体数量仍为 12 座，其中东、西各 3 门。南门 2 座，北门 4 座。两汉都城礼制建筑的设置同样参照了周礼的内容，《周礼·春官》载："小宗伯之职，掌建国之神位，右社稷，左宗庙。"汉长安城南郊发现的宗庙、社稷建筑，是目前所知反映"左祖右社"制度最早、最完整的考古资料⑥。

2. 秦制的继承与发展

汉承秦制，从本质上看是继承了秦代的统治模式，即推行地缘政治模式的郡县制。汉初刘邦为了稳定混乱的社会局面，实施郡国分制的政治制度，中央直属的只有帝国西部的十五郡。随着汉景帝平定"七国之乱"，汉武帝实施推恩令，东部的各诸侯王的权力大大减

---

①　梁云：《战国时代的东西差别——考古学的视野》，文物出版社，2008 年。
②　孙家洲：《中国古代思想史·秦汉卷》，广西人民出版社，2006 年。
③　（汉）司马迁：《史记》卷九十九《刘敬叔孙通列传》，中华书局，1959 年。
④　（汉）贾谊撰，阎振益、钟夏注：《新书校注》，中华书局，2000 年。
⑤　（宋）范晔撰，（唐）李贤等注：《后汉书》卷九十六《礼仪志下》，中华书局，1965 年。
⑥　刘庆柱：《汉长安城的考古发现及相关问题研究——纪念汉长安城考古工作四十年》，《考古》1996 年第 10 期。

小，各王国名存实亡，帝国的统治模式完全确立。

汉代城市的空间演化最能体现出国家政体的变化，秦始皇统一六国后，"分天下三十六郡"，在全国推行郡县制，除秦都咸阳外，东方各国的都城均变成普通的郡县城。汉代建立之初，高祖刘邦便"令天下县邑城"①。全国此后掀起了大规模地建设城市的高潮，其中有较多城址是在东周城的基础上修缮而成。汉长安城在西汉一代不断地扩大规模和完善设施，其核心理念是不断地加强中央集权，以维护汉家王朝的统治地位。同时关中地区不断从外地迁徙人口，新修建陵邑等城市，陵邑除了用于侍奉陵园外，还有"内实京师，外销奸猾"②的功能。西部郡县区的城市体系在两汉时期并未有大的改变，城址的性质除都城外，多为郡治县城和普通县城，城址的规模均比东周时期大幅度减小，如洛阳的汉代河南县城，修建于东周王城的旧址之上，面积远小于东周王城，城内已完全没有东周时期完善的设施。而东方王国区的城市分布在西汉一代有较大的变化，随着汉景帝、武帝对诸侯国的一系列打压政策。东部王国区的城市性质变化较大，诸侯王的国都逐渐被分化，特别是汉武帝"推恩令"的实施，使得具有侯爵人员的数量大幅度增加，中心城市被逐渐分化，这就直接导致城址规模减小和城市内涵的减弱，西汉末年很多城市的性质已逐渐分化为普通县城，这种特点在齐地表现得较为明显③。汉代的城市发展模式均是在秦代郡县制的基础上不断完善的体现。

陵墓修建方面，西汉帝陵承袭了较多秦始皇陵的因素，袁仲一先生总结了以下四点④：一是封土作覆斗状，底部近似方形，顶部呈长方形或方形的台面；二是西汉诸陵在封土的四周夯筑有围墙，墙上四面辟门，门上有双阙；三是在陵旁设置寝殿、便殿等陵寝建筑；四是陵邑的设置。西汉帝陵承袭秦陵诸多因素的根本原因在于秦始皇陵园那种至高无上、权威的陵寝思想正是汉朝当政者所仰慕的东西，正如《史记·礼书》所说，秦始皇"悉内六国礼仪，采择其善，虽不合圣制，其尊君抑臣，朝廷济济"。

中小型墓方面，"秦制"对"汉制"的形成起到了重要作用，主要表现在洞室墓和模型明器两方面。关于中原地区的洞室墓是否起源于秦地，目前学界还有一定的争议。中原地区洞室墓的兴起是从战国期开始，虽然在时代上与关中秦地相差不大，但这种墓葬形制的兴起恰好与秦统一的时代基本同时，秦的统一进程加速了洞室墓在中原地区的发展，而洞室墓正是葬俗由"周制"向"汉制"转变的重要因素之一，此后洞室墓的修建由土洞和空心砖逐渐转变为小砖墓，从而完成了由"椁墓"向"室墓"的转变。此外，模型明器起源于秦地，根据目前的考古资料，陶仓最早见于陕西咸阳任家咀春秋晚期的秦墓中⑤，陶灶在关中地区大量出现于秦统一前后，西安南郊秦墓中共出土 13 件陶灶，形制均为前方后圆的马蹄形⑥。模型明器是庄园经济在墓葬中的反映，而大量的模型明器群正是西汉晚期至东汉墓葬的典型特征之一。

汉承秦制的内容还有很多方面，如西汉建国之初，发行的钱币为半两钱；汉代统一度

① （汉）班固撰，（唐）颜师古注：《汉书》卷一《高帝纪》，中华书局，1962 年。
② （汉）班固撰，（唐）颜师古注：《汉书》卷六十四《严朱吾丘主父徐严终王贾传》，中华书局，1962 年。
③ 肖爱玲：《西汉城市体系的空间演化》，商务印书馆，2012 年。
④ 袁仲一：《秦始皇陵兵马俑研所》，文物出版社，1990 年。
⑤ 咸阳市文物考古研究所：《任家咀秦墓》，科学出版社，2005 年。
⑥ 西安市文物保护考古所：《西安南郊秦墓》，陕西人民出版社，2004 年。

量衡的正是建立在秦代以来的历史传统；文字方面，西汉早期至中期铜镜等载体上统一为小篆，之后逐渐转为隶书。

3. 新汉制或汉文化模式的诞生

纵观历史，朝代的更迭，随着社会经济的发展，实施的新社会制度逐渐规范，从而会产生出新的一套物质文化体系，作为汉代就是"汉制"的诞生。

城市分布方面，前文已有阐述，即西汉武帝以后，城市体系由王国模式转化为帝国模式，王国都城的数量虽然有大幅度增加，但规模逐渐减小，有的渐变为普通县城。相反都城的内涵变得更加注重皇权的地位，宫城在都城中的位置愈发重要，其中典型的标志是由西汉长安城的"多宫制"转变为东汉洛阳城的"双宫制"。

两汉时期最为丰富的遗存是墓葬，因此汉制达成的统一性在墓葬上体现最为明显。西汉帝陵从景帝阳陵开始成为成熟的模式，其建设理念应为模仿汉帝国都城而修建[①]。这种理念在西汉早期形成后迅速向中下层阶级普及，但由于等级不同，其所体现的形式也有较大的差异，西汉诸侯王及列侯墓修建的陵墓是模仿其宫邸所建，如满城汉墓、永城梁孝王墓以及狮子山楚王墓等，展现出一幅幅统一之下多彩并举的画面。

中小型墓方面，最先完成"汉制"过程的区域为洛阳地区，主要体现在以下四个方面：第一是墓地的选择早期集中于城址的周围，西汉中期开始向周边扩散，而且从墓地的选择上，可以看出明显的贫富分化；第二是夫妇同穴合葬的现象逐渐普及，洛阳地区在西汉中期偏晚阶段常见"平顶二次造"的空心砖墓；第三是墓葬空间扩大，其空间设置逐步宅第化，西汉晚期带双耳室砖室墓较为流行，其布局内涵应是现实生活中庭院的写照；第四是随葬品的组合由早期的礼器化转化为晚期的生活化，其中以模型明器最具代表性，生动地展现出汉代庄园经济的基本面貌。

由此可见，"汉制"的形成是充分吸收了各种文化因素，并有所创新。其中"周制"多体现在礼制方面；"秦制"则体现于制度方面，习俗方面也对"汉制"有一定的影响；"楚制"对"汉制"同样有较为重要的作用，直接的体现是汉代的艺术、文学等方面继承了楚地的大量因素，体现在考古资料上，主要有器物纹饰、服饰特征等方面，此外，一些楚地流行的器类，在西汉时期传入北方，如耳杯、案、奁盒等，这些器类在楚地多为漆器，而在北方地区则基本为陶器。

新汉制的最大特点是融合多元文化为一体，其形成后又体现出高度统一下的多样性，这种统一多样性的特性是在西汉晚期得以确立，东汉时期达到成熟。换而言之，统一性是指各地的文化面貌呈现出基本一致的内涵和架构，而多样性也就是因为不同的生活习俗和自然环境，又造就出丰富的区域文化。

二、小农经济与工商业的结合：重农到"抑商"的再平衡

我们知道，农业是中国古代社会经济发展的命脉，也是文化得以兴盛的前提条件，汉

---

① 焦南峰：《试论西汉帝陵的建设理念》，《考古》2007 年第 11 期。

文化亦不例外。

1.《氾胜之书》到《四民月令》

汉代有两部农书《氾胜之书》和《四民月令》，分别记述了两汉时期农业生产和作物种植的详细状况。其中，氾胜之对西汉黄河流域的农业生产经验和操作技术的总结，包括耕作的基本原则、播种日期的选择、种子处理、个别作物的栽培、收获、留种和贮藏技术、区种法等，说明相对合理的管理制度使汉代农业生产的流程日臻完善。《四民月令》记载的田庄从正月到十二月中的农业活动，如纺绩、织染和酿造、制药等手工业经验影响了其后1000 多年的小农经济发展。可见，正是这种编户齐民制度下小农经济的存在，才达成了上述汉文化统一与多样性的物质基础。

需要指出的是两汉时期作为中国历史上农业文明实现飞跃的时期，最为明显的特征就是铁器和牛耕的广泛应用和推广。铁器广泛应用于农具中，推动了该时期农业生产的快速发展，生产效率大幅度提高。汉代的农具最明显的特点是基本实现了铁器化，这是伴随着当时铁器工业的全面发展而实现的[1]。目前考古发现的铁农具数量丰富，按照用途可以分为起土、碎土工具，播种或中耕工具和收割工具。起土、碎土工具常见有犁、镢、锸、耒等。其中，犁的形制与结构较为复杂。一般由犁铧、犁和铧冠三部分组成。中耕和播种工具主要有锄、铲、镂铧等。秦汉三国时期的收割工具主要是各种形制的镰刀，另有少量的铚刀（又称掐刀）。关于铁农具的考古资料极为丰富，陕西、河南、山东、河北、山西、江苏、福建、辽宁、内蒙古、贵州、广西、甘肃、新疆、宁夏等地均出土了汉代铁犁铧、犁鐴及其他铁农具。耧车是汉代在耕作和播种技术上的巨大进步，镂铧的发现较为普遍，在陕西、河南、北京、辽宁等地均有发现，其形制多样，有束腰形、尖锥状、三角形等。汉代的农作物类型主要有粟、黍、稻、麦、菽、高粱、麻等，此外还零星发现了一些果类、蔬菜等经济作物。洛阳、西安地区的汉墓中常见有农作物出土，种类包含了大部分作物[2]，经济类作物多出土于一些大型诸侯王和列侯墓中，如长沙马王堆汉墓、广西罗泊湾汉墓等。此外，洛阳、西安等地汉墓中出土的陶仓、罐等器物上常见有"粟万石""大豆万石"等描述粮食的墨书文字。

农业生产方面，最大的进步是牛耕技术的推广，汉武帝时期，为实行耕战政策，实行代田法，曾推广耦犁。这种耕作为"二牛抬杠"的驾犁方式，山东金乡香城堌堆的汉画像石上描绘了"二牛三人耦犁"的牛耕方式[3]。随着耕犁结构的改进和驾犁耕地技术的成熟，到东汉时期一般不再需要牵牛人和掌辕或压辕之人，于是形成了二牛一人和一牛一人的耦犁[4]。江苏省睢宁县双沟出土画像石上的牛耕图形象描绘了二牛一人的耕作方式，二牛在前

①　白云翔：《先秦两汉铁器的考古学研究》，科学出版社，2005 年。
②　汉代农作物的出土状况可参考韩国河、赵海洲、刘尊志、朱津：《中国古代物质文化史·秦汉》第三章，开明出版社，2014 年。
③　山东石刻艺术博物馆：《山东郓城、成武、金乡石刻调查》，《考古》1996 年第 6 期。
④　中国社会科学院考古研究所：《中国考古学·秦汉卷》，中国社会科学出版社，2010 年。

牵引，一人在后扶犁，犁架上设有犁箭，犁床和犁稍由一根曲木制成[①]。灌溉是农业生产中的重要环节，汉代对农田水利和灌溉设施的建设十分重视，主要内容有大型水利灌溉、陂塘、水井等。西汉时期是水利建设的一个高峰期，除了战国时期的都江堰、郑国渠、漳水渠等水利工程继续沿用外，在全国的范围内都修建了水利灌溉设施[②]。关中地区最多，有六辅渠、白渠、龙首渠、灵轵渠、成国渠等，修建时间大多集中于汉武帝时期，其中陕西蒲城永丰发现了汉代龙首渠遗迹[③]。陂塘是对大型水利工程在灌溉方面的补充，多修建于地势高低不平的丘陵地区。河南内黄三杨庄二号庭院东、北、西三面均发现有农田遗迹，用于灌溉的池塘位于庭院两侧[④]。水井的遗存在汉代发现较多，但多为生活用水，直接表现出水井与灌溉有关的考古资料并不多。河南淮阳县于庄汉墓出土陶庄园模型的西院为园圃，其中央有一水井，有一水沟将井水引入沟两边的田地中，这是当时用井水灌溉的形象写照[⑤]。

汉代农业生产具有广泛的全民性，随着铁器的广泛使用和牛耕技术的推广，加速了农业生产技术的改进，从耕地、播种到田间管理、灌溉、收割入仓形成了一整套流程；在大一统的局面下，先进的生产方式迅速推广至全国各地，使得农业生产在全国范围内全面发展。需要注意的是，汉代疆域广阔，各地的自然环境、地理条件差异较大，因此农业生产方式又存在着多样性，如北方地区多旱田，多种植粟、黍、麦等作物，常见耧铧、铁镰等播种和生产工具；而南方多为水田，汉墓中常见的水田模型便是明证，作物多为水稻，四川地区的汉画像石中便有插秧的图像，收割工具也有一定的差异，带骹锋刃镰和铚刀是南方特别是西南地区收割水稻的主要工具。

2.《论积贮疏》到盐铁官营

西汉建立之初，民生凋敝。汉文帝期间，针对内忧外患的危机，贾谊上书建议鼓励农业生产，抑制工商业的发展，从而恢复国家的元气，这就是著名的《论积贮疏》。经过70年的休养生息，特别是"文景之治"后，达到了"太仓之粟陈陈相因，充溢露积于外，至腐败而不可食"[⑥]的程度。

但不可忽视的是两汉时期的工商业同样较为发达，司马迁在《史记·货殖列传》中记述了西汉早期商业繁荣的面貌，其中铁器的生产与流通最为典型。汉武帝实行盐铁官营之前，铁器生产是官营和私营并举。秦代设立盐铁市官收铁业税，设铁官掌管官营铁器工业。西汉早期也设官进行管理和收税，官营"一岁功十万人已上"[⑦]，私营"一家聚众或至千余人"[⑧]，规模均较大。私营铁工场已使用产品标识，山东莱芜元省庄出土西汉早期铁铧冠范上

---

① 江苏省文物管理委员会：《江苏徐州汉画像石》，科学出版社，1959年；徐州博物馆：《论徐州汉画像石》，《文物》1980年第2期。

② 彭曦：《初论战国、秦汉两次水利建设高潮——兼说都江堰工程史》，《农业考古》1986年第1期。

③ 张瑞苓、高强：《陕西蒲城永丰发现汉龙首渠遗址》，《文物》1981年第1期。

④ 河南省文物考古研究所、内黄县文物保护管理所：《河南内黄三杨庄汉代聚落遗址第二处庭院发掘简报》，《华夏考古》2010年第3期。

⑤ 周口地区文化局文物科、淮阳太昊陵文物保管所：《淮阳于庄汉墓发掘简报》，《中原文物》1983年第1期。

⑥ （汉）司马迁：《史记》卷三十《平准书》，中华书局，1959年。

⑦ （汉）班固撰，（唐）颜师古注：《汉书》卷七十二《贡禹传》，中华书局，1962年。

⑧ （汉）桓宽：《盐铁论》卷一《复古篇》，《盐铁论校注》，中华书局，1962年。

有阴文"山"字或"氾"字，镰刀范上有阳文"李"字，铲范上有阴文"山"字等，可能是铁工场主的姓氏[①]。汉武帝时期实施盐铁官营，以桑弘羊为治粟都尉，将私人鼓铸全部收归国有，并在 40 多个郡设 49 名铁官，主鼓铸，管理生产和专卖等，郡不出铁者，置小铁官[②]，严禁私铸，这一政策一直延续至东汉早期，设置 3 个以上铁工场，为特大铁官郡，如河东、河南、南阳郡等，有 2 个铁工场，为大铁官郡，如弘农、河内、山阳郡等。郑州古荥和巩义铁生沟均发现了汉代冶铁遗址，并发现了"河一""河三"等铁官铭，分别代表铁官作坊的编号[③]。"河内工官"铭的铁器在云南、广西福建等边远地带均有发现[④]，体现了河内郡铁器生产的重要性。公元 88 年后，废盐铁官营，罢盐铁之禁[⑤]，铁器生产又步入相对自由发展阶段。商品化明显，铁工场主姓氏、产品质量的铭文较多，如河南镇平尧庄铁器窖藏出有"王氏大牢工（釭）作真倞中"铭文铁器，有利于促进销售。

除了铁器生产外，汉代工商业还包括了货币流通、制盐、陶瓷、纺织、漆器生产等诸多方面，由于篇幅所限，此处不再一一阐述。我想正是汉代以"重农"思想为主流，"抑商"的政策时有间断或者某种程度的"放任"，才达成了小农经济与工商业的相互促进。国家积聚了财富，可以做大一统的事情，如祭祀、修陵、延揽四方宾客；小农仓中有盈粮，十里八乡人家自然随俗而聚，修房盖屋，养老送终，这就是汉代人为我们创造的生活模式或者是文化遗产，从汉代几百万平方千米空间的一致性到工业经济兴起之前 2000 多年里代代相传，这就是汉文化在中国历史上最为独特的魅力。

三、国家祭祀与民间信仰：太一神与西王母的碰撞

国家祭祀与民间信仰大致对应的是正统礼制和乡间习俗，分别体现的是官方意志与民间舆情。汉代的国家祭祀与民间信仰的典型代表可选取太一神和西王母进行解读，二者所隐含的文化内容在发展过程中相互制约并不断演变，这一过程呈现了国家统一意志的影响与民间祭享宗教化的趋势。

1. 太一神祭祀

太一祭祀是西汉重要的国家祭祀，在某种程度上讲，可视为西汉时期国家准宗教的信仰。"太一"之名始自先秦，湖北荆门沙洋县郭店村的楚简中，《太一生水》篇最早记述了太一神。另外，湖北荆门出土的"兵避太岁"戈、荆门包山楚简中都有关于太一信仰的内容。《楚辞·九歌》的第一篇便是《东皇太一》，可见在战国时期，楚人观念中可能视太一为最高神。随着楚国势力的扩展，太一崇拜的观念广泛流传。刘邦集团出自东楚，入主关中后，记忆中的太一崇拜顺理成章地成为汉代国家祭祀的主神候选，用神学说教来适应大

① 山东省博物馆：《山东省莱芜县西汉农具铁范》，《文物》1977 年第 7 期。
② （汉）班固撰，（唐）颜师古注：《汉书》卷二十四下《食货志》，中华书局，1962 年。
③ 李京华：《汉代铁农器铭文试释》，《考古》1974 年第 1 期。
④ 杨琮：《"河内工官"的设置及其弩机生产年代考》，《文物》1994 年第 5 期。
⑤ （宋）范晔撰，（唐）李贤等注：《后汉书》卷四《成帝纪》，中华书局，1965 年。

一统的政治理念，到汉武帝时期，"众神归一，天下大一统"①。太一作为西汉国家祭祀中的至上神，享祭直至哀帝时期。

《史记·封神书》详细记载了武帝立太一的经过："今上初至雍，郊见五畤。后常三岁一郊。……令太祝立祠于长安城东南郊……令太祝领祠之于忌太一坛上，如其方。……于是以荐五畤，畤加一牛以燎……上遂郊雍……令祠官宽舒等具太一坛，祠坛放薄忌太一坛，坛三垓。五帝坛环居其下，各如其方，黄帝西南，除八通鬼道。太一，其所用如雍一畤物，而加醴枣脯之属，杀一狸牛以为俎豆牢具。而五帝独有俎豆醴进……胙余皆燎之。""十一月辛巳朔旦冬至，昧爽，天子始郊拜太一。朝朝日，夕夕月，则揖；而见太一如雍郊礼。"②其后为"伐南越，告祷太一。以牡荆画幡日月北斗登龙，以象太一三星，为'太一锋'，命曰'灵旗'"。后为"塞南越，祷祠太一、后土"。可见，西汉国家祭祀中太一的性质，既是地位最高的天神，又兼有星神与远古圣君等多重身份。与之同祭的最高地祇为后土，这两种祭祀相互配合，成为汉代独有的天地之祭。

目前的考古资料中，与汉代太一神像直接相关的材料中，较为典型的有马王堆汉墓帛画和麒麟岗汉墓画像石两例。在传统楚地信仰中，太一与东皇伏羲有密切关系，马王堆帛画上还保留类似伏羲的人首蛇身形象。到东汉早中期的麒麟岗画像石中，太一完全以帝王形象出现。目前所见的太一图像，均出现在以昆仑、天门和西王母为中心的升仙信仰的环境中，表明了太一神信仰与升仙信仰有密切关系。

回顾太一祭祀在汉代兴立的过程，在关键时刻起到推动作用的往往是来自东土的方士，如亳人谬忌及齐人公孙卿。而太一及其附属祭祀在秦至西汉早期的国家祭祀中从未曾出现，武帝时期太一祭祀的成立，打破了西汉国家祭祀体系，改变了国家祭祀的重心所在，使之呈现出与秦代完全不同的变局。当然，太一神在汉代的兴盛与统治者维护其大一统的政治需要有着重要的关系，同时还与延续帝统、追求长生的愿望及方士的鼓吹、楚文化的民族因素影响有关。这种状况正是由于汉代文化吸纳和接收地方文化的表现及佐证，或者说是多样性的文化维护了统一的意志。

2. 西王母信仰

国有国祀，民有民享。秦汉以前是政教合一的国家政权，到了汉代，民间信仰在方士文化的推动下，已经显现出人为宗教的特点。有关西王母最早的记载，甲骨文的卜辞中就见到了与之相关的刻辞，即"东母""西母"。《庄子·大宗师第六》记载："西王母得之，坐乎少广，莫知其始，莫知其终。"③这是目前比较可靠的有关西王母的记述。在汉代的相关文献中，有关西王母的记述较多，从《史记》到《大人赋》，从《汉书》到《淮南子》，多处有西王母的描述。从考古资料看，汉代的西王母作为民间信仰的主要神灵之一，常常见于墓室的画像石、画像砖，也见于铜器上、玺印上，石窟式半圆雕乃至圆雕式西王母形象

---

① 张新科：《文化视野中的汉代文学》，中国社会科学出版社，2006年。
② （汉）司马迁：《史记》卷二十八《封禅书》，中华书局，1959年。
③ 曹础基：《庄子浅注》，中华书局，1982年。

也时有发现①。画像石属于墓葬或者祭祀，石窟圆雕属于宗教崇拜，而铜镜与玺印则从社会生活方面证实了西王母信仰的普及及程度。

从学者的研究中可知，西王母作为民间主要信仰神灵之一，在汉代经历了一个发展演变的过程，其形象、身份随之逐渐变化、丰富，这一点信立祥先生的《汉代画像石综合研究》有详细论述。西汉前期西王母在人们心目中为掌管天罚、半人半兽的刑罚之神，随着汉代造仙运动的兴起，由于西王母还有掌管不死之药的神性，西汉中期其形象开始发生变化，到了西汉晚期彻底转变为温柔可亲的仙人形象。东汉早期，用西王母图像来表现昆仑山仙境的艺术构图确定下来。由于汉代是一个男尊女卑的社会，东汉中期人们又创造了与西王母相对应的男性主仙，即东王公。而东王公很可能是从先前信仰的太一主神发展嬗变而来②。

通过太一神与西王母信仰认同的比较，我们赞同在中国古代社会，"几乎所有的正统文化都是由风、俗而来，是对风、俗改造加工的结果"③。西汉国家对太一神的祭祀是吸纳了楚地的习俗，东汉时逐渐没落。而民间信仰出于对国家宗教的仿效，在长期的发展融合中，使得西王母的形象逐渐完备，奠定了其道教的起源神的地位。不难发现其中一个最重要的原因是汉武帝对于神仙之道的迷恋影响了社会上下的精神追求，这个时候把握着长生成仙大权的西王母自然成了人们崇拜的对象。从这个意义出发，不难判断汉代国家祭祀和民间信仰在本源上只有同根性和相融性，无论是国家对太一神祭祀、祈福，还是对西王母的拜祭以祈求长生，都是汉代精神文化统一性的真实体现。与之相辅，相同的信仰观念在不同地域所显现出的地缘差异造就了文化的多样性。

以上，考古学文化视野中的汉制形成或者说汉文化模式的确立其来源是多元的，核心组成是周代的礼乐精神，这种精神本来所依存的土壤一个是农耕经济，一个是血缘政治，到了秦汉时期，随着地缘政治成为社会运转的主导，新的文化信仰开始酝酿出现，太一神的祭祀与西王母信仰的流行集中反映了汉代两极的文化观念，代表了一个时代所向往的文化价值追求。从文化哲学意义出发，皆可视为一种人生终极关怀的追求。尤其是西王母信仰与汉代墓葬建筑的结合，勾勒出一幅幅大一统文化世界里丰富多彩的地域文化生态。

当然，西汉张骞通西域后，丝绸之路得以全开拓，汉王朝加强了与西域各国及汉境域外国家的联系，这种统一政治文化格局促成了欧亚东部统一的汉字文化圈，汉文化自身也敞开宽阔的胸怀，包容了"四夷"与远方的世界，为汉文化的创新性发展注入了新鲜的异国他乡情愫。

（原载于河南博物院编：《汉唐中原》，科学出版社，2015 年）

---

① 刘昭瑞：《考古发现与早期道教研究》，文物出版社，2007 年。
② 信立祥：《汉代画像石综合研究》，文物出版社，2000 年。
③ 马新、齐涛：《关于中国古代社会史研究中的几个问题》，《文史哲》2006 年第 4 期。

都市文明与河流关系的思考

毋庸讳言，人类社会的发展时时刻刻离不开水，河流在人类文明发展进程中起到了极为重要的作用。考古学的材料证明，从旧石器时代开始到秦汉时期大一统国家的形成，河流始终与古代聚落、城邑、农业生产、渔猎、漕运乃至军事战争等遗迹、遗存密切相关。通观这一时期的历史发展状况，我们对河流与都市文明关系（自然环境的作用）的理解，可以分成两个层次：一是河流对都市文明形成与发展的催化及促进；二是河流对都市文明（社会发展）的阻滞及破坏。另外，以人类为主体形成的社会文明与河流的关系（人与自然的关系）也分成两个层次：一是先民对河流的积极利用与开发（都市经济的推动）；二是先民对河流的无意识或有意识的伤害与滥用（都市的毁坏及变迁）。这四个层次的关系仍然都是今天人类社会发展中（生态环境）的大问题，因此，研究古代文明与河流的关系不但具有重要的历史意义，也具有强烈的现实意义。

一、从"四渎已修，万民乃有居"说起

《史记·殷本纪》记载："古禹、皋陶久劳于外，其有功乎民，民乃有安。东为江，北为济，西为河，南为淮，四渎已修，万民乃有居。"《史记·河渠书》也说："九川既疏，九泽既洒，诸夏艾安，功施于三代。"说明中国古代国家、聚落乃至都市文明的形成，皆得益于河流的治理。

近来，有学者研究认为："尧舜禹时期下游黄河改道、洪水泛滥也给中原地区居民带来了巨大的灾难和威胁。在内忧外患俱来、生存危机空前严重的情况下，中原地区居民若要求得生存和发展，就必须首先消除中原地区的内部纷争，并齐心协力解决好黄河的水患问题。可能就是在上述共同利害关系的推动下，中原地区原本相互独立的陶唐氏、有虞氏、夏后氏诸集团最终选择了联合，迈向了政治一体化的道路。"①

从考古材料来看，新石器时代中晚期出现的城堡或城邑以及大中型聚落绝大多数都位于河流湖泊附近，这不但表明河流与先民的生活关系密切，也表明河流的存在是中国古代（城邑）文明产生与发展的基本条件之一。

二、"伊、洛竭而夏亡，河竭而商亡"的启示

《国语·周语》说："昔伊、洛竭而夏亡，河竭而商亡。"《汉书·五行志》也记载："史记鲁襄公二十三年，谷、洛水斗，将毁王宫。"《汉书·沟恤志》："后三岁，河果决于馆陶及东郡金堤，泛溢兖、豫，入平原、千乘、济南，凡灌四郡三十二县，水居地十五万余顷，

---

① 钱耀鹏：《尧舜禅让故事与中原社会政治的演进》，《中州学刊》2000年第3期。

深者三丈，坏败官亭室庐且四万所。"说明河流水系与国家（都市）的政治经济生命线休戚相关。

竺可桢先生在《中国近五千年来气候变迁的初步研究》[1]中勾勒了中国近 5000 年来气候变化的主要趋势：仰韶、殷墟、春秋战国、隋唐时期为温暖期；公元前 1100 至公元前 850 年（西周代商至西周初期）、公元初至 600 年（东汉至魏晋南北朝）、1100 年至 1220 年（北宋末年至南宋时期）、1570 年至 1710 年（明末清初）为寒冷期。同时基本上也概括了各段时期气候与河流水流量大小多少的关系。

最近的研究表明，夏代晚期洛阳的生态环境已经从温暖转向温凉和干燥[2]，特大的旱灾造成了伊洛河的断流[3]，加速了夏代的灭亡。进而言之，二里头"夏墟"、偃师商城都市位置的变迁与伊洛河的关系值得进一步探讨。

同样，根据《郑州商城》考古发掘报告的材料，不难看出从二里冈下层到战国时期城内使用的水井逐渐增多与水井深度逐渐加深，这种现象是否反映出城市供水系统（河流利用）的变化或者城市饮水卫生状况的改变？

三、"爰及沟渠，利我国家"的风貌

《史记·河渠书》载："是时郑当时为大农，言曰：'异时关东漕粟从渭中上，度六月而罢，而漕水道九百余里，时有难处。引渭穿渠起长安，并南山下，至河三百余里，径，易漕，度可令三月罢；而渠下民田万余顷，又可得以溉田。此损漕省卒，而益肥关中之地，得谷。'天子以为然，令齐人水工徐伯表，悉发卒数万人穿漕渠，三岁而通。通，以漕，大便利。其后漕稍多，而渠下之民颇得以溉田矣。"

众所周知，西门豹治邺引渠灌田、李冰父子治都江堰以及郑国渠的开凿，开始了人工对河道的开发和治理；到秦汉时期对于河道的开发达到了空前规模，比如开凿漕渠、整理鸿沟、护理汴渠、开凿阳渠、修整邗沟、维护灵渠等，这些河道的治理不仅支撑了秦汉时期的漕运，也灌溉了大量的农田，可谓"举锸为云，决渠为雨"，有力地促进了汉代农业经济的兴盛，对汉代大都市文明的发展起到了至关重要的作用。

故，《汉书·叙传下》总结说："夏乘四载，百川是导。唯河为艰，灾及后代。商竭周移，秦决南涯，自兹距汉，北亡八支。文堙枣野，武作《瓠歌》，成有平年，后遂滂沱。爰及沟渠，利我国家。"

以上所载的河渠、河道的遗迹，考古材料都有所发现。而"爰及沟渠，利我国家"在东周列国城市及汉代两京城（长安及洛阳）与周边河流的关系中也可以得到证实。

---

① 竺可桢：《中国近五千年来气候变迁的初步研究》，《考古学报》1972 年第 1 期。

② 洛阳市文物工作队：《洛阳皂角树：1992～1993 年洛阳皂角树二里头文化聚落遗址发掘报告》，科学出版社，2002 年。

③ 王星光：《黄河中下游地区生态环境变迁与夏代的兴起和嬗变探索》，郑州大学博士学位论文，2003 年。

四、"河水重浊，号为一石水而六斗泥"的赞示

战国时期的水利家慎到（约公元前 395～前 315 年）曾在黄河龙门用"流浮竹"测定河水流速，说明当时已对黄河含沙量做过观测。

此后，《汉书·沟洫志》记载歌谣："田于何所？池阳、谷口。郑国在前，白渠起后。举臿为云，决渠为雨。泾水一石，其泥数斗。且溉且粪，长我禾黍。衣食京师，亿万之口。"一方面说明了泾水淤泥可以当肥粪，另一方面也透露出泾水在西汉时期由于植被遭到破坏，导致大量泥沙入河的信息。同样，汉代张戎于元始四年（4 年）提出"（黄河）河水重浊，号为一石水而六斗泥"。继之，他提出黄河下游易决溢的主要原因是泥沙的淤积，即"民竞引河溉田，令河不通利。至三月桃花水至，则河决，以其噎不泄也。禁民勿复引河"。

另外，汉武帝时期，"自（黄）河决瓠子后二十余岁，岁因以数不登，而梁楚之地尤甚。上既封禅，巡祭山川，其明年，干封少雨。上乃使汲仁、郭昌发卒数万人塞瓠子决河。于是上以用事万里沙，则还自临决河，湛白马玉璧，令群臣从官自将军以下皆负薪置决河。是时东郡烧草，以故薪柴少，而下淇园之竹以为楗"[1]。明确记录了"东郡烧草，以故薪柴少"植被破坏的状况。

由于西汉时期黄河泛滥成灾，至王莽时，"征能治河者以百数"，虽然"但崇空语，无施行者"，但足以说明西汉晚期自然生态环境发生了重大变化。

至目前为止，考古材料揭示的人地关系资料越来越多，基本表明大约在东周时期由于铁器的普及和使用，大大加强了人类自身的繁衍和生产能力，同时也带来了对自然生态"破坏力度"的加大。仅仅从众多河流的泛滥与干枯的记述可以看出，人类为自身的"破坏"行为已经付出了惨重的代价。纵观历史，中原古代都市对这方面的"体味"更为深刻。

有学者认为，农业文明的出现，意味着人类与自然的关系进入了"公然"对抗的阶段，"征服"自然（包括河流）成为文明发展的必然过程。有研究表明，国外尼罗河文明、两河流域文明、印度河文明的衰落都和环境、气候、土壤、洪水等因素的巨大变化有关[2]。中国文明，尤其是中原都市文明虽然没有因为自然因素的剧烈变化而中止或中断，但在夏商、商周、两汉、宋元等朝代更替的政治事件中，已经说明了人类与自然的"互利互害"的双重作用。

中国古来就有"天人合一"的思想。从以上四个层次的论述当中，也可以感触到"河流与都市文明"或"都市文明与河流"的内在、深层关系，今后随着考古学发现及研究的深入，反映出人类与自然内在机理的实证作用将会日益提高。

（原载于郑州市人民政府、中国古都学会编：《郑州商都 3600 年学术研讨会暨中国古都学会 2004 年年会论文选编》，中州古籍出版社，2005 年。后又收入中国古都学会、郑州古都学会编：《中国古都研究（第二十一辑）》，三秦出版社，2007 年）

---

① （汉）班固撰，（唐）颜师古注：《汉书·沟洫志》，中华书局，1962 年。
② 宋豫秦等：《中国文明起源的人地关系简论》，科学出版社，2002 年。

中原地区先秦城市的保护与利用研究

中原地区 [①] 先秦城市数量众多，分布广泛，具有重要的历史价值、科学艺术价值和社会价值，是珍贵的历史文化遗产，应得到有效的保护和利用。本文尝试从城市保存现状、保护和利用中存在的问题与挑战等方面进行分析，以期探索中原地区先秦城市文化遗产可持续发展的策略。

一、中原地区先秦城市保存现状的分类探讨

在经历了历史长河的洗礼，中原地区先秦城市相继退出了历史舞台，这些城市的保存现状各异。下文将通过梳理文献和实地调查资料，归纳、分析中原地区先秦城市的保存现状。

根据已经公布或见于报道的资料，依地表上城垣现状保存的体量和尺寸，即四周城垣的高度、长度、宽度以及城壕、城内外其他遗迹遗物等为分类依据，将中原地区先秦城市分为以下六类。

一类：城址规模确定，范围清晰。地表以上保留三边及以上城垣和其他遗迹遗物。城市的城垣大部分伫立在地面以上，并保留一定的高度、宽度。城内外存有其他建筑遗迹，出土文物丰富。这类古城较多地保留了原来的风貌，如新密古城寨和郑韩故城。

二类：地表上保留两边城垣的部分夯土，大致可复原出古城的范围和规模。城址内外的其他遗存也丰富了古城的内涵，如府城遗址和京城故城。

三类：地表上保留一边城垣的部分夯土，但已不能准确判断其他城垣所在，如平粮台遗址和息国故城。

四类：未保留地面以上的城垣，有的保留城垣基址或城壕，有的甚至找不到城垣的基址，依据有关文献或调查钻探确定保护范围。城址范围内有较多的遗存，如孟庄城址、西不羹城和蓼国故城。

五类：城垣均湮没于地下或水下，或叠压于其他城址之下，部分城墙尚残存，如汉魏洛阳城下的西周城址和龙城遗址。

六类：城垣资料不详或仅存城名，详细资料有待今后考古工作的展开，如沁阳商城、南阳淅川的定阳城和马蹬城等。

据初步统计，目前已发现的中原地区先秦城市约215座，其中新石器时代14、夏代8、商代8、西周时期5、东周时期180座 [②]。在这些城市中，一类城市有22座，约占总数的10.2%；二类城市有29座，约占总数的13.5%；三类城市71座，约占总数的33%，数

---

① 本文采用中原地区的狭义概念，地域仅包括现在的河南省行政区划。

② 尚咏在其2007年硕士学位论文《河南东周城址价值、现状与保护的初步探讨》中统计，中原地区东周时期城市的数量为176座。现把近年新发现的4座东周城市统计在内。

量最多，也是城垣的地上部分保存状况最岌岌可危的一类；四类城市 64 座，约占总数的 29.8%，是存在地上城垣的城市中破坏最严重的一类；五类、六类分别是 12、17 座，约各占城市总数的 5.6% 和 7.9%。二、三、四类城市所占比例较大，这三类约占总数的 76.3%[①]。由上可知，中原地区先秦城市大部分城垣或已不存在，或湮没于地下，有的甚至仅存有墙基或城壕。

二、中原地区先秦城市保护利用的挑战及存在问题

近年来，中原地区先秦城市的保护利用取得很大的成效，积累了丰富的经验。目前，二里头遗址、偃师商城、东周王城、汉魏洛阳城、安阳殷墟、郑韩故城、郑州商城等有序地开展了大遗址的保护利用的工作，安阳殷墟遗址还于 2006 年成功入选世界文化遗产名录。在推进价值重大、影响深远、保存良好的重要大遗址或建筑群走向高效保护管理层面，已积累了丰富的理论和实践经验，但也存在着一定的问题和挑战。

（一）自然和人为因素对先秦城市的破坏

根据上文对中原地区先秦城市现存状况的介绍，多数城市已经或正在遭到破坏，而影响其保存现状的主要有自然和人为两大因素。

1. 自然因素

主要有三类：一是自然外动力的破坏作用，包括雨水冲淋、冬季融冻、植物侵害等。这种破坏短期内不易察觉，但最为常见。自然外动力对先秦城市的破坏作用具有持久性，造成的毁坏后果严重。例如，濮阳戚城故城[②]，又称孔悝城，城西 1 千米处即是汉代以前的黄河故道。文物保护工作者经过对戚城遗址详细的勘察，结合实验测试结果，认为城墙目前存在的病害残损有植物病害、墙体垮塌、冲沟、盐碱析出和墙体滑坡等十一类。其中植物病害是危害古城墙最重要的原因，表现为下列几种情况：城墙上植物生长，其根系疏散土质。植物较大的根系深入墙体，直接分离夯土，致使墙体局部垮塌。植物较小的根茎深入墙体后，夯土松散分离，雨雪天气使受水夯土进一步松散，最终导致墙体垮塌。植物腐朽后，使城墙表层夯土成为耕植土，耕植土层最厚高达 1 米。降雨也会对夯土城墙造成直接损害，雨水在城墙上的低洼处汇集后流下，对墙体冲蚀切割造成冲沟。同时，降雨使土质受潮，夯土中自身盐类溶于水并向外蒸发在墙面析出。造成盐碱析出的原因还有地下毛细水上升，溶解某些盐类在墙面蒸发析出。当然，人为的破坏也对戚城古城墙造成危害，但目前来看，对夯土城墙的主要威胁来自自然界[③]。

二是自然灾害对城市的破坏，如洪水、地震、泥石流等，这种破坏具有临时性，但每

---

① 由于多数城市的发掘或调查报告公布较早，当时的保存状况与现今有差距。因此，在实际的统计中，三、四类的城市数量应有所增加，一、二类的城市数量相应减少。

② 廖永民：《戚城遗址调查记》，《河南文博通讯》1978 年第 4 期。

③ 中国文物信息咨询中心编：《文物保护工程典型案例》（第一辑），科学出版社，2006 年。

一次造成的破坏较严重。自然灾害中以洪水对古城址的毁坏较为常见。从考古资料看，先秦城市多依山临河而建，绝少例外。河流给城市带来便利的同时，也带来的威胁。河床移动或汛期洪水泛滥常常冲毁临近的古城，此类现象屡见不鲜。例如，位于焦作沁阳市西北15千米的邘国故城[①]，故城位于山前坡冲积扇地带，历年的泥石流，使城址地面堆高了许多。目前地表上仅可见北墙遗迹，其余三面墙皆埋于地下。

三是河流频繁决溢或改道对城市的破坏。据文献资料，黄河下游有记载的决溢有1500多次，改道26次，黄河变迁始终关系到下游地区的安危，位于河南东部和东北部的先秦城市多次受到黄河水患的危害。宋国故城、启封故城等深埋于地下，最深处的城垣顶部距地表约10米。沙门城址、南古墙村城址、黄池会盟故城等遗址也经黄河泛滥淤埋。此外，还有开封杞县围城故城、雍丘故城，商丘睢县的承匡故城，周口西华县长平故城、西华城址、女娲城遗址，商水县顿国故城，扶沟县扶沟古城（固城村城址）、古城村城址，沈丘县古项城址，项城市南顿故城等，均不同程度地受到黄河水患的破坏。

2. 人为因素

根据人们对中原地区先秦城市破坏的形式和程度，可分为乡村地区的破坏形式和城镇地区的破坏形式两类。其中，前者主要表现为人们的生活和生产对古城址造成的破坏，后者主要为城市建设和发展对古城址带来的破坏。

大部分中原先秦城市坐落在广大的农村地区，因此农民的生活和生产活动对古城址造成了较大的影响。民房建设中会平整土地、开挖房基，对遗址本体的破坏性很大。遗址区内还有农田、林地，深耕、退耕还林等行为都会对遗址本体造成一定程度的破坏。农田灌溉水利的冲刷和淤积对遗址本体也会造成一定的损害。此外，遗址区内居民的取土、修建坟墓、倾倒垃圾、修建水渠等行为也对遗址保护构成了很大的威胁。例如位于焦作市西南8千米的府城古城，村民为挡"风水"逐年垫土，在原来城墙的基础上，垫出了一条高出地面3米多的路基；城内文化堆积破坏严重，全城面积一半多的土被挖出修垫高速公路路基[②]。

中国社会的城镇化进程加快，"新型城镇化"建设不断推进。但在城市建设中出现了大规模破坏先秦城市的行为。以郑韩故城为例。由于郑韩故城遗址规模宏大、内涵丰富、类型多样，既有保存于地表之上的遗存，也有埋藏于地面之下的遗存，加之保护区和建设控制地带多位于新郑市市区内，其余的部分则处于城乡接合部，因此城市发展、乡镇改造与遗址保护的矛盾十分突出。人口增长、交通设施修建、经济利益驱使、房地产开发等，使法定的文物保护用地不断被侵占蚕食，遗址保护赖以依存的环境日趋恶化。各种建设的开展、道路的兴修、管线的铺设等行为对埋藏较浅的文化层形成了极大破坏，这是目前位于城区中的郑韩故城遗址主要的人为破坏因素。

此外，在经济利益的驱使下，文物犯罪分子的盗挖现象也有发生，既是违法行为，也对先秦城市本体造成了极大的破坏。

在相当长的一段时期，中原地区先秦城市的保护仍未得到应有的重视，与城市建设发

---

① 郭建设：《焦作先秦古城考》，《河南文物考古论集（二）》，中州古籍出版社，2000年。
② 杨金贵、张立东：《焦作市府城古城遗址调查报告》，《华夏考古》1994年第1期。

展之间的矛盾并未解决。尽管一些古城址已经被各级政府宣布为文物保护单位，但保护措施难以落实，新修道路、企业用地、居民建房等仍在不断侵占甚至毁坏先秦城市。

（二）中原地区先秦城市保护利用存在的问题

中原地区先秦城市的保护工作已开展多年，一些城市的保护规划已经开始实施，也取得了一定的成效。但我们应该认识到其中存在的问题。

第一，中原地区先秦城市的研究不足，城市价值发掘不够。先秦城市保护措施的选择与对其价值的认知度密不可分，没有对价值的正确判断，就无法采取有针对性的保护措施。古代城市的保护利用不同于其他展示，首先是遗迹保护，而后才是通过现代手段对遗迹的再利用，因此考古工作是不能忽视的基础。考古发掘是对先秦城市保护利用的前提，所有的保护利用工作都应以此为据。据统计，郑州地区的 34 处先秦城市中，开展了考古工作的仅有 12 处，这就导致保护利用工作缺少了必要的依据。即便是开展了考古工作的城市，有的资料长时间没有整理，有的许多问题没有解决。造成这种现象的原因，除了考古报告编制周期长外，研究机构和人员数量不足是最主要的因素。

虽然诸多考古机构在河南长期致力于文化遗存的保护和研究，但是对于文物古迹大省来说，力量还显薄弱。在 200 多座先秦城市中，正式进行考古发掘工作的城市数量不足1/3，很多还仅是局部的发掘，城市的总体范围及遗存内涵尚不清晰。当前多数考古工作仍以配合基建为主，主动发掘研究工作较少，导致先秦城市保护缺乏考古工作的基础支撑。而且受行政事业单位体制限制，文物部门中真正从事考古工作的人员数量并不多。这些大大影响了先秦城市价值评估的准确性和保护效率。

第二，现代城市建设过程中的审批制度不健全。根据《中华人民共和国文物保护法》规定，工程项目的建设必须经文物部门批准同意后方可施工。这虽然在一定程度上制约了工程建设对先秦城市的侵害，但也存在需要完善的地方。在建设项目具体审批的过程中，文物部门往往是最后一个进行审批。这个阶段往往其他相关部门已经审批通过，甚至工程前期的拆迁和环境治理工作已经开始进行。这样，一方面给文物管理部门造成较大工作压力，另一方面如果审批通不过，建设项目前期工作将是不可避免的损失。

第三，可持续发展观念淡薄。在中原先秦城市历史文化遗产的开发利用中，一些地方急功近利，缺乏长远规划和严格管理，只顾短期经济利益，而忽视文化遗产深层次的开发。甚至有些历史文化遗产工程质量低，将一些古迹装扮得不伦不类，与先秦城市深厚的文化内涵极不相称。

总之，当前中原地区先秦城市保护面临的主要问题，在于政府的重视支持程度不够、城市保护与经济建设及群众生产生活的矛盾、资金不足、利用模式单一、投入大、产效慢等方面。

三、实现中原地区先秦城市文化遗产可持续发展

中原地区先秦城市蕴含着中华民族特有的精神价值、思维方式、想象力，体现着中华民族的生命力和创造力，是华夏文明的瑰宝，是联结民族情感的纽带，是增进民族团结和

维护国家统一及社会稳定的重要文化基础，也是建设华夏历史文明传承创新区不可或缺的重要载体和组成部分。

（一）中原地区先秦城市文化遗产保护的内容

中原地区先秦城市作为一个被保护体，是具有更多真实历史信息的载体，在保护时必须树立以下几个重要观念。

（1）城市保护不同于单个建筑物的保护，要保护的应该是一个历史地区及其周围的环境，保护的是群体，是与之相关的除建筑以外的构成环境和氛围的要素。

（2）保护就是使之免受各种破坏、不恰当的利用、不必要的添建和可能会损坏其真实性的改变，以及由于各种形式的污染而带来的损害。

（3）城市是一个活的有机体，始终处于新陈代谢的状态，因而要更新。保护历史地区及其周围的环境，并使之适应于现代生活的需要。

（4）对于先秦城市而言，保护只是局部，不会也不可能是完全的一座城市。所以保留什么，改造什么，拆除什么，对于城市保护而言是一个关键的问题，在具体实施前必须经过科学的论证。

中原地区先秦城市保护的内容主要包括两个方面，即城市蕴含的物质文化遗产和非物质文化遗产。物质文化遗产方面主要包括三个内容：一是城市所植根的自然环境。各种不同的地理环境导致了不同特色的文化景观，历代对自然环境的加工使环境又具有了人文和历史的内涵。二是城市独特的形态，主要是指有形要素的空间布置形式。例如，城市与自然环境的关系，城市的几何形体，城市的格局，城市的交通组织、功能分区，城市形态的演变等。三是城市的物质组成要素。建筑是构成城市实体的主体要素，由它们构成的古迹点与现代城市生活仍有密切关系，形成了城市文化景观特色中最重要的部分。

非物质文化遗产主要包含三个方面的内容：一是语言、文字；二是城市的生活方式和文化观念所形成的精神文明面貌；三是社会群体、政治形式和经济结构所产生的城市生态结构。

（二）实现中原地区先秦城市文化遗产可持续发展的策略

中原地区先秦城市文化遗产可持续发展是指在开发利用过程中，始终把保护放在首位，最大限度地延长文化遗产的寿命，使历史文化遗产价值的实现达到最佳状态，力求达到文化资源的永续利用。

针对当前中原地区先秦城市保护现状和存在的问题，我们提出以下几点策略。

第一，政府在保护中起主导和决定作用。任何先秦城市保护利用工作的成败都与当地各级政府的支持程度密切相关。地方政府越重视，先秦城市的保护利用在社会发展中的作用越能有效发挥，进而更能提高政府对文化遗产的重视程度。先秦城市保护的资金基本为政府层面的拨款，也可以借鉴西安的保护模式。面对资金不足的问题，西安市制定了政府主导、市场运作的原则，将遗址及周边区域共19.16平方千米纳入整体改造范围，采取项目委托制，委托中国首个国家级文化产业示范区——西安曲江新区，全面实施大明宫遗址区保护改造工程。曲江新区成立"西安曲江大明宫投资（集团）有限公司"，承担大明宫遗址区保护改造的项目招商、投融资、基础设施建设等工作。此举不仅解决了资金问题，而且还通过保护文物改变了区域现状。

第二，考古遗址公园是当前先秦城市保护的重要尝试，它的产生显示出我国在大遗址保护理念的扩展和进步。先秦城市保护已不仅仅是对遗址本体的保护，而应当是包括遗址在内的，由周边生态景观、人文景观等组成的系统工程。古代城市属于大遗址保护的一部分，故目前国内古代城市利用的方式与大遗址基本相同。

第三，先秦城市保护需要根据城市本身的保存状况、规模大小以及文化价值等多方面条件，选择合适的保护手段和科学合理的展示利用方式。针对不同类型的先秦城市采取有效的保护利用措施，尽量在保证遗址真实性的前提下，增强其具体性、完整性和可观赏性，从而有利于其文化价值、艺术价值的展示，进而发挥经济和社会效益。

第四，社会经济发展与先秦城市保护分别属于社会物质文明建设和精神文明建设两个不同的概念。在以经济发展为中心的社会形势下，当先秦城市保护与社会经济发展矛盾凸显时，先秦城市极易受到忽视和破坏。因此，要保护先秦城市文化遗产安全，从根本上需要整个社会，尤其是起主导作用的政府部门要提高对精神文明建设重要性的认识。

第五，积极引导公众关注和参与。目前，中原先秦城市日常的保护管理工作还主要是依靠当地各级政府的文物部门，所在地的居民参与保护工作的情况并不普遍。造成这种现象的原因，客观上是由于中原先秦城市的现存状况，都是一些土质的残垣断壁，可观赏性差，很难引起观众的兴趣。主观上则是在于长期以来对文物的保护是一种被动的保护，而且考古成果与社会公众相距甚远，因此也一直没有形成来自社会公众的保护力量。近年来，考古工作者开始认识到在文化资源管理的方式下，公众在考古中现在的利益没有得到充分的满足①，公众考古学逐渐兴起，公众对考古学的兴趣渐增。若将中原先秦城市的保护管理建立在考古学、文化遗产保护、公众考古学三者结合的基础上，不仅会实现考古成果共享，也是文化资源共享，更是公众对本民族历史认识的增强。所以在中原先秦城市的保护中，保护管理者除了要通过展示、宣传、教育等方式将公众吸引到保护目标上来，使公众逐渐欣赏和尊重古代城市遗址景观，还要有计划地组织公众参与到保护项目中，使公众真正地认识到保护先秦城市的必要性和重要性，也呼吁社会其他力量参与到中原先秦城市的保护实践中。

（三）依托中原地区先秦城市文化遗产建设华夏历史文明传承创新区

中原地处我国中心地带，是中华民族和华夏文明的重要发源地。国务院提出在中原经济区建设华夏历史文明传承创新区，并把它作为中原经济区的五大战略定位之一。

华夏历史文明传承创新区，是传承和弘扬中原优秀历史文化，让广大人民群众充分共享文化遗产保护利用成果，提升区域软实力，适应"三化"协调发展的内在要求，也为中原经济区建设提供强大精神动力和智力支持的重要平台。建设该区的中心内涵是充分挖掘、研究、展示河南作为华夏文明之源、中华民族之根的文化资源优势，创新保护开发利用模式，探索华夏历史文明与社会经济和谐交融、良性互动新路径，为华夏文明的传承与创新、

---

① 李琴、陈淳：《公众考古学初探》，《江汉考古》2010年第1期。

社会主义核心价值体系的构建与弘扬提供战略支撑，走出一条由文化资源大省向文化强省跨越、文化引领推动经济社会快速发展的新路子。因此，推进华夏历史文明传承创新区建设，对于建设中原经济区，实现中原崛起，具有重要的现实意义和长远的战略意义。

中原地区先秦城市数量多，分布广泛，延续时间长，对后世城市的发展有着深远影响，其所蕴含的历史文化遗产也应得到永续传承和合理利用。通过分析中原先秦城市的演变和文化内涵，可以确定河南是中华民族的重要发祥地，是中国都城文化的源头，是农耕文化、汉字文化、礼制文化的起源地与发展地。中原先秦城市在中国城市发展史，尤其是都城发展史上具有重要的地位。中国八大古都中，河南郑州、安阳、洛阳、开封名列其中，占据一半。中原先秦城市历史文化资源在全国占有重要地位和影响，是促进河南经济社会发展、中原经济区建设和华夏历史文明传承创新区建设的重要战略资源和独特优势。

为了发挥中原先秦城市文化遗产的优势，建设华夏历史文明传承创新区，我们要处理好以下几个关系。首先，处理好城市文化资源保护与开发利用的关系，做到保护与开发利用相协调。正确把握文化遗产保护和文化产业、旅游产业发展之间的关系问题，坚持探索低碳绿色的开发模式，规范和完善文化资源的市场配置，开拓先秦城市历史文化资源保护和合理利用的新路径。其次，处理好传承与创新的关系，做到传承与创新相协调。继承弘扬先秦城市中的文化传统，吸收借鉴全国乃至世界优秀保护经验，在传承基础上把保护利用创新作为文化发展的战略基点和前进动力，力图将先秦城市文化遗产转化为现实生产力，更好地服务于中原经济区建设。再次，处理好先秦城市文化遗存保护与经济社会发展的关系，做到文化与经济社会发展相协调。坚持以经济发展为基础，大力推进文化产业发展，繁荣文化市场，不断解放和发展文化生产力，推进文化惠民工程，积极开展文化活动等使广大人民群众共享文化发展成果，实现经济效益和社会效益的有机统一。

总之，中原地区先秦城市文化遗产的可持续发展应以华夏历史文化内涵为主题，以世界文化遗产项目为龙头，以大遗址公园为依托，以高新技术和改革创新为手段，整合各类优势资源，形成特色鲜明的中华历史文化保护示范区、集中展示区和开发利用试验区，从而建设中原国际文化交流平台，以最大限度地增强中华民族的凝聚力和认同感。

（此文为中华之源与嵩山文明研究会课题"中原地区先秦城市的价值评估及保护研究"结项成果之一）

汉代考古学研究的思考

刘庆柱先生在《秦汉考古学五十年》[①]一文中，从城址、墓葬、农业与手工业、简牍、汉代周边与少数民族地区考古等五个方面，系统地阐述了新中国秦汉考古学的发现与收获，并在相应的论述当中指明了今后的研究方向和问题，笔者在学习秦汉考古学时，亦感到有两个大的学术问题，亟待解决。

一、开展东汉帝陵研究的迫切性

中国秦汉时期考古研究的大命题一直是围绕城市和陵墓来展开，既然东汉时期的政治、文化中心在洛阳，帝陵的研究对历史考古研究人员来讲，自然是一个非常具有诱惑力的课题。但是，由于种种原因，几十年的考古与调查（近年大家又忙于配合基建考古发掘）始终没有搞清东汉帝陵的分布及布局，到目前为止，还没有一部就东汉帝陵做断代式研究的成果问世。

我们知道，东汉帝陵总共有 12 座，除汉献帝的禅陵在河南焦作外，其余的都在洛阳附近。东汉末年成书的《东观汉记》（刘珍等撰）里，仅仅记载了桓帝以前的八个陵的名称。到了南朝时，宋人范晔才根据《东观汉记》的记载，在《后汉书》里补齐了 12 陵的名称。至于各个东汉帝陵的大小、方位，南朝梁人刘昭给西晋司马彪撰的《续汉书·礼仪志》注引所用《古今注》（东汉伏无忌著）中列举了诸帝陵的陵园规模，西晋皇甫谧撰写的《帝王世纪》（宋徐天麟的《东汉会要》所引）中也有简略记载。其后，唐代章怀太子李贤为《后汉书》作注时，也引《古今注》、《帝王世纪》的记述，宋至明的正史文献也基本以之为绳。至清代，龚松林考订了邙山 11 陵，并立碑题记，但诚不可信。

如今，洛阳东北和西南的高冢虽然仍然存在，但由于没有开展详细的考古调查与发掘，无法像西汉时期的帝陵（陕西）那样，可以准确地说出每一座陵的归属和组成要素。根据以上文献的记载以及散出的石刻文字，到目前为止我们可以知道的是：在孟津县东、北至新庄、南到平乐以北的洛孟一路两侧是东汉洛阳的北郊兆域，此地坐落有五陵，即光武帝原陵、安帝恭陵、顺帝宪陵、冲帝怀陵和灵帝文陵。在偃师市今大口和高龙镇一带为南郊兆域，坐落有六陵，即明帝显节陵、和帝慎陵、章帝敬陵、殇帝康陵、质帝静陵和桓帝宣陵。

因此，我们的调查不仅仅是拘于《古今注》《帝王世纪》记载的推论和以上"北五南六"的信息状态，而是要通过测量、钻探和试掘，具体弄清陵园的布局与规模，具体可以从东汉光武帝原陵的定位入手。

---

① 刘庆柱：《秦汉考古学五十年》，《考古》1999 年第 9 期。

通过调查与研究，一是要具体了解东汉帝陵的分布状况以及每一座陵存在的实态（考古报告或简报式的记录）。特别是要搞清光武帝刘秀陵的所在位置和组成，以期揭示明帝永平元年（58 年）"上陵之礼"实施的特质。二是了解陵寝制度在东汉时期的变化，主要是和西汉时期的陵寝制度进行比较研究，并究明两汉"宗庙制度"变化的脉络。三是陵园具体组成部分的考察。比如陵冢的变化，改"周垣"为"行马"的范围、石殿与钟虡的位置、寝殿的构成、陪葬区的状况等。四是相关的考察，如探讨焦作汉献帝禅陵存在的历史意味，它与曹魏政权的关系；与各个陵园相关墓葬实态的论述以及出土、传世遗物的考论等。五是研究综论，主要是对东汉帝陵进行总体研究，包括地域丧葬文化融合乃至中外文化交流的研究。

二、不能忽视秦汉时期一般村落（乡里）的考古发现及研究

秦汉时期是中国的"大一统"时期，疆域可谓辽阔。"乡里"可谓繁多。可是到目前为止，考古所能提供佐证"乡里"的材料，微乎其微。《中国大百科全书·考古卷》中仅仅列举了辽阳"三道壕"（418 页）、新疆"尼雅"（352 页）两个遗址，前者是西汉时期的遗址，后者遗址的使用年代主要是汉晋时期。相应的大专院校的"战国秦汉考古"教材中[1]，增加了江苏高邮的"邵家沟"遗址（东汉末期）、河南遂平的"小寨"遗址以及辽宁抚顺的"莲花堡"遗址。

研究结果表明，汉代的村落遗址大多由房址（或称院落，附灶台、厕所、畜栏等设施）、水井、道路、窖穴、灰坑、砖窑遗迹等组成。1955 年，辽阳二道壕遗址发掘了 1 万平方米，发现了相对独立的院落 6 处，院落之间相距 15～30 米，另外，有水井 11 口、砖窑 7 座，并出土了大量的铁制农具、工具和兵器。因为兵器的出土，使得一部分研究者认为该遗址的性质不是一般农户的住宅，而是屯戍兵卒的驻地，诚如是，本来就少的村落遗址，愈加显得缺乏。

造成秦汉时期村落考古工作滞后的原因主要有两点。一是大量的秦汉文化地层（包括村落）遭到后世的严重毁坏，所能找到的、保存较好的遗址较少，这是客观的原因；二是我们的考古调查发掘与研究中，存在着"重史前、轻周后"遗址的思想，这是主观的原因。按照一般的思维逻辑，大的城址陵墓的发掘及研究应该先行，如果反之，"连京都城的形制都弄不清楚，却大量投入有限的人力、物力去发掘研究村落，岂不是有点本末倒置？"此言亦不是全无道理。殊不知村落作为社会体系的基本组成细胞，也是城市制度深入研究的基线之一。因为每一个城市的存在和发展，都是以周围大量存在的、小的城邑和村落体系生长为支撑。以西汉长安城为例，我们所看到的长安城不仅是一座拥有周回 25.7 千米城墙、24.6 万人口的京都，也是一座和发达郊区相结合的综合型城市。正因为拥有南区的"下杜"城、北区咸阳原上的"五陵邑"、东区的"芷阳"和"新丰"故城以及相间的广大村落，才构筑起当时这座世界东方的大都会。就墓葬的分布情况来看，如果说长安城附近

---

[1] 宋治民：《战国秦汉考古》，四川大学出版社，1993 年。

的龙首原是当时京城居民的埋葬区[①]，那么，偏离京城或距京城较远地区像西安南郊的"凤栖原"、东郊的韩森寨、缪家寨、十里铺等地发现的中小型墓葬，应该属于生活在郊区居民的埋葬。果如是，除去汉长安城西郊的宫殿建筑和上林苑的地域，其东郊至汉"新丰"一带推测存在有不少村落和居地。

针对这种推论，笔者仔细地查找了《中国文物地图集·陕西分册》[②]里"汉城"周围乃至"五陵邑"周围汉代遗址的分布情况，大约可分成六组。

第一组，在今西安市的雁塔区，以战国至北宋时代的"杜县故城"为中心，向东有瓦胡洞遗址和春临遗址，向北有莲湖区的李家村遗址和渠北遗址。另外，还有翠花路和等驾坡两处汉代窑址。

第二组，在今西安市的未央区，即"汉城"东墙到灞河一带，发现了李家街遗址和赵南遗址。

第三组，在今西安市的灞桥区，有潘罗遗址和新寺遗址（宫殿性质）。

第四组，在今西安市的临潼区，可分两个中心，西以秦汉"芷阳"故城为中心，周围分布有东门村遗址、湾子寨遗址和洪庆堡窑址；东以"新丰"故城为中心，周围分布有苗家村遗址、前街遗址、刘家寨遗址、吴中遗址和鸿门板遗址。

第五组，在今西安市的阎良区，以秦汉的"栎阳"故城为中心，分布有花刘遗址、西相遗址和炮张遗址。

第六组，在今咸阳市和兴平市，从高祖的"长陵邑"到武帝的"茂陵邑"周围都分布有大型的汉代遗址，如"长陵邑"和惠帝的"安陵邑"为中心，周围有徐家寨遗址、史村遗址、岳家庄遗址、杨新庄遗址、北村遗址、南村遗址、马家堡遗址，这些遗址的范围除南村为 0.3 万平方米外，均达到了 1.5 万平方米，北村遗址为 15 万平方米。

很显然，以上的汉代遗址性质不可能都是村落，但作为组成汉长安城的子城——"卫星城"的基本构成体系，一目了然。尤其是第一组和第二组的汉代遗址，直接和"汉城"的经济文化发展相联系（可惜的是，这些遗址的材料绝大部分都是"普查"的结论，更深入的研究只有等待新资料）。

与考古资料的显示相印证，文献方面也有表述。《三辅黄图》[③]卷一《三辅治所》说，京兆尹"与左冯翊，右扶风，共治长安城中，谓之三辅"，"王莽分长安城旁六乡，置帅各一人，分三辅为六尉郡"，明确指出分乡而治，故有民居住汉城之旁；"都城十二门"条曰："广陵人邵平，为秦东陵侯，秦破为布衣，种瓜青门外，瓜美，故时人谓之'东陵瓜'。"又云："长乐宫在城中，近东直杜门，其南有下杜城。《汉书》集注云：'故杜陵之下聚落也，故曰下杜。'""长安城北出西头第一门曰横门。《汉书》'虒上小女陈持弓走入光门'，即此门也"，应劭注云："虒上，地名，在渭水边。"说明汉城西、北墙至渭水岸，当时有人居住。这一点，"长安九市"条中有证，"致九州之人在突门。夹横桥大道，市楼皆重屋"。

汉城的实际发掘调查表明，长乐宫、未央宫、武库、北宫、桂宫、明光宫、北阙甲第

①　西安市文物保护考古所：《西安龙首原汉墓（甲编）》，西北大学出版社，1999 年。
②　国家文物局主编：《中国文物地图集·陕西分册》，西安地图出版社，1998 年。
③　陈直校证：《三辅黄图校证》，陕西人民出版社，1980 年。

以及各类官署占据了城内的绝大部分面积，"一百六十闾里"的居民区远远满足不了 10 余万人的栖留，在城外郊区进行聚集生活，古今一理也。

现在的问题，一是如何对以上发现的汉代遗址进行详细注解，并着力发现新的聚落遗迹。二是要解释文献的"庐""里""邻""亭""乡"①与考古遗迹的对应关系。

以上信息表明，秦汉时期村落考古发掘与研究工作的再开展，已迫在眉睫。

（原载于《中国文物报》2000 年 10 月 18 日第 7 版）

---

① 《汉书·食货志》："在野曰庐，在邑曰里。五家为邻，五邻为里，四里为族，五族为党，五党为州，五州为乡。乡，万二千五百户也。"《汉书·百官公卿表》："大率十里一亭，亭有长。十亭一乡，乡有三老、有秩、啬夫、游徼。"

汉代聚落考古的几个问题

聚落，通常指人们聚居活动的场所。《汉书·沟洫志》中有"稍筑室宅，遂成聚落"[①]；《史记·五帝本纪》有"一年而所居成聚"的说法，张守节《史记正义》："聚，谓村落也。"[②]我国考古界一般把城、村落统称为聚落，由此，汉代聚落可分为"都城"、"中小城市"和"普通村落"。本文"聚落"特指以普通村落遗址并以此为重点考察对象。

目前，学界公认的几处汉代普通聚落遗址分别为：江苏高邮邵家沟遗址[③]、河南遂平小寨村落遗址[④]、辽阳三道壕村落遗址[⑤]、河南内黄三杨庄聚落遗址[⑥]及河南西华发现的水井遗迹[⑦]等。江苏高邮邵家沟遗址在东汉末期的文化堆积中发现大量与生活相关的遗物及水井、窖穴等遗迹。河南遂平小寨遗址发现的主要是水井和道路遗迹，道路与水井平行。发掘者认为这么多的井不会都是饮水井，还有可能是储藏物品的地窖。辽阳三道壕遗址和河南三杨庄遗址都发现了房址（或院落），以及与其相配套的生活、生产遗存。

一、学界对于汉代普通聚落的研究

目前，国内对汉代城的研究较多，而对普通乡村聚落的涉及较少。国内外学者关于汉代城、乡居住人口比例与县城以下聚落的物质形态大致有以下几种认识。

（1）汉代，至少西汉是城市时代，东汉以后乡村聚落才真正发展起来。以俞伟超、江村治树和金秉骏等为代表。俞先生认为："人口集中于城市的情况，在战国至汉代（至少至西汉），在我国历史上是少见的。这样的历史，完全可以说是城市的历史。"[⑧]江村治树在其《古代都市社会》一文中也持有相近的观点[⑨]。他认为，从殷周到春秋基本上城市是国家的主要部分，从战国到西汉的前半段是很多巨型城市发达的时代，从殷周到西汉，城市是历史的主要舞台。而金秉骏则以墓葬与县城距离的分析，指出西汉时小农在县城内或邻近地区居住，而东汉时聚落则不局限于县城附近，甚至分散而不规律地分布于远离县城的地方[⑩]。

① （汉）班固撰，（唐）颜师古注：《汉书》卷二十九《沟洫志》，中华书局，1962年。
② （汉）司马迁：《史记》卷一《五帝本纪》，中华书局，1959年。
③ 江苏省文物管理委员会：《江苏高邮邵家沟汉代遗址的清理》，《考古》1960年第10期。
④ 河南省文物研究所：《河南遂平县小寨汉代村落遗址水井群》，《考古与文物》1986年第5期。
⑤ 东北博物馆：《辽阳三道壕西汉村落遗址》，《考古学报》1957年第1期。
⑥ 刘海旺：《首次发现的汉代农业闾里遗址——中国河南内黄三杨庄汉代聚落遗址初识》，《考古发掘与历史复原》，中华书局，2006年。
⑦ 赵霞光：《河南西华发现东汉砖井》，《考古通讯》1957年第4期。
⑧ 俞伟超：《中国古代都城规划的发展阶段性——为中国考古学会第五次年会而作》，《先秦两汉考古学论集》，文物出版社，1985年。
⑨ 江村治树：《古代都市社会》，《殷周秦汉时代史的基本问题》，汲古书院，2001年。
⑩ 金秉骏：《汉代聚落分布的变化——以墓葬与县城距离的分析为线索》，《考古学报》2015年第1期。

（2）人口大部分集中在城市（一般指县级以上城市），农民也居住在城内，耕田在城的附近。以宫琦市定等为代表。宫琦市定认为战国时代大都市的发达并非单纯因为经济，而各地普遍存在的还是微小的农业城市。耕地附属在都市城郭周围，农民每天出城劳作，远离城郭的零星人家很少。而这样的生活状态同时就是中国文化[①]。

（3）汉代县以下的乡、聚、亭都有垣墙，类似小城。以宫琦市定、五井直弘、张继海等为代表。宫琦市定认为，上古时代或称万国，或称千八百国，有无数的邑。到汉代，根据它们的大小和重要性，上级的成了县，中级称为乡、聚，下级的成了亭。与其他新兴的聚落一起，构成了三个级别。乡、聚、亭是与县同性质的，只不过小一些，它们的四周也有城郭[②]。五井直弘的观点与宫琦市定相似，但同时指出汉代也"存在着没有城郭的聚落"，在认识上较后者又前进了一步[③]。张继海不赞同宫琦市定将凡是有城墙的都看作是"都市"，但他同意宫琦市定所说的汉代城市的主体居民是农民故而可称为"农民都市"的观点，所以他在强调聚落形态时，一般使用"城"的概念[④]。

（4）在城内编户以"里"为单位，里的周围也有围墙。以李剑农等为代表。李先生认为，秦汉时期，城市中之住宅与市区皆有严格分别，住宅区称里或闾里，商业区称市。各里各市四面皆有墙，里中之居室，市中之商肆，皆设于各区围墙之内。各区四面皆有出入之总门，除总门外，各家不得当街破墙辟门[⑤]。

（5）虽然认为汉代是城市时代，但是全国绝大部分人口居住乡村，或者认为中国唐代之前就是一个乡村社会。以何兹全、鲁惟一、马新等为代表。何先生认为，战国秦汉时代是城市国家，人口一般是围着城市居住，由城区向外辐射。远离城郭的地区，人口越来越少。汉代城市人口约占总人口的40%左右[⑥]。鲁惟一认为，虽然没有确切的资料可以估计城市人口与农村人口的比例，但一般认为应是1∶9[⑦]。马新认为，"中国古代社会，尤其是汉唐社会，并不存在一个完整的城市社会"，"中国社会的实际是乡村社会"[⑧]。

（6）侯旭东先生认为，两汉时期的自然村落已经普遍存在，且有自名，"从聚落形态、称呼，到聚落与乡里的关系，两汉与三国时期之间更多显示了历史的连接，而非断裂或转折"[⑨]。

---

① 宫琦市定：《戦国时代の都市》，《アジア史論考（中卷）》，朝日新闻社，1976 年。

② 宫琦市定：《中国における聚落形体の变迁について》，《アジア史論考（中卷）》，朝日新闻社，1976 年。中译本为《关于中国聚落形体的变迁》，《日本学者研究中国史论著选译（第三卷）》，中华书局，1993 年。

③ 五井直弘：《东汉王朝与豪强大族》，《中国古代史论稿》，北京大学出版社，2001 年。

④ 张继海：《汉代城市社会》，社会科学文献出版社，2006 年。

⑤ 李剑农：《先秦两汉经济史稿》，生活·读书·新知三联书店，1957 年。

⑥ 何兹全：《中国古代社会形态演变过程中三个关键性时代》，《历史研究》2000 年第 2 期。

⑦ 见鲁惟一为王仲殊《汉代考古学概说》（英文本名 Han Civilization，由张光直等译）写的书评，载《通报》（T'oung Pao）第 69 卷（1983）。

⑧ 马新：《两汉乡村社会史·绪论》，齐鲁书社，1997 年。

⑨ 侯旭东：《北京大葆台汉墓竹简释义——汉代聚落自名的新证据》，《中国历史文物》2009 年第 5 期；侯旭东：《汉魏六朝的自然聚落——兼论"邨"、"村"关系与"村"的通称化》，《中国史新论·基层社会研究》，联经出版事业有限公司，2009 年。

二、汉代普通聚落的分布情况

　　村落作为社会体系的基本组成细胞，集聚在大小城邑的周围，支撑着每一个城市的存在和发展。在西汉都城——长安城周边就发现了不在少数的普通聚落遗址。我们所看到的长安城不仅仅是一座拥有周回 25.7 千米城墙、24.6 万人口的京都，也是一座和发达郊区相结合的综合型城市。正因为拥有南区的"下杜"城、北区咸阳原上的"五陵邑"、东区的"芷阳"和"新丰"故城以及相间的广大村落，才构筑起当时这座世界东方的大都会。"汉城"周围乃至"五陵邑"周围汉代遗址的分布情况，大约可分成六组，每组遗址群中发现了数量不等的汉代遗址或窑址。这些遗址性质不可能都是村落，但作为组成汉长安城的子城——"卫星城"的基本构成体系，一目了然[①]。汉城的实际发掘调查表明，长乐宫、未央宫、武库、北宫、桂宫、明光宫、北阙甲第及各类官署占据了城内的绝大部分面积，"一百六十闾里"的居民区远远满足不了 10 余万人的栖留，在城外郊区进行聚集生活，是一种必然的选择，古今一理也。

　　都城如此，各郡县亦如此。以山东地区为例，该地区在两汉时期为国家的经济重地，人口密集，汉代聚落也发现得较多。西汉时期以济阴郡、东郡、琅琊郡和东海郡人口较多[②]，东汉时期的人口分布有所改变，以平原郡、北海国、山阳郡、济阴郡为多[③]。而与这些人口密集区相联系的是大量的汉代聚落，这其中包括郡国、县城，也包括城址周围的大量中小型聚落。刘庆柱先生仅汉代城址就划分了五类，即汉代京城遗址、诸侯王国都城或首县、郡治县城、一般县城与其他城址[④]，这其中既有等级的标准，又有功能性质的标准，若再加上普通聚落遗址，那么汉代聚落遗址至少可以划分为六类。这些聚落几乎对应着秦汉时期中央到地方的都、郡、县、乡、亭、里等各级行政管理单位。根据《汉书·地理志》记载，山东地区在西汉时共分布了县城 267 座，《续汉书·郡国志》统计的东汉县城数为 169 座，而西汉的大多数县城在东汉时期得到沿用。据《中国文物地图集·山东分册》，目前在该地区所发现的汉代城址有 191 座[⑤]，这个数字介于文献记载的两汉县城数之间，且相去不远，可以大致推断这些城址所对应的应该就是两汉的县城，而所统计出的汉代遗址数量则有 3800 多处。对于县城次一级的乡，目前可作为重要依据的资料为尹湾汉墓出土的竹简[⑥]，其中《集薄》记载，"（东海郡）乡百七十"。根据《汉书·地理志》记载，东海郡有 38 座县城，其中在今山东地区的有 18 座。如果按照概率平均值来计算，那么东海郡的 170 个乡约有 80 个左右在今山东地区。根据文物普查的结果，其中在东海郡的今山东范围

---

①　韩国河：《汉代考古学研究的思考》，《中国文物报》2000 年 10 月 18 日第 7 版。

②　尚新丽：《西汉人口研究》，郑州大学博士学位论文，2003 年。

③　袁延胜：《东汉人口问题研究》，郑州大学博士学位论文，2003 年。

④　刘庆柱：《汉代城址的考古发现与研究》，《远望集》，陕西人民出版社，1998 年。

⑤　国家文物局主编：《中国文物地图集·山东分册》，中国地图出版社，2007 年。

⑥　连云港市博物馆：《江苏东海县尹湾汉墓群发掘简报》，《文物》1996 年第 8 期；连云港市博物馆：《尹湾汉墓简牍释文选》，《文物》1996 年第 8 期。

内共发现汉代遗址大约有 1038 处 ①，该地区汉代聚落数量与乡的比例约为 13：1，与县城的数量比高达 57：1。同样的情况在其他地区也能见到，东汉时期亦然。据《中国文物地图集·河南分册》，在河南商丘地区发现了汉睢阳故城，可能为梁孝王之都，另外还发现汉代聚落遗址 8 处 ②，城与普通聚落遗址的比例是 1：8。马王堆三号墓出土的"地形图"上共标记居民点 80 余处，其中能辨识的县级居民点 8 处，乡里级居民点 72 处，其比例是 1：9。因此，汉代城、乡聚落的比例并非如文献所记载，而这些数量巨大的汉代遗址的性质，还有待进一步探讨。

关于汉代聚落的分布状况，有研究认为"三辅"地区汉代城址呈现出分层环绕的布局模式，即以长安城为中心，其他城址分远近两层环绕于其周围，而此布局模式的产生当与先秦时期的"环状政区"观念存在密切联系 ③。尽管"环状政区"的概念值得再探讨，但是这也体现了集聚而居的聚落分布形态。山东地区的汉代聚落亦多分布于城址周围。有学者依据鲁东南苏北沿海地区区域系统调查的资料，发现该区域汉代各级聚落中心周围分散着众多小型聚落 ④，也反映出类似特征。此外，三辅地区的长安遗址群、渭水下游遗址群、荥阳——京城古城遗址群 ⑤，无不体现着集聚而居的聚落基本的分布形态，这既是人们最初生存、生活的需要，也是后来政治、经济发展的需要；地域上的分布差异，反映的是地理、政治、军事、历史等多方面的因素，该方面的研究较多，此不赘述。

三、汉代普通聚落的基本形态

1. 普通聚落墙垣问题及分布形式

《新中国的考古发现与研究》说：全国经调查或发掘的汉代郡县城址共发现 90 余处，遍及全国；如果加上北方沿线发现的郡县城址和边塞城堡，总数有 200 余座 ⑥。这些城址平面形状一般为方形或长方形，城墙边长一般在 1000 米左右，地面上大多数能看到城墙残存。

据已发现的汉代普通聚落遗址均未发现墙垣遗迹。三杨庄村落遗址勘探面积大约 100 万平方米，在遗址长约 1500 多米的范围内也未发现城墙的迹象。

汉代最基层的编户单位是"里"，文献记载一里的户数为二十五户，也有一里百家之说。长沙马王堆三号汉墓出土"驻军图"中标注每里户数从十几户至一百零八户 ⑦，因此一里之内的户数和地理范围均不是固定的。长沙马王堆三号汉墓所出"地形图"和"驻军图"

① 国家文物局主编：《中国文物地图集·山东分册》，中国地图出版社，2007 年。
② 国家文物局主编：《中国文物地图集·河南分册》，中国地图出版社，1991 年。
③ 陈博、孙璐：《"三辅"地区汉代城址与"环状政区"观念》，《文博》2009 年第 2 期。
④ 王焕：《鲁东南苏北沿海地区汉代聚落形态研究》，山东大学硕士学位论文，2014 年。
⑤ 陈博：《两汉京畿地区城址研究》，吉林大学硕士学位论文，2008 年。
⑥ 中国社会科学院考古研究所：《新中国的考古发现和研究》，方志出版社，2007 年。
⑦ 湖南省博物馆、湖南省文物考古研究所：《长沙马王堆二、三号汉墓（第一卷：田野考古发掘报告）》，文物出版社，2004 年。

上对居民点乡里的标注分布范围大且分散没有规律，不可能是由城郭环绕的。此外，据三杨庄、三道壕及河南县城内宅院与居址的发现，宅院、房屋的布局并没有整体规划，也非如文献记载五家为邻或为伍的严格分区居住。这种特点，应如有学者所论，主要反映了与汉代城市之"里"不同的基层社会"里聚"之布局特征①。

2. 普通聚落住宅的基本结构与布局

无论是普通的村落建筑，还是县城内的房屋建筑，因都是普通居民居所，房屋建筑形式都大致相同：房基一般为砖砌或夯土，房屋墙体以夯土墙为主，屋顶由檩木、瓦（或草）结合而成，墙体和支撑柱共同支撑屋顶；三杨庄还可以清楚地看到筒、板瓦扣合的情况。房屋有一间、两间、三间之分，这应与家庭贫富、人口差异有关。

三杨庄的每座院落都有院墙，庭院为二进式结构，房屋建筑功能多样，区分明显。三杨庄庭院的二进院式、主配房的设计，显示出一种家庭组成结构及尊卑礼制观念。主、配房及房屋三间、两间的格局，对于研究汉代家庭结构及人口具有重要意义。

居址内及周围都有生活必备的设施，如灶、灰坑、水井、厕所（三道壕厕所是小土沟，与牲畜圈相连，三杨庄的厕所用长方形砖垒砌）、牲畜圈栏及活动场所。辽阳三道壕村落遗址应该是一处砖瓦生产比较集中的居民聚落，这种聚落布局体现的正是农村经济中的手工业生产面貌。而三杨庄庭院周边则分布着大面积农田，这种房屋、农田布局充分体现了农业经济聚落特征。宿迁青墩遗址发现的生活设施较少且简单，而以与冶铁有关的窑炉、水井、水池、围沟等生产设施最为丰富②。这种布局反映的则是与汉代冶铁生产有关的一类较为特殊的聚落形态。

高邮邵家沟和遂平小寨等虽没有发现完整的居址庭院，但是也发现了水井、瓦当、道路等与生活有关的遗迹，可见水井已是当时聚落布局中不可缺少的取水设施。

据已发现的聚落遗址，无论是单个房屋建筑还是庭院，都相互独立，每一处房屋或者院落都是一个独立的生活或生产单位；排列无次序，但大致方向均朝南——向阳。三道壕各居址虽没有发现院墙，但每一处住址也是相对完整、独立的，其间的距离为15～30米；三杨庄各庭院有完整的庭院范围，且有院墙，各庭院之间为25～1000米。

在有关汉代的文献记载中也存在大量的平民居住场所，文献中大量记载的"庐"与此紧密相关。关于"庐"，《说文解字》释义为："庐，寄也。秋冬去，春夏居。"③《汉书·食货志》记载："余二十亩以为庐舍。"颜师古注曰："庐，田中屋也，春夏居之，秋冬即去。"④《汉书·疏广列传》记载："顾自有旧田庐，令子孙勤力其中，足以共衣食，与凡人齐。"⑤由此可知，"庐"在这里与田地联系紧密，但不一定就是"秋冬即去"的临时住所，

　　① 黄今言：《汉代聚落形态试说》，《史学月刊》2013年第9期。
　　② 付龙腾：《宿迁青墩遗址的遗迹及相关问题研究》，南京大学硕士学位论文，2013年；毛敏：《宿迁青墩遗址发现汉代手工业作场遗迹群》，《中国文物报》2008年11月21日第5版。
　　③ （汉）许慎：《说文解字》，中华书局，1963年。
　　④ （汉）班固撰，（唐）颜师古注：《汉书》卷二十四《食货志》，中华书局，1962年。
　　⑤ （汉）班固撰，（唐）颜师古注：《汉书》卷七十一《隽疏于薛平彭传·疏广》，中华书局，1962年。

如《汉书·哀帝纪》载"乃者河南、颍川郡水出，流杀人民，坏败庐舍……朕甚惧焉"[①]，这里的庐舍则多为百姓的常住之所。此外，"庐"，还常与服丧有关，如《汉书·游侠列传》载"及涉父死，让还南阳赙送，行丧冢庐三年，由是显名京师"[②]。

四、汉代聚落考古的思考

中国聚落考古萌芽于20世纪30年代殷墟遗址的发掘，近一个世纪以来，尽管目前仍有关于聚落考古性质、聚落考古研究的对象和目的、田野考古中具体操作等问题的探讨，然而，聚落考古作为一种重要的考古学方法，已被考古学者广泛接受并运用于考古发掘与研究之中。

聚落考古可以认为以聚落为单位来研究社会关系及人与生态环境关系的一种考古学方法。其内容一般分为三个方面：①单个聚落形态和内部结构的研究；②聚落分布和聚落之间关系的研究；③聚落形态历史演变的研究[③]。当然，史前聚落考古还应特别关注不同文化、不同时期聚落相互之间变异、聚落分化与城乡分野之间的联系，以及这类分化与分野同国家政权的出现与发展是否存在着关系等问题[④]，也就是要处理好聚落的共时性、历时性、社会性及文化性等彼此消长的关系。

秦汉时期聚落考古与一般聚落考古的内容、目的都大同小异。但是汉代普通聚落的考古工作一直相对滞后，原因主要有两点：一是大量的秦汉文化地层（包括村落）遭到后世的严重毁坏，所能找到的、保存较好的遗址较少，这是客观的原因；二是我们的秦汉考古调查发掘与研究中，存在着"重大城址、轻小遗址"的思想，这是主观的原因。在今后的秦汉考古工作中，必须高度认识普通聚落作为社会体系的基本组成细胞，对于整个社会的演变与发展都起着重要支撑作用。切实把汉代普通聚落考古研究工作纳入议事日程，在"3S"等新技术的支持下对目前文物普查已经发现、标注的汉代遗址加以认真、详细调查和钻探，并着力解剖多个较为完整的聚落遗迹，才能解决好文献所记载的"庐""里""聚""邻""亭""乡""邑"等与考古遗迹的对应关系。

（此文与张继华合著，原载于《中原文物》2015年第6期）

① （汉）班固撰，（唐）颜师古注：《汉书》卷十一《哀帝纪》，中华书局，1962年。
② （汉）班固撰，（唐）颜师古注：《汉书》卷九十二《游侠列传·原涉》，中华书局，1962年。
③ 严文明：《聚落考古与史前社会研究》，《文物》1997年第6期。
④ 张忠培：《聚落考古初论》，《中原文物》1999年第1期。

秦汉三国时期的物质文化

一、绪　　论

秦汉三国时期，是中国历史上非常重要的时期，汉字、汉语、汉服、汉人、汉族、汉俗、汉文化在这一时期固定成型统于一，我们今天许许多多的生活方式、思维方式和文明传统也都与该时期密切相关，尤其是以汉民族为主体的中华民族的形成及对周边文化的影响意义更加突出。因此，该时期的物质文化史丰富多彩且斑斓无比。大家知道，能够证明这一历史事实的除了《史记》《汉书》《后汉书》《三国志》等正史材料的文献记载外，还有考古学的发掘成果为我们提供的关于这一时期的物质文化最为直接的物证。那么，充分利用考古出土遗迹、遗物与文献记载相结合，从不同的角度展开秦汉三国时期多维的物质文化面貌，是本书力图探索的目标和任务。

二、秦汉三国物质文化的时期划分

从公元前221年秦始皇统一六国，到公元265年西晋司马氏政权建立，在这486年的历史演进当中，按时代来划分，可以区分为秦代、西汉时期、新莽时期、东汉时期以及三国时期。然而，物质文化的变迁并不是严格按照朝代的更替而立即"大换血"，尤其是墓葬文化更是滞后于政权的更替，因此，我们所讲的秦、汉以及三国的物质文化，研究者对它们的理解和注释有不少差异。在这里做出如下的界定。

秦的物质文化指的是秦统一时期的文化，不是秦族的文化，也不是秦国的文化。当然，文化的置换无法用一年的时期来严格划分，比如秦都咸阳城，它本身就经历秦孝公时期到秦王子婴灭亡（公元前350～前206年），有144年的历史，若论述秦代的咸阳城只有15年的历史，即便是加上楚汉战争4年的时间，也只有19年，因此，叙述秦代都城物质文化史难免会涉及战国晚期秦的城市物质文化，这一点是必须在这里说明的。

从考古学文化的视野来看，先秦秦汉时期经历了周制、秦制向汉制的转变过程，这一过程在墓葬材料中表征得最清楚，简而言之，就是从以用鼎制度、棺椁制度为核心的周礼习俗，经历了秦人的实用器物（或仿实用明器）随葬特征，到大约在汉武帝时期形成了以"仓厨"等模型明器为核心的汉制形式。因此汉文化的形成，应当是承秦制、融楚俗、糅周礼的结果。

汉代物质文化的兴替和繁荣表现在不同时期，从城市发展的角度来看，长安城与洛阳城分别代表了两汉时期的都城风格，班固的《两都赋》有表述，虽有夸张，但不失气度。例如，《西都赋》如此描述长安城："建金城其万雉，呀周池而成渊。披三条之广路，立十二之通门。内则街衢洞达，闾阎且千，九市开场，货别隧分。""若乃观其四郊，浮游近县，则南望杜、霸，北眺五陵。名都对郭，邑居相承。"《东都赋》如此描述洛阳城："系唐统，接汉绪，茂育群生，恢复疆宇，勋兼乎在昔，事勤乎三五。""光汉京于诸夏，总八方而为之极。是以皇城之内，宫室光明，阙庭神丽，奢不可逾，俭不能侈。"细分之，西汉长安城的发展经历了三个大的时期：汉初到文景时期，汉城修筑了四面城墙和南部的主体宫殿长乐宫和未央宫；西汉中期汉武帝修筑了汉城内北部的桂宫、明光宫以及汉城外西部的建章宫等；西汉晚期王莽主政时期，修建了汉城南部的九庙和明堂辟雍设施。这三个阶段的划分，与西汉文化大的发展时期相对应。东汉洛阳城继承了西汉时期的基本形制，光武皇帝在城的南郊修建了明堂辟雍和灵台；明帝时期在城内增修了北宫，形成了南北二宫的格局；到了曹魏时期，在城的西北角修筑了金墉城，成为西晋北魏洛阳城市的一个重要表征。也就是说，东汉曹魏洛阳城的发展具有鲜明的阶段性。

详细的年代分期是考古学研究的一个重要领域，秦汉三国时期按照墓葬的综合特征，可以区分为秦代、西汉早期、西汉中期、西汉晚期、新莽时期、东汉早期、东汉中期、东汉晚期、三国时期九个时期，比起上述城市发展的阶段性，这种分期更为直观和具体。以随葬铜镜的分期特征举例：秦代流行素镜、蟠螭纹镜及弦纹镜等，西汉早期流行蟠璃纹镜、蟠虺纹镜、草叶纹镜等，西汉中期流行日光镜、百乳镜等，西汉晚期流行昭明镜、四乳四禽镜等，新莽时期流行鸟兽带纹镜、博局镜等，东汉早期流行博局镜、云雷纹镜等，东汉中期流行长宜子孙镜等，东汉晚期流行变形四叶纹镜、画像镜、龙虎镜、铁镜等，三国时代流行兽首镜、画像镜、变形四叶纹镜、铁镜等。这些镜不同时期的变化，充分显示了秦汉三国时期先民审美特征、文化情趣乃至思想信仰的变迁。

三、秦汉三国时期物质文化特征概述

林剑鸣先生在《秦汉文明发展的特点》一文中提到[1]，秦汉时代作为中国封建社会奠基的时代，其文明发展可概括为三个方面的特点：多样化的统一；大规模地吸收和远距离地传播；在对抗中的进步。这三个特点，既是秦汉文明的表征，也是秦汉社会发展的动力和规律。笔者在《两汉时期文明特点述论——兼及两汉时期中原文明的地位与作用》中说过[2]："两汉时期的文明集中体现了中华文明的特殊性、创新性和传统性。中原文明作为中华文明的代表和缩影，又有着鲜明的个性特征，尤其是以中原为领先地位的冶铁技术的发展与变革，给整个两汉社会带来了巨大的经济效益；太学（国立大学）、四姓小侯学、宫邸学（贵族学校）、鸿都门学（文艺专科学校）、私立学校以及郡、县、乡、聚教育文化的兴盛，不但提高了人口的素质，也对东汉政治文化走向产生了很大影响。"这里重点强调了铁器使用和铸造技术进步以及教育文化普及对汉代文明进步的重要作用。那么，秦汉三国时期的物质文化特征如果纯粹从物质属性的特点来观察，可以从如下五个方面进行说明。

---

① 林剑鸣：《秦汉文明发展的特点》，《学术月刊》1984 年第 10 期。
② 韩国河：《两汉时期文明特点述论——兼及两汉时期中原文明的地位与作用》，《郑州大学学报》（哲学社会科学版）2004 年第 1 期。

其一是农业文化的稳定与繁荣。主要表现在土地私有的确立、铁器农具的普及、牛耕的推广、农田的灌溉、五谷杂粮种植、精耕细作流行、农业技术的改进等方面。许倬云先生《汉代农业》中说："也就是在汉代,中国文明似乎才确定了它发展的方向。"①"这个发展方向当然包含了农业文明的发展趋势和规律。描写汉代当时农学的代表性著作有两部,一是《氾胜之书》,二是《四民月令》,前者记载了黄河中游地区的耕作原则、作物栽培技术和种子选育等农业生产知识,后者叙述了从正月到十二月中田庄的农业活动,以及谷类、瓜菜的种植时令和栽种方法,包括纺绩、织染和酿造、制药等手工业情况。

针对这些记述,河南内黄三杨庄的西汉晚期聚落的考古发现,着实让大家惊叹一番:三进或者两进院落的形式,前有水井后有厕所、周围种植树木,农田就在聚舍附近的格局②,让我们回想起了 20 世纪七八十年代的农村景象。如果再比较一下 2000 年前那一时段的劳作用具(锹、犁、镰、锸等),更加感到汉代农业文明的伟大。当然,随着今天机械化耕作的普及,很多类似汉代农业的因素已经广泛退去,但这些穿越 2000 多年的农耕文化传统仍然沉积在历史发展的长河里,诉说着中国传统农业大国的经典和精彩。

其二是城市社会的分级与聚合。公元前 221 年东周诸国被秦始皇一一降服,国家的统一,带来的直接后果是可以集中人力、物力大兴统治者需要的土木建筑。秦都咸阳、西汉长安、东汉曹魏洛阳等都城首先修建,郡县乡邑级的城市跟随其后,形成了覆盖秦汉三国疆域的城市群和交通网。文献记载,刘邦击败项羽的次年即下诏"令天下县邑城",东汉时期,如《潜夫论》所言:"天下百郡千县,市邑万数。"关于这些城市的地位和作用,王子今、吕宗力先生在《秦汉时期中原的"群都"》③中说:"自文明初期,中原地方多处曾经作为政治中心和文化中心的重要居邑。在大一统政体形成并得以巩固的秦汉时期,它们依然保留历史的光荣,若干新的具有区域领袖地位的都市亦逐步出现,蔡邕《述行赋》'群都'之说反映了这史实。相关现象在一些都城史、都市史论著中似乎有所忽略。秦汉时期中原'群都'的历史存在,体现出这一地区作为文化重心的地位。"涉及都城核心布局的变化,刘庆柱先生《中国古代都城遗址布局形制的考古发现所反映的社会形态变化研究》④中说:"单体建筑由'大房子'发展为'宫殿';宫殿由单一殿堂中的'前堂后室'结构,发展为多座宫殿形成的'前朝后寝'建筑群格局,这反映了中国古代都城宫殿建筑发展的规律。""秦汉时代是从先秦时代的王国进入帝国的时代,王国政治与帝国政治的最大不同点是从血缘政治向地缘政治的进一步发展,在都城建筑中的突出表现是,宗庙地位的下降,这主要表现在宫庙建筑形制的进一步改变及其在都城之中的分布位置变化。"

考古发现的首都之外的城市,还有诸侯王国都城、郡治县城、一般县城与其他城址,这些城市的兴起,一是在前代聚落基础上发展起来的城市;二是沿用或改建东周旧城址;三是在被平毁的战国城址附近另置秦、汉郡县新城。就是这样多层等级和不同规模

①　许倬云:《汉代农业——中国农业经济的起源及特性·绪论》,广西师范大学出版社,2005 年。
②　刘海旺:《河南内黄三杨庄汉代聚落遗址考古纪实》,《河南文史资料》2010 年第 1 期。
③　王子今、吕宗力:《秦汉时期中原的"群都"》,《史学月刊》2011 年第 9 期。
④　刘庆柱:《中国古代都城遗址布局形制的考古发现所反映的社会形态变化研究》,《考古学报》2006 年第 3 期。

的聚落构筑起秦汉三国的社会基础，并对今天的城市建设仍然起着引导和规范作用①。

其三是手工业技术的发展与突破。秦汉三国时代的手工业包括很多，铁器、青铜器、玉石器、漆木器等各有千秋，但最重要的应该是铁器的使用和普及，尤其是铁器与农业的结合，产生了十分惊人的效果，直接促进了耕作面积的扩大和农作物产量的提高，可以不断满足社会及人口的消费。西汉中晚期人口随之急剧增长，到西汉末年人口总数可达 6400 万②，人口的繁衍与增加，又带动了社会各个层次、各个方面的纵深发展。根据文献记载，战国晚期至西汉早期，私营冶铁业发达，出现了当时著名冶铁家卓王孙、南阳孔氏等大富翁，到了汉武大帝元狩三年（前 120 年）盐铁官营，有力地支持了国家的财政发展，从此民间私人冶铁业稀少，此种状况一直持续到了东汉早期。章和二年（88 年）和帝废除了盐铁官营政策，冶铁业转由社会自营，大大刺激了铁器生产的积极性，加上水排的发明，冶铁业更加发达。

关于先秦两汉铁器的全面考古学研究首推白云翔先生的《先秦两汉铁器的考古学研究》③，文中不但深入考察中国冶铁的起源以及战国秦汉时期中原系统铁器的扩展过程和铁器化进程、古代铁器工业的形成和发展，也对先秦两汉时期铁器工业发展的特点及其历史动因、铁器在社会生活中的地位及其作用，以及科学技术与生产力、生产力与生产关系等理论问题进行了深入探讨，对理解铁器手工业技术发展与社会经济生活转型升级的关系提供了强有力的物证。不难看出，秦汉三国时期的手工业技术尤其是铁器的使用和推广，造福了其后 1000 多年来的三农生活。

其四是商业的发动与增长。秦汉三国时代的一个基本国策就是重农抑末（商），《汉书·食货志上》载："士农工商，四民有业。学以居位曰士，辟土殖谷曰农，作巧成器曰工，通财鬻货曰商。"汉代四民中工商之人排在士农之后。有趣的是，《春秋谷梁传·成公元年》按"士商工农"划分，是否如许倬云先生《中国古代社会史论》所言："早在战国时期，伴随着各区域间的频繁交流、货币制度的发展以及城市中心的增长，在中国历史上第一次出现了商业的繁荣景象，而且富有的工商业者也赢得了较高的社会地位"④。果如是，也好景不长，在经历了战国晚期与秦代，到了西汉时期，"市籍小人"、不能为官、课以重税等措施严重打击了商人集团的扩张。但是，商品经济的发展不是政治、行政干预就能完全阻拦和割断的，巨大的经济利益和社会需求仍然成为两汉三国时期商业经济增长的动力和源泉，直接导致了《汉书·食货志上》所言的局面："今法律贱商人，商人已富贵矣；尊农夫，农夫已贫贱矣。"《汉书》的作者班固曾批评司马迁"述货殖则崇富贵而羞贱贫"的观念⑤，但"用贫求富，农不如工，工不如商，刺绣文不如倚市门"⑥的次序门径成为西汉时期遗留下的"典型经验和范式"。

与商品经济最为密切的物证是货币，秦汉三国墓葬发现的大量货币一方面是"事死如

①　中国社会科学院考古研究所：《新中国的考古发现与研究》，文物出版社，1984 年。
②　尚新丽：《西汉人口研究》，郑州大学博士学位论文，2003 年。
③　白云翔：《先秦两汉铁器的考古学研究》，科学出版社，2005 年。
④　许倬云：《汉代农业——中国农业经济的起源及特性》，广西师范大学出版社，2005 年。
⑤　（汉）班固撰，（唐）颜师古注：《汉书》卷六十二《司马迁传》，中华书局，1962 年。
⑥　（汉）司马迁：《史记》卷一百二十九《货殖列传》，中华书局，1982 年。

事生"随葬，另一方面与该时期的货币经济发展情态息息相关。汉初的半两夹杂了秦半两，"榆荚半两"的大量出土预示了高祖、惠帝时期经济的不稳定，文景四铢半两的规范，昭示了货币经济走向标准化，到了元狩五年上林三官五铢钱的出现，西汉政权将钱币的铸造权收回国有，这种情况一直持续到汉末王莽时期，王莽的"五物、六名、二十八品"的货币改革彻底将西汉晚期的货币经济带入了深渊，东汉末年流行的剪轮五铢、綖环钱反映了社会经济动荡的现实。三国时期连年征战，国库空虚，曹魏的谷帛为币、吴蜀虚值大钱的流行都反映了货币匮乏的现实。这些都是商品经济发展的晴雨表。

其五是墓葬文化的发达与奢华。如众所知，墓葬文化属于上层建筑领域的内涵，其墓葬本身的物质形态，承载了秦汉三国先民的慎终追远的祖先崇拜意识。因此，从物质文化的角度看待这一阶段的墓葬文化的发展，考古学研究的主要目的一是了解分期与编年，二是了解墓葬变化的轨迹和规律，三是了解墓葬文化反映的精神和思想，四是了解秦汉三国先民遵循的礼制与价值观念，五是具体陵墓的学术研究及保护利用。《晋书·索琳传》说"汉天子即位一年而为陵，天下贡赋三分之一，一供宗庙，一供宾客，一充山陵"，帝陵的厚葬之风跃然纸上。秦汉三国时期，从埋葬的"厚"与"薄"角度出发，厚葬一直是主流，三国时期的薄葬也是相对的丧礼简约和埋葬简化[①]。

考古材料证明，今天汉墓的发现数量远远超过其他朝代的墓葬数量，其王侯级别墓葬的规模也远远大于其他时期同级别墓葬的建制，如河北满城中山靖王刘胜夫妇的崖墓就是如此。为什么会出现这样的现象？原因很多，有的说是"事死如事生"观念的影响，有的说是厚葬风俗的延续，有的说是儒家孝亲意识的影响，等等。这里，笔者认为汉代人除了传统习俗的继承外，还有一种准宗教意识促成汉代几百年终极关怀对此岸的理解与实践，换而言之，通过对死亡的安排，实现现世生活的永存，这一点不同于佛教、基督教等的彼岸、来世意识。正因为这样，汉人的砖石墓建造超出了当时生活的居室，显得奢华而张扬。对待这一点我们不仅仅是对厚葬的批判，更重要的是领悟汉代先民对生命意识的不懈探索和精神追求。

当然，汉代物质文化的特征还可以从舆行、饮食、服饰、军事、人文、地理、文书等方面去总结，作为导言，着重描述了以上五个方面的认识，期待大家有更深入的理解。

四、秦汉三国时期物质文化影响及意义

开头语讲过，汉字、汉语、汉服、汉人、汉族、汉俗、汉文化在这一时期固定成型统于一，如果讲秦汉三国时期物质文化影响及意义，这些要素都是必须要讲清楚的。鉴于我们的讨论范围有限，又主要依据的是考古学发现的实物材料，在这里仅仅扼要探讨一个问题，即汉文化的影响及意义。

汉文化是汉代开始固定成型的文化，是汉民族为主体创造出来的文化，包括物质文化，也包括非物质文化。非物质文化发生往往必须依托有物质化的载体或活动形式，从这个意义上讲物质文化很多时候与非物质文化是融为一体的。如果一定要把汉文化分成物质的、

---

① 韩国河：《论秦汉魏晋时期的厚葬与薄葬》，《郑州大学学报》(哲学社会科学版) 1998 年第 5 期。

制度的、精神的三个层次进行叙述，总是有割裂物质、非物质文化的"嫌疑"。因此，这里讲的秦汉三国物质文化，超越了纯物质文化的概念。

20 世纪五六十年代对汉族及民族的形成有一场大讨论，直到 1988 年，费孝通先生在香港中文大学发表《中华民族多元一体格局》一文的讲演中，提出了"中华民族多元一体格局"的论断①，在学界取得了共识。吕振羽先生说过："华族自前汉的武帝、宣帝以后，便开始叫汉族。"②白寿彝先生总主编的《中国通史》说："华夏族发展、转化为汉民族的标志是汉族名称的确定。"③需要指出的是，近代学者将"民族"的定义表述为："共同的血缘关系、风俗习惯、心理感情、语言文字、宗教信仰、居住地域及体质特征等，其中以血缘关系和风俗习惯最受重视。"④因此，汉文化不是纯粹血缘关系的文化，它的发生不是随着西汉政权建立立即就成熟起来的文化，而是经历了 100 多年的发展，大约在西汉中期才逐步形成的以汉王朝为政治载体，以汉字为主要书写符号，以儒家思想为主导意识形态，以郡县制为统治基础，以中央集权为核心建构，继承融合创新发展起来的国家文化，也可称为中华早期帝国文化。因此，汉文化作为一种统一文化面貌在东方大地的出现，大体经历了政治文化的统一，经济文化的统一，直至文化精神的统一三个相继又相融的阶段。

政治文化的统一是从秦始皇统一六国开始的，核心是以郡县制为基础的地缘关系统治，皇帝之下的三公九卿制的集权政治运营模式，这一套政治文化架构被西汉王朝所继承，并很快扩张至今天的朝鲜半岛、越南北部地区。反映政治文化统一的考古遗产很多，如发现的大量郡县级城市、各种诏书和封泥印章等，日本九州出土的"汉倭奴国王金印"也是政治文化东传的典型范例⑤。

经济文化的繁荣，在经历了汉初经济凋敝、文景时期的与民休息，到了汉武帝时期，"京师之钱累百巨万，贯朽而不可校。太仓之粟陈陈相因，充溢露积于外，腐败不可食"⑥。经济文化的统一是伴随着政治文化的推行而推进，尤其是官营经济的垄断，如盐铁、钱币、赋税等政策的制定与实施。这些内容考古遗存发现很多，如河南古荥的冶铁遗址就是汉代河南郡所辖的第一号制铁作坊，1994 年发现的上林苑兆伦铸钱遗址，也就是西汉时的国家造币中心"上林三官"。铁器的流通与铸造对东亚及越南影响很大，尤其是弥生时代的日本，铁原料及铁器的流入对日本当时的地域文化发展进程产生了重大影响。

文化精神统一的提法似乎有些绝对，这里主要是指汉领域内对汉核心地区即汉两京地区意识形态、价值观念以及精神风貌的认可和追随程度。俞伟超先生说，代表汉文化本体的"汉制"是在汉武帝时期形成的⑦。这一点，学界没有太大异议。虽然汉代各区域的地方特征仍然保持了多样性特点，但这些传统或土著的一些特征，并没有阻碍汉文化的进程。

---

① 费孝通：《中华民族多元一体格局》，中央民族大学出版社，1989 年。
② 吕振羽：《中国民族简史》，生活·读书·新知三联书店，1950 年。
③ 白寿彝：《中国通史》第四卷《中古时期·秦汉时期（上册）》，上海人民出版社，1995 年。
④ 李资源、张英：《孙中山的民族思想与民族地区的现代化》，《广西民族研究》2005 年第 1 期。
⑤ （宋）范晔撰，（唐）李贤等注：《后汉书》卷八十五《东夷列传》中记："建武中元二年，倭奴国奉贡朝贺，使人自称大夫，倭国之极南界也。光武赐以印绶。"中华书局，1965 年。
⑥ （汉）班固撰，（唐）颜师古注：《汉书》卷二四《食货志》，中华书局，1962 年。
⑦ 俞伟超：《先秦两汉考古学论集》，文物出版社，1985 年，第 117 页。

不管是在云贵高原地区，或是河套地区的汉匈交错地带，都十分明显，这就是汉家文化的影响和魅力。如果单个提到丝绸和铜镜等汉文化元素，东到日本，西到中亚西亚地区，北至俄罗斯南部，南至越南北部都有它们的踪迹，这是文化交流的结果，也是物质文化追求的认同。

因此，这一时期的物质文化的方方面面都影响了当时广阔范围内的各区域各民族文化，又因为它们的存在，构筑起一个广大的汉字文化圈，也同时构筑起一个以儒学为中心的价值文化圈，她照亮了整个东方世界，也指引其后的盛唐走向中华文化的另一个高峰。

（此文原为拙著《中国古代物质文化史·秦汉》的绪论部分，韩国河、赵海洲、刘尊志等：《中国古代物质文化史·秦汉》，开明出版社，2014 年）

中日考古学比较研究的视点和存在的问题

一、视点的选择和方法论

国际化的今天，把本国的文化立足于国际的视点，采取综合及跨学科的研究方法逐渐成为考古学、历史学界的一个主要趋势，尤其是从异文化的角度或者是相互比较的研究方法，越来越成为国际合作研究的基本手段。具体到中日考古学的比较研究，其实也是从东亚的视点来整体看待和考察中日两国考古的发现和存在的问题。这种比较研究具有两方面的含义：一是因为比较的对象相同，在人为交流和文化传播存在为背景的前提下，探讨当时两国或两地区间存在的历史实事和性质；二是被比较的对象没有任何交流关系，通过比较旨在加深和析明各自问题的阐明过程。

其实，这两种方法在我们平常的考古学研究中，有意识或无意识地运用着。但是，如何选择比较的资料和内容，问题的切入角度怎样？和每一个研究者的指导思想和方法原则有着密切的关系。毋庸置疑，中国考古学的研究指导思想是马克思主义的辩证唯物史观。但在研究历程中，我们也犯过教条主义的错误。20 世纪 80 年代以后，随着改革开放的进行，不少认识得到了修正和补充[1]，唯物史观的考古区系类型学的研究方法臻于成熟。就日本而言，历史学、考古学的研究也曾囿于天皇政治史观之中，直到 1945 年败战后，唯物的史观研究才算得到真正的解放。并且在探讨古代国家成立的大命题当中，这种唯物史观起到了导向性的作用，比如前方后圆坟体制和国家产生关系的研究当中，涌现出了小林行雄、近藤义郎、都出比吕志、石野博信、茂木雅博等人的一大批代表性研究成果[2]。

众所周知，中国新石器时代至南北朝时期的考古学内容，主要见于《新中国的考古发现和研究》一书中，基本上是按照城址、墓葬、农业、手工业、宗教、少数民族的考古学内容来划分。日本的研究，绳纹时代到古坟时代的内容区分不同于中国。雄山阁出版的《绳纹文化研究》（十分册）、《弥生文化的研究》（十分册）、《古坟文化的研究》（十三分册）等系列研究成果中可以看出，主要偏重于环境、生产状况、陶器、工具和技术、葬制、聚落群体、社会和文化、研究史以及东亚的角度研究日本考古等方面。显而易见，日本的弥生·古坟时代虽然有聚落和豪族居馆，却没有发现中国夏商时期以来的大规模的都城遗迹，

---

[1] 安志敏先生的《塔里木盆地及其周围的青铜文化遗存》（《考古》1996 年第 12 期）一文中说，从西亚传入的青铜器和铁器，最初影响到新疆地区，然后慢慢传入黄河流域。这种推测性的研究也见于水涛先生《新疆青铜时代诸文化的比较研究——附论早期中西文化交流的历史过程》中（《国学研究》第一卷，1993 年）。

[2] 小林行雄：《古坟文化论考》，平凡社，1982 年；近藤义郎：《前方后圆坟的成立》，岩波书店，1998 年；近藤义郎：《前方后圆坟的时代》，岩波书店，1983 年；都出比吕志：《日本古代的国家形论序说——前方后圆坟体制的提倡》，《日本史研究》343 号，1991 年；石野博信：《古坟文化出现期的研究》，学生社，1985 年；茂木雅博：《前方后圆坟》，同朋社，1992 年；茂木雅博：《古坟时代寿陵的研究》，雄山阁出版，1994 年。

直到进入飞鸟·奈良时代，因为模仿了中国（南北朝）隋唐时期的都城建制，才陆续建成了难波宫、藤原京、平城京和平安京。因此，都城的比较研究成为中日考古学研究的一个焦点问题。当然，按以上的内容区分，如果说进行比较研究的话，研究者根据自己的研究方向，可供比较的内容很多，但研究的前提是必须懂得和掌握两国的考古学知识。

那么，如果是站在东亚的角度进行中日考古的比较研究，首先要究明的问题可以举出如下几点：如藤原京、平城京的源流问题，支石墓、瓮棺墓、方形周沟墓、前方后圆坟的起源问题，铜矛、铜剑、铜铎、铜镜等青铜器的传入问题，磨制石器、陶器（须惠器）、玉器、漆器、铁器制作技术的流入问题，以及"干栏式"建筑的起源问题，等等。这些问题如果能在比较考古研究中得到解决，对日本考古学的研究将是一个不小的贡献。

此外，还有一些必须是考古学者和人类学、医学、农学、文献史料学、宗教学、民俗学、民族学、冶金学等科学领域研究者共同进行比较研究的课题。比如，近几年来受人注目的日本民族起源的问题，渡来人的问题，稻作文化起源的问题，中国神仙道教传入的问题，佛教受容的问题，铁器冶炼和炼钢技术传入的问题。还有，不少学者也从历史文化的角度展开了中日文化的比较研究。

当然，文明和国家的起源问题作为世界考古学研究的对象，也应该纳入日本考古学的研究范畴。但是，由于日本文化的外来成分较多，平时很少言及"文明"之词和起源问题，相反，"国家"的诞生作为古代政治开始的原点，日本学界的研究乃至比较研究相当盛行。

还有，作为精神文化领域的比较研究，其代表性课题不管怎么说都要算是宗教文化的比较研究。到 7 世纪为止，中国的道教（神仙思想等）、儒教（礼法等）、佛教（佛兽镜相关的问题等）与日本的多神崇拜、鬼道、种类繁多的祭祀、佛教的兴起之间有着怎样的联系？令人深思。虽然用考古学发现的物质性材料（形而下）来说明文化、精神的问题（形而上）比较困难，但日本大场盘雄、福永光司、重松明久、金关恕等先生的研究，为我们指明了一条比较研究的途径[①]。

关于中日考古学比较研究的重要性，"三角缘神兽镜"研究的专家王仲殊先生有过概括性论述："中国和日本是一衣带水的邻邦，两国的交流远自两千年（以前）已经开始。因此，日本的古代史与中国的古代史之间有着密切的关系，日本的考古学和中国的考古学也有着不能割断的联系。如同研究日本考古学必须留意中国考古学一样，对于中国考古学的研究也应当注意日本考古学的研究，这也是中日考古之间展开学术交流的重要原由。"[②]

二、研　究　成　果

1. 中国学者的比较研究

回顾历史，自 1980 年以来，中国的考古学研究进入"黄金时期"。不仅确立了考古研

---

① 大场盘雄：《神道考古学》，苇牙书店，1943 年；《神道考古学讲座》第一卷，雄山阁出版，1981 年；重松明久：《古代国家和道教》，吉川弘文馆，1985 年；福永光司：《道教中的镜与剑》，《东方学报》，京都大学，45 册；金关恕：《弥生时代的宗教》，《宗教研究》49-3，1976 年等。

② 王仲殊：《致日本读者的序言》，《三角缘神兽镜》，学生社，1992 年。

究的区系类型学主干，也基于马克思主义的指导思想对东亚乃至世界的历史给予了考古学解释和研究。1986 年，《中国大百科全书·考古卷》的问世，囊括了不少这样的研究和代表性成果。对于日本考古学的研究，除去日本史、中日交通史、中日文化史等领域的研究成果外，中国社会科学院考古研究所原所长王仲殊发表的关于"三角缘神兽镜"的一系列论文可以说是中日考古学研究的第一波。其后，进入 20 世纪 90 年代，随着中日人才培养和交流的扩大及深入，中国年青的考古学人开始有意识地"从中国看日本"的研究视点，研究日本相关的考古学文化。其代表作（自成一家之言）有中国社会科学院考古研究所王巍副所长的《从中国看邪马台国和倭政权》（雄山阁出版，1993 年）、西北大学王维坤教授的《中日古代都城和文物交流的研究》（朋友书店，1997 年）等。还有，1992 年，王仲殊先生的《三角缘神兽镜》和《从中国看古代日本》也由日本的学生社出版。这些比较研究的主题和偏重的内容，其书名已不言自明。

1981 年《考古》第 4 期，刊登了王仲殊先生的《关于日本三角缘神兽镜的问题》一文，至 1994 年第 8 期同杂志刊出《论日本出土的青龙三年铭方格规矩四神镜——兼论三角缘神兽镜为中国吴的工匠在日本所作》，王先生围绕"三角缘神兽镜为中国吴的工匠在日本所作"的主题，发表了十几篇论文。日文版的《三角缘神兽镜》一书收录了 1981～1989 年的 13 篇高论。主要论点是：①东汉以后，吴县（吴郡的郡治所在）和山阴（会稽郡的郡治所在）作为江南的较大铜镜制造中心，主要生产画像镜、盘龙镜、重列同向对置式神兽镜、画文带佛兽镜等。相反，以黄河中下游为中心的魏国、西晋等华北之地，几乎不出土此类的铜镜。②日本发现的三角缘神兽镜，其三角缘、神像、兽像等因素都和中国江南出土的镜形、纹饰相类同。③三国时代，日本列岛和中国有交往（途径亶洲），此时吴的工匠东渡日本制造了三角缘神兽镜。

王巍先生在《从中国看邪马台国和倭政权》中，着力于剖析国家成立过程的观点，对中日古代国家的出现、成立和发展进行了详细的讨论。以此为基础，究明了中国古代国家与日本古代国家形成的不同特点。其中，通过中国龙山时代和日本弥生时代、夏代和邪马台国时代的比较研究，认为日本在 3 世纪前后步入国家的时代。

不难看出，这两种比较研究的特点是建立于中日文化的关系论和各自文化形成过程的比较论基础之上，最大限度地挖掘与论题相应的考古材料，进行归纳和推论，这种研究方法基本上代表了 21 世纪中国考古学界中日文化比较研究领域的研究方向。

另外，必须要注意是中国历史学界（日本史、日本文化领域）充分利用考古材料进行比较研究的研究成果。

1982 年，中国社会科学出版社出版了中国社会科学院世界史研究所汪向荣研究员的《邪马台国》一书，不但归纳了 1980 年以前日本考古学的研究成果，也提到了《魏志·倭人传》（全称应该是《三国志·魏书·乌丸鲜卑东夷传·倭人条》）的研究，以及邪马台国"九州说""大和说"、弥生后期日本社会的状况等问题。汪先生赞成"大和说"，并认为 3 世纪后期的九州经济发展落后于大和地区。

针对汪先生的"邪马台国"的"大和说"，著有《倭国与东亚》（六兴出版，1990 年）一书的北京大学沈仁安教授和著有《邪马台和中国》《邪马台和日本》（两书皆学生社出版，1992 年），以及《古代的日本——以邪马台国为中心》（六兴出版，1986 年）的天津社会科学院日本研究所王金林先生拥护"九州说"。不过，王金林先生在《古代的日本——以邪马台国为中心》一书里，又承认畿内地区在弥生后期存在着一个"原大和国"，这个国的生产力状况基本同于九州的邪马台国。我们撇开争议不谈，三位历史研究者都很好地利用了考古材料。而且是站在东亚的角度，在全面把握日本弥生·古坟时代经济文化发展状况的同时，来判断中国古代文化在东亚文化交流中的位置和作用。

其他的比较研究，集中在稻作文化和渡来人（徐福等）的讨论当中。例如，江西社会科学院陈文华副院长（与日本渡部武共编）的《中国稻作的起源》（六兴出版，1989年），北京大学严文明教授的《东北亚农业的发生与传播》（《农业考古》1993年第3期）、《世界最早的陶器和稻作的起源》（《季刊考古学》56号）、《山东杨家圈稻谷发现的意义》（《东亚的稻作起源和古代稻作文化》1995年），原国际日本文化研究中心徐朝龙副教授的《长江文明的发现》（角川书店，1998年），西北大学王建新教授的《农耕的起源》（《季刊考古学》54号），杭州大学毛昭晰教授的《先史时代江南和日本的稻作文化》（《考古学ジヤーナル》第390期，1995年）等。都是和日本稻作文化起源有关的论证考述。特别是中国社会科学院考古研究所安志敏原副所长的《长江下游史前文化对海东的影响》（《考古》1984年第5期）、《江南文化和古代的日本》（《考古》1990年第4期）两文中，详细地论证了日本的稻作农耕、干栏式建筑、块形耳饰、漆器、鬲形器、印纹陶器以及环沟（壕）聚落、坟丘墓的出现都和江南的文化密切相关。

关于徐福的研究，引起了与徐福故乡息息相关的山东省和江苏省研究者的特别关心，并出版了一系列研究书刊[①]。但是，秦代的徐福是否东渡到过日本，还未能定论。考古学家安志敏先生指出，应当严格区分历史上实际存在的徐福和传说中徐福的材料，日本佐贺县山内町马乘场发现的和徐福传说相关的"秦阿房宫砖砚"是清代的制品[②]。

至于个案的研究非常多，不完全统计，列举如下。中国历史博物馆俞伟超先生的《方形周沟墓》（《季刊考古学》54号，1966年）中，认为日本的方形周沟墓的起源可追溯到秦人的同类墓葬。西北大学钱耀鹏博士认为东日本分布的有角石斧是受中国影响产生的石制工具（《关于有角铜斧钺和有角石斧》，《古文化论丛——伊达先生古稀纪念论集》，1997年）。北京大学苏哲副教授的《壁画古坟——以北朝为中心》（《季刊考古学》54号，1996年），指出日本高松冢古坟壁画源流的复杂性。四川联合大学霍巍教授的《密教遗迹与唐代中日文化交流》（《季刊考古学》54号，1996年）叙述了密教对日本宗教文化的影响。黑龙江文物考古研究所李陈奇先生的《中国东北的新石器文化》（《季刊考古学》54号，1996年），言明了石刃镞、连弧状纹陶器、石棺墓等和日本间的关系。山东省文物局张从军副局长的《黥和渡来人》，（1997年～1998年国际日本文化研究中心外国研究员论）考证了中日北方交流途径的重要性。中国社会科学院考古研究所韩康信研究员（与日本九州大学中桥孝博教授共著）的《中国和日本古代仪式拔牙的比较研究》（《考古学报》1998年第3期），

---

① 中国航海学会、徐州师范学院：《全国首届徐福学术讨论会论文集》，中国矿业大学出版社，1988年；山东徐福研究会、龙口市徐福研究会：《徐福研究》，青岛海洋大学出版社，1991年；中国连云港徐福研究会：《徐福研究论文集》，中国科学技术出版社，1991年。

② 安志敏：《论徐福和徐福的传说》，《考古与文物》1997年第5期。

通过上颚侧门齿拔牙的材料对比，暗示出西日本受到过中国的影响。其他有中国社会科学院考古研究所白云翔研究员的《战国秦汉和日本弥生时代的锻銎铁器》（《考古》1993 年第 5 期），西北大学张宏彦教授的《东亚地区史前石镞的初步研究》（《考古》1998 年第 3 期），河南省文物考古研究院李京华研究员的《试谈日本九州早期铁器来源问题》（《华夏考古》1992 年第 4 期）、《中国秦汉时期的冶铁技术与周边地域的关系》（《东亚古代铁文化》たたら研究会国际研讨会，1993 年），笔者的《从考古材料看中日古代文化交流的步伐》（《研究辑录》广岛县埋藏文化财调查中心，1997 年）、《从东亚看日本铜铎的产生》（《出云发现的青铜器》岛根县，1998 年）、《日本发现的三角缘神兽镜》（《月刊中国》大修馆书店，1998 年），王巍先生的《从出土马具看三至六世纪东亚诸国的交流》（《考古》1997 年第 12 期）、《中国古代铁器及冶铁术对朝鲜半岛的传播》（《考古学报》1997 年第 3 期），中国社会科学院考古研究所杨泓研究员的《吴、东晋、南朝的文化及其对海东的影响》（《考古》1984 年第 6 期）、《中国古代甲胄和日本古代甲胄》（《文物天地》1996 年第 5 期）、《日本古坟时代甲胄及其和中国甲胄的关系》（《考古》1985 年第 1 期），王仲殊先生的《东晋南北朝时代中国与海东诸国的关系》（《考古》1989 年第 11 期），敦煌研究院孙修身教授的《日本佛教与中国的关系》（《博古研究》9 号，1994 年），中国社会科学院考古研究所袁靖研究员的《从贝丘遗址看绳纹人与环境的相互关系》（《考古》1995 年第 8 期），韩康信先生的《山东临淄周—汉人骨眶上孔和舌下神经管二分的观察与日本人的起源》（《考古》1997 年第 4 期），南京大学熊海堂教授（故人）的《东亚窑业技术发展史与技术交流史研究》（南京大学出版社，1994 年）、《中国古代烧瓦窑炉及其技术对朝鲜、日本的传播》（《古代学研究》130，1994 年），苏哲先生的《日本藤之木古坟出土马具纹饰初探》（北京大学考古系编《考古学研究（一）》文物出版社，1992 年），等等。从各种不同的角度，用考古材料论证了中日古代文化交流的关系。

因此，"中日考古学的比较研究"对改革开放后的中国考古学界来说，是一个崭新的研究课题。它的研究史虽然不很长，但取得了相当多的研究成果。今后，作为一个新的研究领域，只有不断吸收双方日益增长的考古发掘资料，携手共进，才能将这一领域的研究，推向深入。

2. 中日双方共同的调查发掘和研究

1991 年《中华人民共和国考古涉外工作管理办法》实施以后，中国境内的中日双方合作调查发掘成为可能。以辽宁省文化厅郭大顺研究员和大手前女子大学秋山进午教授为中日双方的责任代表，组成调查发掘队，对辽宁省的部分史前遗迹、积石冢进行了测量和调查，旨在究明辽宁东部的青铜器文化、石墓文化、辽河文明的状况和环渤海的新石器早期的文化系统。根据调查结果，日方归纳成《东北亚文明源流的考古学研究》报告书（1992 年度科学研究费补助金报告书，1993 年 3 月）。中方集结了 1990～1992 年的发掘研究成果，编成《东北亚考古学研究——中日合作研究报告书》（文物出版社，1997 年）。后者的报告书内，辽宁省文物考古研究所孙守道研究员的《中国三燕时期与日本古坟时代骑马文化的比较研究》一文，明确提出了三燕的甲胄和马具通过朝鲜半岛对日本列岛的传播和影响。

　　之后不久，日本大手前女子大学又和内蒙古文物考古研究所合作，对内蒙古凉城县"岱海"周边的遗迹进行了调查（责任代表：中方田广金，日方秋山进午）。研究结果日方归纳为《游牧骑马民族文化生成和发展过程的考古学研究》（1995～1997 年度文部省科学研究补助金，1998 年 3 月）。内蒙古文物考古研究所（与日本京都中国考古学研究会共著）发表了《内蒙古凉城县王墓山茶坡上遗址发掘纪要》（《考古》1997 年第 4 期）。

　　其他中国北方的共同调查，还有 1995、1996 年度宁夏文物考古研究所和日本东京共立女子大学谷一尚副教授的发掘研究。

　　以上三例的中日合作发掘调查，日方的研究意图十分清楚。一是要寻找中国东北先史文化与日本绳纹文化、弥生文化的接点。二是尽管日本国内对江上波夫的"北方骑马民族渡来说"给予了否定，但学界在持有存疑的同时，对那个时候中国北方的游牧民族文化的实态及对日本乃至东亚的影响，仍然存有极大兴趣。

　　可是，从风土习俗上讲，中国的江南文化和日本的文化比较接近。再加上近些年日本国内稻作源流研究非常兴盛，日方的合作发掘调查对象不自觉地转向长江流域。

　　长江上游的发掘。1996 年 11、12 月，四川省成都市文物研究所、四川联合大学、新津县文物管理所与日本早稻田大学合作对宝墩遗迹进行了发掘，成果公布为《四川新津县宝墩遗址 1996 年发掘简报》（《考古》1998 年第 1 期）。

　　长江中游的发掘。1995、1996 年湖北荆州博物馆和日本福冈"文明的十字路"地域文化研究组织合作，对湖北阴湘城遗址进行了调查发掘。其中的收获之一，如宫崎大学藤原宏志教授所说："中日共同探查发掘长江流域新石器时代的稻作遗址不仅成为现实，也随之弄清楚了不少事实问题。这些新的事实跨出了以往的稻作史上认识的框架。当然更不用说对重新估量长江流域文化的位置，以及稻作的起源乃至对日本传播途径的探讨，都有十分重要的意义。"[①]调查报告由荆州博物馆张绪球馆长和日本京都大学冈村秀典副教授执笔发表于京都大学的《东方学报》69 册（1997 年）。

　　长江下游的发掘。1994～1996 年浙江省文物考古研究所、北京大学与日本的上智大学合作，共同发掘了普安桥遗址。研究的宗旨是想究明长江下游的先史文化——良渚文化的生业、稻作、社会进化等问题。成果的一部分由中村慎一先生归纳为《浙江日中共同调查》（《日本中国考古学会会报》5 号，1995 年）。

　　另外，从 1997 年 11 月开始，中国社会科学院考古研究所和日本奈良国立文化财研究所组成国家级"中日联合考古队"，对西汉长安城的桂宫等遗迹进行发掘[②]。这种国家级的合作发掘与交流不仅有着巨大的国际合作意义，也对推动中日间古代的聚落、城市等的比较研究带来了很大机遇。

　　毋庸讳言，以上这些考古发掘中积累了不少有益的国际合作发掘经验，繁荣了中日两国的学术交流。同时，对 21 世纪国际考古学的合作研究走向及多视角思考考古学文化，都提供了可以借鉴的成果。

---

　　① 藤原宏志：《长江中下游稻作遗迹调查》，《从福冈看东亚 3》，西日本新闻社，1995 年。
　　② 《中国社会科学院考古研究所与日本奈良国立文化财研究所联合举行中日合作发掘西汉长安城遗址新闻发布会》，《考古》1998 年第 5 期。

3. 日本学者的比较研究

在日本，从事中国考古学研究的人数不少。而且，在对中国考古学、日本考古学问题研究的同时，有意识或无意识地采用了东亚视角和比较研究的方法。例如，熊本大学甲元真之教授编著的《环东中国海沿岸地域的先史文化》（金曜会，1998年），驹泽大学饭岛武次教授的《东亚都城系谱》（《日本古代学论集》古代学协会，1979年），京都大学冈村秀典副教授的《须玖冈本王墓的中国镜》（《须玖冈本遗迹》，吉川弘文馆，1994年），九州大学宫本一夫副教授的《挟海相对的二地域——山东半岛和辽东半岛、朝鲜半岛南部和西九州以及它们的地域性与传播问题》（《考古学研究》37-2，1990年），青山学院大学田村晃一教授编著的《东北亚的考古学》《亚洲的巨石文化》（六兴出版，1990年）、北海道大学菊池俊彦副教授的《东北亚古代文化的研究》（北海道图书刊行会，1995年）、东京大学大贯静夫副教授的《东北亚古代文化的研究》（北海道图书刊行会，1995年）、东京大学大贯静夫副教授的《东北亚的考古学》（同成社，1998年）、德岛大学东潮教授的《高句丽考古学研究》（吉川弘文馆，1997年），等等。

以某个特定问题作专题比较研究的也比较多，因篇幅所限，在此，以铁器、青铜器、墓葬的比较研究作为释例。

日本铁器的系统研究，首推广岛大学潮见浩名誉教授的《东亚的铁器文化》（吉川弘文馆，1982年）。潮见浩先生在考察了中国及朝鲜半岛的初期铁器文化之后，论及了日本的初铁器文化的发生和普及。其中的一个论点是"日本铁器使用的开始，并不是简单地受到了中国和朝鲜的直接或间接影响"，而是同于"韩国使用铁器的开始时间"。

广岛大学川越哲志教授的《弥生时代的铁器文化》（雄山阁出版，1993年），虽然论述的是日本弥生时代的铁器文化，但在"东亚的铁器文化动向""流入日本的初期铁器""弥生时代铁器的历史意义"等章节中，都进行了详细的比较考证。尤其强调了中国的西汉武帝时期元狩四年（119年），因为实行"铁官"及铁器专卖，"马弩关"的设置禁止向国外输出兵器、铁器、马等，造成了"周边地区向磨制石器制作的转换"。这是东亚铁器传播中的特殊性一环。

其他，关于铁器比较的论述很多，如高桥工先生的《东亚甲胄的系谱和日本——以5世纪以前的甲胄制作技术和设计思想为中心》（《日本考古学》第2号，日本考古协会，1995年11月）、村上恭通先生的著作《倭人与铁的考古学》（青木书店，1998年）第一章《铁的故乡》、《东亚两种铸造铁斧》（砂铁精炼炉研究会，1988年）、《从东亚看弥生的铁文化》（《弥生铁器文化和它的世界》，北九州市立考古博物馆，1995年）等。

青铜器的比较研究，比较早的成果可举1974年出版的《大陆文化与青铜器》（樋口隆康编，讲谈社）。在《弥生时代青铜器的源流和展开》一节中，分成北方系青铜器文化、辽宁省的青铜器文化、朝鲜的青铜器文化三个系别，组成日本青铜器文化的源流，从朝鲜传来时有所取舍选择。也就是说"剑、矛、戈到日本后，脱胎变骨成为平形铜剑、宽形铜矛、宽形铜戈；马铃发展成为铜铎"。"也有完全在日本制造的青铜器，如巴形铜器、铜钏等。"其他有秋山进午先生的《中国东北地区初期金属器文化的诸态（上）》（《考古学杂志》53-4，1968年）、森贞次郎先生的《弥生时代细形铜剑的流入》（《日本民族和南方文化》，

1968 年），近藤乔一先生的《朝鲜·日本初期金属器文化的系谱和展开》（《史林》65-4，1969 年），岩永省三先生的《输入的青铜器铜剑》《铜矛》（《弥生文化研究》6，1986 年），春成秀尔先生的《铜铎的起源和年代》（《论争与考古学》名著出版，1994 年），等等。当然，也有一些没有进行比较研究，却给青铜器的比较研究带来很大影响的研究成果。例如，京都大学教授林巳奈夫先生的《中国殷周时代的武器》（京都大学人文科学研究所，1972 年）、《汉代的文物》（京都大学人文科学研究所，1976 年）、《殷周时代青铜器的研究》（吉川弘文馆，1984 年）、《战国时代出土文物的研究》（京都大学人文科学研究所，1985 年）、《殷周时代青铜器纹样的研究》（吉川弘文馆，1986 年）、《春秋战国时代青铜器的研究》（京都大学人文科学研究所，1989 年）等，林先生可谓宏著连篇。冈村秀典先生的《西汉镜的编年和样式》（《史林》67-5，1984 年）、《东汉镜的编年》（《国立历史民俗博物馆研究报告》55，1993 年）、《乐浪汉墓出土的镜》（《弥生人看到的乐浪文化》大阪府立弥生文化博物馆，1993 年）等，都是中日铜镜比较研究的基础。关于三角缘神兽镜和中国输入镜的研究，可参考近藤乔一先生的《三角缘神兽镜》（东京大学出版会，1988 年）和笠野毅先生的《舶载镜论》（《古坟时代研究 13》雄山阁，1993）。

墓葬的比较研究，首先涉及的是石墓文化和瓮棺葬。三上次男先生的《满鲜原始坟墓的研究》（吉川弘文馆，1961 年）和《古代东北亚史的研究》（吉川弘文馆，1966 年）中，在前人学者鸟居龙藏、八木庄三郎、藤田亮策、梅原末治等人研究的基础上[1]，对中国东北和朝鲜的这两种墓葬进行了详细的比较研究。之后，镜山猛先生的《九州考古学论考》（吉川弘文馆，1972 年）中，论及了日本瓮棺葬的源流。至此，基本上认为日本的石墓文化起源于中国东北地区，经朝鲜半岛传入。但瓮棺墓源流的探讨，意见不一，共有三种观点，即中国、朝鲜、日本绳纹文化的传统。20 世纪 80 年代后，岩崎二郎先生的《支石墓》、藤田等先生的《石棺墓》《瓮棺墓》（《弥生文化的研究 8》雄山阁，1987 年）等概括性论文中，偏重于朝鲜半岛和日本独特要素的研究。20 世纪 90 年代后，九州大学西谷正教授为研究代表，展开了《东亚支石墓的综合研究》（1994～1996 年度科学研究补助费《研究成果报告书》，1997 年 3 月），结论是日本最初出现的支石墓，从构造方面看，和朝鲜半岛西南部的关联性比较密切。瓮棺葬的研究，福冈县教育委员会的桥口达也先生在《大形棺成立以前的瓮棺编年》（《九州历史资料馆论集》17，1992 年）中，极度强调了独自发生的可能性。

关于弥生时代的坟丘墓和前方后圆坟的成立，20 世纪 80 年代以前，从与大陆的墓葬形制比较来看日本考古学界一般认为没有直接的联系[2]。因此，谈到比较，往往是各自的葬制分开论述。例如，小野山节先生的《王陵的比较研究》（1979 年度文部省科学研究费补助金研究成果报告书，京都大学文学部考古研究室），就是采取了《埃及的金字塔》《（中

---

[1]　鸟居龙藏：《中国石棚之研究》，《燕京学报》31 期；八木庄三郎：《满洲旧籍志》；藤田亮策（与鸟居龙藏共著）《朝鲜半岛南部汉代的遗迹》，《朝鲜都督府大正十一年度古迹调查报告》第二册和《朝鲜考古学研究》；梅原末治：《朝鲜古代的墓制》，京都，1946 年。

[2]　不过，1926 年森本六尔先生提出过日本前方后圆坟的出现是受到了大陆文化的影响，即"汉墓模仿说，《考古学杂志》16-11，1926 年。

国）中山王陵与始皇陵》《（日本）埴轮编年和前期古坟的新古》等分论叙述。白石太一郎先生的《从考古学看日本的墓地》（《日本古代文化探求墓地》，1975 年），虽然突出了"民俗学""考古学"方法研究墓地的重要性，但仍然没有对东亚的陵墓进行直接比较研究。

　　大陆的坟墓、陵墓究竟和日本有没有关系？为此，1981 年 2 月召开的"日本古代史国际研讨会"，邀请中国考古学者参加，以"寻找日中古代文化的接点"为题，展开了激烈的讨论。会上，东京大学西岛定生教授指出："中国以外各国坟丘墓的发生时期，总是一个与中国有着怎样直接联系的时期。"[①]但是，其后的研究中，意见对立。饭岛武次先生主张"日本的横穴式石室墓是经过了百济（朝鲜）的砖室、石室，或者间接地受到了中国南朝的影响，但前方后圆坟的产生与中国没有什么关系。"（石野博信等编《古坟发生前后的日本》，大和书房，1987 年）。相反，大阪大学都出比吕志教授却认为"日本的前方后圆坟的祖形虽然在中国和朝鲜没有找到"，可"从前方后圆坟的组成要素分析来看，其成立之际毫无疑问受到了中国等大陆思想的影响"，如后圆部的三层构筑、埋葬头位的北向等（白石太一郎编《古坟》吉川弘文馆，1989 年）。

　　1990 年日本考古学协会九州大会在福冈市召开，大会的主题是"东亚和九州"。菅谷文则先生做了题为"从中国看日本列岛"的发言。他认为，如果比较一下中国南方汉墓的随葬品，就会发现中国和日本交流南方途径的重要性[②]。其后，福冈市"文明十字路"的地域文化研究组织开始了五年计划的"面向东亚、探讨九州文化的源流"的活动。成员之一的冈村秀典先生通过"棺的出现及变化"的研究，认为"公元前 3000 年左右的辽河流域出现的石棺和积石冢中，随葬了不少精美的玉器。它们是上层阶层人员的墓，从中我们可以窥视到与木棺、木椁相关联的象征意义。这些石墓在于此之后，在辽东扩展为支石墓，经朝鲜半岛传到日本，积石冢也由高句丽继承下来"[③]。

　　另外，从葬送思想方面来看，天理大学金关恕教授认为"（中国的）新石器时代到金石并用时期长江流域的墓制发展、变化和日本的绳纹时代至弥生时代的变化相重合。虽然时间、距离、生活环境方面有很大的差异，但总是可以找出它们的共同性。绳纹时代的末期，传来了水稻耕作复合文化，作为复合要素之一，起源于长江流域'死'的思想，在弥生世界里一样生根开花"[④]。涉及死后的世界观问题，西岛定生说"高松冢古坟的壁画，死后的世界穿着和生前一样的服装，它可以说是受了唐朝或高句丽的影响"[⑤]。这样的研究，在斋藤忠先生的《日本与大陆文化》（日本书籍株式会社，1983 年）也能看到。

　　到目前为止，如何判断东亚葬制对日本的影响？仍然没有确切的结论。不过，日本坟丘墓产生的契机，有着和中国"山陵"相同的思考方法，是东亚角度比较考古的结果[⑥]。

　　顺言之，有名的遣使朝贡魏国的"卑弥呼"冢如何呢？同志社大学森浩一教授区别了"坟""冢"的概念之后，考虑到后汉帝陵的形制以及魏国"薄葬"的色彩，推测其冢大概

①　井上光贞编：《寻找日中古代文化的接点》，山川出版社，1982 年。
②　日本考古学协会：《东亚与九州》，学生社，1994 年。
③　《从福冈看东亚 2》，西日本新闻社，1995 年。
④　《从福冈看东亚 2》，西日本新闻社，1995 年。
⑤　《从福冈看东亚 2》，西日本新闻社，1995 年。
⑥　石野博信等编：《古坟时代的研究 13》，雄山阁，1993 年。

是圆坟 [①]。

　　铁器、青铜器、墓葬研究之外的一个重要问题是日本弥生文化的传来途径。目前的研究结果是：①樋口隆康先生的"二文明说" [②]。"华北是干燥寒冷的气候，以粟作农耕为基础，特别是金属器的制作技术比较突出。相对于华南地区以稻作农耕为基础，属于温暖湿润的照叶林带，有着独特的绢、漆、玉器等的制作技术。""我想日本受到了这两种文明的影响，但是其接受吸收方法途径绝不相同。风俗习惯上，日本因为属于华南的照叶树林地带，和长江文明直接相关。黄河文明进入到辽宁、朝鲜半岛后，在各地孕育了区域文化，其中的朝鲜文化传到了日本。"类似的考虑还有江上波夫先生的观点 [③]。②森浩一先生的"四条途径说" [④]。即朝鲜半岛南部、中国华北、中国华中、中国华南和朝鲜半岛北部·沿海州。但森浩一先生更加强调了江南文化传播的重要性。比如，辰马考古馆内保存了福井县坂井郡春江町大石村出土的一件流水纹铜铎。该铎的一面绘有三只船和舵手。他根据梁朝宗懔的《荆楚岁时记》里"五月五"竞渡的记载，提出其含义是"纪念屈原投江死亡呢"还是"稻耕农民的祈雨仪式"？不管怎么讲，都和中国江南的关系密切。因为连船的构造也都是江南的船式。这个观点森浩一先生在《渡海而来的人们》一书中（中央公论社，1989 年），加以补充，并强调了日本"有明海圈"交流的重要性。

　　与此研究相关联的问题是"稻作文化传来的途径"。关于这个问题研究的成果非常多。代表性的书籍可参考佐贺大学和佐野喜久生教授编的《东亚的稻作起源和古代稻作文化》（文部省科学研究费国际学术研究报告·论文集，1995 年）、东亚文化交流史研究会编的《稻》（1990 年）等。

三、比较研究的问题点

　　以上从三个方面介绍了不少中日间的考古比较研究成果。但是，没有解决和析明的问题还有很多。在此，笔者认为需要亟待双方探讨的问题试举一二。

　　第一，三角缘神兽镜的制作地问题，因为它牵扯到了青铜器的制作技术的传播。如果按照王仲殊先生主张的"吴的工匠东渡日本制作的镜"之观点，该镜的制作地毫无疑问是在日本。但是，首先面临的问题是文献中没有吴和倭国通交的记载（3 世纪）。即便《翰苑》中所引的《魏略》中（日本）倭奴国自称是（吴）太伯之后，仍然无法证明它们之间的直接交往。另外，直木孝次郎先生提出，为什么当时只有制镜的工匠来到了日本？渡来的工匠为什么仅仅制作了以三角缘神兽镜为主的镜类？如果说三角缘神兽镜都是在日本制作（截至目前，包括制作不好的三角缘神兽镜在内，大约有 500 件），是不是太多了一些？这都是一些很质朴的问题 [⑤]。

　　要解决这些问题，不用说要等待两国新的考古学成果。如果哪一方发现了制作三角缘

---

① 　森浩一：《倭人传的世界》，小学馆，1985 年；《卑弥呼的家》，《日本古代史研讨会文集（上）》，光文社，1980 年。
② 　《从福冈看东亚 4》，西日本新闻社，1996 年。
③ 　森浩一编：《东亚与日本海文化》，小学馆，1984 年，第 23、24 页。
④ 　森浩一编：《古代日本海文化》，小学馆，1983 年。
⑤ 　直木孝次郎：《日本古代国家的成立》，岩波书店，1983 年。

神兽镜的铸范，问题不言自明。在此之前，必须依靠两国的研究者共同探讨。现在的状况是双方的研究者各自依靠本国的考古材料，坚持自己的研究观点，这一状况的改变，又需要两国的研究者利用多学科的方法，全面系统整理各自的铜镜（公元前3世纪至公元6世纪）材料，以期有一个初步的认同结果。

第二，宗教的问题。《魏志·倭人传》中明确记载了卑弥呼"事鬼道"。按照民俗学和文化人类学的观点，她是个巫祝。因为从17世纪至现在，近东乃至朝鲜半岛的韩国，仍然有这种以女性为中心的巫女宗教活动。针对于此，日本的历史学家山尾幸久先生给予了很高的评价："这个新宗教（鬼道）把大和神灵降临的御所作为祭场，祭祀的神灵就是二重神格的人神，主要是象征太阳灵威的神格，我想它们可能是原来2世纪后半朝鲜半岛的掌握铸造技术的集团，来到了大和（畿内）。祭天宗仪盛行以铜镜为法器，大概与此有关。祭天之前，有过象征大地灵威的神格，即各地以铜铎为法器。之后废弃了铜铎，畿内为中心的区域统一了祭祀对象，创出了这种新的宗教。"[1]加上最近的研究，日本古坟时代神仙思想的存在几乎成为定论[2]。由于"鬼道"和"神仙思想"都和中国大陆文化有关系，而且日本的绳纹时代至奈良时代的多神崇拜→"鬼道"→"神仙思想"→佛教的信仰转变线索也比较清楚，因此，该课题的研究等待着两国考古学者的积极探索。

第三，丧葬的研究。众所周知，丧葬是和宗教、信仰、土地制度、家族组织、地域构造、生业、地理气候等相关的大问题。1981年2月的日本第五次古代史国际研讨会虽然讨论的是"寻找日中古代文化的接点"，由于时间关系，遗留下大量的问题有待于今天解决。比如，"从中国古代帝王陵寝制度看日本古坟时代的成立"就是其中的一个。像这样，通过形成过程的比较研究，以期达到了解各地域、各阶层的精神文化风貌和风俗习惯。但是，仅仅凭借考古学者的努力还远远不够，须多学科联合，多方位提取情报信息，才能把丧葬问题说得更清楚一些。由于日本的弥生、古坟时代几乎没有文献资料，因此，与中国丧葬习俗的比较研究，显得更为重要。

第四，国家形成的比较研究。日本大阪大学考古学教授都出比吕志先生在《国家形成的比较考古学提案》一文中有涉及[3]。都出比吕志先生是在和日本古代史学家山尾幸久先生进行了激烈的笔战（因为都出比吕志主张古坟时代日本进入国家时期，而山尾幸久持相反意见）中，一直致力于探讨国家形成的种种方法和理论。他说，为了试图解明这个问题，"对法则的追求和地域的比较研究越来越感兴趣，现在我进行的一项工作就是通过王陵以及都市形成的比较来深化国家形成论的课题"。所以，随着我国"文明""国家"问题的明朗化，两相比较之，对日本古代国家形成的解析将会大有裨益。

附带而言，虽然都说中日考古学的比较研究，如上所述，研究主题的确定、资料的甄别、研究视点的取向，都会因人而异。对日本来说，世界史上许多国家的诞生通常需要几

---

① 山尾幸久：《日本古代王权形成史论》，岩波书店，1983年。
② 森浩一：《诸王权的造型》（日本的古代4），中央公论社，1984年；福永伸哉：《从铜铎到铜镜》，《古代国家就是这样产生的》，角川书店，1998年；《镜的大量随葬和墓主形象》，《季刊考古学》65号；冈山真智子：《弥生时代水银朱的生产和流通》；北条芳隆：《神仙思想·朱色·倭人》，《考古学杂志》438，1998年。
③ 都出比吕志：《国家形成的比较考古学提案》，《考古学研究》44-4，1998年。

千年才能完成，而日本却在几百年内完成了。因此，比较当中，如何把握历史规律变化的普遍性和特殊性也至关重要。

（附记：在日本广岛大学研究学习期间，得到了该大学评议员、文化财学河濑正利教授的诸多指导，考古研究室古濑清秀副教授、安间拓已助教及研究室其他师生也给予了热情的支持和帮助。潮见浩名誉教授和川越哲志教授都馈赠了资料。在调查、搜集资料当中，广岛县教育委员会的小都隆、桑原隆博、加藤谦先生，同县埋藏文化财调查中心的米田仁、胁坂光彦、福井万千、山田繁树、松井和幸先生等都给予了协助及方便，在此一并致谢。）

（原载于《华夏考古》2001 年第 2 期）

二

帝陵与陵寝墓葬研究

东汉陵墓踏查记

  东汉自刘秀建国，到汉献帝禅位于曹魏，建造有 12 座帝陵。根据文献记载，除汉献帝的禅陵（234 年）在河南焦作（修武县）外，其余 11 座帝陵均在东汉都城洛阳附近。《帝王世纪》载：光武帝原陵"在临平亭之南，西望平阴，东南去洛阳十五里"。明帝显节陵在"故富寿亭也，西北去洛阳三十七里"。章帝敬陵"在洛阳东南，去洛阳三十九里"。和帝慎陵"在洛阳东南，去洛阳四十一里"①。殇帝康陵"去洛阳四十八里"②。安帝恭陵"在洛阳西北，去洛阳十五里"。顺帝宪陵"在洛阳西北，去洛阳十五里"。冲帝怀陵"西北去洛阳十五里"。质帝静陵"在洛阳东，去洛阳三十二里"③。桓帝宣陵"在洛阳东南，去洛阳三十里"。灵帝文陵"在洛阳西北二十里"。另外，《续汉书·礼仪志》刘昭补注引《古今注》中详细记载了各个陵园的堤封亩数及陵冢的大小和高度。这样，我们大体上区分出汉魏洛阳城的西北（孟津县境内）有五座陵，即原陵、恭陵、宪陵、怀陵和文陵；汉魏洛阳城的东南（偃师市境内）有六座陵，即显节陵、敬陵、慎陵、康陵、静陵和宣陵。

  但是，目前对东汉帝陵的了解也仅仅是停留在文献记载的"北五南六"状态，至于北邙之上和偃师境内哪一个坟冢属于哪一个皇帝，还无法对号入座，更不要说陵园的大小及组成要素如何。针对于此，2002 年 7 月 19～25 日，我和秦汉考古方向的研究生对可能和帝陵相关的 20 余座坟冢进行了踏查（2004 年 12 月 11 日又对个别冢墓进行了补查）。一方面是想了解东汉陵墓的建制，对陵冢的墓主归属有一个初步的判断（从踏查结果看，仍然比较困难）；另一方面也想了解一下陵冢的保护现状，为下一步的考古勘探或试掘以及文物保护措施的制定等提供可参考的材料④。

  为了做好这次调查，我们搜集了正史及杂史里与东汉帝陵相关的文献，又仔细阅读了先辈及同行的研究文章⑤，之后，有针对性地选择五个冢墓区进行了踏查。

---

① 《后汉书·殇帝纪》注："在洛阳东南三十里。"推测此记载有误。

② 《后汉书·安帝纪》注："陵在慎陵茔中庚地。"

③ 《后汉书·桓帝纪》注："在洛阳东南三十里。"

④ 公布的第五批国家重点文物保护单位——邙山陵墓群（汉至北魏，洛阳市、孟津县），没有包括伊河南岸的陵墓群。

⑤ 杨宽：《中国古代陵寝制度史研究》，上海古籍出版社，1985 年；洛阳市文物局、洛阳白马寺汉魏故城文物保管所：《汉魏洛阳故城研究》，科学出版社，2000 年；国家文物局主编：《中国文物地图册·河南分册》，中国地图出版社，1991 年；黄明兰：《东汉光武皇帝刘秀原陵浅谈》，《中州今古》1982 年第 2 期；陈长安：《洛阳邙山东汉陵试探》，《中原文物》1982 年第 3 期；李南可：《从东汉"建宁""熹平"两块黄肠石看灵帝文陵》，《中原文物》1985 年第 3 期；郭建邦：《河南孟津送庄汉黄肠石墓》，《文物资料丛刊》第 4 集，文物出版社，1981 年；中国社会科学院考古研究所洛阳汉魏城队：《汉魏洛阳城西东汉墓园遗址》，《考古学报》1993 年第 3 期。

一、踏查及问题

按照《中国文物地图册·河南分册》提供的材料以及 1971 年版图的 5 万分之一测绘图 [参照 20 世纪 50 年代的老（航）片]，伊河南域的陵墓区为图一所示，包括了 I 区、II 区、III 区和 IV 区。

I 区　位于今洛阳市东南伊河南岸的偃师市高龙乡逯寨村西南，西邻 207 国道，北靠 310 国道，四周均为农田，踏查了 5 座冢墓，重点考察了 2 座。

II 区　在高龙乡高崖村南，位于 I 区的西北方向，东侧、南侧分别临 207 国道和火龙公路（火神洼至龙门），在该区踏查了 8 座冢墓，重点考察了 3 座。

III 区　位于偃师市大口乡西南的周寨村南，东侧和西侧各有一条沙沟，在该区考察了 4 座冢墓。

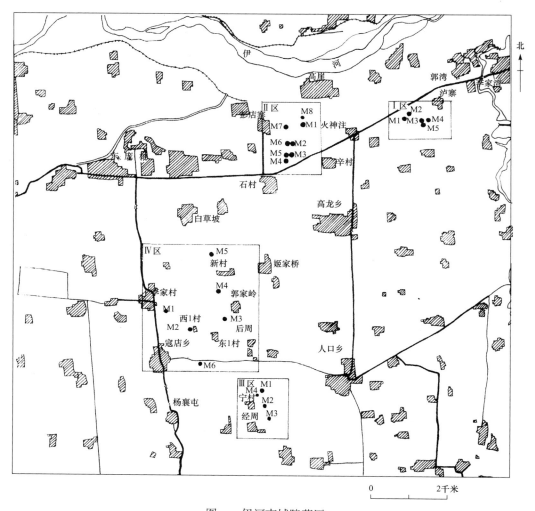

图一　伊河南域陵墓区

Ⅳ区　位于偃师寇店乡东北，大多分布于低矮的原上，在该区考察了6座。

洛河北域的邙山原上陵墓区（图二）为Ⅴ区，位于孟津县送庄乡和平乐乡境内，重点考察了5座冢墓。并考察了平乐乡象庄村的石象以及白鹤乡铁谢村西的光武帝陵。

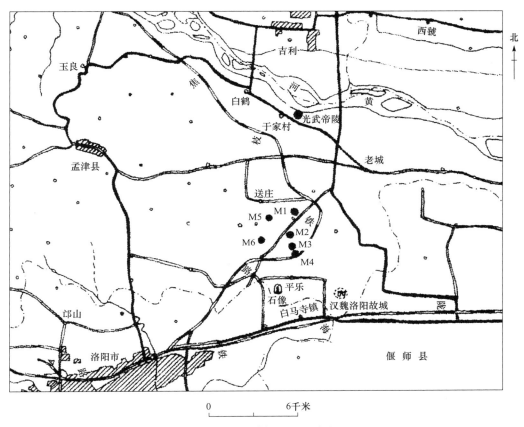

图二　洛河北域邙山原上陵墓区

五个区的调查结果列表如表一、二。

表一　东汉陵墓偃师区（Ⅰ、Ⅱ、Ⅲ、Ⅳ区）调查统计表
（调查时间：2002年7月19～25日）

序号	墓号	方位	位置	规格 / 米			夯层情况	外貌及保存现状	备注
				南北	东西	高			
1	ⅠM1	洛阳市东南	偃师市高龙乡逯寨村西南	86.4	64	10	夯层明显，每层厚0.35～0.4米	圆形近方平顶，保存较好	当地人称"架子冢"，在冢的东侧发现2块石构件及一些鹅卵石，北侧及东侧被现代坟包围

序号	墓号	方位	位置	规格／米			夯层情况	外貌及保存现状	备注
				南北	东西	高			
2	ⅠM2	洛阳市东南	偃师市高龙乡逯寨村西南，在M1东北约60米处	33.6	26.4	9	夯层明显，每层厚约0.46米，有夹层现象，夹层厚约0.07米	四周取土严重，东部塌陷，形成断崖	俗称"太子冢"，在东部断崖发现一空心砖残块，周围有现代坟
3	ⅠM3	洛阳市东南	偃师市高龙乡逯寨村西南	37		3.8		矮冢	
4	ⅠM4	洛阳市东南	偃师市高龙乡逯寨村西南	22	20	3.2		矮冢	
5	ⅠM5	洛阳市东南	偃师市高龙乡逯寨村西南					矮冢	
6	ⅡM1	洛阳市东南	偃师市高龙乡高崖村南	54.8	49.3	11	夯层明显，厚约0.35米	平顶，东北角塌陷	北侧发现一盗洞
7	ⅡM2	洛阳市东南	偃师市高龙乡高崖村南					植被覆盖，封土堆小	
8	ⅡM3	洛阳市东南	偃师市高龙乡高崖村南					仅剩1个小土堆，被草及低矮灌木覆盖	
9	ⅡM4	洛阳市东南	偃师市高龙乡高崖村南					仅剩1个小土堆，被草及低矮灌木覆盖	
10	ⅡM5	洛阳市东南	偃师市高龙乡高崖村南					仅剩1个小土堆，被草及低矮灌木覆盖	
11	ⅡM6	洛阳市东南	偃师市高龙乡高崖村南	29.6	29.6	11	夯层厚0.35～0.4米	封土破坏严重，仅剩中心部分	
12	ⅡM7	洛阳市东南	偃师市高龙乡高崖村南					仅剩1个小土堆，被草及低矮灌木覆盖	

序号	墓号	方位	位置	规格 / 米			夯层情况	外貌及保存现状	备注
				南北	东西	高			
13	ⅡM8	洛阳市东南	偃师市高龙乡高崖村南					因取土形成一大坑，最深处低于周围地表2.4米，据当地人称原封土堆很大	后人取土时还发现"马道"，即"墓道"
14	ⅢM1	洛阳市东南	偃师市大口乡周寨村南	56	55	12.2	同ⅠM1	封土完好，圆形近方，顶部圆角方形，东西25.2、南北23.5米	据当地人称为最大冢
15	ⅢM2	洛阳市东南	偃师市大口乡周寨村南	35.6	40.8	10	夯层厚0.4米，夯层内夹杂大量鹅卵石	封土破坏严重	其中西部有4个窑洞，南部坍塌或取土挖掉，东部有2个窑洞
16	ⅢM3	洛阳市东南	偃师市大口乡周寨村南	11.3	13.5	11		破坏极为严重，仅剩东南部，约占整个冢的1/10	处于一"丁"字形乡村公路的西南部，疑为修路时挖掉
17	ⅢM4	洛阳市东南	偃师市大口乡周寨村南					小土堆，被草和低矮灌木所覆盖	据当地人反映，"文化大革命"时期在此曾发现青铜器和墓砖
18	ⅣM1	洛阳市东南	偃师市寇店乡李家村南	91.9	96.9	12.5	夯层密集，每层厚0.08~0.09米	东、南、西三面基本完好，北部取土严重，另发现有烧窑痕迹，平顶，东西最长26、南北最长27.5米，分三个台地	东北不远处有一水泥厂

序号	墓号	方位	位置	规格/米			夯层情况	外貌及保存现状	备注
				南北	东西	高			
19	ⅣM2	洛阳市东南	偃师市寇店乡西干村西	60.1	48.5	15.6	距地表1.3米以上厚0.2~0.4、以下厚0.15~0.2米		东部有8、南部有5、北部有1个窑洞，西部取土较严重，有一烧窑，近邻村庄
20	ⅣM3	洛阳市东南	偃师市寇店乡郭家村西南	103.9	92.9	12		平顶圆形，封土完好，基本被草及树木覆盖，四周辟为梯田，共5层，顶部东西32.5、南北31.3米	西边有一水房和沟渠
21	ⅣM4	洛阳市东南	偃师市寇店乡郭家岭村西北	94.9	105.2	9.5		平顶圆形，大部分被草及树木覆盖，有3级台阶	据村民介绍，该墓东北曾发现由石子铺设的小路和大砖垒砌的墙，现埋于地下
22	ⅣM5	洛阳市东南	偃师市寇店乡白草坡南	93	94.9	10.1		呈圆形，6层台阶，基本上被草和野枣树覆盖。平顶，近方形，东西33、南北35米	据当地人称，墓南有一深沟，为取土所致，并在耕土以下0.5米处曾发现大量青石渣
23	ⅣM6	洛阳市东南	偃师市寇店乡东，寇大公路南侧	51.3、	44.8	7.8	夯层明显，下部厚0.33~0.35、上部厚约0.6~0.7米	墓东北部一半土被取走，已种上农田	西南部2级台地明显，西部有2个窑洞

表二　东汉帝陵孟津区（Ⅴ区）调查统计表

序号	墓号	方位	位置	规格／米			夯层情况	外貌及保存现状	备注
				南北	东西	高			
1	M1	洛阳市东北	孟津县送庄乡刘家井村西北边缘	116.1	105.9	10.7	夯层明显，每层厚约 0.2 米	该墓破坏严重，东南已被民房侵占，顶中央有一长方形坑，南北 24、东西 21.2 米，现为农田	墓东发现一残空心砖，规格为 1.21 米 ×0.475 米 ×0.135 米
2	M2	洛阳市东北	孟津县三十里铺村南，郑洛高速公路北，洛孟公路东	127	132.4	14		封土呈圆形，底边基本圆弧，保存完好，从上到下共 12 级台阶，表面被草及低矮灌木丛覆盖，有零星庄稼地，顶较平，稍有圆弧，直径 11 米，有一测绘架	为目前发现的最大墓，墓西侧有"洛阳市革命委员会"立的标志碑，称其为"东汉明帝显节陵"，墓西北紧邻有工厂，现西北角立保护牌"安帝恭陵"
3	M3	洛阳市东北	孟津县三十里铺村南，北距 M1 约 1.5 千米，郑洛高速公路南侧	114.5	102.6	12	夯层不明显，约厚 0.09 米	圆形，平顶，封土四周为草及低矮灌木覆盖，共 7 级台地，顶部有农田，中央稍下陷，顶径 56.1	东部耕地里发现大量河卵石及板瓦残块，墓南有洛阳市政府立的标志碑，称其为"东汉章帝敬陵"
4	M4	洛阳市东北	孟津县三十里铺村南，M2 南侧，焦枝铁路北	69.6	67	9.8	夯层不明显，约厚 0.09 米	保存较好，平面基本呈圆形，被植被覆盖，共 5 级台地，顶径 26.5 米，顶中央残存测绘支架脚 2 个，中央有一塌陷的洞；封土东部、东北中各有 3 个窑洞	
5	M5	洛阳市东北	孟津县送庄乡东山头村南	46	41.2～44.3	9.5	夯筑，西部封土下有青石块	保存较好，呈覆斗状	据说是五代后唐明宗陵

续表

序号	墓号	方位	位置	规格 / 米			夯层情况	外貌及保存现状	备注
				南北	东西	高			
6	M6	洛阳市东北	孟津县送庄乡护庄村南，郑洛高速公路北侧	80.9	81.4	16.6	夯层不明显	破坏较严重，南侧半坡上有一盗洞，顶呈馒头状，直径24米，上有一总参测绘局标志石，西侧及北侧被一苗圃包围	封土东30米处有一条南北向沟壑，西侧断面有厚0.14米的夯土，南北长35.4米

注：以上两表中的墓冢高度和长宽，需要进一步测量与校正，数据仅供参考

踏查过程中，发现了比较重要的遗迹及遗物。一是Ⅴ区M2（图三）（俗称大汉冢）的东部发现大面积的夯土遗迹，二是Ⅰ区M1的东部发现2块大型石质构件。

图三　Ⅴ区M2（大汉冢）

Ⅴ区M2大冢的东侧有4层台地，依次落差1.3～1.6米，在一层台与二层台的交界处有几处碎石、瓦砾堆积，残石多为石板，长0.4～0.6、宽0.28～0.36、厚0.08～0.12米，部分表面光滑，有的有凿痕。另外，发现不少鹅卵石散落于田间地头，鹅卵石长5～10厘米，青绿色。毫无疑问，这些石板及鹅卵石应当是建筑用品。夯土遗迹位于一层台、三层台的断面上，距地表1.2米，可以明显分层，南北53（南端夯土断面有明显的界限，与封土的南边缘基本对应，北端夯土进入二层台下，界限不清，需要钻探）、东西61.2米（东端夯土断面有明显的界限，北端夯土进入一层台下，界限不清，需要钻探），应当是建筑台基。

Ⅰ区M1东部发现2块大型石质构件，一块长0.78、宽0.5、厚0.38米。一侧中部有长

方形沟槽，底成坡状，四壁有槽，一侧槽内残留铁楔，另两侧凿有纹饰，一侧为三角纹，一侧为卷云纹及斜线三角纹（图四）；另一块长 0.76、宽 0.32、厚 0.44 米，一侧中部凿刻丁形沟槽，另一侧中部凿刻长条圆形沟槽，二槽相通（图五）。

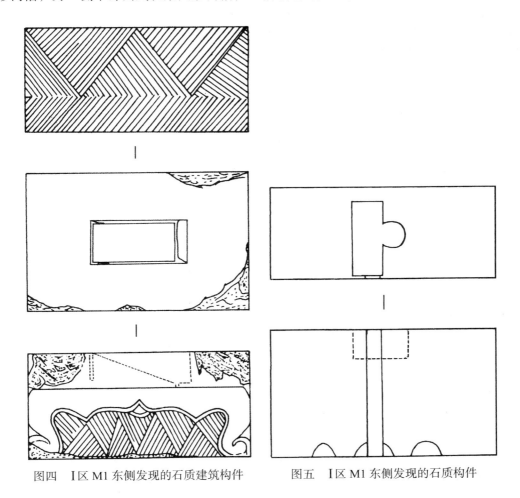

图四　Ⅰ区 M1 东侧发现的石质建筑构件　　　　图五　Ⅰ区 M1 东侧发现的石质构件

总体来看，偃师四个区考察后的主要问题有：

（1）墓冢破坏严重，疏于管理，亟须开展进一步的保护措施。破坏的原因主要是挖掘取土、窑洞、农田开垦、盗掘等。

（2）学术研究几乎处于空白状态。通过调查，Ⅳ区 M4 东部有一定的建筑遗迹，Ⅱ区M1、Ⅲ区 M1、Ⅳ区 M5 的周围比较开阔，没有障碍物，今后可以作为勘查、试掘研究的切入点。

（3）如果进行推测的话，Ⅲ区 M1 可能和殇帝的康陵有一定的关系[①]，因为从距离上讲，

① 康陵的修建也比较节俭，如《后汉书·和熹邓皇后纪》："及殇帝崩，太后定策立安帝，犹临朝政。以连遭大忧，百姓苦役，殇帝康陵方中秘藏，及诸工作，事事减约，十分居一。"

符合距汉魏故城四十八里的记载（按照晋制计算，合 48×355.5 = 17064 米，以此为半径，大致以洛河已经冲毁的南墙为基点画弧线，Ⅲ区 M1 符合这个条件）。依此类推，Ⅳ区的 M2 或 M3 包含了属于和帝慎陵的可能性；Ⅰ区和Ⅱ区的 M1 可能和桓帝宣陵、质帝静陵有关系。但是，根据文献记载，康陵在慎陵的庚位埋葬，一般认为"庚位"是在西向，Ⅲ区的 M1 在Ⅳ区墓群的东南，距离合适，方向似乎不大吻合。除非东汉时期堪舆术中"庚位"的排列在东南向，否则，距离与方位不好统一①（表三）。

表三　文献中记述的东汉陵墓大小、高度

陵名	原陵	显节陵	敬陵	慎陵	康陵	恭陵	宪陵	怀陵	静陵	宣陵	文陵
《古今注》记载的陵冢尺寸	山方 323 步，高 6 丈 6 尺	山方 300 步，高 8 丈	山方 300 步，高 6 丈 2 尺	山方 380 步，高 10 丈	山周 208 步，高 5 丈 5 尺	山周 260 步，高 15 丈	山方 300 步，高 8 丈 4 尺	山方 183 步，高 4 丈 6 尺	山方 136 步，高 5 丈 5 尺	山方 300 步，高 12 丈	山方 300 步，高 12 丈
折算结果：边长及高度/米	117.73、16.038	109.35、19.44	109.35、15.066	138.51、24.3	75.816、13.365	94.77、36.45	109.35、20.412	66.7、11.178	49.572、13.365	109.35、29.16	109.35、29.16

注：1 步 = 6 尺，1 尺（晋尺）= 0.243 米

（4）这些坟冢的形状，现在看来，几乎都呈圆状。但是，个别大冢的顶部，尽管受到了种种破坏，仍然有方形的踪迹可寻。

（5）从夯筑情况看，这些封土的下部夯层较密（8～40 厘米），上层夯层稀疏（50 厘米以上）。

孟津区考察后的主要问题有：

（1）孟津东汉冢墓由于距离洛阳和旅游区刘秀坟较近，保存相对较好。但是，刘家井附近的大冢（Ⅴ区 M1）被村民的房基扩建及农田开垦破坏严重，亟须保护和管理。

（2）"二汉冢"（Ⅴ区 M3）的东侧农田里也发现了很多河卵石，推测是当时建筑遗迹的散水或道路所用之物，这里都是耕地，没有障碍物，今后的勘探及试掘可以从Ⅴ区 M2 或 M3 入手开展工作。

（3）象庄村的石像，位于农户的后墙附近，置于乱草和脏土之中，涂画严重，亟须保护。另外，石像如果真是与汉陵神道的石刻群有关，可以复查与该石像对称的几十米开外之地是否有另外的石刻。

（4）关于东汉邙山帝陵的研究相对较多，但至今仍无定论。洛阳的黄明兰、陈长安先生都主张孟津铁谢村的刘秀坟不是原陵②，理由主要是刘秀坟与东汉洛阳城的距离远远超过

---

①　《大汉原陵秘葬经》"葬法篇"中排列有"五姓昭穆贯鱼葬图"，东汉时期是否有五音姓利的"堪舆术"，值得考究。

②　陈长安认为这里是北魏孝文帝所筑的方泽坛。理由是《魏书·高祖纪》记载了太和十八年（494 年）"行幸河阴，规建方泽（地坛）之所"，符合《周礼》中夏至祭地于泽中方丘之制。至迟在宋初，被误认为"刘秀坟"。现有《大宋新修后汉光武皇帝祠碑》（北宋开宝六年，即 973 年）和明清时期碑刻。

了《帝王世纪》的十五里（15×355.5 = 5332.5 米），同时与"临平亭之南，西望平阴"记载的地望不符，还有，《三国志·魏书》载："朱超石与兄书曰：'登北邙远眺，众美都尽。光武坟边杏甚美，今奉送核。'"说明曹魏时期人们看到的原陵在邙山上。杨宽先生认为刘秀坟就是原陵，《帝王世纪》记载的十五里应是二十五里之误。如果铁谢村的刘秀坟不是原陵，陈长安先生主张 V 区 M1 为真正的原陵，M2 是安帝的恭陵，M3 是顺帝的宪陵，M4 是冲帝的怀陵，M6 是灵帝的文陵。黄明兰先生却认为真正的原陵在蟠（盘）龙冢一带，恭陵、文陵亦然。李南可先生通过"建宁""熹平"两块纪年黄肠石的讨论，认为 M1 是灵帝的文陵。

（5）通过踏查及对地望地势的了解，我们认为陈长安先生的一些结论比较切合实际及文献记载。至少 M3（二汉冢）、M4（三汉冢）分别为顺帝的宪陵和冲帝的怀陵，符合"祔葬"的记载[①]。

二、初 步 研 究

第一，比较一下文献记载的陵冢大小和实测数据，对上述陵主的推测进行验证。

在不考虑高度的前提下（一是因为长时间的风雨侵蚀和人为破坏，高度自然降低；二是测量中没有使用精确测量仪器，结果可能稍有误差），通过比较实测和文献记载的折算数据，发现上述陵主冢墓的大小（折算结果）与推定陵主坟冢的实际测量数据很多都比较接近，个别有出入。例如，III 区 M1（康陵?）=56 米 ×55 米，基本接近 75.826 米；IV 区的 M1、M3、M4、M5 的长宽都超过了 90 米，尤其是 M3 及 M4 的宽度超过了 100 米，与文献记载的显节陵、敬陵、慎陵大小接近，究竟如何排列陵主，有待于进一步研究。还有，V 区的 M1（原陵?）=116.1 米 ×105.9 米，也接近 117.73 米；M2（恭陵?）=127 米 ×132.4 米，超过了 94.77 米；M3（宪陵?）=114.5 米 ×102.6 米，接近 109.35 米；M4（怀陵?）=69.6 米 ×67 米，接近 66.7 米；M6（文陵?）=80.9 米 ×81.4 米，不及 109.35 米。I 区 M1、II 区 M1（推测为静陵? 宣陵?），其大小 86.4 米 ×64 米、54.8 米 ×49.3 米与 49.572、109.35 米有一定出入。

第二，陵墓分区的原因。

根据史书记载，光武帝刘秀为汉高帝九世孙（生卒年为前 6～57 年），明帝刘庄是光武帝的第四子（28～75 年），章帝刘炟是明帝的第五子（58～88 年），和帝刘肇是章帝的第四子（79～105 年），殇帝刘隆是和帝子，养于民间（105～106 年），安帝刘祜为汉章帝孙（94～125 年），顺帝刘保是安帝子（115～144 年），冲帝刘炳是顺帝子（143～145 年），质帝刘缵是章帝的玄孙（138～146 年），桓帝刘志是汉章帝的曾孙（132～167 年），灵帝刘宏是汉章帝的玄孙（156～189 年），少帝刘辩为灵帝子（176～190 年，在位一年，未建陵），献帝刘协为灵帝子（181～234 年）。从世系上看，汉明帝不从光武帝葬北邙之上，另立偃师之地为陵寝，章帝、和帝、殇帝作为直系嫡亲聚葬在一起符合

---

① 《后汉纪·孝质皇帝纪》载："太尉固言于太后曰：'今东面有事，役费方兴，新有献陵之役，百姓疲矣。大行皇帝尚幼，可于宪陵茔中造陵，依康陵之制，三分减一，以舒人力。'从之。"

情理。安帝辈分同于殇帝，为章帝之孙，自然不能从属于殇帝聚葬，故重新在邙山原上另辟葬地，其后嫡系传承的顺帝、冲帝跟随聚葬。从质帝开始，他是章帝的玄孙，桓帝是章帝的曾孙，灵帝为章帝的玄孙，入葬于前两个集中的大陵区中都碍于一定的情理，故各选陵地安葬。

第三，与陵主相关的信息。

除了距离和封土大小之外，还有一些文献的记载与陵主的归属关系密切。通过地点查证，如临平亭、富寿亭等。还有，《袁山松书》记载曰："光和三年正月，虎见平乐观，又见宪陵上，啮卫士。蔡邕封事曰：'政有苛暴，则虎狼食人。'"可见平乐观与顺帝的宪陵相距较近。通过合葬的皇后查证，如光烈阴皇后合葬原陵，明德马皇后合葬显节陵，章德窦皇后合葬敬陵，和熹邓皇后合葬顺陵，安思阎皇后合葬恭陵，顺烈梁皇后合葬宪陵，桓思窦皇后合葬宣陵。通过陪葬的人物查证，如《后汉书·胡广传》载："熹平元年薨。使五官中郎将持节奉策赠太傅、安乐乡侯印绶，给东园梓器，谒者护丧事，赐冢茔于原陵，谥文恭侯。"《后汉书·刘般传》载："肃宗即位，以为长乐少府。建初二年，迁宗正。（刘）般妻卒，厚加赗赠，及赐冢茔地于显节陵下。"《后汉书·牟融传》载："又赐冢茔地于显节陵下。"

第四，"西陵"等释义。

《后汉书·和帝纪》载："（永元九年，即 97 年）九月庚申，司徒刘方策免，自杀，甲子，追尊皇姒梁贵人为皇太后。冬十月乙酉，改葬恭怀梁皇后于西陵。"这里的"西陵"，不是指《后汉书·梁节王畅传》中"建初二年，封畅舅阴棠为西陵侯"的江夏郡西陵县，也不是指以原陵为中心的邙山汉陵区，仅是指埋葬以梁贵人为核心的梁氏家族墓园[①]。同样的记述，《后汉书·祭祀志下》说："安帝以清河孝王子即位，建光元年（121年），追尊其祖母宋贵人曰敬隐后，陵曰敬北陵。亦就陵寝祭，太常领如西陵。"《后汉书·梁贵人传》也说："帝以贵人酷殁，敛葬礼阙，乃改殡于承光宫，上尊谥曰恭怀皇后，追服丧制，百官缟素，与姊大贵人俱葬西陵，仪比敬园。"[②]从踏查情况看，如果Ⅳ区是以明帝显节陵、章帝敬陵、和帝慎陵为主的陵墓群，陵区西侧的一些大型陪葬冢墓可能与"西陵"的记述有关。

另外，《清河孝王庆传》记载："清河孝王庆，母宋贵人。……二贵人同时饮药自杀。帝犹伤之，敕掖庭令葬于樊濯聚。""常以（宋）贵人葬礼有阙，每窃感恨，至四节伏腊，辄祭于私室。窦氏诛后，始使乳母于城北遥祠。"（注：樊濯聚，在洛阳城北也）这些地望都值得考究。

第五，《古今注》里记载了各个陵园的寝殿建筑和附属建筑，其中，明确记述寝殿方位的有明帝显节陵"无周垣，为行马，四出司马门。石殿、钟虡在行马内。寝殿、园省在东。园寺吏舍在殿北"。章帝敬陵、和帝慎陵也有同样的记载。《东观汉记》卷二也说显节

---

① 袁宏《后汉纪·孝和皇帝纪》载："上乃别见凭，凭具自陈说，上歔欷流涕，留凭宫中，连日不出，赏财物第宅，旬月之间，赀累千万。凭素有行，遂宠之，加号梁贵夫人，擢奖凭夫调为羽林佐监。追加谥竦为［褒］亲愍侯，遣中谒者迎竦丧于京师，改殡之，赐东园画棺、玉匣，冢葬于西陵旁，上亲临送。"

② 敬园，安帝祖母宋贵人之园。

"陵东北作庑，长三丈，五步出外为小厨，财足祠祀"。这一点和调查当中Ⅳ区M4、Ⅴ区M3的封土东部发现建筑所用的河卵石迹象相同，表明东汉帝陵的寝殿及寺园吏舍可能都分布于坟冢的东向。白马寺发掘的一座东汉晚期的"皇女冢"墓园也佐证了这一点。《水经注·睢水篇》也云："城北五六里，便得汉太尉桥玄墓。冢东有庙，庙南列二柱，柱东有二石羊，羊北有二石虎。庙前东北有石驼，驼西北有二石马，皆高大。"①

另外，《后汉书·五行志二》记载的不少灾异现象亦涉及陵园的布局和建筑。例如，"阳嘉元年，恭陵庑灾，及东西莫府火"②。"（延熹四年）五月丁卯，原陵长寿门火。""（延熹五年）四月乙丑，恭北陵东阙火。戊辰，虎贲掖门火。五月，康陵园寝火。""（延熹）六年四月辛亥，康陵东署火。"

三、今后研究中亟待解决的一些问题

第一，立即展开一些考古钻探与试掘工作，进一步了解陵园的布局和构成要素，继而确认陵冢的归属。虽然文献中记载了东汉陵园设立"行马"的规定，但不排除东汉中晚期重置周垣的可能性，因为白马寺的汉冢就有墓园。同时，开展相关的墓前神道、石刻制度研究③。

第二，从文献记载看，东汉的陵园都是以南向为主④，还需要进一步确认。尤其是单一南向的斜坡墓道形制亟待得到证实，这一点牵涉到古代皇帝陵墓形制的重大变革问题，与此相关的是墓室结构是否为砖券或石券也需要进一步证实。

第三，帝后陵园建制的研究。从文献记载看有敬北陵、恭北陵等"帝后级别"的陵存在（表明了方位）⑤，东汉的帝后埋葬是否为同茔不同陵？有否同茔同陵？如是前者，后陵位于帝陵的什么方位？

第四，《后汉书·礼仪志》记载的一些丧葬制度和礼仪需要考古材料证实，包括陪葬、合葬礼制的研究。在对东汉陵寝制度综合研究的基础上，比较两汉陵园建制的异同，探讨两汉陵寝制度文化的继承与发展。

以上踏查及初步研究，都是尝试性的基础工作，陵主推定也仅仅是个人妄测，不当之处，敬请批评指正。

（原载于《考古与文物》2005年第3期）

---

① 当然，也不是说所有的祠庙都在冢的东向，如《水经注·虺水篇》说："彭水径其西北，汉安邑长尹俭墓东，冢西有石庙。"《阴沟水篇》说："谯城南有曹嵩冢，冢北有碑，碑北有庙堂。"

② 《说文》曰："堂下周屋曰庑"，庑即廊屋。

③ 《水经注·阴沟水篇》记曹嵩墓时说："不匹光武隧道所表象马也。"

④ 《后汉书》志第六《礼仪下》载："大鸿胪设九宾，随立陵南羡门道东，北面；诸侯、王公、特进道西，北面东上；中二千石、二千石、列侯宜九宾东，北面西上。皇帝白布幕素里，夹羡道东，西向如礼。"说明都是以南向的羡道为基准。

⑤ 《后汉书》志第九《祭祀下》载："永元中，和帝追尊其母梁贵人曰恭怀皇后，陵（曰西陵）。以窦后配食章帝，恭怀后别就陵寝祭之。和帝崩，上尊号曰穆宗。殇帝生三百余日而崩，邓太后摄政，以尚婴孩，故不列于庙，就陵寝祭之而已。安帝以清河孝王子即位，建光元年，追尊其祖母宋贵人曰敬隐后，陵曰敬北陵。亦就陵寝祭，太常领如西陵。"

东汉帝陵有关问题的探讨

东汉自刘秀建国，到汉献帝禅位于曹魏，建造了 12 座帝陵。根据文献记载，除汉献帝的禅陵位于河南焦作修武县外，其余 11 座帝陵均在东汉都城洛阳附近。截至目前，关于东汉帝陵的系列调查报告没有公布过，只有几篇关于北邙帝陵的考据论文及个别的调查简报，因此，东汉帝陵的考古调查和研究都迫在眉睫。其调查研究的重要性不仅是弄清楚东汉帝陵的分布与结构，也在于通过东汉帝陵的研究，彻底梳理中国古代帝陵的建制及发展脉络（补上东汉陵寝制度这一缺环），从而揭示古代陵寝制度背后隐藏的政治、经济、文化、社会，乃至宗教信仰的关系与实质。下面就目前的考古调查及研究成果，结合文献记载对洛阳东汉陵墓的分布、东汉陵寝的组成要素、与西汉陵寝的主要不同进行扼要的归纳和推论，不当之处，敬请批评指正。

一、洛阳地区东汉陵墓的分布与地理环境

根据西晋皇甫谧《帝王世纪》及《续汉书·礼仪志》刘昭补注引《古今注》中的记载，大体上区分出汉魏洛阳城的北兆域（孟津县境内）有 5 座陵，即光武帝原陵、安帝恭陵、顺帝宪陵、冲帝怀陵和灵帝文陵；汉魏洛阳城的南兆域（偃师市境内）有 6 座陵，即明帝显节陵、章帝敬陵、和帝慎陵[①]、殇帝康陵、质帝静陵和桓帝宣陵。参照《中国文物地图集·河南分册》1971 年版图的 5 万分之一的地形图以及前人的研究成果，我们于 2002 年的夏季进行了实地踏查，并提出帝陵对应土冢的初步意见[②]，2004 年又对偃师高崖的一组土冢进行了钻探，并认为可能和汉质帝静陵有关[③]（图一）。

北邙之邙，古邑名，也作"亡""芒"，在今河南省洛阳市汉魏故城之北。北邙山连偃师、巩义、孟津 3 县地，绵亘 200 余千米。"北芒"一词[④]，始见于东汉，其上可以登高远眺，环顾风景，如《后汉书·梁鸿传》载，梁鸿作五噫之歌曰："陟彼北芒兮，噫！顾览帝京兮，噫！宫室崔嵬兮，噫！人之劬劳兮，噫！辽辽未央兮，噫！"从东汉之时开始，北邙一带陆续成为帝王乃至达官贵人的葬地，如《后汉书·城阳恭王祉传》："（建武）十一

---

① 司马彪《续汉书》卷一载："灵帝即皇帝位，追尊父长为孝仁皇帝，陵曰慎陵。董太夫人曰慎园贵人。"《后汉书和熹邓皇后纪》说："合葬顺陵。"《东观汉记》卷二记载："元兴元年十二月，（和）帝崩于章德前殿，在位十七年，时年二十七，葬顺陵，庙曰穆宗。"按理讲，和帝陵如果是"慎陵"，后来的陵称不宜再叫作"慎陵"。那么，不排除和帝陵称原为"顺陵"的可能性。

② 韩国河：《东汉陵墓踏查记》，《考古与文物》2005 年第 3 期。

③ 郑州大学历史学院考古系等：《偃师市高崖村东汉墓（陵）冢钻探、试掘简报》，《中原文物》2006 年第 3 期。

④ 陈长安在《邙山北魏墓志中的洛阳地名及相关问题》（《中原文物》1987 年特刊，总第 7 期）中认为："邙山"之名不是东汉已有，而是北魏孝明帝时才有"邙"字出现。其实，晋司马彪《后汉书》、吴武陵太守谢承撰写的《后汉书》均写作"北邙"。

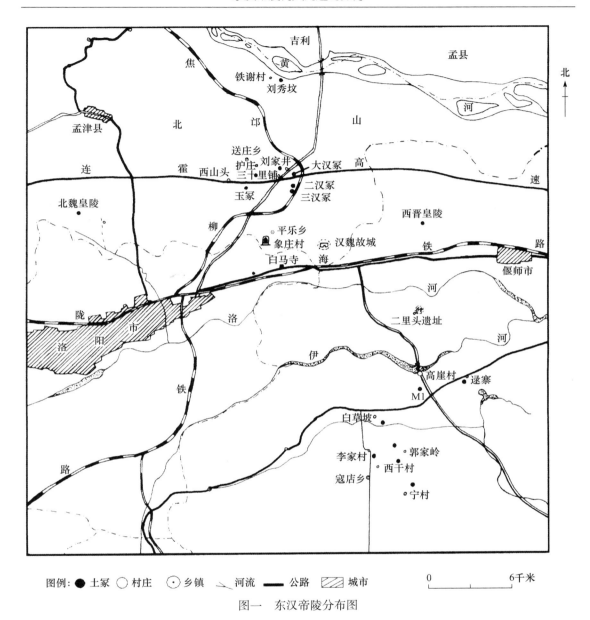

图例：● 土冢 ○ 村庄 ⊙ 乡镇 ＼ 河流 ━ 公路 ▨ 城市   0 ————— 6千米

图一 东汉帝陵分布图

年，祉疾病，上城阳王玺绶，愿以列侯奉先人祭祀。帝自临其疾。祉薨，年四十三，谥曰
恭王，竟不之国，葬于洛阳北芒。"《后汉书·光武郭皇后纪》："（建武）二十八年，后薨，
葬于北芒。"袁宏《后汉纪·光武皇帝纪》载："（邓）晨疾病，天子手书慰问，中宫及宁平
公主皆为垂泣。既薨，使谒者招新野主魂，备官属，合葬于北邙山，上与皇后亲临送葬，
赏赐甚厚，谥曰惠侯。"这些是比光武帝更早入葬北邙的人。自此以后，除帝王陵区外，北
邙之上出现了大大小小的家族茔地。

例如，邓氏族茔：《后汉书·邓禹附邓骘传》："众庶多为（邓）骘称枉，（汉安）帝意
颇悟，乃谴让州郡，还葬洛阳北芒旧茔，公卿皆会丧，莫不悲伤之。诏遣使者祠以中牢，

诸从昆弟皆归京师。"

宋氏族茔:《后汉书·灵帝宋皇后纪》载:"光和元年,遂策收玺绶。后自致暴室,以忧死。在位八年。父及兄弟并被诛。诸常侍、小黄门在省闼者,皆怜宋氏无辜,共合钱物,收葬废后及虺父子,归宋氏旧茔皋门亭。"

公孙氏族茔:《后汉书·公孙瓒传》载:"太守当徙日南,瓒具豚酒于北芒上,祭辞先人,酹觞祝曰:'昔为人子,今为人臣,当诣日南。日南多瘴气,恐或不还,便当长辞坟茔。'慷慨悲泣,再拜而去,观者莫不叹息。"

关于北邙之上东汉、西晋、北魏帝陵的分布范围,经过多年的调查及研究,已经知道天皇岭东南的几个山头分布着西晋的帝陵[①],瀍河两岸的惠济区主要分布的是北魏陵区[②],东汉陵区的北兆域就位于西晋与北魏陵区的中间地带。也就是说,如果黄河岸边孟津铁谢村的刘秀坟不是真正的光武帝"原陵",那么,包括原陵在内的五座帝陵及陪葬墓都应分布在海拔170~210米的邙山原上,大约位于西起西山头,东至天皇岭,南起平乐乡,北至屋銮沟,东西8、南北7千米的范围之内。

汉魏故城之南的地理形势,由伊洛河到万安山北麓,海拔高度逐渐升高,为120~250米。从5万分之一地形图上看,高崖汉墓群(推测是汉质帝的静陵)和逯寨(汉桓帝宣陵)位于海拔120~150米的地域,其余4陵墓群位于海拔150~200米。东汉陵区南兆域的范围,北起伊河南岸,南至宁村,东至陶化店村,西至寇店乡,大约是东西9、南北9千米的范围之内。

从文献记载看,"万安山"之名不见于东汉。《中国古今地名大辞典》中说:万安山一在山西沁县,一在安徽休宁县,皆与河南无关。但是,《旧唐书·则天皇后本纪》明确记载:"(长安)四年春正月,造兴泰宫于寿安县之万安山。"《新唐书·姚崇附姚勖传》也说:"自作寿藏于万安山南原崇茔之旁[③],署兆曰'寂居穴',坎曰'复真堂',中剟土为床曰'化台',而刻石告后世。"另外,《三国志·魏书·明帝纪》说:"(景初元年)冬十月丁未,月犯荧惑。癸丑,葬悼毛后于愍陵。乙卯,营洛阳南委粟山为圜丘。"《魏书·孝文帝纪》载:北魏时期,孝文帝太和十九年"十有一月,行幸委粟山。议定圆丘。甲申,有事于圆丘"。王竹林、朱亮先生认为,委粟山是万安山的一个小山,即"牛心山"[④]。

从目前的考察材料分析,北兆域邙山原上大汉冢(恭陵?)、二汉冢(宪陵)、三汉冢(怀陵)南北纵列成"一"字状分布,它们之间的距离约为1000、500米,另外,大汉冢距北面的刘家井大冢(原陵?)约1500米,根据《帝王世纪》记载,这4座陵都是"去洛阳十五里"(按:汉晋时期的"里",以下同),奇怪的是,它们之间明显有南北的差距,不知为何被记述为等同的十五里?还有,护庄村西南的五代唐明宗陵曾经推测是汉灵帝的文

① 中国社会科学院考古研究所洛阳汉魏城队:《西晋帝陵勘察记》,《考古》1984年第12期。

② 河南省文化局文物工作队:《洛阳北魏长陵遗址调查》,《考古》1966年第3期;中国社会科学院考古研究所洛阳汉魏城队、洛阳古墓博物馆:《北魏宣武帝景陵发掘报告》,《考古》1994年第9期;洛阳市文物工作二队:《北魏孝文帝长陵的调查和钻探——"洛阳邙山陵墓群考古调查与勘测"项目工作报告》2005年第7期。

③ 《河南省文物地图集》载姚崇墓在伊川县彭婆乡许营村北。

④ 王竹林、朱亮:《东汉安乡侯张禹墓碑研究——兼谈东汉南兆域陵墓的有关问题》,《西部考古》,三秦出版社,2006年。

陵^①，但是调查发现其封土的夯筑情况较差，不同于汉陵封土的一般夯筑规律，而且，1958年航片显示的封土形状为"方形"，不应当是东汉陵冢。调查当中，发现大汉冢的西侧2000米处有一座玉冢（圆形），1958年航片显示的大小基本同于二汉冢，如果按"去洛阳二十里"计算，距离也大致吻合，即可能是文陵（？）。

南兆域帝陵的分布情况根据《帝王世纪》记载的里数，初步认为高崖墓区和质帝静陵有关，逯寨墓区和桓帝宣陵有关，宁村墓区和殇帝康陵有关。最大的问题是白草坡大冢（南北各一，北冢已被村民挖掉）、郭家岭西北大冢、郭家岭西南大冢、李家村大冢、西干村大冢这五个墓区的归属，虽然推断和明帝显节陵、章帝敬陵、和帝慎陵有关，但不易推论哪一座冢区对应哪一个皇帝。如果进行推测的话，可以把质帝静陵为基点，以距洛阳"三十里"为半径，在汉魏故城南域找到一个原点（大约是洛河北岸龙虎滩村北的一个点），再以这个点为基点，以显节陵"西北去洛阳三十七里"为半径，可以找出郭家岭西北的大墓符合这个条件。验证之，以推测宁村墓区的殇帝康陵为基点，以"去洛阳四十八里"为半径，在汉魏故城南域寻找一个原点（大约是接近汉魏故城的中部），比上述的原点北移了许多，如果以这个点为基点，以显节陵"西北去洛阳三十七里"为半径，可以找出白草坡的大冢更接近这个条件，这说明纯粹依靠《帝王世纪》提供的数据在地图上寻找对应，没有严密的可靠性。但是，我们不能否认它提供了一种确认相对陵冢位置的途径。

还有一个不解的问题是，《帝王世纪》里北兆域的4座陵不管之间相距如何，与洛阳相距的里数全部被记述为十五里，为什么南兆域的帝陵与洛阳相距里数记述得如此清楚（显节陵"西北去洛阳三十七里"、章帝敬陵"三十九里"、和帝慎陵"四十一里"、殇帝康陵"四十八里"）？

至于孟津铁谢村黄河南岸的"刘秀坟"为什么不是光武帝"原陵"的理由有五：第一，铁谢村距汉魏故城的里数远远超过了《帝王世纪》记述的十五里。第二，原陵在"临平亭之南"，临平亭应在邙山原的送庄乡一带。第三，《三国志·魏书》里记载朱超石曾经游历邙原，见光武坟上杏树所结杏甚是美味。第四，铁谢村的自然地理环境，因为海拔较低，不符合帝王择陵的条件。第五，北魏太和十八年，"（帝）行幸河阴，规建方泽之所"。宋代将此处的"方泽坛"误认为"刘秀坟"，目前，真正解决该问题的办法有二，一是在邙山原上找出确认的"原陵"，二是对所谓的"刘秀坟"进行钻探，如果没有墓道，就可以排除其为冢的可能性。

通过以上阐述，虽然每一座东汉帝陵的归属（对应的土冢）还有疑问和争议，但是东汉帝陵分布的大致范围、地望及是否为东汉土冢的性质已经得到初步确认。

二、东汉陵寝的组成要素

1. 封土

根据《古今注》记载的陵冢尺寸，按照 1 步 =6 尺，1 尺（晋尺）=0.243 米的计算方

① 陈长安：《洛阳邙山东汉陵试探》，《中原文物》1982 年第 3 期。

式，可知原陵、显节陵、敬陵、慎陵、恭陵、宪陵、宣陵、文陵的直径（边长）都接近或超过 100 米，为 95～138 米，高度为 16～36 米，其中，最大者是慎陵 138 米，最高者是恭陵 36 米；康陵、怀陵、静陵的直径（边长）为 50～76 米，高为 11～13 米①。实际踏查中发现除个别有出入外（如偃师高崖村南的汉冢破坏较大），许多封土的大小情况与文献记载基本相符。但是，从高度方面看实际踏查的数据与记载出入较大，测高为 10～17 米，和大多数坟冢高度为 16～36 米数据不符，其中的原因值得思考。

以前最大的疑问是东汉帝陵封土的形状问题。文献记载除康陵和恭陵为"山周"的记述外，余均为"山方"，根据西汉陵覆斗形封土的情况，一般认为东汉封土也应该为覆斗形。但是，无论是踏查的情况或是观测早期航片（1958 年）的图像，都是圆形。为了验证这个疑问，2004 年 7 月，经河南省文物局同意（2003 年度国家文物局课题"两汉帝陵研究"），对偃师高崖村南破坏较大的汉冢进行了钻探，发现耕土下残留的封土带不成直角而为弧状的椭圆形②。至此，可以确认东汉陵的封土为圆形，这应当是汉代葬制的重大变化之一，具体原因另文考证。

与封土相关的还有台阶问题。根据调查，一些大冢都有多层的台阶环绕，有些台阶明显是后世耕种田地所致，但有些台阶过于狭窄，不像是为垦田所用。如白草坡南大冢 6 级台阶、郭家岭西北大冢 3 级台阶、郭家岭西南大冢 5 级台阶、李家村大冢 3 级台阶、三十里铺大汉冢 12 级台阶、二汉冢 7 级台阶、三汉冢 5 级台阶。考古已经发掘的洛阳机车厂 C5M346 是一座出土鎏金铜缕玉衣的东汉大墓，其封土为三节（阶梯）的圆台状③。

关于汉献帝禅陵，《帝王世纪》曾经记载："不起坟，深五丈，前堂方一丈八尺，后堂方一丈五尺，角广六尺。"但是，《三国志·魏书·明帝纪》注引《献帝传》说："今追谥山阳公曰孝献皇帝，册赠玺绶。命司徒、司空持节吊祭护丧，光禄、大鸿胪为副，将作大匠、复土将军营成陵墓，及置百官群吏，车旗服章丧葬礼仪，一如汉氏故事；丧葬所供群官之费，皆仰大司农。立其后嗣为山阳公，以通三统，永为魏宾。""八月壬申，葬于山阳国，陵曰禅陵，置园邑。葬之日，帝制锡衰弁绖，哭之恸。"后者文献明确指出禅陵有封土，而且根据调查现在位于修武县古汉村南的禅陵保存着圆形的封土。因此，《帝王世纪》里"不起坟"的记述应为误记。

2. 地宫

根据文献记载与考古勘探情况可知，东汉帝陵可能改四条墓道为单一墓道，同时，竖

---

① 原陵山方 323 步（323 步×6 尺×0.243 米÷4＝117.73 米），高 6 丈 6 尺（16.038 米），显节陵山方 300 步（109.35 米），高 8 丈（19.44 米），敬陵山方 300 步（109.35 米），高 6 丈 2 尺（15.066 米），慎陵山方 380 步（138.51 米），高 10 丈（24.3 米），康陵山周 208 步（75.816 米），高 5 丈 5 尺（13.365 米），恭陵山周 260 步（94.77 米），高 15 丈（36.45 米），宪陵山方 300 步（109.35 米），高 8 丈 4 尺（20.412 米），怀陵山方 183 步（66.7 米），高 4 丈 6 尺（11.178 米），静陵山方 136 步（49.572 米），高 5 丈 5 尺（13.365 米），宣陵山方 300 步（109.35 米），高 12 丈（29.16 米），文陵山方 300 步（109.35 米），高 12 丈（29.16 米）。

② 郑州大学历史学院考古系等：《偃师市高崖村东汉墓（陵）冢钻探、试掘简报》，《中原文物》2006 年第 3 期。

③ 洛阳市文物工作队：《洛阳发掘的四座东汉玉衣墓》，《考古与文物》1999 年第 1 期。

穴土圹木椁墓可能改为砖石结构的洞室墓（多室），这也是汉制的重大改变之一。与此相对应，西汉时的黄肠题凑改为东汉石凑，也可能有石椁存在，《东观汉记》卷二载："明帝自制石椁，广丈二尺，长二丈五。"另外，洛阳地区清理的许多东汉大墓出土了玉衣，表明帝王使用的是金缕玉衣。

《后汉书·礼仪志下》明确记载了东汉时期皇帝死后的一系列丧葬礼制，涉及墓圹、棺椁、随葬品的物质文化内容有：

> 登遐，皇后诏三公典丧事。……守宫令兼东园匠将女执事，黄绵、缇缯、金缕玉柙如故事。""饭含珠玉如礼。""东园匠、考工令奏东园秘器，表里洞赤，虞文画日、月、鸟、龟、龙、虎、连璧、偃月，牙桧梓宫如故事。
>
> 三公升自阼阶，安梓宫内珪璋诸物，近臣佐如故事。
>
> 司空择土造穿。太史卜日。谒者二人，中谒者仆射、中谒者副将作，油缇帐以覆坑。方石治黄肠题凑便房如礼。
>
> 东园武士执事下明器。筲八盛，容三升，黍一，稷一，麦一，梁一，稻一，麻一，菽一，小豆一。瓮三，容三升，醯一，醢一，屑一。黍饴。载以木桁，覆以疏布。瓿二，容三升，醴一，酒一。载以木桁，覆以功布。瓦镫一。彤矢四，轩輖中，亦短卫。彤矢四，骨，短卫。彤弓一。卮八，牟八，豆八，笾八，形方酒壶八。槃匜一具。杖、几各一。盖一。钟十六，无虡。镈四，无虡。磬十六，无虡。埙一，箫四，笙一，簧一，柷一，敔一，瑟六，琴一，竽一，筑一，坎侯一。干、戈各一，笮一，甲一，胄一。挽车九乘，刍灵三十六匹。瓦灶二，瓦釜二，瓦甑一。瓦鼎十二，容五升。瓟勺一，容一升。瓦案九。瓦大杯十六，容三升。瓦小杯二十，容二升。瓦饭槃十。瓦酒樽二，容五斗。瓟勺二，容一升。

相对应达官贵人的棺椁葬制要低一个层次：

> 诸侯王、列侯、始封贵人、公主薨，皆令赠印玺、玉柙银缕；大贵人、长公主铜缕。诸侯王、贵人、公主、公、将军、特进皆则赐器，官中二十四物。使者治丧，穿作，柏椁，百官会送，如故事。诸侯王、公主、贵人皆樟棺，洞朱，云气画。公、特进樟棺黑漆。中二千石以下坎侯漆。

对照以上的文献记载，结合洛阳地区东汉大墓的考古发现，基本上可以相互印证。例如，"方石治黄肠题凑"：1964 年邙山原上的送庄发现了 1 座黄肠石墓，并出土了铜缕玉衣 [①]。根据郭玉堂的《洛阳出土石刻时地记》叙述，邙山原东汉陵区多出土黄肠石。

截至目前，东汉时期的"金缕玉衣"还没有正式发现 [②]，据统计，考古发掘的东汉诸侯王列侯墓出土了 7 套银缕玉衣，5 套鎏金铜缕玉衣，15 套铜缕玉衣，1 套铜银合缕玉

---

① 郭建邦：《孟津宋庄汉黄肠石墓》，《文物资料丛刊》1978 年第 4 期。

② 李南可在《从东汉"建宁""熹平"两块黄肠石看灵帝文陵》（《中原文物》1985 年第 3 期）一文中说，1984 年在刘家井大墓的冢顶捡到过金缕和银缕玉衣残片。

衣①。说明东汉时期的金缕玉衣之制比起西汉时期更加规范和严格，可能仅限于皇帝或皇后使用。

上述文献记载的随葬品中，瓦器明显是东汉时期的随葬特征，这些器物在一般的中小型墓中也有出土，不再赘言举例，东汉大范围流行这些瓦器随葬，也可能受到了当时这种政令教化的影响。至于这些随葬品是否一定都放置于墓室之内，涉及外藏系统。

关于东汉帝陵的墓葬形制，南兆域高崖村大墓（静陵）经过钻探，可以确认是1座带1条南向墓道的砖（石）室墓。20世纪50年代以来，洛阳地区发现的东汉时期大墓都是1条墓道的砖室或砖石混合墓。帝王陵使用1条墓道的洞室墓是东汉时期的重大改制，其原因一方面是砖石工程技术不需要四条斜出墓道的形制，另一方面它也顺应了夫妇合葬一室的要求及祭祀空间的扩大的需求，当然从商周秦西汉时期一直尊崇的四条墓道变成单一墓道也有丧葬认识观方面的改变。

文献证明，东汉时期帝陵的南墓道极为重要，许多下葬时的葬仪都是围绕南墓道展开的。例如，《后汉书·礼仪志》载："大鸿胪设九宾，随立陵南羡门道东，北面；诸侯、王公、特进道西，北面东上；中二千石、二千石、列侯宜九宾东，北面西上。皇帝白布幕素里，夹羡道东，西向如礼。容车幄坐羡道西，南向，车当坐，南向，中黄门尚衣奉衣就幄坐。车少前，太祝进醊献如礼。司徒跪曰'大驾请舍'，太史令自车南，北面读哀策，掌故在后，已哀哭。太常跪曰'哭'，大鸿胪传哭如仪。司徒跪曰'请就下位'，东园武士奉下车。司徒跪曰'请就下房'，都导东园武士奉车入房。司徒、太史令奉谥、哀策。"

这样，东汉时期陵寝"坐北朝南"埋葬礼俗的确认，无疑是对秦至西汉时期的"坐西朝东"葬俗的根本性变革，对其后魏晋隋唐宋元明清时期"南向"为主流的葬俗产生了深远影响。究其原因，一方面是对生活中南向地上建筑的模仿，另一方面可能也和东汉洛阳的南北宫制有一定的内在联系。

3. 外藏系统

"外藏椁"之名始于西汉，见《汉书·霍光传》，但考其源流可以追溯到商周时期。由于洞室墓的兴起，西汉时期诸侯王墓的"婢妾之藏""厨厩之属"之"外藏"内容逐渐转移到侧室、耳室埋葬。从考古发现的情况来看，西汉元帝渭陵以前的陵冢内外都有大量的陪葬遗物坑，主要是放置各类"事死如生"的随葬品，这些坑我们可以统称为"外藏系统"。大约是西汉晚期以后，这种在墓坑（主室）之外的外藏随葬模式趋于衰退。

到了东汉时期，一般大中型墓的墓穴之外不再使用陪葬坑，东汉的帝陵或后陵从目前的调查情况来看，没有发现与地宫分离的外藏系统。换而言之，西汉外藏系统的功能到了东汉时期由于洞室墓的流行，大多被耳室、前室等所取代。

4. 陵寝建筑

按照《古今注》的记述，除光武帝原陵及桓帝宣陵、灵帝文陵外，其余的陵园建筑的组合方位可以分成三组。

---

① 石荣传：《两汉诸侯王墓出土葬玉及葬玉制度初探》，《中原文物》2003年第5期。

一组是明帝显节陵、章帝敬陵、和帝慎陵、安帝恭陵，无周垣，为行马，四出司马门，石殿、钟虡在行马内，寝殿、园省在东，园寺吏舍在殿北（安帝恭陵，无"寝殿、园省在东"）。

二组是殇帝康陵、质帝静陵，寝殿、钟虡在行马中，因寝殿为庙，园寺吏舍在殿北。

三组是顺帝宪陵，石殿、钟虡在司马门内，寝殿、园寺吏舍在殿东；冲帝怀陵，为寝殿行马，四出门，园寺吏舍在殿东。

另外，《东观汉记》卷二："十四年，（明）帝作寿陵，陵东北作庑，长三丈，五步出外为小厨，财足祠祀。明帝自制石椁，广丈二尺，长二丈五。"

从以上文献分析，石殿、钟虡、寝殿、园寺吏舍等应该在封土的东半部。如果石殿是在封土的南部，似于"寝殿、园省在东，园寺吏舍在殿北"的记述方位相违背。

根据目前调查及钻探的结果，东汉的陵寝建筑位于封土的东侧或南侧。理由有四：一是在调查当中发现北兆域二汉冢的东部地表有大量的河卵石，应该是散水的用料；二是大汉冢的东部崖面断层上有碎石层和大面积的夯土存在；三是白马寺清理的东汉墓园建筑也在坟丘的东部；四是 2004 年夏天钻探的高崖大冢 M1 在其东部发现了夯土建筑遗迹，表明这里应当是陵园的陵寝建制及园寺吏舍。

5. "行马"与垣墙

文献记载，光武原陵"垣四出司马门，寝殿、钟虡皆在周垣内"。明帝显节陵、章帝敬陵、和帝慎陵、殇帝康陵、安帝恭陵、顺帝宪陵、冲帝怀陵、质帝静陵均为"无周垣，为行马，四出司马门"的记述，桓帝宣陵、灵帝文陵没有"行马"的记述。既然，光武帝原陵没有使用"行马"，而使用了"垣墙"，这应当是寻找和确认原陵所在地的一个重要线索。

从明帝的显节陵到质帝的静陵都使用了"行马"，但桓帝宣陵及灵帝文陵没有这样的记述，也就不排除东汉晚期的"行马"发生变化的可能。我们知道，白马寺附近曾清理的一座桓帝至献帝时期的"皇女"冢四周有夯筑土垣（东西 190、南北 135 米）。《水经注·洧水篇》也说："绥水东南流迳汉弘农太守张伯雅墓，茔域四周，垒石为垣。"《后汉书·孝献帝纪》载："魏青龙二年三月庚寅，山阳公薨。自逊位至薨，……八月壬申，以汉天子礼仪葬于禅陵，置园邑令、丞。"

这是否说明东汉的晚期"行马"之制发生过变化，改用了垣墙？另外，根据文献各陵都有司马门的记载①，但司马门的遗迹截至目前还没有找到。

6. 帝王帝后"同穴合葬"的创制

西汉时期盛行帝王帝后同茔不同陵，大多是"帝西后东"之制，东汉时期明确记载："合葬，羡道开通，皇帝谒便房。""何后葬，开文陵，卓悉取藏中珍物。"虽然东汉帝陵没有发掘 1 座，但根据文献和已经发掘的东汉王侯级别的墓葬推测，东汉时期可能盛行帝王帝后合葬一室的礼俗②。例如，光烈阴皇后合葬原陵，明德马皇后合葬显节陵，章德窦皇后

---

① 《后汉书》记载，恭陵东阙火、原陵长寿门火、恭北陵东阙火。
② 韩国河：《试论汉晋时期合葬礼俗的渊源及发展》，《考古》1999 年第 10 期。

合葬敬陵，和熹邓皇后合葬顺（慎）陵，安思阎皇后合葬恭陵，顺烈梁皇后合葬宪陵，桓思窦皇后合葬宣陵。《后汉书·献穆曹皇后纪》也说："魏氏既立，以后为山阳公夫人。自后四十一年，魏景初元年薨，合葬禅陵，车服礼仪皆依汉制。"

也有一些"同茔不同陵"的合葬形式。例如，司马彪《续汉书》卷一载：孝灵灵怀王皇后，"陵曰文昭陵，起坟文陵园北"。

在调查当中发现，北兆域的几座大冢均是单独的陵冢，附近没有发现像西汉皇后陵那样可以匹配的大冢，也反证出一些东汉皇帝、皇后可能合葬一墓的礼俗。

7. 石刻象生制度

现洛阳象庄村南有一石象，有人认为它是东汉帝陵的神道石刻，存疑。《水经注》里记载了不少东汉达官贵人的墓前有石刻（石人、石兽），河南、四川、山东等地的东汉墓地确实也发现过许多石阙、石祠、石人、石羊、石辟邪等，皆表明了东汉时期是石刻象生制度的产生与发展的重要时期。

洛阳发现的东汉石象生，除上述的大象外，洛阳博物馆及关林陈列室各有石辟邪 1 件，毋庸置疑它们应当是东汉墓前的石刻，但尚不能肯定与东汉帝陵有关。

8. 陪葬制度

根据文献记载，光武帝原陵、明帝显节陵都有达官贵戚陪葬。从目前残存的封土冢情况看，陪葬墓多位于陵区的东部、西部、南部。现存的陪葬冢形状大多是圆形，但不知是否都为汉冢。从排列情况看，也见"一字形（东西或南北向）"的族葬形式。

《三国志·魏书·武帝纪》说："《周礼》冢人掌公墓之地，凡诸侯居左右以前，卿大夫居后，汉制亦谓之陪陵。其公卿大臣列将有功者，宜陪寿陵，其广为兆域，使足相容。"这就是说陪陵之制源于公墓制度。

东汉文献中，记载陪陵的人物与西汉时期相比不是很多，这可能和东汉时期的家族墓地的发达及归葬礼俗兴盛有内在的关系。司马彪《续汉书》卷一载："孝和阴皇后，吴房侯纲之女也。后为人聪惠，有才能。永元四年，撰入掖庭为贵人。以托先后近属，故有异宠，立为皇后。自和熹邓后入宫后，阴后宠衰，怨恨。后外母邓朱数出入后所，有言后与朱共挟蛊，赐后策，迁于桐宫，以忧死，葬临平亭部。"该冢因为靠近临平亭，虽然不一定是陪葬光武帝原陵，却是寻找原陵的一条重要线索。

另外，陪葬"原陵"还有灵帝时期的胡广。《后汉书·胡广传》："熹平元年薨。使五官中郎将持节奉策赠太傅、安乐乡侯印绶，给东园梓器，谒者护丧事，赐冢茔于原陵，谥文恭侯。"这就是说，陪葬帝陵的达官贵人不一定就是同时期的人物，那么，在陪葬茔域内出土晚期的东西，不足为怪。

文献明确记载陪葬显节陵的有三人，伏恭、牟融和刘般妻。《后汉书·伏恭传》载："元和元年卒，赐葬显节陵下。"《后汉书·牟融传》载："建初四年薨，车驾亲临其丧。时融长子麟归乡里，帝以其余子幼弱，敕太尉掾史教其威仪进止，赠赗恩宠笃密焉。又赐冢茔地于显节陵下，除麟为郎。"《后汉书·刘般传》："肃宗即位，以为长乐少府。建初二年，迁宗正。般妻卒，厚加赠赗，及赐冢茔地于显节陵下。"

还有一些陪葬帝陵不明确的达官，如《后汉书·召驯传》载："章和二年，代任隗为光禄勋，卒于官，赐冢茔陪园陵。"《后汉书·杨秉传》载："赐茔陪陵。"

值得指出的是个别皇帝的生母、祖母，先葬于他地，后礼葬于先帝陵的附近，可视为一种特殊的陪陵形式。如《后汉书·祭祀志下》载："安帝以清河孝王子即位，建光元年，追尊其祖母宋贵人曰敬隐后，陵曰敬北陵。亦就陵寝祭，太常领如西陵。"《后汉书·孝顺帝纪》载："夏六月乙酉，追尊谥皇妣李氏为恭愍皇后，葬于恭北陵。"

9. 东汉上陵制度的确立

《后汉书·礼仪志上》记载，汉明帝时："正月上丁，祠南郊。礼毕，次北郊，明堂，高庙，世祖庙，谓之五供。五供毕，以次上陵。""西都旧有上陵。""八月饮酎，上陵，礼亦如之。"

《东观汉记》卷二："世祖崩，皇太子即位。帝即祚，长思远慕，至逾年，乃率诸王侯、公主、外戚、郡国计吏上陵，如会殿前礼。正月，上谒原陵，梦先帝、太后如平生，亲率百官上陵，其日降甘露，积于树，百官取以荐。"众所周知，汉明帝的永平朝是东汉社会政治意识的定型时期，汉明帝推行"上陵之礼"，一方面是宣传"以孝治天下"的国策，另一方面也是通过对光武皇帝的顶礼膜拜达到巩固刘氏天下的目的。

《后汉书·礼仪志上》还记载了上陵之礼的程式："东都之仪，百官、四姓亲家妇女、公主、诸王大夫、外国朝者侍子、郡国计吏会陵。昼漏上水，大鸿胪设九宾，随立寝殿前。钟鸣，谒者治礼引客，群臣就位如仪。乘舆自东厢下，太常导出，西向拜，止旋升阼阶，拜神坐。退坐东厢，西向。侍中、尚书、陛者皆神坐后。公卿群臣谒神坐，太官上食，太常乐奏食举，舞《文始》、《五行》之舞。"

与此相对应，汉明帝"临终遗诏无起寝庙，藏主于光烈皇后更衣别室"。以后的章帝、顺帝都遗诏无起寝庙，扫地露祭。《后汉书·祭祀志下》说："灵帝时，京都四时所祭高庙五主，世祖庙七主，少帝三陵，追尊后三陵，凡牲用十八太牢，皆有副倅。"由此可知，东汉时期的庙寝制度发生了重大变化，即确立了"同堂异室"的"合庙"制度，形成了"陵崇庙杀"的格局。

三、两汉陵寝制度比较

从位置与排列情况看，二者都分布于当时京都城的北部和南部，划分为两大陵域。但是，西汉的陵域距都城较远，且南兆域只有2座帝陵陵园，个性色彩较浓。东汉的南兆域比北兆域多出1座帝王陵园，但自然地理条件不如北邙。东西汉陵排列的最大不同是东汉时期突出了南北"一"字状的家族聚葬形式，传统意义的左昭右穆制度没有体现。

从陵园的构成要素看，东汉帝陵的"梓宫、便房、黄肠题凑、金缕玉衣"及陵寝建筑、园寺吏舍等葬制继续得以继承，但其形状、质地、位置、组合与西汉时期相比发生了一定的变化。东汉与西汉相比较，陵园最大的不同是改垣墙为"行马"、改覆斗形封土为圆形、改四条羡道为一条（南向）、改竖穴木椁为砖（石）室，改"同茔不同陵"为和合葬一室等，这些都是"汉制"的重大变化，一定隐藏了复杂的思想内涵。另外，东汉陵园没有设

"陵邑"，也没有单独的"庙园"，更没有"以山为陵"的玄宫。

基于以上的情况分析，东汉陵寝与西汉陵寝相比较，发生了重大变化，不论是形制或是陵寝建筑都有明显的差异。

总体上看，东汉陵寝的规模要远远小于西汉时期，一方面是经济投入不够所致；另一方面也是上层统治者提倡"薄葬"的结果，同时也受到了"盗墓"风潮的制约。不过应特别注意到在东汉陵寝制度中，虽然"葬制"走向简约，但丧制、祭制的内涵有所扩展，关键是葬制发生了巨变，这是否可以视为东汉与西汉陵寝文化的"异质"，值得进一步探索。

（附记：本研究属于 2005 年度国家社科项目"东周秦汉陵寝研究"的一部分）

（原载于《考古与文物》2007 年第 5 期）

东汉帝陵变制原因探析

一、东汉陵寝制度概述

根据目前考古调查和钻探的资料，每一座东汉帝陵的构成有封土、地宫、陵寝建筑和陪葬墓几部分组成。

在《东汉帝陵有关问题的探讨》一文中，笔者从洛阳地区东汉陵墓的分布与地理环境、东汉陵寝的组成要素（封土、地宫、外藏系统、陵寝建筑、"行马"与垣墙、帝王帝后"同穴合葬"的创制、石刻石像生制度、陪葬制度、上陵制度的确立）、两汉陵寝制度比较等方面做了较为全面的论述，陵主的推测基本同上[①]。最近，由于有新考古材料的发现，上述陵主的归属出现了新论点。

洛阳市文物工作队的严辉先生发表了《邙山东汉帝陵地望的探索之路》《"陂池"——东汉帝陵封土的新形制》两篇文章，认为北邙陵区的"大汉冢为光武帝原陵、玉冢为安帝恭陵、二汉冢为顺帝献陵、三汉冢为冲帝怀陵、刘家井大冢为灵帝文陵。"推断大汉冢为光武帝原陵的理由是封土附近发现了规模宏大的建筑基址和建筑遗址群，另外还采集了一些重要的汉代碑刻，上面有"汉室中兴"铭文[②]。

2006年9月至2007年3月，为配合郑西铁路客运专线施工，洛阳市第二文物工作队在偃师庞村镇进行了抢救性考古发掘工作，"在白草坡村北发现了大型夷平封土墓葬，封土在20世纪80年代以前已被完全破坏。根据钻探情况，地面以下残留的封土直径125米，墓道宽10米，与邙山地区大汉冢现存封土的直径和墓葬规模大体相当，符合文献对东汉帝陵的记载，被认为是一处帝陵级别的墓冢。在这个墓冢的东北100米左右发现一处建筑遗址区。经过钻探可知，建筑遗址区南北长380米，东西宽330米，面积12.5万平方米。""值得注意的是出土一方兽纽铜印，印面朱文'耿仙印信'。经考证铜印与陵园祭祀有关。根据出土的遗物来看，陵园遗址属于东汉早期。"[③]这座帝陵的陵主也许和明帝有关。无论是踏查的情况或是观测早期航片（1958年）的图像，封土都是圆形。经过考古钻探验证了这一事实，如高崖M1（质帝静陵？）、大汉冢（原陵？恭陵？）、玉冢（恭陵？文陵？）都是如此，封土的直径按照文献的记载是63～176.45米，高度为11～36.45米，其中，最高者是恭陵36、最大者是慎陵176.45米，不管陵主如何对应，高度和直径均有偏差。

由于东汉帝陵的考古工作还十分有限，关于陵主的归属目前都是推定，确切判断还需

① 韩国河：《东汉帝陵有关问题的探讨》，《考古与文物》2007年第5期。
② 严辉：《邙山东汉帝陵地望的探索之路》，《中国文物报》2006年11月3日第7版；严辉、慕鹏：《"陂池"——东汉帝陵封土的新形制》，《中国文物报》2006年10月20日第7版。
③ 洛阳市第二文物工作队等：《偃师白草坡东汉帝陵陵园遗址》，《文物》2007年第10期。

要更确凿的证据。

根据文献记载与考古勘探情况可知，东汉帝陵已经改四条墓道为单一墓道，如偃师高崖 M1 墓道长 24.6、宽 4 米，南北向斜坡状，底深 8.6 米，其中内含平台阶及斜坡形台阶 12 个。地宫的布局和设施虽然不清楚，但根据考古已经发掘的"玉衣"墓，应当是砖石结构的室墓（多室）。另外，从目前的情况来看，所有东汉陵墓的封土之外没有发现任何陪葬坑，也就说不存在外藏系统。

目前调查及钻探的结果，东汉的陵寝建筑都位于封土的东侧或南侧。例如，白草坡北汉冢附近发现的"这处建筑遗址外围建有夯土垣墙，墙宽 3.4 米。遗址区内是纵横交错的夯土墙、夯土基址和人工沟渠。客运专线穿越建筑遗址区的西北角，穿越地段大约长 230 米，宽 20 米。经过发掘发现了垣墙、沟渠、房基、道路等遗迹。出土大量云纹瓦当、绳纹板瓦、筒瓦、素面条形砖等建筑材料"[1]。已经发掘的这部分建筑性质可能是文献记载的"园寺吏舍"，即负责管理、看护陵园人员的工作休息场所。北邙大汉冢的南侧、东侧和东北部也发现了三处建筑基址，分别为 2100、5600、200000 平方米[2]。高崖汉墓东侧的两处建筑基址面积分别为 391、498 平方米。

《古今注》载："光武原陵，山方三百二十三步，高六丈六尺。垣四出司马门。寝殿、钟虡皆在周垣内。缇封田十二顷五十七亩八十五步。""明帝显节陵，山方三百步，高八丈。无周垣，为行马，四出司马门。石殿、钟虡在行马内。寝殿、园省在东。园寺吏舍在殿北。缇封田七十四顷五亩。"根据文献的记述，洛阳东汉帝陵只有光武帝原陵有垣墙，其他均为一种象征意义竹木架构的围墙形式"行马"。现在的问题是，如果说邙山大汉冢是光武帝原陵，截至目前考古的详细勘察中，一直没有发现一个文献记载的围绕封土和三处建筑基址在内的陵垣。白草坡北汉冢东北发现了南北长 380、东西宽 330、墙宽 3.4 米的围垣式建筑群，考古报道俱称为"陵垣建筑遗址"似有不妥，因为文献说"无周垣，为行马"，那么，这处建筑围圈应当是"寝园"，其内可能包括石殿、钟虡、寝殿、园寺吏舍等建筑基址，更大的包括封土等在内的"行马"式陵垣遗迹还没有找到。

根据文献和已经发掘的东汉王侯级别的墓葬推测，东汉时期可能盛行帝王帝后合葬一室的礼俗，也应当有一些"同茔不同陵"的合葬形式。根据文献记载，光武帝原陵、明帝显节陵等都有达官贵戚陪葬。考古调查和钻探的材料也证明了这一点，如大汉冢的西侧有 3 座冢墓，封土直径 19～22 米，高 5～8 米，为长斜坡墓道的室墓，排列呈"一"字状（东西向）的族葬形式。另外，现洛阳象庄村南有一石象，有人认为它是东汉帝陵的神道石刻[3]。存疑，因为石象的位置不属于汉陵神道的范围之内。

二、与西汉陵寝制度相比，东汉陵寝制度发生了重大变制

通过以上阐述，东汉帝陵与西汉帝陵相比较，虽然有一定的共同性，但差异性非常突

① 洛阳市第二文物工作队等：《偃师白草坡东汉帝陵陵园遗址》，《文物》2007 年第 10 期。
② 洛阳市第二文物工作队等：《洛阳邙山陵墓群的文物普查》，《文物》2007 年第 10 期。
③ 杨宽：《中国古代陵寝制度史研究》，上海古籍出版社，1985 年。

出，我们可以称为"重大变制"。

相同性：西、东汉陵都分布于当时京都长安、洛阳的北部和南部，可以划分为两大陵域。从陵园的构成要素来看，东汉帝陵应当继承了"梓宫、便房、黄肠题凑、金缕玉衣"等，这一点从洛阳出土玉衣、黄肠石的墓葬中得到了佐证。还有封土附近设置寝园建筑、园寺吏舍等陵寝设施都表明了丧葬礼制的继承性。

差异性：虽然西、东汉陵都有两个陵区，但西汉的陵域距都城较远，且南兆域只有2座帝陵陵园，个性色彩较浓。从陵园的构成要素看，东汉与西汉相比较，陵园最大的不同是使用了"行马"。虽然有垣墙发现，但围墙内建筑的性质应当是寝园（垣）而不是整个陵的陵垣。同时，陵寝建制的所处的位置两汉不同，东汉主要位于封土的东部，西汉主要为南部。最突出的变化是东汉帝陵的封土一改西汉帝陵的覆斗形为圆形，墓葬形制也改四条羡道为一条（南向）。墓室的结构也改竖穴木椁为砖（石）室。还有，皇帝皇后的合葬改"同茔不同陵"为同茔同室的形式。

另外，东汉陵园没有西汉时期的"陵邑"，也没有单独的"庙园"，更没有"以山为陵"的玄宫。由此可见，东汉陵寝与西汉陵寝相比较，发生了重大变化，不论是形制或是陵寝建筑都有明显的差异。

三、东汉陵寝变制原因探析

1. 封土为何改为圆形

文献里记载，从光武帝开始，几乎历任东汉皇帝都去长安，并遣使祭祀"十一陵"，也就是说，光武帝刘秀和明帝刘庄绝对亲眼见到过西汉帝陵"覆斗形"的封土。既然刘秀政权为兴复汉室，为什么死后陵墓的封土没有继续采用"覆斗形"呢？对这个问题笔者思考了五六年的时间，基本的看法是既有光武帝、明帝个人方面的原因，也有社会思想意识方面的原因，也有墓葬构筑技术方面的原因。

光武帝虽然是高祖的九世孙，但是其起家之地西汉是春陵侯国（东汉改为南阳郡章陵县，现在为湖北枣阳市），因此，刘秀夺取政权后，两次"幸章陵"，"修园庙，祠旧宅，观田庐"，号称"以柔道治天下"。在都城洛阳庙宇中对祖先的祭祀上，早在建武三年（37年），光武帝就迫不及待在洛阳建立了四亲庙，祭祀亲生高祖父刘买以下四世祖先。"建武十九年（43年）宗庙礼议后，由于受政治、思想领域中诸多因素的影响，东汉皇帝宗庙制度逐渐发生了一系列的变化：变以往每帝异庙之制为'同堂异室'之制。""光武帝卒后，因为有中兴汉室的功德，明帝为其特立一庙，谥曰世祖庙。这样，洛阳就有两所皇室宗庙，一是祭祀西汉五帝的'高庙'，一是祭祀光武帝的'世祖庙'。永平十八年（75），明帝卒，遗诏毋特修造寝庙，藏其神主于世祖庙更衣别室，并且规定：'敢有所兴作者，以擅议宗庙法从事。'章帝去世前，亦遗令藏其神主于世祖庙。"[①]就宗庙祭祀这一点就可以说明刘秀、刘庄对西汉传统"阳奉阴违"的态度，骨子里在树立春陵刘氏汉政的正统性，陵墓封土改方为

---

① 郭善兵：《东汉皇帝宗庙礼制考论》，《华东师范大学学报》（哲学社会科学版）2004年第3期。

圆就是基于这一强烈的政治家族意识确立下来。

具体的解释可以推测为阴阳学说的延伸,它与"覆斗形"的封土分别代表了对"事死如生"不同层面的理解。前者实际上是宫殿"堂"的建筑形式的具体模仿,后者代表了象征明堂辟雍意在宣政教化的目的。

由于两汉时期提倡"天人合一",风水术中推崇的"天圆地方"原则,封土为圆可能是东汉时期宇宙观的一种特殊注解。西汉扬雄的《太玄·玄摛》说:"圆则杌棿,方为吝啬。"可能是沉淀于深层文化意蕴中的一种哲学解释,其和"柔道"之理相通。

2. 一条墓道与"室墓"的流行原因

一是和中下层普遍兴起的"穹隆"顶墓有关,如洛阳烧沟汉墓在西汉晚期已经兴起了"穹隆"顶墓。

二是符合建筑材料木构向砖石垒砌的转变、墓室空间增大及合葬一室的要求。

三是"四出墓道"的观念的衰退和一条墓道(主要南向)为"中轴线"礼制的兴起,这一点和在西汉长安城和东汉洛阳城均有表现,尤其是东汉洛阳平城门、北宫前殿为南北轴心的形成,对包括东汉陵墓南北向建筑的理念有深刻影响。

3. 推行上陵之礼的实质缘由

汉明帝的永平朝是东汉社会政治意识的定型时期,汉明帝推行"上陵之礼",一方面是宣传"以孝治天下"的国策,另一方面也是通过对光武皇帝的顶礼膜拜达到巩固刘氏天下的目的。《后汉书》中还记载了上陵之礼的程式:"东都之仪,百官、四姓亲家妇女、公主、诸王大夫、外国朝者侍子、郡国计吏会陵。昼漏上水,大鸿胪设九宾,随立寝殿前。钟鸣,谒者治礼引客,群臣就位如仪。乘舆自东厢下,太常导出,西向拜,止旋升阼阶,拜神座。退坐东厢,西向。侍中、尚书、陛者皆神坐后。公卿群臣谒神坐,太官上食,太常乐奏食举,《文始》《五行》之舞。"与此相对应,汉明帝"临终遗诏无起寝庙",以后的章帝、顺帝都遗诏无起寝庙,扫地露祭。由此可知,东汉时期的庙寝制度发生了重大变化,即确立了"同堂异室"的"合庙"制度,形成了"陵崇庙杀"的格局。

两汉时期以帝王为代表的中原主体丧葬礼仪文化发生了很大变化。也就是说,两汉时期虽然都是多民族统一的中央集权国家时期,但必须看到汉文化传统的继承当中,有相当程度的"承中之变",不能简单地把拥有 400 年历史的动态两汉文化视为单一指向的"大一统"文化。

（原载于洛阳市第二文物工作队:《洛阳汉魏陵墓研究论文集》,文物出版社,2009 年）

东汉陵园建筑布局的相关研究

东汉陵寝在中国古代陵寝制度发展中具有重要地位，处于转折与创新的关键时期，笔者此前对东汉帝陵的分布，陵寝构成要素，两汉陵寝制度比较，东汉北魏陵寝制度的异同、创新、发展、影响及地位等进行了一些探讨[①]，但涉及东汉的陵寝建筑由于相关材料比较匮乏，始终无法深入。近年来，随着东汉帝陵田野考古的不断深入，有关东汉陵区的分布、陵区墓冢的数量、帝陵墓冢的分布、部分陵园遗址的范围等均取得了一定的进展，在此基础上，本文结合文献记载，就东汉陵园建筑布局的相关问题进行探讨。

一、考古发现与布局分析

洛阳东汉帝陵分为南、北两个陵区，北陵区位于洛阳城北的邙山之上，今洛阳市孟津县境内，葬有5帝，分别为光武帝原陵、安帝恭陵、顺帝宪陵、冲帝怀陵、灵帝文陵；南陵区位于洛阳城南的万安山北麓，今洛阳市伊滨区、偃师市境内，葬有6帝，分别为明帝显节陵、章帝敬陵、和帝慎陵、殇帝康陵、质帝静陵、桓帝宣陵[②]。

目前经过考古勘探的陵园主要集中在邙山陵区，即大汉冢（图一）、二汉冢、刘家井大冢、朱仓M722、朱仓M707，以及等级稍低于帝陵的三汉冢，而洛南陵区则仅有白草坡陵园[③]。发掘面积较大的陵园有朱仓M722、M707（图二）[④]与白草坡（图三）[⑤]，此外大汉冢[⑥]也有零星发掘。通过初步对比，陵园整体布局主要有以下特征：

首先，各陵园建筑集中分布于封土东部、南部，以及东北部，具有较强的一致性。

其次，发现陵园存在两种模式，即标准模式与简化模式。分别以大汉冢和朱仓M707陵园为代表。

再次，就标准模式而言，通过发掘的朱仓M722与白草坡陵园发现，紧邻封土东侧、南侧的建筑单元，与帝陵封土共同构成一个相对封闭的区域，外围有道路或夯土基础环绕。

① 韩国河：《东汉帝陵有关问题的探讨》，《考古与文物》2007年第5期；《东汉北魏陵寝制度特征和地位的探讨》，《文物》2011年第1期。

② 徐宗元：《帝王世纪辑存》，中华书局，1964年。

③ 洛阳市文物考古研究院：《邙山陵墓群考古调查与勘测第一阶段考古报告》，文物出版社，2018年；严辉、张鸿亮、王咸秋：《洛阳东汉帝陵考古调查与发掘取得重要收获》，《中国文物报》2018年3月9日。

④ 洛阳市第二文物工作队：《洛阳孟津朱仓东汉帝陵陵园遗址》，《文物》2011年第9期；洛阳市文物考古研究院：《洛阳朱仓东汉陵园遗址》，中州古籍出版社，2014年；张鸿亮：《洛阳孟津朱仓M722东汉陵园遗址》，见国家文物局主编：《2016中国重要考古发现》，文物出版社，2017年。

⑤ 洛阳市第二文物工作队：《偃师白草坡东汉帝陵陵园遗址》，《文物》2007年第10期。

⑥ 洛阳市第二文物工作队：《河南洛阳市邙山"大汉冢"东汉陵区西晋纪年墓》，《考古》2010年第10期。

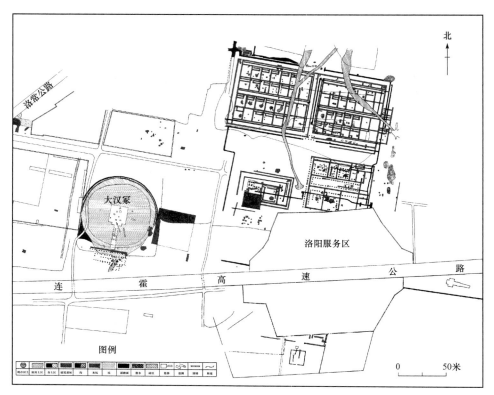

图一　大汉冢陵园遗迹勘探平面图

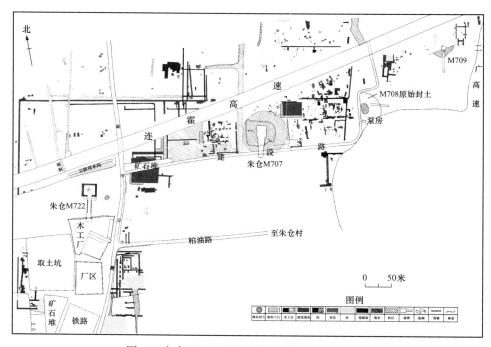

图二　朱仓 M722、M707 陵园遗迹勘探平面图

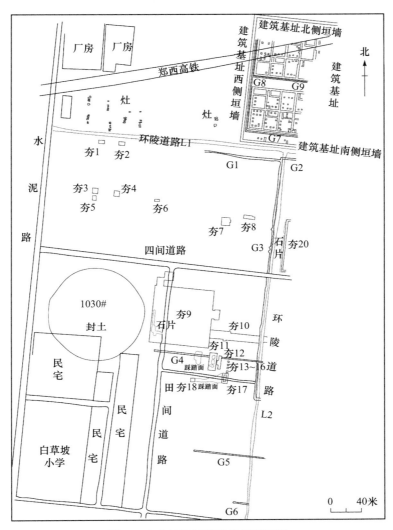

图三 白草坡陵园遗迹勘探平面图

据此，可以初步勾勒出东汉陵园布局标准模式的基本特征：紧邻封土东侧、南侧 2 组建筑单元构成内陵园，其余 3 组建筑单元则分布于内陵园之外的东北部（图四）。

下文结合勘探与发掘资料，对各建筑单元的结构略作探讨。

1 号单元 一般由大型夯土台基式殿堂与附属的廊房组成。考古勘探在大汉冢、二汉冢、白草坡帝陵封土的东部均有一处近方形的大型夯土台基。目前仅发掘有朱仓 M722 陵园 1 号单元（图五）的夯土台基，为东西向长方形，长 54.5、宽 31.7 米，台基为高台式，顶部损毁严重，四周的通道分布情况，南缘东、西分别为阶道、漫道，东缘中部为侧面南北相对的两处阶道，西缘靠近南侧也有阶道，北缘被毁通道不详；台基外围北部、东部有附属的廊房。勘探的白草坡陵园 1 号单元夯土台基，在北缘西侧与东缘中部均有夯土突出，整体布局与朱仓 M722 情况有些相似。

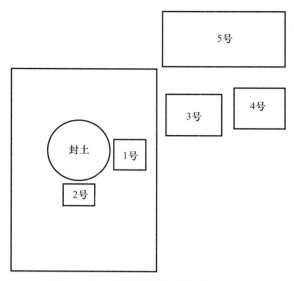

图四　东汉陵园布局标准模式示意图

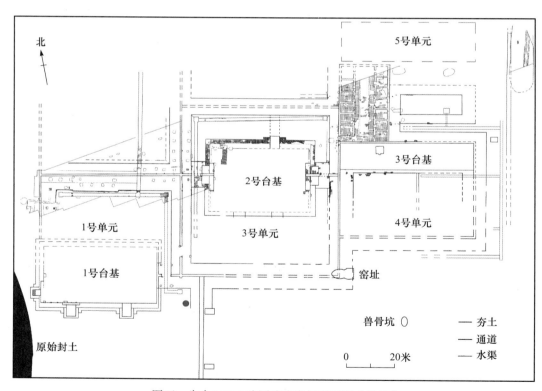

图五　朱仓 M722 陵园遗迹发掘平面图（局部）

2 号单元　主体建筑为一处夯土墩群式殿堂。勘探大汉冢、二汉冢、三汉冢封土的南部，均有一组排列规整的夯土墩，建筑规格上低于大型夯土台基，以二汉冢处保存较好，夯土墩最多为东西 16 个、南北 10 个。此外，在朱仓 M707 封土南侧勘探没有发现其他陵园所见的夯土墩群。参考发掘的朱仓 M722 陵园 2 号单元东侧部分区域，殿堂周围还分布有一些小型院落。从建筑工艺上看，直接以夯土墩为柱础基底，表明该殿堂不是高台式。

3 号单元 主体为大型夯土台基式殿堂，并有附属的廊房。如朱仓 M722 陵园 3 号单元（图五），中间为长方形大型夯土台基，长 46、宽 31.2 米，台基为高台式，顶部损毁严重，四周均有通道，东、西缘中部均有侧面南北相对的两处阶道，南缘可能为东、西排列的阶道、漫道，北缘偏东有一处漫道；台基四周外围为廊房环绕，并且东北部还有附属的院落与之相通。参考勘探的大汉冢陵园 3 号单元布局，其夯土台基位于西南，至少有 2 组院落位于东北侧。因此，朱仓 M722 的 3 号单元可能还包括其北侧未充分暴露的 1 组院落，这种格局的形成，可能是由于东侧朱仓 M707 距离太近，导致东西向建筑单元之间的空间不足，只能向北侧延伸所致。

4 号单元 主体结构为一组大型的庭院。以朱仓 M722 陵园为例，庭院北部为一处东西向长方形夯土台基（图五），长 56、宽 12 米，台基除南侧外三面有夯土墙，南部则被分为东、西两处天井。庭院东侧、北侧外沿有廊房环绕，并与其北部偏东的另一处小型院落相连。勘探大汉冢的 4 号单元，也是一处大型庭院，整体呈东西向，中间为天井，南北对称分布有多组小型院落。其排水体系格局与朱仓 M722 的 4 号单元相似，均为多条东西向排水沟，汇往东侧的南北向主排水渠。

5 号单元 主要为院落式。以勘探较为详细的大汉冢陵园为例，分布于陵园最北部的 5 号单元，为陵园内占地面积最大的建筑群，整体呈东西向长方形，长约 158、宽约 69 米，内部又分为东、西两组相对独立但结构近似的封闭院落，各自有单独的排水系统，每组院落又由近 28 个排列规整的小院落构成。白草坡陵园的勘探情况与之类似。朱仓 M722 陵园 5 号单元基本被早期的公路叠压，未能发掘。

二、建筑单元的性质与功能

关于东汉陵园的整体布局，《古今注》中有记载，主要包括从光武帝原陵到质帝静陵等 9 陵的情况[①]，而桓帝宣陵、灵帝文陵则失载。大致可分 4 种情况。

第一，光武帝原陵，记载比较简略，"垣四出司马门。寝殿、钟虡皆在周垣内"。

第二，明帝显节陵、章帝敬陵、和帝慎陵，"石殿、钟虡在行马内。寝殿、园省在东。园寺吏舍在殿北。"安帝恭陵亦归此类，"园省在东"很可能被漏书。

第三，顺帝宪陵，"石殿、钟虡在司马门内。寝殿、园省、寺吏舍在殿东"。

第四，殇帝、冲帝、质帝等未成年皇帝，陵园不设园省，没有石殿，因寝殿为庙，其余钟虡（冲帝怀陵无）、园吏寺舍则与成年帝陵一致。

虽然以上光武帝原陵、顺帝宪陵均为一种特例，但目前考古工作恰好确定两者基本可与大汉冢、朱仓 M722 对应，通过与其他陵园相比，其建筑布局同样具有一致性，因此，成年皇帝陵园布局实质上只有一种模式，而未成年皇帝陵园结构则相对简化。

---

① 伏无忌撰，茆泮林辑：《伏侯古今注》，《丛书集成初编》，中华书局，1985 年。

关于陵园布局的组成要素，上文提到外围设施有"周垣"或"行马"，以及"司马门"等，主要建筑单元有"石殿"、"钟虡"、"寝殿"、"园省"、"园寺吏舍"等，下文结合考古材料就主要建筑单元的性质与功能进行分析。

1. 石殿建筑单元

上文图四中展示的东汉陵园标准模式，1号、2号单元与帝陵封土位于内陵园，可与文献"石殿、钟虡在司马门内"对应，其中1号单元建筑规格最高，当为"石殿"，2号单元则为"钟虡"。

一般成年皇帝陵园内均有"石殿"，未成年早殇的皇帝如殇帝康陵、质帝静陵则均无"石殿"。关于"石殿"的称谓，顾名思义与大量使用石材有关，如大汉冢封土东侧现存的断面上，局部仍可见残留的石板。西汉晚期以来，一些特定功能的建筑物多采用专门的建筑材料，如专为丧葬而建造的石质祠堂、阙、墓室（如画像石墓、黄肠石墓）等。东汉王朝统治集团大多成员来自南阳，当地流行画像石墓，有关"石殿"、"黄肠石"墓与之有一定关联。

石殿，作为紧邻帝陵封土的大型夯土台基式殿堂，其台基在整个陵园内体量最大。以朱仓 M722 陵园为例，1号单元台基廊道所处的水平高度在陵园内最高，向东其他各单元廊道的水平高度依次降低；台基外围仅在北侧、东侧有廊房，而南侧最为空旷，为举行大型活动提供了便利；并且台基西缘靠近南侧的阶道，紧邻封土边缘，可复原为九级空心砖踏步，直达台基殿堂顶部，似乎是陵主灵魂进入石殿的通道。种种迹象表明，石殿应是陵园内最重要的建筑单元。

石殿的功能，首先可能象征"朝堂"，也有一些"陵庙"的意味，是重要祭祀活动举行的场所。"上陵礼"也可能是一直在原陵的石殿（即最初"寝殿"的位置，具体论证见后文）举行。

2. 钟虡建筑单元

对应上文中的2号单元，大多陵园均有设置，但在朱仓 M707 封土南侧勘探则没有发现，与文献中无"钟虡"的记载相符，也进一步印证了"石殿"、"钟虡"位置的合理性。

钟虡，原本为铜质物体，置于宫廷之中。班固《西都赋》："列钟虡于中庭，立金人于端闱。"[①]《后汉书·董卓传》："又坏五铢钱，更铸小钱，悉收洛阳及长安铜人、钟虡、飞廉、铜马之属，以充铸焉。"[②]关于"虡"的解释，《周礼·考工记·梓人》："若是者以为钟虡，而由其虡鸣。"《说文解字》虍部："虡，钟鼓之柎也，饰为猛兽。"[③]因此，"钟虡"可能代表了悬置钟、鼓等礼乐器具的场所，考古发现其建筑规格也较低。

① （宋）范晔撰，（唐）李贤等注：《后汉书·班固传》，中华书局，1965年。
② （宋）范晔撰，（唐）李贤等注：《后汉书·董卓传》，中华书局，1965年。
③ （汉）许慎撰，徐铉校定：《说文解字》，中华书局，2013年。

钟虡虽位于封土正南部，但所处方位此时并未体现出在后世陵寝中的重要性。本质上可能是"石殿"的附属建筑，两者相距很近，位置关系也可在洛阳宫城内找到原型。《后汉书·孝顺帝纪》："中黄门孙程等十九人共斩江京、刘安、陈达等，迎济阴王于德阳殿西钟下，即皇帝位，年十一。近臣尚书以下，从辇到南宫，登云台，召百官。"[1]以上"钟"即位于北宫最大宫殿的南部西侧，可与"钟虡"、"石殿"的分布方位相对应，也可辅证"石殿"代表"朝堂"的论断。

钟虡的功能，则可能是通过"鸣钟"、"奏乐"等来配合在"石殿"举行的祭祀活动，这些活动空间上主要位于"石殿"南部，即"钟虡"东部，两者关系在此时更具有紧密性。如《后汉书·礼仪上》载："西都旧有上陵。东都之仪，百官、四姓亲家妇女、公主、诸王、大夫、外国朝者侍子、郡国计吏会陵。昼漏上水，大鸿胪设九宾，随立寝殿前。钟鸣，谒者治礼引客，群臣就位如仪。……公卿群臣谒神坐，太官上食，太常乐奏食举，舞《文始》、《五行》之舞。"[2]

3. 寝殿建筑单元

3 号、4 号、5 号单元当于"寝殿、园省在东。园寺吏舍在殿北"相对应。通过各单元的相对位置与等级性差异，推测 3 号单元为"寝殿"、4 号单元为"园省"、5 号单元为"园寺吏舍"。

所有陵园均有寝殿，其功能原陵之初作为"上陵礼"的场所，之后随着方位的变化，主要是放置陵主"神座"，以及衣物等生活用品，用以象生，也是日常祭祀的场所。《后汉书·祭祀下》载："古不墓祭，汉诸陵皆有园寝，承秦所为也。说者以为古宗庙前制庙，后制寝，以象人之居前有朝，后有寝也。《月令》有'先荐寝庙'，《诗》称'寝庙弈弈'，言相通也。庙以藏主，以四时祭。寝有衣冠几杖象生之具，以荐新物。秦始出寝，起于墓侧，汉因而弗改，故陵上称寝殿，起居衣服象生人之具，古寝之意也。建武以来，关西诸陵以转久远，但四时特牲祠；帝每幸长安谒诸陵，乃太牢祠。自雒阳诸陵至灵帝，皆以晦望二十四气伏腊及四时祠。庙日上饭，太官送用物，园令、食监典省，其亲陵所宫人随鼓漏理被枕，具盥水，陈严具。"[3]"前有朝，后有寝"，也反映了石殿与寝殿的关系。

西汉杜陵陵园的寝殿，为长方形台基式建筑，中心台基长 50.6、宽 29.3 米，两侧有门道，南北各有对称三处阶道[4]。朱仓 M722 陵园寝殿夯土台基的形制与杜陵寝殿略有相似，表明两者之间有一定关联。

朱仓 M707 陵园"寝殿"（图六）仅发现夯土台基，暴露部分在西缘南侧发现一处阶道、北缘偏东有一处通道，而东缘、南缘情况不详，其特征有些近似朱仓 M722 的"石殿"，或许是"因寝殿为庙"的体现。

① （宋）范晔撰，（唐）李贤等注：《后汉书·孝顺帝纪》，中华书局，1965 年。
② （宋）范晔撰，（唐）李贤等注：《后汉书·礼仪志》，中华书局，1965 年。
③ （宋）范晔撰，（唐）李贤等注：《后汉书·祭祀志》，中华书局，1965 年。
④ 中国社会科学院考古研究所：《汉杜陵陵园遗址》，科学出版社，1993 年。

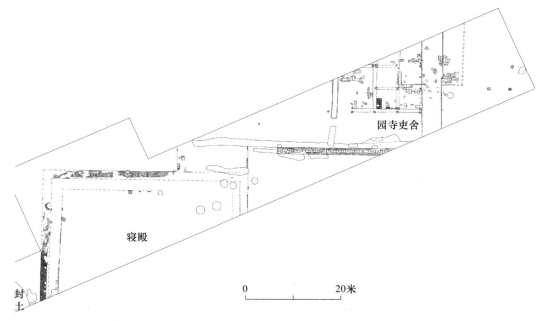

园寺吏舍

寝殿

封
土

0　　　　　　　　20米

图六　朱仓 M707 陵园遗迹发掘平面图（局部）

4. 园省建筑单元

对应上文中的 4 号单元，仅在成年皇帝的陵园内有分布。"省"的称谓，《汉书·昭帝纪》："帝姊鄂邑公主益汤沐邑，为长公主，共养省中"。注引伏俨曰："蔡邕云，本为禁中，门阁有禁，非侍御之臣不得妄入。……孝元皇后父名禁，避之，故曰省中。"①省在宫内，一般称"宫省"，乃皇帝及其家眷居住之地。与之相比，"园省"则为陵园内嫔妃的居所。

《后汉书·和熹邓皇后纪》："和帝葬后，宫人并归园，太后赐周、冯贵人策曰：'朕与贵人托配后庭，……今当以旧典分归外园'。…… 又诏诸园贵人，其宫人有宗室同族若羸老不任使者，令园监实核上名。"②《后汉书·孝安帝纪》：建光元年，"二月癸亥，大赦天下。赐诸园贵人、王、主、公、卿以下钱布各有差。"③说明东汉时期确实有一部分嫔妃及宫人是居住在陵园内。

即使皇帝死后多年，其陵园也一直设有陵园贵人，用于伺奉。如出土墓志《贾武仲妻马姜墓记》："夫人马姜，伏波将军新息忠成侯之女，明德皇后之姊也。生四女，年廿三而贾君卒。……遂升二女为显节园贵人"④。即明帝马皇后的两个外甥女是在明帝死后为显节陵的陵园贵人。

园省的功能，主要是用于陵园内"贵人"的居住，因此，未成年皇帝的陵园内没有此

①　（汉）班固撰，（唐）颜师古注：《汉书·昭帝纪》，中华书局，1962 年。
②　（宋）范晔撰，（唐）李贤等注：《后汉书·和熹邓皇后纪》，中华书局，1965 年。
③　（宋）范晔撰，（唐）李贤等注：《后汉书·孝安帝纪》，中华书局，1965 年。
④　赵超：《汉魏南北朝墓志汇编》，天津古籍出版社，2008 年。

单元。这种妃嫔侍奉于陵园的情况源于西汉，如《汉书·外戚传下·孝成班倢伃传》载："至成帝崩，倢伃充奉园陵，薨，因葬园中"①。

5. 园寺吏舍建筑单元

对应上文中的 5 号单元，所有陵园均有设置。其功能是管理陵园的官吏办公场所。东汉陵园内的官吏主要有陵园令、丞、校长；食官有食监、监丞②等。曾发现有"原陵监丞"封泥和"顺陵园丞"印章③。

对比发现，各陵园的"园寺吏舍"单元均可分为两组，似乎可与"陵园令"、"食监"分别代表的两套管理体系相对应。以大汉冢布局最为典型，发掘的朱仓 M707 陵园"园寺吏舍"（图六）单元④建筑格局相对简单，整体呈东西向，中部被南北向石板路分为东、西两个对称但独立的开放式院落。西侧小院（1 号院）保存略好，东西长 19.8、宽 15.6 米，由多个房间环绕，其中 F1，平面方形，边长 4.3 米。

据此，可以按皇帝是否成年，分别绘制出成年、未成年帝陵陵园建筑布局示意图（图七、图八）。

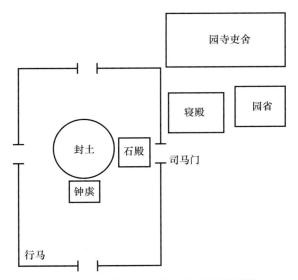

图七　东汉成年帝陵陵园建筑布局示意图

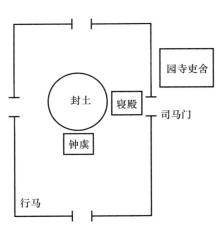

图八　东汉未成年帝陵陵园建筑布局示意图

①　（汉）班固撰，（唐）颜师古注：《汉书·孝外戚传下·孝成班倢伃传》，中华书局，1962 年。
②　《后汉书·百官二》："先帝陵，每陵园令各一人，六百石。本注曰：'掌守陵园，案行扫除。丞及校长各一人'。本注曰：'校长，主兵戎盗贼事'。先帝陵，每陵食官令各一人，六百石。本注曰：'掌望晦时节祭祀。'注引《汉官》曰：'每陵食监一人，秩六百石。监丞一人，三百石。按：食监即是食官令号'"。（宋）范晔撰，（唐）李贤等注：《后汉书·百官志》，中华书局，1965 年。
③　张鸿亮：《东汉"原陵监丞"封泥考略——兼谈汉代陵园职官》，《中国国家博物馆馆刊》2014 年第 1 期。
④　洛阳市文物考古研究院：《洛阳朱仓东汉陵园遗址》，中州古籍出版社，2014 年。

三、陵园结构的动态变化

（一）关于陵园范围的界定

《古今注》对于各陵园范围的描述，一般核心建筑单元在"周垣内"或"行马内"，陵园的大小则用"提封田"[①]表示。结合考古发现，上述概念实际上表示了陵园具有内、外两重结构，即帝陵封土、石殿、钟虡位于内陵园，其余位于外陵园。

（二）关于内陵园的边界特征

文献中仅原陵有"周垣"，而其他帝陵则为"行马"。何为"行马"？曾有学者进行过论述，是一种木质警戒设施，置于建筑物门前用于阻挡人马[②]。但在认为是原陵的大汉冢陵园内，目前勘探并未找到"周垣"，反而在朱仓 M722 陵园遗址外围发现有垣墙基槽，以西北角保存较好，上部直接被唐代道路叠压，据此推测无墙体，可能"行马"的形制是在夯土基础上放置木质篱笆。因此，很可能在明帝时期已将原陵的"周垣"改为"行马"，但"行马"的具体特征仍需要其他陵园的考古发掘来进一步验证。

内陵园还有"四出司马门"，目前东汉陵园在朱仓 M722、白草坡分别发现东门址和北门址，前者是陵园东墙基外侧对称的两个小型夯土墩；后者则是对称的两处大型夯土墩，并且陵园内外两侧均有排水沟及渗坑等设施，推测可能为阙台式建筑。如恭陵的"东阙"，《后汉书·孝桓帝纪》载：桓帝延熹五年四月，"乙丑，恭陵东阙火"[③]。有些门还有名称，如原陵的"长寿门"，《后汉书·孝桓帝纪》载：桓帝延熹四年，"五月辛酉，有星孛于心。丁卯，原陵长寿门火。"[④]

（三）"石殿"的出现

原陵最初并无"石殿"的称谓，所以文献记载明帝开创的"上陵礼"，在原陵的"寝殿"举行。《后汉书·孝明帝纪》："永平元年春正月，帝率公卿已下朝于原陵，如元会仪。"[⑤]《后汉书·礼仪上》："正月上丁，祠南郊。礼毕，次北郊，明堂，高庙，世祖庙，谓之五供。五供毕，以次上陵。""西都旧有上陵。东都之仪，百官、四姓亲家妇女、公主、诸王、大夫、外国朝者侍子、郡国计吏会陵。昼漏上水，大鸿胪设九宾，随立寝殿前。……八月饮酎，上陵，礼亦如之。"[⑥]

---

① 伏无忌撰，茆泮林辑：《伏侯古今注》，《丛书集成初编》，中华书局，1985 年。
② 王去非：《释行马》，《文物》1981 年第 8 期；庞骏：《汉魏六朝"行马"建筑政治功能考论》，《阅江学刊》2010 年第 3 期。
③ （宋）范晔撰，（唐）李贤等注：《后汉书·孝桓帝纪》，中华书局，1965 年。此处"恭陵"在《五行二》中记载为"恭北陵"。
④ （宋）范晔撰，（唐）李贤等注：《后汉书·孝桓帝纪》，中华书局，1965 年。
⑤ （宋）范晔撰，（唐）李贤等注：《后汉书·孝明帝纪》，中华书局，1965 年。
⑥ （宋）范晔撰，（唐）李贤等注：《后汉书·礼仪志》，中华书局，1965 年。

原陵最初的"寝殿"在哪里？文献记载"寝殿、钟虡皆在周垣内"，参考原陵"提封田"的规模，这个"周垣内"相当于后续各个陵园的"行马内"，推测最初的"寝殿"就是紧邻封土东侧的1号单元。这种建筑布局，实际上就是内陵园，其模式在洛阳东汉初期的诸侯王墓园已有所体现，如朱仓"李密冢"东汉墓园[①]，紧邻封土东侧为一处大型夯土台基，墓主可能为葬于建武十一年的城阳王刘祉。

原陵最初的"寝殿"可能就是后来的"石殿"，后来的"寝殿"则是在内陵园之外所新建，这种格局的变化是适应"上陵礼"的出现而做出的调整。

第一次"上陵礼"的举行是在明帝继位后第一年，"帝率公卿已下朝于原陵，如元会仪。"这个活动形式上是"朝拜"，实质是东汉陵前祭祀的正式开端，内因则是想通过"陵祭"来化解东汉之初因两汉皇帝世系问题在"庙祭"过程中产生的尴尬，而此时只有"寝殿"，所以文献记载整个礼仪活动是在寝殿举行的。但是随着"石殿"的正式出现，"上陵礼"更可能是在原陵"石殿"举行，相比之前地点也并未改变，但形式更为正式。文献所载"上陵礼"在"寝殿"，应是沿用原陵之初的说法，需要结合特殊背景加以甄别。

综上，东汉早期陵园布局的动态变化，集中反映在原陵，最初仅有寝殿、钟虡，外围有垣墙，而没有石殿、园省、园寺吏舍等，提封田也很小。但随着明帝时期"上陵礼"的实施，陵园结构出现较大改变，甚至原陵"垣墙"改为"行马"也很可能是在此时完成，或许是当时扩建仓促之际所做的权益之举，但也逐渐成为定制。因此，东汉陵园布局标准模式的形成，可能是在明帝在位期间，以原陵为代表。

四、东汉陵园布局的影响

东汉陵园布局定型之后，除了出现未成年皇帝陵园的简化模式之外，基本没有太大变化。以"石殿"、"寝殿"为代表的"朝寝分离"模式的形成，使得整个陵园布局功能上更接近宫城，也是"事死如事生"丧葬观念在陵园地面建筑的进一步深化，开启了我国古代陵园建筑布局发展的新阶段。

这种格局还表现为汉唐时期帝陵由"坐西朝东"向"坐北朝南"转变的一种过渡形态。秦、西汉时期，整个陵园的规划均体现出"以西为尊"，虽然两汉陵寝差异较大，但这一理念到东汉时期仍有延续。如东汉帝陵区位于整个陵区西部、集中陪葬墓区则位于东部，单个陵园的核心建筑单元仍主要分布于帝陵封土的东侧等。

然而，就东汉陵园的内陵园而言，建筑格局则悄然改变，封土东侧的"石殿"与南侧的"钟虡"相组合，两者相对方位表现出"以北为尊"，这一点还直接体现在帝陵的南向墓道上。"坐北朝南"格局的形成，一方面可能与东汉宫城的布局有关，另一方面则是受到自西汉晚期以来社会中下层墓葬习俗转变的影响。

经历了曹魏、西晋陵园建筑发展的衰落期后，东汉陵园对北魏陵园的影响仍有所体现，

---

① 张鸿亮：《洛阳孟津朱仓李密冢东汉墓园》，见国家文物局主编：《2014 中国重要考古发现》，文物出版社，2015 年。

如山西大同北魏永固陵的永固石室①，与东汉陵园的"石殿"有一定的近似性，但其方位则位于封土南侧；北魏晚期的孝文帝长陵②，其陵园建筑位于封土东南部，可能也受到东汉陵园建筑位于封土东侧、南侧的影响。

　　唐代陵寝"斟酌汉魏、以为规矩"③，如帝陵的覆斗形封土见于西汉、地宫特点及石质葬具等可能源自北魏以来形成的传统，但以帝陵为核心的司马院或上宫、和以寝殿为核心的下宫两者分离，则与东汉陵园分别以"石殿"、"寝殿"代表内、外陵园的布局有一定渊源。

　　　　　　　　　　（此文与张鸿亮合著，原载于《考古与文物》2019 年第 6 期）

　　① 　大同市博物馆等：《大同方山北魏永固陵》，《文物》1978 年第 7 期；大同市博物馆：《大同北魏方山思远佛寺遗址发掘报告》，《文物》2007 年第 4 期。
　　② 　洛阳市第二文物工作队：《北魏孝文帝长陵的调查和钻探》，《文物》2005 年第 7 期。
　　③ 　宋敏求：《唐大诏令集·神尧遗诏》，商务印书馆，1959 年。

东汉帝陵与诸侯王墓比较研究

东汉是继西汉之后国力强盛、封建社会经济继续发展的一个王朝。从公元 25 年刘秀称帝至献帝刘协让位于曹氏，统治近 200 年，期间共有 14 位皇帝（包括少帝刘懿）。据文献记载，结合相关考古资料，东汉共有帝陵 12 处，除汉献帝的禅陵位于河南焦作修武县外，其余 11 座帝陵均在东汉都城洛阳附近。公元 39 年，在大司空窦融等的建议下，刘秀封十子为公，后"晋爵为王"①，另外刘秀还封有宗室四王。明帝封子八人为王，章帝八子亦皆为王。就墓葬而言，诸侯王生前享有各种政治、经济特权，死后也应葬以相应的礼制，一般来说诸侯王死后都葬于其封国之内。近年来，已有较多的东汉诸侯王墓被发现、发掘，对研究东汉墓葬特别是帝、王墓葬提供了丰富的实物资料。目前学界关于东汉帝陵及诸侯王墓的综合研究较少，而且多是在一些论述中略有论及，这可能与东汉帝、王墓葬的资料，特别是帝陵资料较少有关。相关的研究有黄展岳先生的《秦汉陵寝》②，《汉代诸侯王墓论述》③，王学理先生的《秦汉相承，帝王同制——略论秦汉皇帝和诸侯王陵园制度的继承与演变》④，郑绍宗、郑滦明先生的《汉诸侯王陵的营建和葬制》⑤，以及李如森先生的《汉代"外藏椁"的起源与演变》⑥等。而对于东汉帝、王墓葬的比较研究还是空白，本文试就东汉帝陵与诸侯王墓进行比较探讨，不正之处，以求指正。

一、东汉帝陵的调查与诸侯王墓的发现、发掘概况

东汉洛阳 11 陵中，汉魏洛阳城的西北（孟津县境内）陵区有 5 座陵，即光武帝原陵、安帝恭陵、顺帝宪陵、冲帝怀陵和灵帝文陵。汉魏洛阳城的东南（偃师市境内）陵区有 6 座陵，即明帝显节陵、章帝敬陵、和帝慎陵、殇帝康陵、质帝静陵和桓帝宣陵。对于东汉帝陵零星的调查较多，近年来，大规模调查和钻探试掘工作逐渐开展，取得较大成果⑦，为东汉帝陵的研究提供了重要的参考资料。

东汉与西汉相似，分封的诸侯王多位于东、南部，目前所发现的东汉诸侯王墓亦多位

---

① （宋）范晔撰，（唐）李贤等注：《后汉书》卷一《光武帝纪》，中华书局，1965 年。

② 黄展岳：《秦汉陵寝》，《文物》1998 年第 4 期。

③ 黄展岳：《汉代诸侯王墓论述》，《考古学报》1998 年第 1 期。

④ 王学理：《秦汉相承，帝王同制——略论秦汉皇帝和诸侯王陵园制度的继承与演变》，《考古与文物》2000 年第 6 期。

⑤ 郑绍宗、郑滦明：《汉诸侯王陵的营建和葬制》，《文物春秋》2001 年第 2 期。

⑥ 李如森：《汉代"外藏椁"的起源与演变》，《考古》1997 年第 12 期。

⑦ 韩国河：《东汉陵墓踏查记》，《考古与文物》2005 年第 3 期；郑州大学历史学院考古系、洛阳市第二文物工作队、偃师市文物管理委员会：《偃师市高崖村东汉墓（陵）冢钻探、试掘简报》，《中原文物》2006 年第 3 期。

于这一地带。诸侯王墓参照帝陵，并结合封国地区的特点，修建自己的墓葬，因此他们的墓葬在很大程度上与帝陵有相似之处，同时还具有一些自身的特点。从现有资料看，目前已发现的东汉诸侯王墓计有 11 处 16 座，分别为河北 3 处 3 座，河南 1 处 2 座，山东 3 处 4 座，江苏 4 处 7 座。这些诸侯王墓多被发掘，少量经调查。但对于它们的发掘和研究多限于墓葬本身，即封土、墓葬结构及出土遗物等，对于相关的地表遗迹的发掘、研究很少，这对研究东汉诸侯王墓带来一定的局限性。

二、东汉帝陵与诸侯王墓的比较研究

东汉帝陵和诸侯王墓代表了东汉墓葬最高水平，是东汉丧葬制度的集中体现。二者之间有较多相似之处，这是统一的封建王朝下统一制度的体现，是诸侯王国制同中央的体现；二者之间也存在着诸多差异，这与诸侯国独特的历史文化和地理环境等密不可分。本文主要作以下几点比较。

（一）墓地的选择与陵墓分布

汉代，无论皇帝，还是诸侯王，甚至一些低级官吏或平民百姓都对墓葬的修建十分重视，这是汉代"事死如事生"丧葬观念的反映。"汉天子即位一年而为陵"①，诸侯国亦不例外，墓葬兆域即墓地的选择是首要的事情，有严格要求，并重视堪舆术。从现有资料看，东汉帝、王陵墓均选择在地势高亢，相对较为空旷且距离都城相对较近的地点，其中如帝陵（禅陵除外）选择在邙山原上。诸侯王墓中，彭城王墓选择在城南云龙山西北麓的山脊上②，下邳王墓选择在都城西北的蛟龙山南麓③，中山王的墓葬选择在都城附近约 5 千米的范围内④，其他诸侯王墓大体如此。

从陵墓的分布上看，东汉帝陵除禅陵外，均分布于洛阳周围，可细分为两大陵区，陵区内的墓葬多呈南北"一"字状分布。诸侯王墓均分布于都城周围，但与帝陵的分布相比，又不尽相同。例如，下邳王墓呈"一"字状分布于蛟龙山南麓，但为东西向分布。中山王墓、彭城王墓、陈王墓⑤等则分布在都城周围。

（二）寝园及陵寝建筑

东汉帝陵除光武帝原陵及桓帝宣陵、灵帝文陵外，其余的陵园建筑的组合方位可以分成三组：一组是明帝显节陵、章帝敬陵、和帝慎陵、安帝恭陵，无周垣，为行马，四出司马门，石殿、钟虡在行马内，寝殿、园省在东，园寺吏舍在殿北。二组是殇帝康陵、质帝静陵，寝殿、钟虡在行马中，因寝殿为庙，园寺吏舍在殿北。三组是顺帝宪陵，石殿、钟

---

① （唐）房玄龄等撰：《晋书·索琳传》，中华书局，1974 年。
② 南京博物院：《徐州土山东汉墓清理简报》，《文博通讯》第 15 期，1977 年。
③ 刘尊志：《双古堆汉墓群》，《徐州文化博览》，文化艺术出版社，2003 年。
④ 河北省文化局文物工作队：《河北定县北庄汉墓发掘报告》，《考古学报》1964 年第 2 期；定县博物馆：《河北定县 43 号汉墓发掘简报》，《文物》1973 年第 11 期。
⑤ 周口地区文物工作队、淮阳县博物馆：《河南淮阳北关一号汉墓发掘简报》，《文物》1991 年第 4 期。

虔在司马门内，寝殿、园省寺吏舍在殿东；冲帝怀陵，为寝殿行马，四出门，园寺吏舍在殿东。根据目前调查及钻探的结果，东汉的陵寝建筑位于封土的东侧或南侧。例如，北兆域二汉冢的东部地表有大量的河卵石，应该是散水的用料；大汉冢的东部崖面断层上有碎石层和大面积的夯土存在[①]；白马寺清理的东汉墓园建筑也在坟丘的东部[②]；高崖大冢在其东部也发现了夯土建筑遗迹，表明这里应当是陵园的陵寝及园寺吏舍[③]。对于诸侯王墓寝园、陵寝建筑所做的工作较少，基本未见于相关报道，从现有资料看，诸侯王陵仿天子之制，在陵区周围设陵园或寝园[④]。从已发掘的东汉诸侯王墓看，当有陵寝建筑，只是由于破坏严重加之相关工作未做，还不甚明了。其中，如徐州土山彭城王墓，在其周围特别是西、南部散落大量汉代建筑残片，如板瓦、筒瓦、瓦当等，可能就是其陵寝建筑的遗存。

（三）墓葬结构

从文献记载结合考古勘探情况，东汉帝陵的修造方法为先挖好墓坑，再在坑内修砌墓室，这与较多诸侯王墓是相同的，如河北定州市北庄汉墓、山东临淄金岭镇一号墓[⑤]等，相关简报中均有提及。也有一些诸侯王墓开凿在山体上，如徐州彭城王墓，但其形式与开挖土圹基本一致。由于帝陵暂未发掘，其具体结构还不明晰，但其墓葬结构当为砖石结构的多室墓的可能性最大，这亦与诸多诸侯王墓相似。但由于历史文化及地理特点的不同，诸侯王墓还存在着自身的一些特点。

（1）封土。东汉帝陵的封土大小文献均有记载，其直径和文献记载基本相符，但高度略有偏差。文献记载除康陵和恭陵为"山周"的记述外，余均为"山方"，根据西汉陵覆斗形封土的情况，一般认为东汉封土也应该为覆斗形[⑥]。但是，无论是踏查的情况或是观测早期航片（1958 年）的图像，大多都是圆形。而通过对偃师高崖村南破坏较大的汉冢进行的钻探表明，耕土下残留的封土带不成直角而为弧状的椭圆形。以上说明东汉帝陵的封土大多是圆形的[⑦]。已报道诸侯王墓的封土也大多是圆形的，如山东临淄金岭镇一号墓封土略呈圆台状，底径 35.4～37.2、残高 10.75 米；江苏邗江甘泉二号墓的封土堆，直径约 60、原高 13 米左右[⑧]；定州市 43 号汉墓封土高 12、直径约 40 米等。但东汉早期的少部分墓葬如定州市北庄汉墓的封土可能为方形的，其封土高出地面约 20、长宽各约 40 米，这可能与早期还未定制有关。诸侯王墓的封土直径（边长）一般为 30～60 米（徐州土山汉墓封土约有 100 米，其下有 3 座大型墓葬，较为特殊），较帝陵要小。诸侯王墓封土的高度一般为

① 韩国河：《东汉陵墓踏查记》，《考古与文物》2005 年第 3 期。

② 中国社会科学院考古研究所洛阳汉魏城队：《汉魏洛阳城西东汉墓园遗址》，《考古学报》1993 年第 3 期。

③ 郑州大学历史学院考古系、洛阳市第二文物工作队、偃师市文物管理委员会：《偃师市高崖村东汉墓（陵）冢钻探、试掘简报》，《中原文物》2006 年第 3 期。

④ 郑绍宗、郑滦明：《汉诸侯王陵的营建和葬制》，《文物春秋》2001 年第 2 期。

⑤ 山东省文物考古研究所：《山东临淄金岭镇一号东汉墓》，《考古学报》1999 年第 1 期。

⑥ 从航片和踏查情况看，南兆域逯寨大冢的形状近似覆斗形，但该冢的周围有大量的现代墓，是否遭到过破坏，还需等待今后调查验证。

⑦ 韩国河：《东汉陵墓踏查记》，《考古与文物》2005 年第 3 期；郑州大学历史学院考古系、洛阳市第二文物工作队、偃师市文物管理委员会：《偃师市高崖村东汉墓（陵）冢钻探、试掘简报》，《中原文物》2006 年第 3 期。

⑧ 南京博物院：《江苏邗江甘泉二号汉墓》，《文物》1981 年第 11 期。

10～20 米，与帝陵封土的高度则较为相近。另外，东汉帝陵的封土多有台阶，诸侯王墓则不见，至少未见于相关报道。帝陵与诸侯王墓封土的夯填均较为讲究，这也是二者的共同点之一。

（2）墓道。根据文献记载和考古钻探可知，东汉帝陵可能改四条墓道为单一墓道，且墓道均为南向。例如，通过对南兆域高崖大墓的钻探结果可知，该墓为一座带一条南向墓道的砖（石）室墓。帝王陵使用一条墓道是东汉时期的重大改制。目前发现的诸侯王墓亦均为一条墓道，斜坡状，多为南向。但也有的墓葬存在差异，如河南淮阳北关一号墓、山东济宁普育小学任城王配偶墓①为东向，徐州土山彭城王夫人墓（土山 M1）墓道北向等，这可能是地方诸侯王墓的一个特点。

（3）墓室。前文已述，帝陵的结构为砖石结构的多室墓的可能性最大，且多使用黄肠石，这可从洛阳地区出土的大量黄肠石看出。东汉帝陵也可能有石椁存在，《东观汉记》卷二载："明帝自制石椁，广丈二尺，长二丈五。"已发掘的诸侯王、后墓都是砖砌或砖石混砌的多室墓，由墓道、墓门、耳室、甬道、前室、后室等组成，早期的墓葬还有回廊，如邗江甘泉二号墓、定州市北庄汉墓等。后室内置一棺（徐州土山 M1）或双棺（定州市北庄汉墓为一室内双棺，陵北头 43 号墓为两独立的室）。早期带回廊的墓葬与西汉时期的一些带黄肠题凑的诸侯王墓如高邮神居山一号墓②、长沙象鼻嘴一号墓③等较为相似，而时代最早的甘泉二号墓的回廊还不甚明显，其平面布局又与河南唐河新莽始建国天凤五年（公元 18 年）郁平大尹冯孺人墓较为相似，这说明东汉诸侯王墓继承了西汉诸侯王墓的较多特征，并加以改进。同时，因为东汉皇族发起于河南南阳地区，诸侯王同东汉皇帝一样采用的是南阳一带的墓葬特点④。诸侯王墓大量采用砖石混砌的方式修建墓葬，即较多地使用黄肠石与帝陵相同，而且出土的黄肠石多有刻铭。从出土黄肠石的刻铭可知，东汉时期中央、地方诸侯国、郡、县之间的工匠交流十分频繁⑤，这从一个方面促进了帝陵与诸侯王墓、诸侯王墓与诸侯王墓之间在墓葬形制、修建方式等方面的趋同。

（4）内外藏系统。依汉代礼制，皇帝、诸侯王、列侯的墓葬，均有"正藏""外藏椁"，即内外藏系统，这也被众多的考古发现所证实。"正藏"谓藏主之椁，"外藏椁"之名始于西汉，见《汉书·霍光传》，但考其源流可至商周。

"内藏"包括"明堂"、"梓宫"、"便房"和"黄肠题凑"等，从已发掘的诸侯王墓看，前堂和棺室等应为其内藏。例如，定州市北庄汉墓石砌题凑之内为回廊、砖砌椁室、内回廊（即便房），"正藏"包括"棺房"及"明堂"（前室），定州市 43 号东汉墓以甬道为界，甬道以北为"正藏"，包括"明堂"（即"前室"）和后寝（即"棺室"）两间⑥。"外藏"即位于"正藏"之外的储藏系统，包括墓内和墓外的陪葬坑（墓）等，主要是放置一些"事

①　济宁市博物馆：《山东济宁发现一座东汉墓》，《考古》1994 年第 2 期。

②　梁白泉：《高邮天山一号汉墓发掘侧记》，《文博通讯》第 32 期，1980 年。

③　湖南省博物馆：《长沙象鼻嘴一号西汉墓》，《考古学报》1981 年第 1 期。

④　黄展岳：《汉代诸侯王墓论述》，《考古学报》1998 年第 1 期。

⑤　河北省文化局文物工作队：《河北定县北庄汉墓发掘报告》，《考古学报》1964 年第 2 期；王恺：《徐州土山汉墓年代考》，《徐州博物馆三十年纪念文集（1960～1990）》，北京燕山出版社，1992 年，第 87～95 页。

⑥　郑绍宗、郑滦明：《汉诸侯王陵的营建和葬制》，《文物春秋》2001 年第 2 期。

死如生"的陪葬品。"外藏"系统中的墓外陪葬坑（墓）在西汉时期特别是元帝渭陵之前较为常见，许多帝陵、诸侯王墓、中型墓葬都可见到。西汉晚期之后，墓外的外藏系统趋于衰微，墓葬之外很少见到陪葬坑（墓）等，东汉时期，帝陵的封土之外基本不见外藏系统，诸侯王墓也不例外，而可能这与墓形制度的改变有一定关系①。就东汉诸侯王墓来讲，内外藏的分界一般较为明显，多以甬道为界，耳室是外藏的主要组成体部分。例如，定州市北庄汉墓的东耳室内放置宴饮用陶，并有陶楼等物，但无家禽及其他模型器，43 号墓的东耳室放置车马、宴饮器，西耳室置车马和仪仗用具，前室置陶质明器，淮阳北关一号墓的左右耳室象征仓库和厨房，临淄金岭镇一号墓的耳室放置陶器，前室放置金属器。从出土器物看，也有些墓葬的内外藏不甚明确，如济宁普育小学东汉墓和邗江甘泉山二号墓的回廊内有大量的陶器和车马器，而这些器物一般是放置在外藏之中的。

（5）合葬形式。西汉时期盛行帝王帝后同茔不同陵，大多是"帝西后东"之制，东汉时期明确集中，"合葬，羡道开通，皇帝谒便房。"，"何后葬，开文陵，卓悉取藏中珍物"。因此，东汉时期可能盛行帝王、帝后合葬一墓的礼俗。例如，光烈阴皇后合葬原陵，明德马皇后合葬显节陵，章德窦皇后合葬敬陵，和熹邓皇后合葬顺（慎）陵，安思阎皇后合葬恭陵，顺烈梁皇后合葬宪陵，桓思窦皇后合葬宣陵。《后汉书·献穆曹皇后纪》也说："魏氏既立，以后为山阳公夫人。自后四十一年，魏景初元年薨，合葬禅陵，车服礼仪皆依汉制。"在调查当中发现，北兆域的几座大冢均是单独的陵冢，附近没有发现像西汉皇后陵那样可以匹配的大冢，也反证出一些东汉皇帝、皇后可能合葬一墓的礼俗。当然，也有一些"同茔不同陵"的"合葬形式"，如司马彪《续汉书》卷一载孝灵怀王皇后，"陵曰文昭陵，起坟文陵园北"。诸侯王墓中同墓合葬的较多，其中定州市北庄为同一棺室，更多的为不同棺室，如临淄金岭镇一号东汉墓、邗江甘泉二号墓、定州市 43 号墓等。同茔异穴合葬的墓葬也发现较多，其中淮阳北关一号墓、济宁普育小学汉墓均为独立的封土，墓内葬一人，而徐州土山彭城王、后墓则位于同一封土下不同的墓穴中。

（四）陪葬制度

东汉帝陵和诸侯王墓的封土外基本不见陪葬坑，这在上文已述，但多有陪葬墓存在。帝陵的陪葬墓多位于陵区的东、西、南部，从排列情况看，也见一字形（东西或南北）的族葬形式。诸侯王墓的陪葬墓位置在简报或报告中一般未有提及，但经笔者调查，部分诸侯王墓的陪葬墓位置与帝陵稍有差异，如土山彭城王墓的陪葬墓位于其北部和西部。

（五）随、陪葬品

包括陪葬器物和殓葬用品。陪葬器物的种类较为复杂，质地有陶、瓷、铜、铁、金、银、玉石等，内容有礼器、炊器、酒器、起居用品、车马器、印章、俑、模型明器、钱币等，皇帝与诸侯王因身份和地位的差异，陪葬品的内容和质量既相同又有差异。《后汉书·礼仪志》明确记载了皇帝死后陪葬品的种类，上述器物基本存在，关于瓦器的记述明

---

① 李如森：《汉代"外藏椁"的起源与演变》，《考古》1997 年第 12 期。

显是东汉时期的陪葬特征，这在大、中、小型墓葬中均有发现。东汉帝陵暂未发掘，具体陪葬品还不能说清，但从上述记载，结合已发掘的诸侯王墓来看，二者在陪葬品方面有较大的相同之处。从诸侯王墓出土的陪葬品看，礼器主要为陶鼎、壶等，其中甘泉二号墓出土陶鼎 2、壶 2、盒 2 件，普育小学出土鼎 1、壶 6 件，金岭镇一号墓出土鼎 9 件，这些陶礼器的出土，是西汉时期用陶礼器陪葬的孑遗，特别是金岭镇一二号墓出土 9 件陶鼎，大小不一，这从一个侧面反映了墓主人的身份较高①。模型明器在这些墓葬中数量及品种增加，有陶楼、碓、仓、灶、井、磨及动物俑等，这可能是东汉庄园经济发展的一个反映。车马陪葬在东汉时期已完全由真车马殉葬转向陪葬真车马器和车马明器，而且均位于墓内，不见于墓外，尤以随葬车马明器为主。殓葬用品主要包括棺、玉衣、口琀及其他器物等。《后汉书·礼仪志下》载皇帝死后，"守宫令兼东园匠将女执事，黄绵、缇缯、金缕玉柙如故事"。"饭含珠玉如礼"。"东园匠、考工令奏东园秘器，表里洞赤，虡文画日、月、鸟、龟、龙、虎、连璧、偃月，牙栖梓宫如故事"。"诸侯王、列侯、始封贵人、公主薨，皆令赠印玺、玉柙银缕；大贵人、长公主铜缕。诸侯王、贵人、公主、公、将军、特进皆赐器，官中二十四物。使者治丧，穿作，柏椁，百官会送，如故事。诸侯王、公主、贵人皆樟棺，洞朱，云气画。公、特进樟棺黑漆。中二千石以下坎侯漆"。说明东汉皇帝死后用棺与诸侯王是存在差异的，而且皇帝是着金缕玉衣并含玉而葬的。诸侯王按制只能着银缕玉衣含玉下葬，这与大量的考古发现较为相符。

三、东汉帝陵对诸侯王墓的影响

东汉政权建立之后，并未急于实行分封子弟的政策，而是十余年之后才开始分封的。分封的同时，东汉政府借鉴西汉时诸侯国叛乱的教训，加强了对诸侯国的控制，诸侯国多无置官治民之权，使得诸侯王徒有虚号。诸侯国所辖地域内的行政权归中央，其所属封国的政治皆由中央所派的傅相主持。诸侯国的国力已远不如西汉时期，"惟得衣食租税，不与政事"②。汉明帝为了减少诸侯国对中央政府的威胁，还采取了徙王封邑的办法，诸侯王的权力大大下降，他们的特权不过是沿袭宗法封子，坐领一定户数的赋税而已。结合考古发现来看，东汉诸侯王墓的结构都是砖砌或砖石混砌的多室墓，总体形制相似，与东汉帝陵较为一致。时代较早的墓葬，形制又与西汉末年南阳地区的汉墓如郁平大尹冯孺人墓较为相似。由于东汉皇族又发迹于南阳，他们的墓葬形制受南阳地区西汉末年墓葬的影响在情理之中，推测应是最高层的统治者（皇帝）在接受这种葬制之后继而向全国推广的。因此，东汉诸侯王墓受帝陵的影响较大。

从墓地的选择和陵墓的分布上看，均是选择在地势高亢、地域空旷的地区，墓葬位于都城的周围，局部墓葬分布相对较为集中，体现出了"族葬"的形式。东汉帝陵的陵园及陵寝建筑较之西汉有较大改变，诸侯王墓也随之改变，虽具体的形制不清，但可以肯定的是西汉时期的垣墙、陵邑等基本不见。东汉诸侯王墓的封土基本为圆形，与西汉时期不同，

---

① 山东省文物考古研究所：《山东临淄金岭镇一号东汉墓》，《考古学报》1999 年第 1 期。
② （汉）班固撰，（唐）颜师古注：《汉书·诸侯王表》，中华书局，1962 年。

以徐州地区为例，西汉晚期的诸侯王墓多为横穴崖洞墓，封土夯筑于山脚下的墓道处，加之两墓并列，封土多呈方形，另一些规模较大的中型墓，如拖龙山 M3 ^①，其封土亦为方形。至东汉时期，诸侯王墓（彭城王墓和下邳王墓）的封土均为圆形，可以说这是受帝陵的影响所致。在帝陵的影响下，东汉诸侯王墓的墓葬结构均为砖砌或砖石混砌的多室墓，大量使用黄肠石，均为一条墓道，多南向，墓外没有外藏设施，较多地出现了夫妻合葬。陪葬品方面，陶器及生活用具数量增加，礼器衰落，模型明器流行，车马陪葬由真车马殉葬转向真车马器和车马明器 ^②；殓葬用具方面，诸侯王死后一般着玉衣含玉而葬，但因身份的不同，一般为银缕玉衣。

东汉帝陵虽对诸侯王墓影响较大，但也应该看到二者之间在某些方面还存在差异。例如，陵墓的分布的不一致性，个别诸侯王墓的封土为方形，墓道并非全部南向，夫妻同墓合葬的形式在一些诸侯国不存在等，这与不同时期墓葬的发展，不同地区的历史、地理环境特点及墓主身份的差异等有着一定的关系。

四、小　　结

（1）东汉时期的诸侯国的数量和国力均不如西汉，诸侯王的墓葬较多地受到帝陵的影响。这使得二者之间有较大的共性，这正是诸侯国制同中央的体现。同时，二者之间存在着某些差异，如墓葬的规模，墓向的不统一等，这是诸侯国的历史、地理文化等的不同造成的，但共性大于差异性。

（2）通过比较，我们可以看出，东汉帝陵对诸侯王墓有着较大影响，反过来，由于诸侯王墓的资料相对较为丰富，通过诸侯王墓我们可以更好地研究东汉帝陵。

（3）通过比较可以看出，东汉帝陵及诸侯王墓与西汉帝陵及诸侯王墓较多地吸收周、楚、秦的丧葬制度不同，东汉帝、王陵墓有着较为统一的自身特点，这些特点对后世的帝王陵墓影响较大。同时这种统一的自身特点又是汉代丧葬制度统一的体现，是汉文化正式形成或统一在丧葬制度上的体现或证明。

总之，东汉帝陵及诸侯王墓是东汉丧葬制度的集中代表，二者之间有较大的共性，同时又存在着一些差别，从中我们可以看出帝陵对诸侯王墓有着较大的影响。而由于诸侯王墓的发现和发掘，从一个侧面又折射出帝陵的一些情况，对于研究东汉帝陵意义重大。

（此文与刘尊志合著，原载于《楚文化论坛——第二届海峡两岸楚汉文化研讨会论文选》，作家出版社，2006 年）

---

① 刘尊志、耿建军：《徐州市拖龙山汉墓群》，《中国考古学年鉴·1999》，文物出版社，2001 年。

② 黄展岳：《汉代诸侯王墓论述》，《考古学报》1998 年第 1 期。

东汉北魏陵寝制度特征和地位的探讨

东汉自刘秀建国，虽明确提出承袭西汉高祖之制，但终献帝禅位，历 12 帝。近 200 年间，陵寝制度与西汉时相比较无论是在内涵还是文化特质方面都发生了重大变化，因此对东汉陵寝制度的探讨一直为学界所关注。北魏鲜卑拓跋氏兴自漠北，早期墓葬亦自有着独特的民族丧葬方式，然自孝文帝迁都洛阳之后，全面推行的汉化改革使北魏衣冠制度已与中原无二。这表现在陵寝制度上，除延续魏晋制度的同时，则更集中表现出对东汉陵寝文化的继承。以洛阳为都的两代王朝虽相隔 270 多年，但其陵寝制度的承继性与创新性却是我们研究中国古代陵寝文化中需要重新审视和探讨的。近期随着河南、内蒙古、山西等地东汉与北魏帝陵文物考古工作的逐渐展开，为我们重新审视和探析东汉与北魏陵寝制度提供了翔实的实物资料。鉴于此，本文拟依据考古资料和文献，对东汉北魏陵寝制度的异同、承继、创新与影响等做一概要阐述。

一、东汉北魏帝陵的考古发现

近年来，对东汉北魏帝陵的考古调查与发掘主要集中在洛阳邙山陵墓群[①]、偃师白草坡东汉帝陵陵园遗址[②]、洛阳北魏孝文帝长陵[③]和宣武帝景陵[④]、大同北魏永固陵[⑤]等。通过这些调查和研究，东汉北魏帝陵的分布范围和陵园组成已经初步判明。东汉的陵区分三个部分，即洛阳北兆域邙山五陵、洛阳南兆域万安山六陵和焦作修武县境内汉献帝禅陵[⑥]。洛阳两个兆域的帝陵虽然还不能确切指定陵主，但是已经达成了几种基本的认识，对今后的研究和考古工作有着重要意义。东汉帝陵的组成为：圆丘状封土，一条长斜坡墓道的地宫（砖石结构的墓室），封土外无外藏系统，封土东侧或南侧有陵寝建筑，多为"行马"式陵垣，盛行同穴合葬，有陪葬墓区和上（谒）陵之礼[⑦]。北魏早期陵寝"金陵"的情况不甚清晰[⑧]。平

---

① 洛阳市第二文物工作队：《"邙山陵墓群考古调查与勘测"第一阶段考古报告》（2007 年征求意稿）；洛阳市第二文物工作队：《洛阳邙山陵墓群的文物普查》，《文物》2007 年第 10 期。
② 洛阳市第二文物工作队等：《偃师白草坡东汉帝陵陵园遗址》，《文物》2007 年第 10 期。
③ 洛阳市第二文物工作队：《北魏孝文帝长陵的调查和钻探——"洛阳邙山陵墓群考古调查与勘测"项目工作报告》，《文物》2005 年第 7 期；郭建邦：《洛阳北魏长陵遗址调查》，《考古》1966 年第 3 期。
④ 中国社会科学院考古研究所洛阳汉魏城队等：《北魏宣武帝景陵发掘报告》，《考古》1994 年第 9 期。
⑤ 大同市博物馆等：《大同方山北魏永固陵》，《文物》1978 年第 7 期；大同市博物馆：《大同北魏方山思远佛寺遗址发掘报告》，《文物》2007 年第 4 期。
⑥ 王保成、赵兰香：《汉献帝与修武禅陵》，《中州今古》2003 年第 3 期。
⑦ 韩国河：《东汉帝陵有关问题的探讨》，《考古与文物》2007 年第 5 期。
⑧ 对于金陵地理位置的探讨，见李俊清：《北魏金陵地理位置的初步考察》，1990 年第 1 期；谢宝富：《北魏金陵、桑乾、北邙、乾脯山西葬区研究——兼以此求教于宿白先生》，《北京航空航天大学学报》1998 年第 2 期；罗宗真：《魏晋南北朝考古》，文物出版社，2001 年；古鸿飞：《北魏金陵初探》，《山西大同大学学报》（社会科学版）2008 年第 5 期。

城时期以大同北魏冯太后永固陵为代表，其陵园组成包括：圆形方座的坟丘，一条南向墓道的双墓室，永固堂，斋库以及鉴玄殿等陵寝建筑，陵园垣墙，思远佛寺，灵泉池（宫），陵邑。另外，永固陵东北部尚有孝文帝万年堂，因此，永固陵的一些建筑遗存应当与万年堂共享。对洛阳北魏帝陵的认识最早是通过文献和出土的墓志记载逐步得以廓清，杨宽、徐苹芳、宿白、黄明兰等诸学者多有讨论[1]。通过对宣武帝景陵的发掘及孝文帝长陵的钻探和勘察，可以概括出洛阳北魏帝陵的组成要素为：圆丘形封土，一条南向墓道的洞室，封土东侧或南侧有陵寝建筑，石象生，垣墙，陪葬墓区。

二、东汉北魏陵寝制度特征的相同与差异

综合以往学界的研究成果，我们可以总结出洛阳的东汉北魏陵寝制度相同的特点主要有七：一是封土都为圆丘状；二是地宫都为单一南向墓道的洞室墓；三是封土之外都没有外藏系统；四是陵寝建筑多位于封土的东部或南部；五是都有上陵之礼；六是都有"聚葬"的形式；七是均有陪（祔）葬墓区。

（1）圆丘状封土。目前所见的东汉帝陵封土有洛阳北邙大汉冢直径130、二汉冢118、三汉冢70、刘家井汉冢114、朱仓722号汉冢135～145米。由此东汉帝陵的封土直径在70～145米。大同北魏永固陵的封土为圆形方座，东西宽124、南北长117、高23米。万年堂封土堆高约13米，基底方形，边宽约60米。洛阳北魏长陵的封土直径96、高约21米。宣武帝景陵的封土直径105～110、现高24米。关于东汉帝陵封土的圆丘状形制，有的学者认为是"陂池"[2]。曹魏西晋帝陵号称"不封不树"，考古勘探的西晋文帝崇阳陵和武帝峻阳陵均未发现封土[3]，表明洛阳北魏帝陵封土与东汉陵封土之间有着某种承袭关系。

（2）地宫。经钻探和发掘，偃师白草坡东北汉陵的南向墓道宽10、朱仓722号汉冢墓道宽9米。大汉冢西侧的3个陪葬冢经钻探，都是一条南向的长斜坡墓道砖石结构的多室墓，由墓道、甬道和前后室组成。北魏永固陵地宫由南向墓道、前室、过道和后室构成，全长23.5米，前室平面呈梯形，拱顶，后室平面呈弧边方形，四角攒尖顶。宣武帝陵景陵地宫全长54.8米，由南向墓道、前甬道、后甬道和墓室四部分组成，平面略呈"甲"字形，墓顶做四角攒尖式，高9.36米。东汉帝陵的墓室的顶部为几何形状，可以从同时期中小型的砖砌墓室的发现进行推测，因为洛阳烧沟的穹隆顶墓始于西汉晚期，东汉的帝陵虽然多使用黄肠石垒砌，但也有可能使用穹隆形或四角攒尖式的墓室。

（3）外藏系统。外藏系统的记载，始自《汉书·霍光传》，有学者认为汉阳陵封土周围的外藏坑，有"宫观及百官位次之象"[4]。东汉帝陵封土外外藏系统的消失，主要是墓葬的形

---

① 杨宽：《中国古代陵寝制度史研究》，上海古籍出版社，1985年；徐苹芳：《中国秦汉魏晋南北朝时代的陵园和茔域》，《考古》1981年第6期；宿白：《盛乐、平城一带的拓跋鲜卑——北魏遗迹—鲜卑遗迹辑录之二》，《文物》1977年第11期；宿白：《北魏洛阳城和北邙陵墓——鲜卑遗迹辑录之三》，《文物》1978年第7期；黄明兰：《洛阳北魏景陵位置的确定和静陵位置的推测》，《文物》1978年第7期。

② 严辉、慕鹏：《"陂池"——东汉帝陵封土的新形制》，《中国文物报》2006年10月20日第7版。

③ 中国社会科学院考古研究所洛阳汉魏故城工作队：《西晋帝陵勘察记》，《考古》1984年第12期。

④ 焦南峰：《汉阳陵从葬坑初探》，《文物》2006年第7期。

制发生了变化，也就是洞室墓的流行。另外，则与随葬习俗的转变、开始简约墓内随葬品而崇尚丧礼和祭礼等有关。需要指出的是，西汉时期西汉帝陵外藏系统的一部分内涵如仓、灶等明器之属，至东汉时期则在墓室的空间里安置。北魏帝陵也是如此，没有发现独立于墓室外的外藏坑。

（4）陵寝建筑。东汉由于上陵之礼的实行，废弃陵旁设庙的西汉模式，陵寝建筑的形式也发生了很大的变化。例如，大汉冢封土东、南部二三十米处各发现建筑遗址一处，东北部还发现两个封闭的大型院落建筑。白草坡东汉帝陵的陵寝建筑在封土的东北约 100 米处，面积约 12.5 万平方米。北魏长陵的陵寝建筑找到了三处，"分别位于大冢（孝文帝陵）和小冢（文昭皇后陵）东南方 60～90 米附近，其中小冢东南发现两处，大冢东南发现一处，三座建筑基址形制特殊，钻探表明均为建筑的基槽部分，平面形状不规则，边缘呈锯齿状"①。景陵只是发掘了墓室，陵寝建筑没有调查。此外，文献记载，东汉陵寝建筑从明帝显节陵开始有石殿，北魏永固陵的永固堂也为石殿，表明二者之间的近似性。

（5）上陵之礼。东汉光武帝多次躬行拜谒旧寝陵墓，即巡幸祭祀西汉十一陵，幸南阳旧祠园庙。谒陵在曹魏西晋曾一度中断，东晋南朝北魏时期恢复②。《魏书·高祖纪》和《世宗纪》记载孝文帝亲政之后，10 余次谒永固陵。宣武帝即位后，改谒孝文帝的长陵。这种谒陵的礼俗，应是汉晋谒陵的翻版。

（6）聚葬。洛阳的东汉帝陵分别聚葬在北邙山和南部的万安山麓，比之西汉帝陵的分布范围小了许多，尤其是冲帝怀陵和殇帝康陵分别祔葬于顺帝宪陵和和帝慎陵，表明了"聚葬"之中的嫡亲关系，如果北邙的二汉冢推断是宪陵，三汉冢是怀陵不误的话，二者之间的 500 米距离，已经类似于"公墓"之葬。洛阳北魏 4 座帝陵的 3 座分布于瀍西，只有孝明帝的定陵位于瀍东（有人推测是玉冢），西边的三冢南北一字排开，也显示出聚葬之中的"公墓"性质。

东汉沿袭西汉陪葬，观察北邙东汉陵域的陪葬情况，西部区域稀疏分布几座大汉冢和少量的小冢，东部区域则密布众多的小冢，说明整个东部区域都属于陪葬区和东汉家族茔地，大冢附近的小冢应当是文献记载的皇室成员或个别高官的陪葬。北魏的金陵多有陪葬，但仅限于文献记载③，具体情况不明。洛阳瀍河两岸是北魏帝陵的专门陪葬区域，它集中了皇族、九姓帝族、勋旧八姓、余部诸姓、鲜卑诸部降臣、宫中内职、佛教僧人等，有鲜卑"原始族葬的余风"，但"并非是鲜卑贵族的专门葬区，也不是'迁洛之人'（代迁户）的专门葬区，它的存在有着为在洛官僚地主提供葬地的性质"④。

除东汉、北魏陵寝制度上表现出上述相同之处外，北魏帝陵与东汉帝陵也存在一定的差异。其不同处主要有五点：一是北魏帝陵围绕封土有墙垣，而东汉多为"行马"；二是北魏帝陵存在神道石刻造像，东汉帝陵的石刻不明（洛阳象庄村的石象存疑）；三是北魏陵寝

---

①　洛阳市第二文物工作队：《北魏孝文帝长陵的调查和钻探——"洛阳邙山陵墓群考古调查与勘测"项目工作报告》，《文物》2005 年第 7 期；郭建邦：《洛阳北魏长陵遗址调查》，《考古》1966 年第 3 期。

②　《晋书·礼志》记载"逮于江左，元帝崩后，诸公始有谒陵辞告之事"。

③　《魏书·源贺传》载"赐辒辌车及命服、温明秘器，陪葬于金陵"。

④　谢宝富：《北魏金陵、桑乾、北邙、乾脯山西葬区研究——兼以此求教于宿白先生》，《北京航空航天大学学报》1998 年第 2 期。

宗教色彩浓厚，东汉仅限于文献记载的少数陵园，如显节陵；四是北魏帝陵的族葬特征鲜明；五是两汉的玉衣制度和黄肠题（石）凑不见于北魏。

（1）陵园垣墙的设置。《古今注》中载光武帝原陵"垣四出司马门，寝殿、钟虡皆在周垣内"，说明应有实体垣墙、门阙。从明帝显节陵开始，文献记载帝陵转置为"行马"。白草坡东汉帝陵的陵寝建筑四周有独立的封闭垣墙，但没有发现围绕封土和陵寝建筑在内的实体垣墙，说明文献记载的可靠性。北魏长陵陵园的围墙、大门、围墙外的壕沟、陵园内的建筑基址和排水设施已经勘察清楚。就垣墙这一点来言，与永固陵有承袭之缘，但垣墙和壕沟一体的布局似乎仿照了实际生活中的北魏洛阳城。

（2）神道石刻。东汉帝陵除了《水经注》中"不匹光武隧道所表象马也"的记载外，《水经注》也载汉弘农太守张伯雅、汉太尉桥玄等墓前存有石刻石兽。问题是洛阳及周边目前发现的石雕刻均不能肯定一定是汉陵前的石刻象生，因此，东汉帝陵的石象生有待于进一步考论。北魏永固陵墓内发现了石雕的武士俑以及石雕兽残腿1件；万年堂的甬道石券的门框上，也浮雕出一武士俑（高1.32米）。洛阳北魏孝庄帝静陵前发现了石人、石兽[①]。长陵封土南21米处，发掘了2个对称的石翁仲基座，表明洛阳北魏帝陵的神道前立石刻人、兽造像成为定制。

（3）陵寝的宗教色彩。《魏书·释老志》曾记载："（汉）明帝令画工图佛像，置清凉台及显节陵上，经缄于兰台石室。"可视为最早与陵寝结合的佛教因素。但陵寝与佛教文化结合的典型首推永固陵。大同北魏方山思远佛寺为北魏冯太后时修建，"遗址北距永固陵直线距离约80米，西南约100米是北魏斋堂遗址"。"遗址平面布局整体呈长方形，坐北朝南，包括第一层平台和踏道；第二层平台和踏道；山门；实心体回廊式塔基基址；佛殿基址；僧房基址。"[②]有意思的是，思远佛寺建设在前（太和三年，479年），永固陵建设在后（太和五年，481年），这一点既反映出冯太后本人笃信佛法，体现与平城所立思燕佛寺等同的意愿，也反映了自文成帝拓跋濬继位后复兴佛法，冯氏集团倾心佛事的新高潮。这种陵寺结合的形式，演绎出以后北魏皇室成员笃信佛法的石窟瘗葬[③]，并在北魏隋唐时期流行起来[④]。

（4）族葬。上述东汉北魏帝陵均有聚葬特点，但洛阳北魏的"族葬"之风较之东汉更为突出，这一点宿白先生进行了细致的分析，认为"洛阳这样北魏墓地的出现，自然与中原旧制无关，而是渊源于原始残余的代北旧习"[⑤]。需要指出的是，以孝文帝长陵为祖坟，其子宣武帝景陵葬在他的右前方，宣武帝子孝明帝的定陵可能葬在瀍河东西山岭村近于汉陵区域的玉冢，与宣武帝同辈分的孝庄帝静陵在瀍河西宣武帝景陵的右前方。这样，长陵、景陵、静陵两代人的陵冢大约在东北斜向西南的一条线上。

（5）玉衣与黄肠题（石）凑制度的废弃。东汉帝陵用"黄肠石"堆砌墓室，直接来源

① 黄明兰：《洛阳北魏景陵位置的确定和静陵位置的推测》，《文物》1978年第7期。
② 大同市博物馆：《大同北魏方山思远佛寺遗址发掘报告》，《文物》2007年第4期。
③ 《北史·皇后列传》载：西魏文帝时，乙弗皇后"乃入室，引被自覆而崩，年三十一，凿麦积崖为龛而葬……后号寂陵"。
④ 王静：《佛教石窟寺与陵藏》，《法音》2006年第1期。
⑤ 宿白：《北魏洛阳城和北邙陵墓——鲜卑遗迹辑录之三》，《文物》1978年第7期。

于西汉帝陵"黄肠题凑"的使用。洛阳北邙和偃师陵区都发现了大量的"黄肠石"。经过曹魏西晋十六国，北魏的墓中不再用"黄肠石"，多用砖砌。另外，两汉时期的帝陵使用的玉衣之制在魏晋之后也销声匿迹。

至此，不难发现，北魏与东汉的陵寝制度有很大的相似性，其在仿制东汉陵寝制度的基础上，创造出新的北魏（朝）陵寝模式。造成相同特点的原因应当是北魏政权汉化政策的强力实施，产生不同特点的原因不仅是历史的发展，还有着鲜卑固有传统、晋制以及南朝文化等诸因素的影响。

三、东汉北魏陵寝制度的创新与发展

《汉书·王吉传》说："《春秋》所以大一统者，六合同风，九州共贯也。"大凡研究两汉文化的总是注重两汉文化的一统风貌，陵寝文化也不例外。黄朴民先生说：中国古代文化之所以如此辉煌，如此灿烂，乃是不同时期不同文化形态（偏安时期文化"点"的深化与大一统时期文化"面"的拓展）共同作用、互为弥补的产物 [1]。东汉较之西汉不是偏安，却在陵寝制度上有了"点"的深化，北魏只有半壁江山，也出现了陵寝文化"面"的扩展。

1. 东汉帝陵封土改方（覆斗）为圆（圆丘）的历史思考

西汉诸帝陵封土皆作覆斗形，至东汉封土改作圆丘。这一封土形状发生重大改变的原因除了东汉时期墓葬形制、建筑技术和使用材料转变等因素外，也与东汉统治者个人好恶及文化心理、社会习俗有关。光武帝刘秀曾言："吾治天下，亦欲以柔道行之。"正是这种以柔道理天下的思想及对自身汉统（南阳章陵刘氏君统）维护的措施，经过汉光武帝、明帝两代人的不懈实践，才造成了东汉陵寝文化的重大改变。

其一，光武帝迫不及待将自己亲生高祖父以下所立四庙纳入皇帝宗庙系统。

《后汉书·祭祀志》载："光武帝建武二年正月，立高庙于雒阳。"以示自己为刘邦九世孙，继承的是刘邦汉统。一年之后，"（建武）三年正月，立亲庙雒阳，祀父南顿君以上至春陵节侯"。为此，朝堂上引起争议。至建武十九年，五官中郎将张纯与太仆朱浮奏议："愿下有司议先帝四庙当代亲庙者及皇考庙事。"刘秀不得已同意，下诏曰："以宗庙处所未定，且祫祭高庙。其成、哀、平且祠祭长安故高庙。其南阳春陵岁时各且因故园庙祭祀。园庙去太守治所远者，在所令长行太守事侍祠。""于是雒阳高庙四时加祭孝宣、孝元，凡五帝。其西庙成、哀、平三帝主，四时祭于故高庙。东庙京兆尹侍祠，冠衣车服如太常祠陵庙之礼。南顿君以上至节侯，皆就园庙。"正是这种柔性的改制，造成了洛阳双"高庙"的出现。

其二，世祖庙的确立与"同堂异室"庙制的出现。

《后汉书·祭祀志》载："光武皇帝崩，明帝即位，以光武帝拨乱中兴，更为起庙，尊号曰世祖庙。"以后"明帝临终遗诏，遵俭无起寝庙，藏主于世祖庙更衣""章帝临崩，遗

---

① 黄朴民：《"大一统"与秦汉历史地位再评价》，《光明日报》2004 年 6 月 1 日。

诏无起寝庙,庙如先帝故事"。至此,世祖庙作为东汉刘氏君统的正统性得以完全确立,其对四亲庙被替代的"耿耿于怀"想必也尽释然。先前,"南顿君以上至节侯,皆就园庙"祭祀的规定,也为不久实行的"上陵礼"埋下了伏笔。

其三,"西都旧有上陵"与东汉"上陵礼"的关系。

观察西汉时期的文献记载,皇帝一般不祭祀陵寝,主要派丞相"以四时行园"。"日祭于寝,月祭于庙,时祭于便殿。寝,日四上食;庙,岁二十五祠。便殿,岁四祠。又月一游衣冠。"正因为西汉时期的陵庙一般距陵墓不远,甚至就是在陵园的范围之内,才有了《后汉书·礼仪志》里"西都旧有上陵"的记述。不管怎样,这也为"上陵礼"的合理性加了一项注解。

可见,正是这种根深蒂固的维汉统而又别于汉统的双系情结,才造成了东汉陵寝制度内涵的变化,导致了封土外观由方变圆。按理讲,无论是光武帝刘秀还是明帝刘庄,都至长安看见过西汉帝陵覆斗形的封土,没有特殊的理由这种西汉帝陵的封土形制完全可以继承不变。之所以变,应是在上述刘秀父子的双重心里标准上进行的陵寝变革。

众所周知,光武帝的"遗诏"薄葬有两次:一次是建武二十六年(50年),诏曰:"无为山陵,陂池裁令流水而已。迭兴之后,亦无丘垄,使合古法。"[1]一次是中元二年(57年)刘秀去世之前,又称:"朕无益百姓,皆如孝文皇帝制度,务从约省。"[2]但是,魏文帝曹丕于黄初三年(222年)十月作终制,斥责明帝说:"汉文帝之不发,霸陵无求也。光武之掘,原陵封树也。"说明光武帝原陵是有封土的,是汉明帝违规逆诏了吗?非也。诏书中的"无为山陵"的"山陵",现在来看是特指光武帝拜谒过的西汉诸陵"方上"的覆斗形封土。而汉明帝在修建原陵的封土中,就采用了折中的"柔道",不做成西汉那样形制的山陵,而是将封土改方为圆,改大为小,改高为低,这一方面承允了父亲诏书的权威性,另一方面也表达出春陵刘氏汉统的个性色彩。无独有偶,"天圆"状的封土正暗合了东汉承袭西汉火德的正统性,实在是非常高明的改制。

2. "汉化中"北魏(朝)陵寝制度模式的历史考察

鲜卑自拓跋珪386年建国到534年东西魏分治,近150年中实现了三次大的政治转型[3],其陵寝制度也经历了三次大的转型,前两次在代地完成,最后一次在洛阳完成。

其一,"金陵"逐步汉化因素管窥。有学者据《魏书》统计,北魏最早葬于金陵的是平文皇后王氏,于建国十八年(355年)入葬,最晚葬于金陵的是孝文贞皇后林氏太和七年(483年)入葬。在这128年中,仅《魏书》明确记载葬入金陵者,就有7位帝王、10位皇后、6位宗室、18位功臣[4]。这一时期也正是皇权与部落制度并存,逐步由政治上的内外二元制向封建一元制的过渡时期,陵寝制度既有鲜卑族固有的传统,也有呈现思变的汉化趋势。

① (宋)李昉等:《太平御览》卷九〇引《东观汉记》,中华书局,1963年。
② (宋)范晔撰,(唐)李贤等注:《后汉书·光武帝纪》,中华书局,1965年。
③ 王万盈:《北魏制度转型论析》,《西北师范大学学报》(社会科学版)2006年第5期。
④ 李俊清:《北魏金陵地理位置的初步考察》,《文物季刊》1990年第1期。

金陵的所在地望虽然不清楚，但是通过文献可以看到与汉化有关的陵寝因素，如上陵礼仪的形成。《魏书·太宗纪》记永兴三年（411 年）五月"车驾谒金陵于盛乐"；《魏书·世祖纪》记始光三年（426 年）六月，"幸云中旧宫，谒陵庙"；《魏书·世祖纪》亦载太和十八年（494 年）秋七月"壬辰，车驾北巡。戊戌，谒金陵"。谒陵的习俗得以长期保持。

赐谥、赠赗赙、陪葬和新的丧葬故事的诞生。《魏书·长孙道生传》记长孙观"薨，谥曰定。葬礼依其祖靖王故事，陪葬云中金陵"；《魏书·长孙肥传》记长孙翰"神嘉三年薨，深见悼惜，为之流涕，亲临其丧，礼依安城王叔孙俊故事，赗赐有加。谥曰威，陪葬金陵"。这些制度在汉代丧葬礼仪中不乏其例。

梓宫、温明秘器的使用。《魏书·太祖纪》东晋太元二年（377 年），"葬昭成皇帝于金陵，营梓宫，木梀尽生成林"。表明是木质的棺椁。《魏书·叔孙建传》叔孙俊"泰常元年（416 年）卒，时年二十八，太宗甚痛悼之，亲临哀恸。朝野无不追惜。赠侍中、司空、安城王，谥孝元。赐温明秘器，载以辒辌车，卫士导从，陪葬金陵。子蒲，袭爵。后有大功及宠幸贵臣薨，赗送终礼，皆依俊故事"。这些制度也与汉制相通。

关于金陵的埋葬方式，宿白先生认为："洛阳北邙墓葬制度自当沿袭盛乐平城时期的金陵"，"金陵时期的血缘纽带的原则比洛阳时期更严格"[①]。从文献记载的"祔葬"之严格，推测比较合理。但是，因为至今无法确认葬于"金陵"区的具体形制，加之金陵有 100 多年的使用年限，分布可能又不在一处，是否一直保持原始葬制，这个问题值得考古进一步探究。

其二，北魏永固陵建立的意义。学者对文明太后永固陵的评价很多，"永固陵陵园的建筑布局及风格体现了北魏上层社会的思想观念以及对汉魏丧葬礼仪文化的认识与取舍，既有对汉文化的继承，也有北魏自己的创新"[②]。我们同意这一观点。但有一点需要指出的是，永固陵和万年堂的封土都是上圆下方，究竟有何寓意？

平城时期的太和年间，孝文帝汉化的改革已涉及方方面面，其中一项就是明堂和太庙的建立。《魏书·高祖纪》记有太和十五年 (491 年) 夏四月"经始明堂，改营太庙……冬十月……明堂、太庙成"。"明堂的修建，反映了孝文帝对汉文化在深层次上的认同，也反映了这支来自北方草原的游牧民族，在建都平城近百年，经过与汉民族文化的不断交流中，自身文化所达到的新的高度。"[③]与此同时，正是太和十四年和十五年，冯太后葬于永固陵，孝文帝的寿陵万年堂也开始营建，更为巧合的是，这些明堂、陵墓建筑设计和主建可能都是由李冲主持并完成的。《魏书·李冲传》载："冲机敏有巧思，北京明堂、圆丘、太庙，及洛都初基，安处郊兆，新起堂寝，皆资于冲。"这样，上圆下方的永固陵封土就有了一个合理的解释：仿东汉帝陵的圆丘形封土，又融合明堂灵台的形制，从而达到金陵之后北魏陵寝建制的一个高峰，实现了陵寝制度一次大的转型。

其三，洛阳北魏（朝）陵寝制度确立的文化价值。总的来看，北魏洛阳的陵寝制度仿于东汉，但又不拘于东汉，这种由封土、洞室、陵寝建筑、石象生、垣墙、陪葬墓区等组

① 宿白：《北魏洛阳城和北邙陵墓——鲜卑遗迹辑录之三》，《文物》1978 年第 7 期。
② 王雁卿：《北魏永固陵陵寝制度的几点认识》，《山西大同大学学报》（社会科学版）2008 年第 4 期。
③ 王银田：《北魏平城明堂遗址研究》，《中国史研究》2000 年第 1 期。

成的模式，直接影响到之后的东西魏、北齐和隋唐时期的陵寝文化。"初唐永康、兴宁、献、昭四陵实施三种建制，诸陵雕刻在个体式样及种类组合方面不同程度地沿袭了北朝模式。"①这里不再展开论述。

地宫的模式，也有着同样的示范意义。仔细观察宣武帝景陵地宫的构成，有三个特点：一是由长斜坡南向墓道、甬道、墓室三部分组成，这种平而略呈"甲"字形的墓室成为 6 世纪以后墓葬形制的主流。二是仿地上建筑越来越具体，如石门的使用（由门楣、门额、立颊、门下坎、门扇等青石构件组成），棺床的设立。三是随葬品组合中具有南方青瓷风格的龙柄盘口壶、四系盘口壶器、唾盂等的固定使用，强烈地表达出这一时期南北文化的交流和融合。

另外，洛阳发现不少刻划的石棺和壁画墓，其天象、宴饮、武士、帐帷、升仙、孝子图等，不仅反映了对汉代传统文化的继承，也用最新的故事诠释出北朝时代中儒道佛文化交融的实态。

四、东汉北魏陵寝制度的影响及地位

对南北朝制度的总体评价，陈寅恪先生所论非常精到："隋唐之制度虽极广博纷复，然究析其因素，不出三源：一曰（北）魏、（北）齐，二曰梁、陈，三曰（西）魏、周。所谓（北）魏、（北）齐之源者，凡江左承袭汉、魏、西晋之礼乐政刑典章文物，自东晋至南齐其间所发展变迁，而为北魏孝文帝及其子孙模仿采用，传至北齐成一大结集者是也。"②但是，这里需要澄清的一个问题是贞观九年（635 年）献陵是否模仿了光武帝原陵？

据《旧唐书·高祖纪》记载，（贞观）九年五月庚子，高祖大渐，下诏"既殡之后，皇帝宜于别所视军国大事。其服轻重，悉从汉制，以日易月。园陵制度，务从俭约"。由于贞观初，已修订贞观礼，高祖献陵的建制如何？成为朝廷上下注目的焦点。正因为"后高祖崩，有诏山陵制度准汉长陵故事，务从隆厚，程限既促，功役劳弊"之现象出现，引起了对"准长陵故事"的争议。《唐会要·陵议》记载："司空房玄龄等议曰：'谨按汉高祖长陵高九丈，光武陵高六丈，汉文、魏文并不封不树，因山为陵。窃以长陵制度，过为宏侈；二丈立规，又伤矫俗。光武中兴明主，多依典故，遵为成式，实谓攸宜。伏愿仰遵顾命，俯顺礼经。'诏曰：'朕既为子，卿等为臣，爱敬罔极，义犹一体，无容固陈节俭，陷朕于不义也。今便敬依来议。'于是山陵制度，颇有减省。"

据此，一些学者认为献陵未"依汉长陵故事"，却按照东汉光武帝原陵的规模修建③。还认为"对照前举《古今注》和《水经注》的记载，献陵的建筑格局与东汉光武帝原陵的建筑格局大致相仿，并无二致。而献陵雕刻群随其建筑格局作四门神道列置方式，也当视为是对东汉体制的一个复兴"④。现在对照东汉帝陵的实际布局，仅仅从封土形制一个方面就可

①　林通雁：《初唐陵园雕刻与汉制及北朝模式》，《陕西师范大学学报》（哲学社会科学版）1991 年第 4 期。
②　陈寅恪：《隋唐制度渊源略论稿》，上海古籍出版社，1982 年，第 1、2 页。
③　沈琍：《南朝陵墓雕刻造型风格研究》，南京艺术学院博士学位论文，2005 年，第 243 页。
④　林通雁：《初唐陵园雕刻与汉制及北朝模式》，《陕西师范大学学报》（哲学社会科学版）1991 年第 4 期。

以判断，唐高祖献陵覆斗形封土最终仿照的还是汉高祖长陵，只不过营建过程中可能吸收了光武帝个人的"简约思想"。

　　总之，作为中国古代文化演进的重要一环，东汉北魏陵寝制度的特征和影响随着文物考古材料的增加，传统的一些认识不断被打破。如果从帝（王）陵封土的角度分析，可以总结为：东周至西汉为方形封土时期，东汉至南北朝为圆形封土时期，隋唐至北宋为方形封土时期，明清为圆形封土时期，这一方一圆的阶段性更替，彰显出中国古代陵寝文化变化的特征，需要更深入的探讨。管窥之言，东周至西汉是古代陵寝制度的形成和确立时期，而东汉至南北朝则是古代陵寝制度的创新和发展时期，隋唐至宋代是扩张和繁荣时期，明清达到成熟和臻盛。

　　　　　　　　　　　　　　　　　　　　　　　　　　（原载于《文物》2011 年第 1 期）

三

王侯与中小型墓葬研究

侯制与"王气"

——论南昌西汉海昏侯墓葬的特征

近日，随着南昌西汉大墓的揭棺，人们对海昏侯墓的关注度达到了高潮。经过专家论证，墓主很可能是第一代海昏侯刘贺。因为刘贺的身份经历比较特殊，封过昌邑王，又当过不足一个月的皇帝，对应的墓葬也应出土大量的珍贵随葬品。那么，这座墓的下葬规制究竟是一个什么样的级别？是否有体现皇帝或者诸侯王的气象呢？2015年12月22~23日，笔者有幸实地考察了发掘现场和部分出土文物，下面结合文献记载谈谈海昏侯墓的一些特征。

一、文献所见刘贺被封海昏侯的政治生态

《汉书·武五子传》记载："昌邑哀王髆天汉四年立，十一年薨，子贺嗣。立十三年，昭帝崩，无嗣，大将军霍光徵王贺典丧。""王受皇帝玺绶，袭尊号。即位二十七日，行淫乱。大将军光与群臣议，白孝昭皇后，废贺归故国，赐汤沐邑二千户，故王家财物皆与贺。语在霍光传。国除，为山阳郡。"这段史料表明刘贺5岁继封昌邑王，19岁时为帝，当政27天被废，从此失去了封国为王的政治权力，沦落为一名自取2000户赋税的"故王"。

即使这样，汉宣帝仍不放心。"即位，心内忌贺，元康二年遣使者赐山阳太守张敞玺书曰：'制诏山阳太守：其谨备盗贼，察往来过客。毋下所赐书！'"忌惮之意跃然纸上。当宣帝得知山阳太守报告故王刘贺"疾痿，行步不便""清狂不惠""其天资喜由乱亡，终不见仁义"的调查结果时，"上由此知贺不足忌"。可见，19~29岁时的刘贺不但身体已有疾病，"白痴癫狂"，而且又被朝廷监视深居在昌邑旧宫，每天"闭大门，开小门，廉吏一人为领钱物市买，朝内食物，它不得出入"。政治的失意、生活的郁闷和不平，成为刘贺33岁便早早离世的重要原因。

汉宣帝为了政治上彻底了却"废帝"因素的干扰，打着"骨肉之亲，析而不殊"的旗号，"封故昌邑王贺为海昏侯，食邑四千户"。远徙当时边远贫瘠的豫章郡，且不能"奉宗庙朝聘之礼"，明显与一般的列侯政治待遇不同。其后数年，当宣帝得知负责监察的扬州刺史所奏刘贺有非分之言和非分之想的举止后，不管当时是否为其"憨傻"的"病态妄言"，断然"削户三千"。后来，不断遭到巨大打击的刘贺在鄱阳湖岸一声声慨叹中死去，被埋进了紫金（海昏）城附近的墩墩山。

观察刘贺的一生，19岁以前为昌邑王时期的政治生活基本正常，当了27天皇帝之后，政治生态骤变，长达十年"行尸走肉"般的故王生活，没有一点点昌邑旧王的政治存在感，也许"大刘记印"的出土（该时期只能以"大刘"作为个人的称谓），正是这段痛楚政治生

态的印证。29 岁，当得知被封海昏侯的诏令，又燃起了星星般的政治权力欲望。刘贺"与故太守卒史孙万世交通，万世问贺：'前见废时，何不坚守毋出宫，斩大将军，而听人夺玺绶乎？'贺曰：'然，失之。'万世又以贺且王豫章，不久为列侯。贺曰：'且然，非所宜言。'"结果可想而知，不但没有成为奉祀宗庙的豫章王，反而被削减成食邑千户的列侯。因此，所发现的刘贺墓园形制和埋葬不可能有明显的僭越，只能采取千户列侯级别的礼制才合乎其政治境遇变迁的实态。

二、考古发现海昏侯墓的列侯葬制

　　汉代的埋葬制度等级分明，汉律有相关的规定，一旦政治权贵人物葬埋过制被朝廷发现，就会遭到惩罚。例如，"孝景三年，侯不害嗣，十二年，后二年，坐葬过律，免"①。刘贺所犯 1127 条罪状中就有"服斩缞，亡悲哀之心，废礼谊，居道上不素食，使从官略女子载衣车，内所居传舍"②。因为有了这些忌惮和政治上的约束，无论是作为海昏侯活着时候修建的墓园或是其家人为其修建的坟丘和葬制，只要是负责监侯使命的扬州刺史或豫章官员视域范围内的丧葬过程和祭祀，都不应该有超乎列侯礼制的情况。

　　首先，分析一下墓地的选址与封土。海昏侯墓位于江西省南昌市新建区大塘坪乡观西村附近的一座墩墩山上，整个墓园由两座主墓、七座陪葬墓、一座陪葬坑等构成，东边不远处就是当时生活的海昏城遗址，由内外城组成，面积 3.6 平方千米。关于汉代墓地的选址，大约有两个方面的规律，一是墓葬堪舆术的介入，即俗称的风水说。根据记载，汉代的堪舆术已经非常盛行，《汉书·艺文志》中就记载了《堪舆金匮》十四卷。二是当时的礼俗传承，即汉代约定俗成的规定。西汉时期陵墓的选址绝大多数是在都邑的附近高地埋葬，海昏侯也不例外。墓地的布局，也遵循了西汉帝王陵多数为"帝西后东"的习俗，海昏侯墓在西，夫人墓在东。汉律规定："列侯坟高四丈，关内侯以下至庶人各有差。"四丈是 9米多高，海昏侯墓的封土呈覆斗形，高约 7 米，没有超出规定。

　　其次，比较观察墓葬形制和棺椁制度。海昏侯墓只有一条南向的墓道，墓室总面积400 平方米，墓道宽 5.92～7.2 米，长 15.65～16.17 米。目前，已经发掘的西汉列侯墓有十几座，如河北邢台南郊刘迁墓、山东临沂西汉刘疵墓、山东五莲张家仲崮汉墓四号墓（刘祖墓）、济南市西郊腊山汉墓、湖南马王堆轪侯利仓家族墓、湖南永外陈陵侯墓、湖南沅陵虎溪山沅陵侯墓、安徽双古堆汝阴侯夫妇并穴合葬墓、徐州韩山西汉墓一号墓（刘女宰墓）、徐州宛朐侯刘埶墓、江西莲花县安成侯墓、陕西新安机砖厂利成侯墓、咸阳杨家湾汉墓、西安凤栖原西汉家族墓地、汉景帝阳陵陪葬的周应墓和丙武墓等列侯墓葬等。这些列侯可分为万户侯、千户侯和百户侯。例如，富平侯张安世"益封万六百户"，降侯周勃"食降八千一百八十户"，轪侯利仓为"七百户"。不同层次的列侯埋葬的墓室面积有一定差别，富平侯张安世的墓室部分长 35、宽 24.5 米，面积为 857.5 平方米，马王堆一号墓轪侯利苍之妻辛追的墓坑南北长 19.5、东西宽 16.8 米，面积为 327.6 平方米。所以，海昏侯的墓葬

---

① （汉）班固撰，（唐）颜师古注：《汉书》卷十六《高惠高后文功臣表第四》，中华书局，1962 年。
② （汉）班固撰，（唐）颜师古注：《汉书》卷六十八《霍光金日磾传》，中华书局，1962 年。

大小不越制。

众所周知，棺椁制度在两周时期的表现为"天子棺椁七重，诸侯五重，大夫三重，士再重"。海昏侯用的是二椁二棺，诸侯之下，大夫之上，不合周制单数，但也不越制。实际上，棺椁制度是否多重不是汉代陵墓等级区分的关键，核心要素是玉衣制度、"梓宫、便房、黄肠题凑"和外藏郭制度等。海昏侯墓没有发现黄肠题凑，也没有以"祭享"为功用的便房，是否用了梓木的棺材，等待确认。外藏（车马）坑只有一个，比起富平侯的六个外藏坑，已经是侯制中的至简。

再次，比较探讨用鼎与乐悬制度。媒体报道，海昏侯出土了九鼎，表明墓主的身份不一般，合乎《公羊传·桓公二年传》何休注"礼祭，天子九鼎，诸侯七，卿大夫五，元士三也"的规定，对应了刘贺当过27天皇帝的背景。其实，张闻捷在《试论马王堆一号汉墓用鼎制度》①一文考证马王堆一号汉墓出土有正鼎三套：太牢九、七两套并各有陪鼎三，（漆）太牢七鼎一套。西安张家堡发掘的一座王莽时期的高级贵族墓葬中也出土了铜鼎5、大釉陶鼎4件②。这些实例表明，铜质九鼎之数虽反映一定的等级身份，但已经不是汉代区分帝、王、侯等级的核心要素。

乐悬制度也是这样，山东洛庄西汉齐王陵墓出土编钟19件（纽钟14、甬钟5件）；编磬六套，13、14件各一套，20件四套。西汉南越王墓出土编钟19件（纽钟14、甬钟5件）；编磬两套，8、10件各一套。海昏侯墓出土两组编钟24件，编磬一套（数不详）。三者比较，西汉时期的乐悬制度，若诸侯王用19件套为一组，海昏侯作为列侯用12件套两组，也基本合乎规范。其实，在汉代正式设立了"太乐"与"乐府"这两个机构，专门管理与创作"雅乐"与"俗乐"，西汉王侯墓出土的乐悬器物重点反映的是一种歌舞习俗的演变，即《盐铁论·散不足》所说："今富者钟鼓五乐，歌儿数曹，中者鸣竽调瑟，郑舞赵讴。"

三、随葬器物中所见之"王气"

如果说，用鼎和乐悬的数量已经有了一定程度的"王气"指向，那么众多带"昌邑二年""昌邑九年""昌邑十一年"年款的器物出土，充分说明了海昏侯把作为昌邑王时期的物品带进了坟墓，这些物品作为"事死如事生"的最好体现，反映了墓主人财富的积累以及曾经为诸侯王的历史事实。

截至目前，海昏侯墓出土了378枚金块（含麟趾金、马蹄金和金饼）及数件金版，还有千余件成套的漆木器和10余吨五铢钱，约有200万枚，年代应该是跨越了武昭宣时代。据前文资料所述，"故王家财物皆与贺"，这也成为海昏侯1号汉墓出土很多两周秦汉时期青铜漆木器物的最好注解。

另外，该墓出土了不少玉器，如玉璧和佩饰、耳杯、剑具、印章等。根据石文嘉的研

---

①　张闻捷：《试论马王堆一号汉墓用鼎制度》，《文物》2010年第6期。
②　西安市文物保护考古所：《西安张家堡新莽墓出土九鼎及其相关问题》，《文物》2009年第5期。

究①，目前出土的汉代随葬玉璧数量在 500 件左右。从形制上看，汉代随葬玉璧可以分为非出廓璧和出廓璧两大类，出廓璧目前仅出于男性墓葬中，只有诸侯王使用。在海昏侯墓中只见到了非出廓璧，包括分区和不分区的非出廓璧，从中可以看到海昏侯墓张扬"王气"的同时又很内敛约束。

今后，随着出土文物的整理，这位故王所藏的财富形式和内容会越来越多。综上所述，海昏侯墓无论是墓葬形制还是其他礼制形式，都遵循了列侯级别葬制。随葬品中表现出的"王气"主要体现在财富方面，没有指向僭越侯制到王制。也就是说，海昏侯墓富而不贵。

（原载于《光明日报》2016 年 2 月 3 日第 14 版）

---

① 石文嘉：《汉代玉璧的随葬制度》，《中原文物》2013 年第 3 期。

安阳西高穴曹操高陵的"多面性"解析

安阳西高穴曹操高陵发掘以来，社会各界对此一直众说纷纭，时至今日关注此事的学人仍有一些不解之惑，主要集中于2号墓表现出的"多面性"或者说是"两面（重）性"的问题，如墓葬规模是帝陵或是王陵？埋葬礼俗是厚葬或是薄葬？墓葬特征体现出的是汉家礼俗或是魏晋文化？本文围绕这些问题略做解析。

一、安阳西高穴发现的"曹操墓"应为魏武帝高陵

"曹操墓"是今天大家的俗称，对应的是考古发掘的安阳西高穴2号墓。文献记载中曹操对自己的死后安排有《终令》和《遗令》两篇，《终令》中提到："古之葬者，必居瘠薄之地。其规西门豹祠西原上为寿陵，因高为基，不封不树。《周礼》冢人掌公墓之地，凡诸侯居左右以前，卿大夫居后。汉制亦谓之陪陵。其公卿大臣列将有功者，宜陪寿陵。其广为兆域，使足兼容。"汉建安二十五年（220年）曹操去世，"谥曰武王。二月丁卯，葬高陵"，"有司依汉立陵上祭殿"。曹丕在同年十月受禅，"刻金玺，追加尊号，不敢开埏，乃为石室，藏玺埏首，以示陵中无金银诸物也"。《晋书·礼志中》："至文帝黄初三年，乃诏曰：'先帝躬履节俭，遗诏省约。子以述父为孝，臣以系事为忠。古不墓祭，皆设于庙。高陵上殿皆毁坏，车马还厩，衣服藏府，以从先帝俭德之志。'文帝自作终制，又曰'寿陵无立寝殿，造园邑'，自后园邑寝殿遂绝。"这些文献中透露出的信息是，曹操的埋葬之地称谓是高陵，其中的差别是魏武王高陵和魏武帝高陵，魏武王时期的高陵从220年二月丁卯开始止于同年的十月，之后的称谓应该是魏武帝高陵。

既然埋葬地称作陵，就汉晋时期的陵寝制度而言，就不应是简单的一座墓，曹操高陵虽然号令薄葬，没有了高大的封土，对应的陵园面积不及1万平方米，但陵园墙内仍然规划了主墓两座（1、2号墓），陵园西半部有若干陪葬墓。目前考古工作还有待于继续深入，文献记载的"祭殿""石屋"等建筑遗存以及陪葬墓的特征相信也会得到进一步的确认。

需要指出的是，在1、2号墓墓道的两侧存在对称的长方状、磬状的坑，发掘者初步认定为建筑墓葬时所用的支架坑。经观察，1号墓墓道两侧只有长方坑或方形坑，2号墓墓道两种坑并存，方形坑打破了磬状坑，这也是2号墓二次合葬的重要证据之一。

二、曹操高陵究竟是帝制或是王制的问题

在论证西高穴2号墓的级别时，出现了比较矛盾的现象，强调其墓葬高规格时，往往关注它与帝王身份相称的文献及考古证据，反之，"倒曹"的话语中，更加强调了"负向"的特征。那么，曹操高陵究竟是帝制或是王制？笔者认为曹操高陵属于王制的级别，又掺

杂了一些帝制的因素，但主要是王（魏王）制。

　　首先，之所以说它是王制是基于文献记载与考古发掘两方面的综合判断。《让县自明本志令》中说，曹操年轻时的理想是"欲望封侯作征西将军，然后题墓道言'汉故征西将军曹侯之墓'。"随着曹操身份与地位的变化，到了公元216年五月，汉献帝下诏"以魏公曹操功德极天际地，伊周莫及，宜进爵为王。献帝令钟繇草诏，册立曹操为魏王"，两年后，曹操作《终令》时，已经把"汉故征西将军曹侯之墓"的"誓言"抛到了脑后，开始憧憬"汉制亦谓之陪陵"的梦想。从公元218～220年两年时间预作寿陵的结果看，曹操的墓葬应当是按照王制来设定的。考古发掘表明，西高穴2号墓平面为甲字形，坐西向东，是一座带斜坡墓道的双室砖券墓，主要由墓道、前后室和四个侧室构成，占地面积约740平方米。这样的大小和洛阳已经发掘的魏明帝太和二年（228年）谥曰壮侯曹休墓的面积（墓室东西长15.6米，南北宽21.1米，深10.5米，含墓道在内上口总面积约550平方米）相比略大，与东汉中山简王刘焉墓的面积（平面呈方形，南北长26.75米，东西宽20米，加上墓道长50米，宽4.5米，总面积为760平方米）大致相等，与已经调查的东汉帝王陵的墓室面积，如大汉冢（刘秀原陵）的2278平方米又有大幅的差别。也就是说2号墓的规模大小，基本上是小于东汉帝陵（不含附葬性质的帝陵如冲帝怀陵、殇帝康陵），等同于东汉的诸侯王陵，大于侯或两千石级别的墓葬。

　　其次，之所以说它掺杂了一些帝制的因素，是因为东汉末年挟天子以令诸侯的魏王曹操在出行时已经比拟天子之仪，建安二十二年"夏四月，天子命王设天子旌旗，出入称警跸"，"冬十月，天子命王冕十有二旒，乘金根车，驾六马，设五时副车。"在这种情况下，后人为曹操安排丧葬之际，随葬物品中埋入一些比拟帝陵葬制的物品，是比较容易理解的，如圭和璧的使用，十二瓦鼎的随葬等等，都是如此。

三、曹操高陵究竟是厚葬或薄葬的问题

　　厚葬与薄葬是对立统一的概念，也是衡量一个时代风俗的风向标。纵观历史时期丧葬习俗的发展，两汉盛行厚葬的特征是一个基本的判断，这种习俗来源于"事死如事生"的思想导向，也是汉代先民重视祖先崇拜、血缘传承与行孝观念的重要表现，上升到陵寝制度层面的厚葬当时已经是维护国家政权礼仪秩序、维护君权权威的特殊政治表征，这就是《晋书·索琳传》所讲的"汉天子即位一年而为陵，天下贡献三分之，一供宗庙，一供宾客，一充山陵"。当厚葬成为一种社会风尚或习惯的时候，上自天子下至百姓都会利用手中的财富去竭力营建死后的另外一个世界。曹操高陵也不例外，尽管他本人一贯强调薄葬，但铺满墓底的画像石以及用烧制的专用规格大砖堆砌的"四室两厅"墓室，绝不是一般官僚所能使用的葬制，它充满了王制的色彩和特征，自然也花费了不少民脂民膏，远非曹操"敛以时服"的纯粹薄葬思想所表现得那样简单。

　　之所以说曹操高陵是薄葬也是基于王制体现出的简化、明器化，甚至是虚拟化的表征之上。王制的简化表现为陵园的狭小，不封不树，利用旧的石祠堂构件加工成为墓底垫石，随葬的圭璧都是石质，瓦鼎很小且粗糙等；明器化表现为一般汉墓所见的随葬品如陶壶、陶灶、陶碗、陶勺等；虚拟化的表现为"石牌"上的题刻文字，如"亿巳钱五万""白缣画

卤薄",基本等同于今天送葬死者开出的"大额存单"和"纸货",薄葬之意不言自明。

因此,薄葬和厚葬存在一个相对的判断标准,曹操作为魏王的身份下葬,自然有一个与当时现实生活相符的"政治尺度",用今天"物质化"的眼光去看待 2 号墓的厚与薄,难免会失之偏颇。如果综合当时的情况来作出总的判断,曹操高陵薄葬之特点无疑是非常突出的。

四、曹操高陵体现出的是汉家礼俗或是魏晋文化问题

《后汉书·礼仪志》里明确记载东汉时期皇帝死后的一系列丧葬礼制,涉及墓圹、棺椁、随葬品等内容,主要有"登遐,皇后诏三公典丧事。……守宫令兼东园匠将女执事,黄绵、缇缯、金缕玉柙如故事""饭含珠玉如礼""东园匠、考工令奏东园秘器""三公升自阼阶,安梓宫内硅璋诸物,近臣佐如故事""方石治黄肠题凑便房如礼""东园武士执事下明器"。据此,有人认为曹操高陵没有发现黄肠题凑,也没有玉衣和东园秘器,甚至提到曹操高陵没有使用东汉王陵的回廊葬制、却使用了北朝时期流行的四角攒尖墓葬形制,随葬品中的一些器物如多子榼、瓷器等都是东汉之后的文化特征。这些问题直接关系到曹操高陵的文化性质是汉家礼俗或是魏晋文化。

曹操高陵从年代上讲有唯一性。它显示的时代信息就是 220 年曹操下葬,230 年卞氏合葬,那么,二号墓的年代自然就跨越了东汉曹魏两个朝代,里边的随葬品应当可以分成两组,年代上有十年的差别(不过,陶器十年的差别很难判断)。毫无疑问,出土器物中绝大部分是带有汉代文化特征的,如陶瓷器中的灶、耳杯、盘、案、壶、鼎、甄、罐、盆、熏炉、尊、厕、井、匕、砚、俑,以及釉陶罐、青瓷罐等,铁器中的铠甲、剑、镞、削等兵器和镜、帐构架等,铜器中的鎏金盖弓帽、伞帽、铃、带钩、环、钗、带扣、印符等,骨器中的残骨尺、簪等。比较引人注目的是陶质圆形多子榼,以前学界认为是魏晋文化较晚时期的东西,这次在曹操高陵的出土揭示了当时已出现这一新的文化随葬因素。

至于曹操高陵的墓葬形制,四角攒尖墓顶的形制可以追溯到东汉中晚期的一些墓葬当中,它没有使用回廊葬制和"黄肠题凑",一方面是薄葬的结果,另一方面是东汉晚期诸侯王的葬制也在发生变化,前后两室、三室为主线的墓室成为常态,尤其是陵寝外藏系统的衰落与东汉诸侯王墓墓葬形制的变化关系密切,这是两汉 400 余年王陵制度演进的结果。此外,曹操高陵的陵园建设跨越东汉末年和魏晋时期,地表的建筑先有汉家陵寝、后有文帝黄初三年(220 年)的毁坏殿屋,再有太和四年(230 年)卞氏合葬,短短的 10 余年却经历了汉代陵寝厚葬文化向魏晋薄葬文化演进的关键时期。因此,曹操高陵的埋葬方式代表的是汉文化之延续,但同时又预示了魏晋时期新文化的来临。

总之,曹操高陵的发掘及研究,不但展示了其陵寝文化的"多面性",也给今后的陵墓研究及遗产保护提出了重要课题,如古代"事死如事生"的基本含义和层次、厚葬与薄葬的辩证关系、中国古代陵寝制度的演变特征和阶段性等等,把这些问题搞清楚了,对于研究古代陵寝制度及相关文化问题有重要的学术价值。

(原载于《光明日报》2014 年 6 月 18 日第 14 版)

洛阳西朱村曹魏墓考古发现及其学术价值

近日，洛阳市文物考古研究院召开了专家论证会，围绕洛阳西朱村新发现大墓的性质、年代和墓主身份等进行了讨论。通过听取墓葬发掘负责人的汇报及专家的评判发言，在考察发掘现场和观摩随葬品的基础上，我认为西朱村大墓的年代应在曹魏时期，墓主身份属于皇室等级，其学术价值和安阳曹操高陵一样，反映出"不封不树"薄葬思想导引下"汉制"向"晋制"转变的新理念，具有承上启下的葬埋特征和重要的学术价值。

一、关于大墓的年代

判断一座墓的年代如果没有确切的纪年材料或明确的墓主身份信息（印章等），就要依靠墓葬形制、随葬品组合、典型器物的类型学分析和一些文字文献的指向做综合研判。

第一，该墓发掘时没有发现封土，"不封"的特征明确，明显区别于洛阳地区东汉高级别墓附有高耸封土的特征，符合洛阳地区魏晋时期"不封不树"的埋葬特点。

第二，该墓为东西向，区别于早时段东汉帝陵南北为主的特征，如北邙的东汉帝陵级别的大墓都是南向；也区别于晚时段西晋高级别大墓的南北向特征，如晋文帝陪葬墓 7 级台阶墓也是南向（偃师新庄 02YXM1）。与曹魏时期的洛阳曹休墓以及安阳曹操高陵东西向相一致，该墓的方向向西，与东侧 400 米山上新发现的一座形制规模更大、墓道朝东之墓葬相对应。

第三，该墓的形制是带一条斜坡墓道的大型前后室砖墓。砌砖有东汉的风格，不同于西晋北朝时期墓葬用砖的大小规格。个别砖上戳印纪年"永寿元年"（汉桓帝年号，155 年），至少表明是该墓的上限年代（如何看待这个年号砖，有待于进一步解释）。具体而言，墓道位于墓室西侧，东西长 36、南北宽约 9 米。墓室土圹近长方形，东西长约 18、南北宽 13.5 米，呈"甲"字状。目前发现的大型高级别的西晋时期大墓，往往是墓道宽大于墓室，说明该墓的形制也不符合西晋中晚期大墓的一般特征。

第四，该墓的随葬品组合经过盗扰后剩有陶模型明器灶、磨、井等，家禽家畜俑、鸡、狗、猪和祭奠器盘、勺等具有东汉晚期的特征，这无疑是汉风的延续。随葬品中的一些典型器，是判断该墓时代的主要参照物。其中，四系罐多见于魏晋时期，与曹操、曹植墓出土的大同小异。发现的 8 件石质帐座，洛阳正始八年（247 年）墓也曾出土类似器物。

第五，能够反映该墓年代特征的随葬品还有带有题识文字的石牌，石牌为平首斜肩六边形，长约 8.3 厘米，上部有一圆形穿孔，很明显和曹操墓出土的石牌大小规格非常相似，牌上系孔的存在说明其用途也一样，就是系挂所用（推测多系挂在"柙"或物品本身上），石牌文字强调随葬品的名称和数量。这是目前考古发现仅有的两座出土石牌的墓葬，表明两墓年代的高度相近性。

根据以上判断，该墓的年代应当在三国时代的曹魏时期。

二、关于墓主的身份

根据墓葬材料，一些专家推测其为魏明帝郭皇后的墓，笔者认为还不宜过早下结论，但该墓的级别较高是毋庸置疑的。

第一，与同时期墓相比较，此墓规模大，面积也大，墓道宽也近10米（接近东汉、西晋帝陵墓道的宽度），比正始八年（247年）墓（墓道口长23.5、宽2.8、底宽1.84米，一些专家认为正始八年（247年）墓就和皇室有关）和曹休墓（墓道口长35米、宽5.4～9.7米）规格相对要高。另外，该墓墓道有七级台阶，显示级别较高。根据目前统计，曹操高陵和曹休墓使用了7级台阶，正始八年墓有5级台阶。西晋时期泰始二年（266年）偃师02YXM1墓也使用7级台阶，表明这种7台阶墓的墓主属于高级别的皇室贵族。

第二，前室内壁南北宽4.8、东西长4.4米，拱券形顶，顶部大部已坍塌，在前室砖壁上发现有残存的壁画，保存状况较差。后室近方形，边长约3.6米，亦为拱券形顶，顶部已经完全坍塌。前后室面积大小也和曹操高陵相近，只是少了四个侧室。

第三，墓葬出土了1件圭、4件璧，与曹操高陵和曹植墓发现的同类品相似，但质地略差，尺寸有所减小。

第四，石牌中有"云母犊车一乘，蓐坐牛人自副"字样，反映了墓主的生活级别指向。《晋书·舆服志》曰："以云母饰车，谓之云母车。臣下不得乘，时赐王公尔。"《晋书》记载，惠帝自邺还洛，殿中官属备云母辇及云母车奉迎。另外，反映墓主身份级别的文字还有一些，如"赤漆画奏鼓一，鞞自副柎二""武冠一""玄三二"等。

第五，该墓位于万安山的北麓，靠近东汉帝陵南兆域的南部边缘地带。我们知道，曹魏立国46年，历5帝。文献记载的文帝曹丕、废帝曹髦、明帝曹叡都葬于洛阳，但大的方位不同，前二者在洛北首阳山和瀍涧之滨，曹叡却葬在洛南万安山山麓。因此，推测该墓墓主是一位与曹叡有亲近关系之人的论断有一定道理，何况附近东侧400米的山上确实还存在一座"不封不树"的东西向大墓。

三、该墓发现的学术价值

如何判断西朱村曹魏大墓的学术价值，我认为可以从两个方面辩证思考，一是从曹魏大墓本身去总结该时期墓葬的特征和文化演变轨迹，二是从当时的历史背景中去把握该墓葬为什么会出现以上特点。

从墓葬本身看，在洛阳万安山北麓发现曹魏时期的大墓，说明曹魏政权定都洛阳之后，与东汉帝陵一样实行了南北分置的陵区制度。北部陵区以曹丕首阳陵为中心，南部陵区以曹叡高平陵为中心进行布局。西朱村大墓为长斜坡墓道明坑墓，墓葬口部距墓底深约12米，在墓圹周边发现39个柱础坑和3条沟，这些柱坑对研究该时期墓葬的修建过程及防护措施提供了珍贵资料。更为重要的是，西朱村大墓是一座与曹操墓有相似学术意义的曹魏时期典型墓葬。二者前后衔接，互相印证，互相支撑，特别是石牌的书写内容与格式，表明了曹魏皇室随葬的一种特殊风格和气象。

曹操高陵与西朱村曹魏大墓出土的石牌文字史料价值极高。这些石质器物名牌，一面有隶书篆刻的文字（西朱村的石牌文字有魏碑的趋向），文字内容为随葬品的清单，即为"遣策"或"物疏"。但需要指出的是，观察这些记录的随葬品清单不是一般意义的物品记述，而是很刻意地强调一个核心问题，即不违背曹操及曹丕终制或终令中的"薄葬"诏令，"无为封树，无立寝殿，造园邑，通神道"。否则，曹丕重誓："若违今诏，妄有所变改造施，吾为戮尸地下，戮而重戮，死而重死。"如石牌文字中，有"松树二""梗柏树一"，或许正是地面不让植树，只好在墓里有所表示而已。

从历史背景看，笔者认为魏晋时期薄葬有几个特点，一是短丧，二是不封不树，三是墓葬简制，四是明器减少，五是虚拟化（有名无实）。该墓的发现无疑集中体现了曹魏时期的薄葬特征，既无封树，出土的陶制明器还个小且制作粗糙。与曹操高陵对比，曹操高陵因为建构于东汉末年，保留了东汉建制，西朱村大墓只有前后室而缺少侧室，就是曹魏时期进一步薄葬简制的结果。

这里需要讨论一个大的问题是如何看待曹魏丧葬礼制在"汉制"向"晋制"转变中的作用。在历史发展中，承上启下的作用在不少曹魏时期的墓葬中都有反映，在洛阳发现的魏晋墓更多地保持了"汉制"，如墓葬形制中前后室的券顶技术和横前室的构造，随葬品中模型明器井灶的组合、祭奠器案盘耳杯的存在及陶制人俑等都是继承了东汉晚期以来的风尚。更重要的是在曹操高陵的墓葬中，已经开始出现一些新的随葬品，如四系罐、多子槅等西晋墓中常见的东西。这虽然是小小的两种陶制明器，但反映出曹魏至两晋时代的一些思想文化动向。例如，在曹植墓出土的四系罐上就戳印了"丹药"二字，表明与时人的"长生不老"观念有联系（曹操高陵和西朱村大墓出土类似的罐作用应当相同）。东汉末年至曹魏时期，天灾人祸横行，对生命长久的渴望与《抱朴子·内篇》中"五灵丹经"所讲的令人不死之法相结合，使追求"长生不老"的观念蕴含于生活中方方面面。陶制的多子槅，一般认为是盛食物（水果等）的器具，应当是模仿了同类漆器，考古发现过东晋时期的"吴氏槅"（文献中也称其为"槔"，成为宴享集会时必备的摆放物品），反映了贵族的时尚生活方式。于是，这种象征身份和富有的东西自然被模仿制作为明器放入墓室。考古中发现的典型"晋制"代表物品还有牛车，西朱村大墓因盗扰没有发现实物，但"云母犊车一乘，蒋坐牛人自副"的牌铭已经说明了牛车的存在。实际上，曹魏时期丧葬礼制的最大变革是"不封不树"薄葬制度的实行，不仅是没有封土和地面陵寝建筑这些对时人直接观感的变化，对之后两晋墓葬制度也带来了深厚的影响。例如，《晋书·礼志中》说："文帝之崩，国内服三日。武帝亦遵汉魏之典，既葬除丧。""宣帝豫自于首阳山为土藏，不坟不树，作顾命终制，敛以时服，不设明器。景、文皆谨奉成命，无所加焉。"因此，墓葬"晋制"的确立某种程度上讲就是曹魏制度的延续。

总之，洛阳西朱村大墓作为抢救性发掘成果，无论是考古发掘的进程，还是保护措施都非常科学和规范，组织学术论证会也体现了考古研究的严谨态度。经讨论，大家认为墓葬本身体现出的学术价值不亚于南昌海昏侯墓，它虽然没有西汉时期华丽丰富的随葬品，但展示了历史进程中另一种独特的埋葬方式。今后要一方面抓紧整理资料，并详细勘探附近的墓葬及其周边的关联遗迹，为进一步确定墓主身份提供依据。另一方面，对墓葬的保护展示也应继续跟进，尤其是要注意曹魏时期的整体历史特点，与曹操高陵、曹休墓等联系起来解读出正确的文化信息，更是公众考古学的责任。

（原载于《光明日报》2017 年 1 月 25 日第 14 版）

秦代墓研究的几个问题

一、秦人墓·秦墓·秦代墓

秦人墓，指的是属于"秦族"或秦国人在关中及其他地区死亡后所埋葬的遗迹。它既存在于秦统一以前，也存在于秦统一以后，大约在西汉中晚期秦人文化完全汉化后，秦人的墓基本不复存在。

秦墓，指的是具有秦文化因素的墓葬。它既包括秦人初创国家以后的墓，又包括秦人建国之前的墓葬，还包括受秦文化影响而采用秦人埋葬习俗的墓。它的存续时间大体和秦人墓相同。

秦代墓，专指公元前221年秦始皇统一六国至公元前206年子婴出降或刘邦建立汉王朝之间的墓。它既包含秦人墓、秦墓，也包括旧有六国灭亡之后在秦统一时期埋葬的墓。但是，六国的后裔进入秦朝以后，未必采用前两种墓的埋葬风格。正因为此，秦代的"六国墓"和战国晚期的六国墓区分起来十分困难。目前，简报、报告所报道的秦代墓大多和秦墓、秦人墓有关，也有一部分涉及了楚人的秦代墓，如鄂城及长沙等地的秦代楚墓。

经以上不完全统计和甄别，可能属于秦代或秦代前后的墓有500余座，但是完全确认无误的秦代墓却寥寥无几。代表性的墓主要有陕西临潼上焦村秦墓、河南泌阳秦墓、湖北云梦11号墓和龙岗M6，这些墓可以作为断代的标尺。

二、秦代墓断代中的问题

众所周知，葬制葬俗的传承性比较强，变化的步伐也不是完全以朝代的更替而迅速改观，加上秦朝只有15年的历史，要区分出严格时间段的秦代墓比较困难。因此，20世纪70年代以前几乎秦代的墓都被划分为战国晚期或西汉初期的时间段内，云梦11号墓和河南泌阳纪年墓发现后，大家逐渐认识到了秦代墓与战国晚期、西汉初期墓的不同。即便如此，仍然不能对所有的（或大多数）秦代墓给予界定。因为在没有纪年的情况下，单纯依靠半两钱、铜镜、类型学、器物组合、典型秦器（蒜头壶、茧形壶）、墓葬形制、屈肢葬等任何一种因素来判断是否为秦代的墓，模糊系数都非常大，甚至可能出现偏差。

其一，半两钱的问题。据文献记载，秦惠文王二年（公元前336年）"初行钱"[1]，此"钱"经考古发现，证明是半两钱[2]。《汉书·食货志》说："秦兼天下，币为二等：黄金以溢为名，上币；铜钱质如周钱，文曰'半两'，重如其文。而珠玉龟贝银锡之属为器饰宝藏，

---

① （汉）司马迁：《史记·秦始皇本纪》，中华书局，1982年。
② 四川省博物馆：《四川船棺葬发掘报告》，文物出版社，1960年。

不为币，然各随时而轻重无常。""汉兴，以为秦钱重难用，更令民铸荚钱。"高后时期，行八铢钱。"孝文五年，为钱益多而轻，乃更铸四铢钱，其文为'半两'"。至武帝元狩五年（公元前 118 年），销半两，更铸五铢，半两钱前后使用了 200 余年。过去认为秦统一货币，就是像统一度量衡一样将半两钱的大小、刻文规格化，达到"重如其文"。但是，考古发现的结果不尽然，包括上焦村秦墓在内秦始皇陵一带出土的秦代半两，不论是大小和重量都不及战国时期的秦半两。尤其是凤翔高庄第五期秦墓发现了直径 1.2～2.7 厘米的半两，使得半两钱在墓葬中的断代作用更加趋于复杂化。有人提出凤翔高庄秦墓的三、四、五期的年代应当重新划分，因为属于三期的 M24 也出土了高圈足茧形壶，还有"四、五期的墓有一些共同特点：葬式清楚的均为仰身直肢葬；顺室的洞室墓。墓道的宽度往往等于或小于洞室；器物组合鼎、盒、壶、钫、釜之类的陶礼器或者罐、盆之类日用器，不出实用陶釜；普遍随葬锸、刀、剑、釜、削、锯等铁器；一些墓葬半两钱的数量达 100 枚以上，很多钱径在 2 厘米以下。……因此这些墓定在西汉早期是合适的"[1]。因为没有观摩实物，这个意见是对是错，暂且存疑。但是，仔细观察一下高庄第五期墓出土的半两钱，发现直径 2.35～2.45 厘米的半两制作比较规范，无论是孔径（0.7、0.8 厘米较多），还是重量（2.5 克左右）都相对一致，尤其是半两的钱文特点（文字相对扁平、趋于方正），和西安龙首原西汉早期墓 M12、M39 等出土的"文帝半两"确实有比较明显的一致性[2]。诚如是，以高庄秦墓出土小半两为依据进行断代的关中秦墓，其分期就有了重新考虑的必要性。

其二，典型秦器的问题。按照云梦睡虎地 M11 出土情况，陶圈足茧形壶和铜长颈蒜头壶可以认为是秦代墓断代的标准器。但是，塔尔坡秦代墓就没有发现圈足茧形壶，全是圆腹圜底的茧形壶；塔尔坡和店子没有出土铜长颈蒜头壶，塔尔坡只是出土了 3 件陶蒜头壶，但并不都是长颈。很明显，陶质蒜头壶模仿了青铜的壶。截至目前，一般认为 1979 年凤翔高庄秦墓出土的青铜短颈蒜头壶是最早的范例[3]，但是该墓的年代是否为战国晚期（昭襄王时期）存有疑问，尤其是上述的 1977 年高庄秦墓分期重新认识之后，短颈与长颈蒜头壶的年代并没有严格的早晚之分。能够佐证这一结论的是 1992 年山东临淄商王村战国晚期墓 M1 也出土了 1 件长颈的青铜蒜头壶[4]，《报告》考证 M1 的年代为公元前 264～前 221 年，说明长颈蒜头壶的使用并不一定都在秦代。至于秦人为什么喜爱和制作这种奇特的壶类？尚没有合适的解释。铜鍪的使用，起源于巴蜀地区[5]，随着秦人据巴蜀、伐魏、攻楚，逐渐扩展于关东和江汉地区。严格地讲，它不是秦器。但是，双耳鍪的产生要晚于单耳鍪，且一大一小双耳鍪流行于秦代前后，可并不意味着单耳鍪不能在秦代使用，具体情况要具体分析。小口广肩缶也是秦墓中常见的器物，因为自铭为"缶"而得名，如凤翔八旗屯 M10 的陶缶有"杨氏缶容十斗"[6]铭文，1977 年高庄 M47 的缶的铭文为"北园王氏缶容十斗"。秦缶的出名，也益于《谏逐客书》中"夫击瓮叩缶，弹筝搏髀，而歌呼呜呜快耳者，真秦

① 王学理、梁云：《秦文化》，文物出版社，2001 年。
② 西安市文物保护考古所：《西安龙首原汉墓（甲编）》，西北大学出版社，1999 年。
③ 雍城考古工作队：《凤翔县高庄战国秦墓发掘简报》，《文物》1980 年第 9 期。
④ 临淄市博物馆、齐故城博物馆：《临淄商王墓地》，齐鲁书社，1997 年。
⑤ 宋治民：《战国秦汉考古》，四川大学出版社，1993 年。
⑥ 陕西省雍城考古队尚志儒、赵从苍：《陕西凤翔八旗屯西沟道秦墓发掘简报》，《文博》1986 年第 3 期。

之声也"①及《史记·廉颇蔺相如列传》中"秦王为赵王击瓴"的记载。有趣的是，西安龙首原西汉早期墓中没有发现蒜头壶之类的秦器，却大量出土了这种小口广肩秦缶。战国晚期至西汉中期缶的存在，说明了上焦村秦代缶之断代作用也不可机械套用。

其三，秦镜的问题。关中上焦村秦代墓出土了凹弦纹的镜（三弦纽），陇县店子秦代墓M93出土了二周弦纹镜（弓形纽），塔尔坡秦代墓主要出土了素面镜、弦纹镜和卷云纹镜、羽状地纹镜，汉中的1座秦代墓中出土了1面菱形夔龙纹（蟠螭）镜②，1998年陕西省交通学校和西安市明珠花园小区战国晚期至秦代的墓出土了折叠式菱纹镜、四叶羽状地纹镜③。关东的陕县秦至汉初墓出土10余面铜镜，主要是弦纹、连弧和蟠螭纹（四叶、菱形或简化）镜，郑州岗杜、三门峡的秦代墓未出土铜镜，泌阳秦代墓只出土了1面连弧纹镜。江汉地区出土铜镜较多，主要有弦纹、菱形蟠螭纹和狩猎纹镜。由此可见，秦代江汉地区的铜镜基本是继承了楚镜的特点，关中及关东地区主要以素面和弦纹镜为主，也吸收了楚镜（如蟠螭纹、菱纹等）的特点。由于秦代镜的继承特点浓厚，所以断代中不能成为绝对的依据，必须结合其他的特点综合判断。不过，《西京杂记》说：秦宫"有方镜广四尺，高五尺九寸……秦始皇常以照宫人胆张心动者则杀之"。在山东临淄西汉早期齐王墓陪葬坑未出土矩形铜镜（长115.1、宽57.7厘米）以前④，曾怀疑大方镜存在的真实性，现在可以推测秦代宫室中也许使用过这种长方镜。

鉴于这些因素，秦代墓的界定成为东周秦汉考古中难以操作的问题，已经发表的简报、报告中可以确定的秦代墓数量非常少。如果墓中没有确切的纪年出现，对墓葬时代的界定还是使用比较中性的判断为好（如秦代左右、战国末至秦代、秦末汉初等）。

三、秦代墓的分布和分类

秦代的秦人墓，目前发现于关中、关东、湖北、湖南、四川、广东、内蒙古、甘肃等广大地区。追溯秦墓的发展史，它是伴随着秦人势力的扩展而遍及各地，上述秦墓的发现也说明了这一问题。比如，秦对巴蜀韩魏楚的统治政策一方面是军事上的打击和侵吞领土，另一方面为了长期占领该统治地区，采取了一贯的迁徙政策，谋求文化习俗上的异化。据《华阳国志·蜀志》说：公元前329年，秦灭巴蜀，因"戎伯尚强，乃徙秦民万家实之"。《史记·秦本纪》载惠文君"十三年四月戊午，魏君为王，韩亦为王，使张仪伐取陕，出其人与魏"。秦昭襄王"二十一年，（司马）错攻魏河内。魏献安邑，秦出其人，募徙河东赐爵，赦罪人迁之"。"二十六年，赦罪人迁之穣。""二十七年，错攻楚，赦罪人迁之南阳。""二十八年大良造白起攻楚，取鄢、邓，赦罪人迁之。"《史记·秦始皇本纪》载秦始皇九年，灭嫪毒叛乱后，"及其舍人，轻者为鬼薪，及夺爵迁蜀四千余家，家房陵"。边远的地区，需要大量的军队驻扎和管理，如和匈奴接壤之地，由蒙恬将三十万军驻守；岭南地区，"乃使尉屠睢

① （汉）司马迁：《史记·李斯列传》，中华书局，1982年。
② 何新成：《汉中杨家山秦墓发掘简报》，《文博》1985年第5期。
③ 程林泉、韩国河：《长安汉镜》，陕西人民出版社，2002年。
④ 山东省临淄市博物馆：《西汉齐王墓随葬器物坑》，《考古学报》1985年第2期。

发卒五十万，为五军，一军塞镡城之岭，一军守九嶷之塞，一军处番禺之都，一军守南野之界，一军结余干之水，三年不解甲弛弩，使监禄无以转饷，又以卒凿渠而通粮道，以与越人战，杀西呕君译吁宋"①。所有这些文献记载，都可能和秦墓的发现相印证。

按理讲，秦代疆域内秦人到达和生活的地点都可能发现秦墓，没有发现的区域，大概有着多种因素的制约，其中区域政权的稳定性是不可忽视的原因。比如，内蒙古中南部地区发现了大量西汉元帝至东汉武帝时期的墓②，没有发现秦墓，"说明秦对这个地区的开发，虽有开创之功，然而，真正控制这个地区是在汉武帝以后"③。河北北部、辽宁绥中发现过秦代的3处重要遗迹，一是秦皇岛市金山嘴秦行宫遗址，二是绥中姜女坟秦汉行宫遗址，三是秦长城遗迹。但这些地区都没有发现确认的秦墓，第一种原因是考古发掘工作做得还不够，第二种原因可能是当地埋葬习俗的持续性所致，后者的可能性较大。

秦代墓的分类，按照随葬品的类别，可以将以上的秦代墓分成五类。第一类是随葬青铜器墓，或共出仿铜陶器、日用陶器或其他小件等，如河南泌阳秦墓、甘肃庙庄秦墓、湖北宜城秦墓等；第二类是随葬仿铜陶礼器墓，或共出日用陶器等，如塔尔坡秦墓、新乡五陵村秦墓、江陵秦墓等；第三类是随葬实用铜器或漆器的墓，如四川的秦墓；第四类是随葬日用陶器墓或仿日用陶器，如咸阳塔尔坡秦墓、陇县店子秦墓、内蒙古广衍城秦墓等；第五类是随葬少量小件饰品或无随葬品墓，如秦陵的刑徒墓、郑州岗杜的秦墓等。第一、二、四类墓多伴出漆器，不过数量上有差异。

按棺椁来分，可以分成四类。第一类是一椁双棺墓；第二类是一棺一椁（有砖椁和木椁之分）墓；第三类是单棺（或瓦棺）墓；第四类是无葬具墓。第一类墓较少，如江陵扬家山135号秦墓，第二、三类的墓占有大多数，第四类墓都是小墓。

按墓葬形制来分，主要是竖穴土（岩）坑（圹）和洞室墓两种。竖穴式墓中又可以分成带墓道和没有墓道两种；洞室墓中可以分成斜坡和竖穴墓道两种形式。关中的秦洞室墓有"直线""垂直""平行"三种形式，即竖穴墓道的短边顺向穿洞、竖穴墓道长边的横向穿洞、平行穿洞，秦代主要盛行直线型洞室墓，且洞室墓流行的区域主要见于关中及关东，两地区洞室的早晚关系，值得进一步研究④。

按墓主身份来分，可以分成贫民墓（各小型墓群无随葬品的墓或出土小的饰件），上焦村秦刑徒墓、陇县店子墓群为代表的平民墓，陕县后川墓群为代表的中小地主墓（含云梦11号墓、天水放马滩1号墓等），涪陵小田溪墓葬为代表的贵族墓（含上焦村秦室公子大臣墓）等。

四、战国晚期墓、秦代墓、西汉初期墓的发展序列关系

秦朝短命，秦代墓难于区分；换个角度看，秦代墓区分的"模糊状态"又成为研究战

① 陈广忠译注：《淮南子·人间训》，中华书局，2012年。
② 魏坚：《内蒙古中南部汉代墓葬》，中国大百科全书出版社，1998年。
③ 魏坚：《内蒙古中南部汉代墓葬·序（徐苹芳语）》，中国大百科全书出版社，1998年。
④ 腾铭予在《关中秦墓研究》（《考古学报》1992年第3期）认为，关东洞室墓的出现年代要早于关中。

国晚期墓、秦代墓、西汉初期墓发展序列关系的绝好材料。下面对塔尔坡战国晚期墓、秦代墓和西安龙首原西汉早期墓组成的关中序列，以洛阳中州路战国晚期[①]、陕县秦汉墓为代表的关东序列及以江陵楚墓、秦墓、汉代早期墓为代表的江汉序列进行列表分析。

（一）关中

关中序列墓葬分析如下（表一）。

表一　关中序列墓葬分析表

时代　＼　分类	墓葬形制	封门	棺椁	葬式	主要随葬陶器组合	铜器	铜镜纹饰	铁器	殉牲
战国晚期	A、B	木板、无	Ⅰ、Ⅱ	W、T	凸肩釜、盒、壶、小罐、盆、茧形壶或鼎、盒、壶、罐	带钩、戈、镦、勺、削、铃	素面、弦纹、卷云纹、羽状地	带钩、剑、镰、锸、镦	兽骨
秦代	A、B	木板、无	Ⅰ、Ⅱ	W、T	凸肩釜、盒、壶或鼎、盒、壶、罐	鼎、壶、带钩、车马器	素面、弦纹	带钩、剑、刀	兽骨
西汉早期	A、B、C	木板	Ⅰ、Ⅱ、Ⅲ	W(2)T(14)余不清	鼎、盒、钫、壶、仓、灶、罐、缶或组合缺罐	鼎、钫、壶、釜、甑（M132）及鍪、车马器、铃	蟠螭纹、彩绘及草叶	灯、刀、凿、锥、臼、钉、环、剑、带钩	狗羊马

注：A= 竖穴墓道直线式或偏洞室墓，B= 竖穴土坑墓，C= 斜坡墓道洞室墓；Ⅰ= 单棺，Ⅱ= 一棺一椁，Ⅲ= 二棺一椁或一棺一椁一框架或一棺二椁；W= 屈肢葬，T= 直肢葬

（二）关东

关东序列墓葬分析如下（表二）。

表二　关东序列墓葬分析表

时代　＼　分类	墓葬形制	棺椁	葬式	随葬陶器组合	铜器	其他
战国晚期	B 及平行式洞室墓	Ⅰ、Ⅱ	W	鼎、盒、壶或配盘、杯、匜	剑	玉石器
战国晚期至秦代	A、B	Ⅰ、Ⅱ	W、T	釜、盆或配甑、罐、瓿		铁器

① 中国科学院考古研究所：《洛阳中州路》，科学出版社，1959 年。

续表

时代＼分类	墓葬形制	棺椁	葬式	随葬陶器组合	铜器	其他
秦代至汉初	A、B	Ⅰ、Ⅱ	T	瓿、壶、茧形壶、蒜头壶及釜、盆、甑、罐、甗	鼎、壶、钫、盘、瓿、釜、勺、铜镜、半两钱、车马器	漆器、铁器、玉石器
汉代中期	A及空心砖墓、小砖墓	Ⅰ为主Ⅱ（1座）	T	甑、罐、瓿或鼎、钫、壶、甗	带钩、镦、草叶镜、日光镜、五铢钱、车马器	铁刀、铁剑

（三）江汉

江汉序列墓葬分析如下（表三）。

表三　江汉序列墓葬分析表

时代＼分类	墓葬形制	棺椁	葬式	随葬陶器组合	铜器	漆木器	其他
战国晚期	B	Ⅰ、Ⅱ分箱	T、W	鼎、敦、壶或鼎、盒、壶	鼎、敦（簋）、壶、盆、匜和兵器、带钩等	镇墓兽、虎座飞鸟、虎座鸟架鼓、俑、耳杯、盒	简牍
秦代	B	Ⅰ、Ⅱ、Ⅲ分箱	T、W	鼎、盒、壶和釜、盂、甑、罐、瓮	鼎、钫、蒜头壶、釜、洗、鋞、卮和少量兵器、刀、半两等	俑、耳杯、盒、盂、盘	简牍铁釜
西汉早期	B	Ⅰ、Ⅱ分箱	T	仓、灶、罐、瓮或出土鼎、壶	鐎壶、锅、勺、带钩、铜镜、钱币等	俑、耳杯、盒	简牍

注：本表参考郭德维《试论江汉地区楚墓、秦墓、西汉前期墓的发展与演变》一文 [①]

　　从以上三表可以看出，战国晚期至西汉早期三个地区的墓葬文化都存在继承、创新和融合的发展关系。关中及关东的洞室墓出现较早，传统的棺椁制度自然也受到了很大的破坏；屈肢葬三地区各有偏差，但西汉早期以后基本变为仰身直肢葬；仿铜陶礼器鼎、盒、壶的使用始于关东战国晚期，然后影响到关中及江汉地区；铜器的随葬，都存在铜礼器、实用器或兵器向随葬日用小件铜器（镜、钱币等）的转变过程，尤其是汉文帝"不得以金银铜锡为饰"的法令实施后，丧葬一度趋向简约；漆器的随葬，战国及秦代关东及关中没有江汉地区突出，一方面和制作及使用的兴盛程度有关，另一方面与北方地区不易保存的环境有关；木俑的随葬可能始于江汉地区，秦代—汉代早期时，影响到了关中的陶俑制作 [②]。

---

① 郭德维：《试论江汉地区楚墓、秦墓、西汉前期墓的发展与演变》，《考古与文物》1983年第2期。
② 韩国河：《陕西发现的汉代"裸体俑"综述》，《西北大学学报》（哲学社会科学版）1993年第1期。

五、秦代墓葬文化研究的意义

第一，从动态的角度看秦代墓葬文化的发展。秦文化的发展是一个动态的过程，秦代的秦人墓葬集结了楚文化（漆器）、周文化（仿铜陶礼器）、巴蜀文化（鍪）等诸多因素，关东六国乃至边远的秦朝疆域虽然烙有秦文化的痕迹，但他们自身仍然保持了东周时期原有的墓葬文化特点，这种现象一方面是秦朝短命、秦代文化未能广泛传播与发展所致；另一方面说明墓葬文化的滞后性。秦汉墓葬文化真正出现较为一统的局面始于汉武帝时期，秦代起到了承上启下的作用。

第二，从"事死如生"的观念看秦代墓葬文化的表现。"事死如生"的观念源于新石器时代，秦代的墓葬以秦始皇陵为首，表现出了对现实生活乃至神仙世界的极尽追求。一般秦代墓中，日用陶器和仿铜陶礼器或铜器的随葬代表了当时人们对"事死如生"不同层面的理解。

第三，从墓葬出土铁器看当时生产力的提高。战国晚期至汉初的中小型秦墓出土了很多铁、农具、工具、兵器、生活用品等[①]，这种现象既说明了铁器的随葬不再局限于春秋时期的王侯和贵族墓，也反映出铁器本身普遍使用的状态，表明了生产力的提高。从丧葬观念分析，说明了当时人们对铁器重要性的认可，即与现实生活的密切关系和来世的必需性。

第四，从丧葬的统一性到民族一致性。从大处着眼，尽管各个地区的墓葬在秦代有种种的差异，但是秦朝的建立，政治上的统一性，带动了秦疆域内文化的强烈震荡和传播，秦的墓葬文化（包括秦人吸收的周文化和六国制度）一度从关中流向四方，最终经过了各民族的认同、融合与发展，在汉代中期达到了较为一致的丧葬制度。

（原载于《文博》2002 年第 3 期）

---

① 孔利宁：《秦冶铁业浅探》，《秦俑秦文化研究》，陕西人民出版社，2000 年。

西安地区中小型西汉墓的分期与年代研究

近年来，西安地区在配合城市建设中清理了数万座西汉时期墓葬，为汉墓的系统编年研究提供了丰富资料，本文以《西安龙首原汉墓》《长安汉墓》《白鹿原汉墓》等考古报告及已发表的相关资料为依据，对西安地区西汉中小型墓葬的形制、出土器物进行类型学分析，在此基础上对墓葬的分期与年代问题进行探讨，不妥之处敬请批评指正。

一、墓葬形制的类型学分析

西安地区中小型汉墓形制依据其平面形状与结构不同，可分三类。

第一类：竖穴墓。长方形或方形土圹，在土圹底部放置棺、椁，部分墓圹一端有墓道。根据墓道、墓圹及内部结构的不同，可分六型。

A 型　一端有斜坡墓道。多在墓圹底部置木棺椁，也有在底部筑砖室或石室的，墓道多为直线形，少数呈曲尺形。根据墓圹内结构的不同，可分二式。

I 式：墓圹底部置木棺椁。发现较多。西安北郊枣园村西汉墓，平面呈"甲"字形，由墓道、耳室和墓室三部分组成，墓道为长斜坡状，近墓室处较宽，两侧有两层两级二层台，侧室位于墓道东壁，墓室平面呈长方形，口大底小，有三级二层台（图一）[1]。

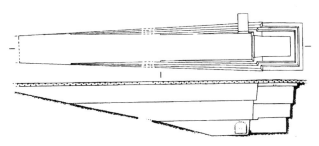

图一　第一类 A 型 I 式墓（枣园村西汉墓）

II 式：底部用砖或石砌筑成墓室。数量较多。西安理工大学 M1 和 M2 [2]、西安交大壁画墓 [3]、咸阳龚家湾 M1 [4]、曲江池 M1 [5]等。曲江池 M1，由墓道、甬道、耳室和墓室组成，墓道平面呈梯形，墓圹长方形，底部条砖砌筑长方形墓室（图二）。

①　西安市文物保护考古所：《西安北郊枣园大型西汉墓发掘简报》，《文物》2003 年第 12 期。
②　西安市文物保护考古所：《西安理工大学西汉壁画墓发掘简报》，《文物》2006 年第 5 期。
③　陕西省考古研究所、西安交通大学：《西安交通大学西汉壁画墓发掘简报》，《考古与文物》1990 年第 4 期。
④　孙德润、贺雅宜：《龚家湾一号墓葬清理简报》，《考古与文物》1987 年第 1 期。
⑤　徐进、张蕴：《西安南郊曲江池墓葬清理简报》，《考古与文物》1987 年第 6 期。

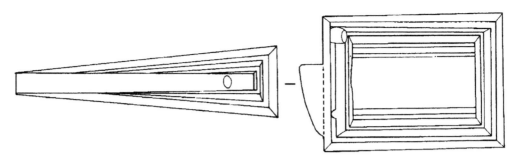

图二　第一类 A 型 II 式墓（曲江池 M1）

B 型　一端有竖穴墓道。西北医疗设备厂（以下简称"医"）M28，长方形墓道，开口向下有一级二层台，一侧有耳室，墓圹平面长方形，开口向下有两级二层台，底部置一椁一棺（图三）[①]。

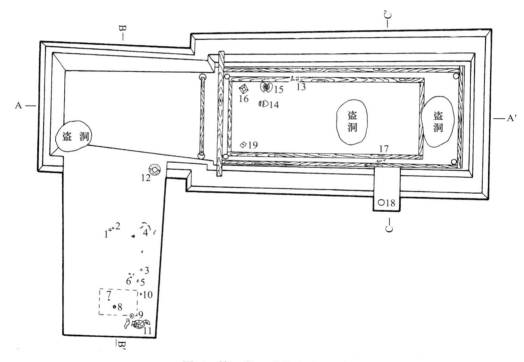

图三　第一类 B 型墓（医 M28）

C 型　墓圹宽与长的比一般大于或等于 1/2，部分墓圹一侧或两侧有小龛或耳室，壁面大部分收分，也有竖直的，底部置棺椁。医 M120，平面略呈长方形，壁面收分，开口向下四壁有两级二层台，墓圹南部东西两侧各有一平顶土洞耳室（图四）[②]。

---

① 西安市文物保护考古所：《西安龙首原汉墓（甲编）》，西北大学出版社，1999 年。
② 西安市文物保护考古所：《西安龙首原汉墓（甲编）》，西北大学出版社，1999 年。

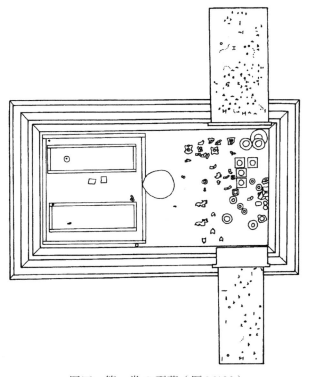

图四　第一类C型墓（医M120）

D型　墓圹平面略呈"凸"字形。数量不多。龙首村军干所M15，墓圹口大底小，底部一棺一椁两边箱（图五）[①]。

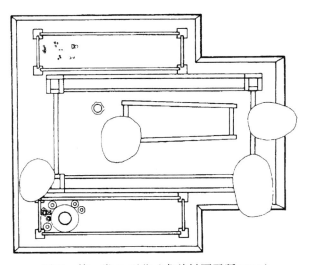

图五　第一类D型墓（龙首村军干所M15）

① 西安市文物保护考古所：《西安龙首原汉墓（甲编）》，西北大学出版社，1999年。

E 型　墓圹平面呈窄长条形。宽长之比一般小于 1/2，壁面多竖直，部分墓圹一端或一侧有小龛或耳室。骊山床单厂 M5，墓圹为长方形，底部置一棺一椁，头端距底约 0.5 米高处置一头龛（图六）[①]。

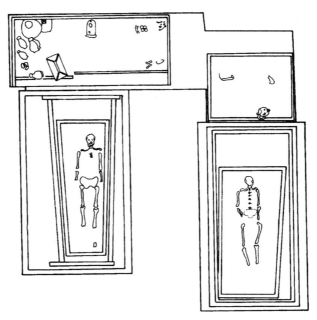

图六　第一类 E 型墓（骊山床单厂 M5）

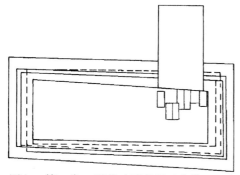

图七　第一类 F 型墓（西安理工大学 M12）

F 型　墓圹底部砌筑砖室。长方形竖穴土圹，在土圹底部用条砖或空心砖砌筑墓室。西安理工大学 M12，平面呈长方形，开口向下东西两壁有二层台，南部东侧有长方形耳室，底部条砖砌壁，子母砖券顶（图七）[②]。

第二类：竖穴墓道洞室墓。数量最多。墓室开凿于墓道一端，或开凿于一侧，墓室结构有土洞和砖室两种。根据墓室结构的不同，可分三型。

A 型　土洞墓。在墓道一端开凿土洞作墓室，部分墓道、墓室之间有甬道，部分有小龛或耳室，墓室多为长方形拱形顶或平顶。依墓道宽窄及甬道的有无，可分四式。

I 式：墓道宽于墓室。墓道宽大，平面呈长方形或梯形，宽与长的比通常大于 1/2，壁面多有收分，设有二层台的，部分墓道一侧或两侧有耳室或小龛，墓室平面多长方形，顶

---

① 陕西省考古研究所配合基建考古队：《陕西临潼骊山床单厂基建工地古墓葬清理简报》，《考古与文物》1989 年第 5 期。

② 程林泉、张翔宇：《西安地区西汉中小型墓葬形制浅析》，《西安文物考古研究》，陕西人民出版社，2004 年。

部多平顶，也有拱形顶者。医 M92，墓道平面呈长方形，壁面有二层台，南壁有长方形平顶耳室，墓室长方形平顶土洞，葬具二椁一棺[1]。医 M7，墓道开口略呈梯形，壁略有收分，墓室平面呈长方形（图八）[2]。

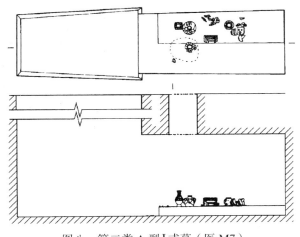

图八 第二类 A 型 I 式墓（医 M7）

II式：墓道与墓室宽度基本相当。墓道宽大者壁面有收分，底部与墓室宽度基本相当，部分一侧有耳室，墓道狭长者壁面多竖直，部分墓室前部有小龛。医 M42，墓道开口略宽于墓室，但底部与墓室宽度相当，墓道西侧有一长方形侧室，墓室平面呈长方形，内置两椁一棺[3]。方新村开发公司（以下简称"开"）M15，墓道狭长，壁面竖直，墓道与墓室等宽（图九）[4]。

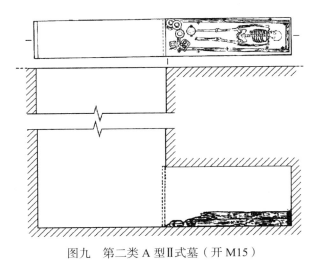

图九 第二类 A 型 II 式墓（开 M15）

① 西安市文物保护考古所：《西安龙首原汉墓（甲编）》，西北大学出版社，1999 年。
② 西安市文物保护考古所：《西安龙首原汉墓（甲编）》，西北大学出版社，1999 年。
③ 西安市文物保护考古所：《西安龙首原汉墓（甲编）》，西北大学出版社，1999 年。
④ 西安市文物保护考古所、郑州大学考古专业：《长安汉墓》，陕西人民出版社，2004 年。

Ⅲ式：墓道窄于墓室，墓道与墓室间无甬道，墓道大都狭长，直壁无收分，墓室拱顶，部分前部有耳室或小龛。陕西交通学校（以下简称"交"）M146，长方形墓道，壁面竖直，墓室长方形拱顶土洞（图一〇）[①]。

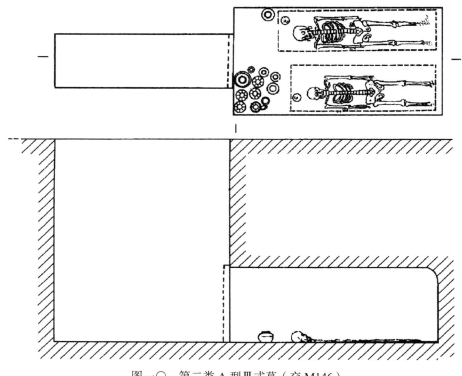

图一〇　第二类 A 型Ⅲ式墓（交 M146）

Ⅳ式：墓道窄于墓室，墓道与墓室间有甬道。曲江花园 M9，由墓道、甬道和墓室组成，墓道长方形，甬道长方形拱顶，墓室长方形拱顶土洞（图一一）[②]。

B 型　空心砖墓。由空心砖或空心砖和小砖混合构筑，平面形状呈长条形或"甲"字形、"刀"形。部分前部一侧有土洞或空心砖耳室。依墓顶结构不同，可分二式。

Ⅰ式：墓室为平顶。陕西第二针织厂 M3，竖穴墓道，墓室为东西并列，墓由 58 块空心砖砌筑而成，西室内置陶器，东室内为棺室（图一二）[③]。

Ⅱ式：墓室为两面坡顶。墓室较宽大，多为合葬墓，其结构多由空心砖和小砖混砌。陕西第二针织厂 M1，平面呈"刀"形，墓室底和壁由小砖砌筑，顶由空心砖砌筑"人"字形（图一三）[④]。

① 西安市文物保护考古所、郑州大学考古专业：《长安汉墓》，陕西人民出版社，2004 年。
② 西安市文物保护考古所：《西安东汉墓》，文物出版社，2009 年。
③ 解峰、陈秋歌：《陕西第二针织厂汉墓清理简报》，《文博》1999 年第 3 期。
④ 解峰、陈秋歌：《陕西第二针织厂汉墓清理简报》，《文博》1999 年第 3 期。

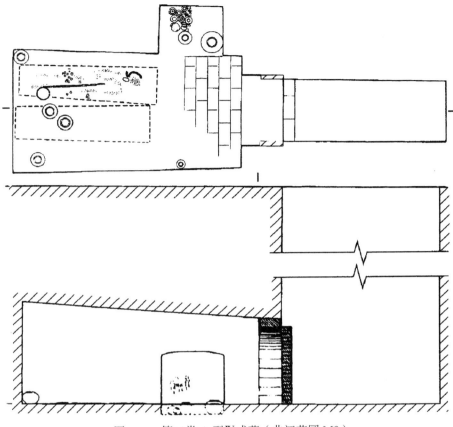

图一一　第二类 A 型Ⅳ式墓（曲江花园 M9）

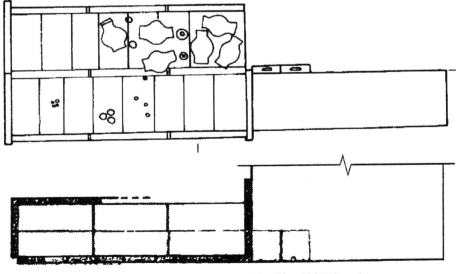

图一二　第二类 B 型 I 式墓（陕西第二针织厂 M3）

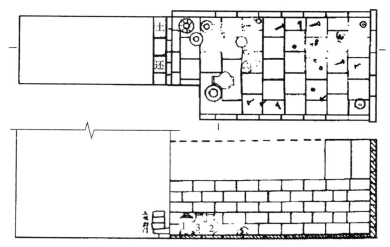

图一三　第二类 B 型Ⅱ式墓（陕西第二针织厂 M1）

　　C 型　小砖墓。小砖是相对空心砖而言，包括长条砖、子母砖及方砖等，多为单室墓，平面呈"甲"字形或"刀"形。墓道多窄于墓室，墓道狭长，壁面竖直，墓室多为长方形，壁多为条砖顺向平砌，顶部多数为条砖或子母砖对缝券砌，地面多为条砖铺地，部分墓道或墓室前部有小龛或耳室。依墓室结构不同，可分二式。

　　Ⅰ式：墓室顶用条砖、楔形砖券砌。枣园小区 M22，由墓道和墓室组成，墓道长方形竖穴状，壁面竖直，墓室长方形，长条砖错缝砌壁，条砖对缝券顶（图一四）[①]。

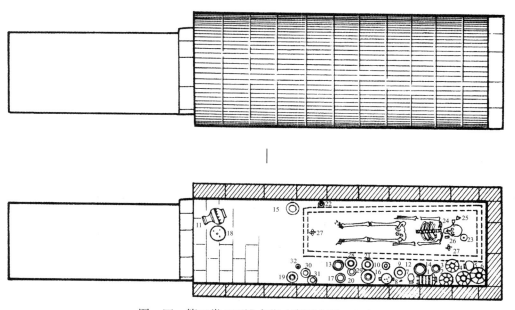

图一四　第二类 C 型Ⅰ式墓（枣园小区 M22）

　　①　西安市文物保护考古所、郑州大学考古专业：《长安汉墓》，陕西人民出版社，2004 年。

Ⅱ式：墓室顶用子母砖券砌。医M1，由墓道和墓室组成，长方形竖穴墓道，壁面陡直，墓室长方形，壁用条砖错缝平砌（图一五）[1]。

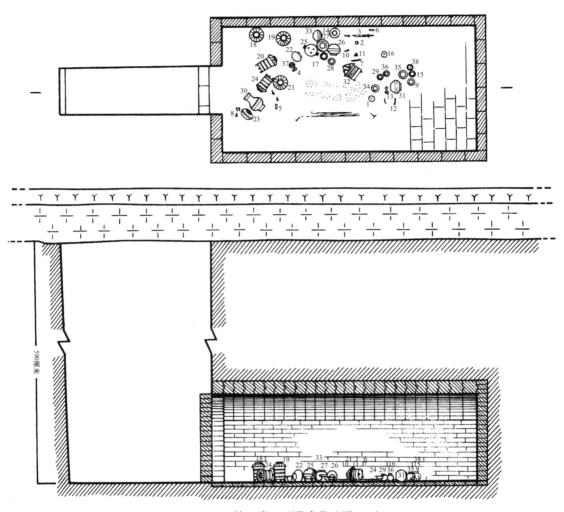

图一五　第二类C型Ⅱ式墓（医M1）

第三类：斜坡墓道洞室墓。墓道平面呈长方形，底为斜坡状，部分有二层台，有的墓道上有过洞、天井或甬道。墓室结构有土洞墓、空心砖墓和小砖墓，也有单室、前后室之分，部分墓道或墓室前侧有小龛或耳室。据墓室结构，可分三型。

A型　土洞墓。单室，墓室平面呈纵长方形。一般在墓室一端开凿土洞作墓室。有单室或多室，墓顶多为拱形，大部分墓道窄于墓室，部分墓道与墓室之间有过洞、天井或甬道（过洞一般较长，底为斜坡；甬道一般较短，底与墓室平），也有的墓道有二层台。依墓

① 西安市文物保护考古所、郑州大学考古专业：《长安汉墓》，陕西人民出版社，2004年。

道与墓室的宽窄关系及墓室变化，可分四式。

Ⅰ式：墓道宽于墓室。荆寺二村 M2，由墓道和墓室组成，墓道长斜坡，墓室顶部已坍塌（图一六）[①]。

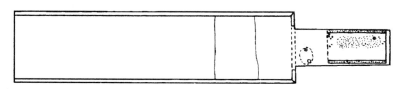

图一六　第三类 A 型Ⅰ式墓（荆寺二村 M2）

Ⅱ式：墓道与墓室等宽。拱形顶。陕西水产公司冷库 M11，由墓道和墓室组成，墓道长斜坡，开口两壁有二层台，墓室为拱顶土洞（图一七）[②]。

Ⅲ式：墓室宽于墓道。拱形顶，部分墓道与墓室之间有天井、过洞。开 M16，由墓道和墓室组成，平面呈"刀"形，墓道长斜坡，墓室为拱顶土洞（图一八）[③]。国棉五厂 M28，由墓道、天井和墓室组成，墓道墓室不在一条中轴线上，墓道两壁设二层台，墓道与墓室间有横长方形天井，平顶[④]。医 M132，由墓道、过洞、墓室和耳室组成，过洞长 6 米，过洞一侧有耳室，墓室拱顶近平[⑤]。

Ⅳ式：墓道与墓室间有甬道。交 M138，由墓道、甬道和墓室组成，平面呈"刀"形，甬道条砖砌壁券顶，墓室长方形拱顶土洞[⑥]。西安绕城高速 M15，平面呈"甲"字形，墓道有二层台，甬道条砖砌壁券顶（图一九）[⑦]。

B 型　空心砖墓。由空心砖砌筑而成。目前仅发现 4 座。有平顶和两面坡顶。依顶部结构变化，可分二式。

Ⅰ式：墓顶由空心砖平铺。茂陵 M2、M3[⑧]。

Ⅱ式：墓顶由空心砖搭成两面坡形。茂陵 M1（图二〇）[⑨]。

C 型　小砖墓。由条砖或子母砖砌筑而成。发现数量较多。墓道与墓室之间有过洞、天井、甬道，墓室有单室和多室，顶部结构多为拱形券顶。依墓室的结构变化，可分二式。

①　西安市文物保护考古所：《西安南郊荆寺二村西汉墓发掘简报》，《考古与文物》2009 年第 4 期。

②　西安市文物保护考古所：《西安龙首原汉墓（甲编）》，西北大学出版社，1999 年。

③　西安市文物保护考古所、郑州大学考古专业：《长安汉墓》，陕西人民出版社，2004 年。

④　陕西省考古研究所：《白鹿原汉墓》，三秦出版社，2003 年。

⑤　西安市文物保护考古所：《西安龙首原汉墓（甲编）》，西北大学出版社，1999 年。

⑥　西安市文物保护考古所、郑州大学考古专业：《长安汉墓》，陕西人民出版社，2004 年。

⑦　陕西省考古研究所：《白鹿原汉墓》，三秦出版社，2003 年。

⑧　陕西茂陵博物馆、咸阳地区文管会：《陕西咸阳茂陵西汉空心砖墓》，《文物资料丛刊》（第六辑），文物出版社，1982 年。

⑨　陕西茂陵博物馆、咸阳地区文管会：《陕西咸阳茂陵西汉空心砖墓》，《文物资料丛刊》（第六辑），文物出版社，1982 年。

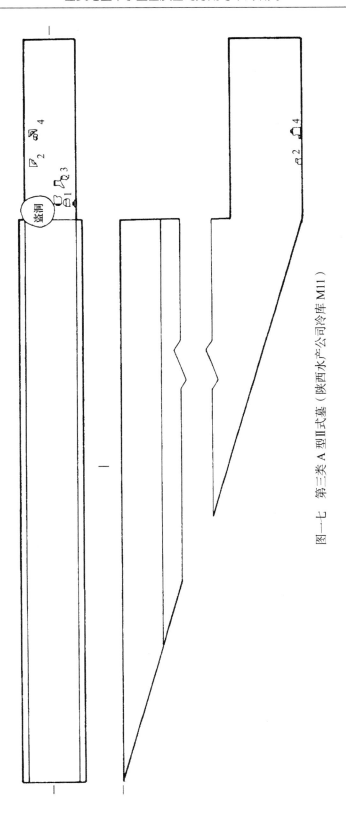

图一七 第三类 A 型Ⅱ式墓（陕西水产公司冷库 M11）

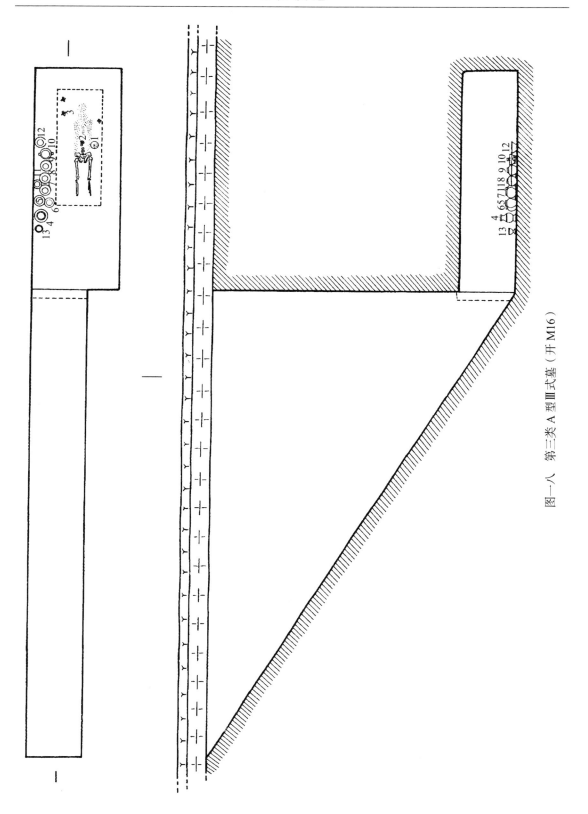

图一八 第三类 A 型 III 式墓（开 M16）

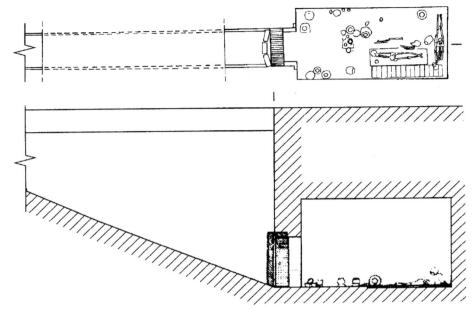

图一九 第三类 A 型 Ⅳ 式墓（西安绕城高速 M15）

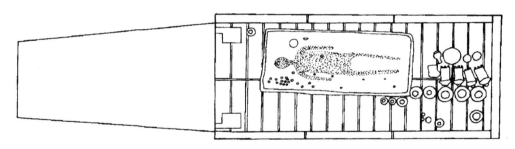

图二○ 第三类 B 型 Ⅱ 式墓（茂陵 M1）

Ⅰ式：单室墓。墓室平面呈纵长方形，条砖砌壁券顶或子母砖券顶，部分墓道与墓室之间有天井、过洞或甬道。国棉五厂 M71，由墓道和墓室组成，墓道三壁有两层台阶，墓室条砖砌壁券顶[1]。雅荷城市花园（以下简称"雅"）M130，子母砖券顶（图二一）[2]。

Ⅱ式：多室墓。由前、后室组成，前室顶略高于后室，拱形券顶。西安石油学院 M22，由墓道、前室、后室组成，条砖砌壁，子母砖券顶，前室略宽于后室，顶略高于后室（图二二）[3]。

---

① 陕西省考古研究所：《白鹿原汉墓》，三秦出版社，2003 年。
② 西安市文物保护考古所、郑州大学考古专业：《长安汉墓》，陕西人民出版社，2004 年。
③ 西安市文物保护考古所、郑州大学考古专业：《长安汉墓》，陕西人民出版社，2004 年。

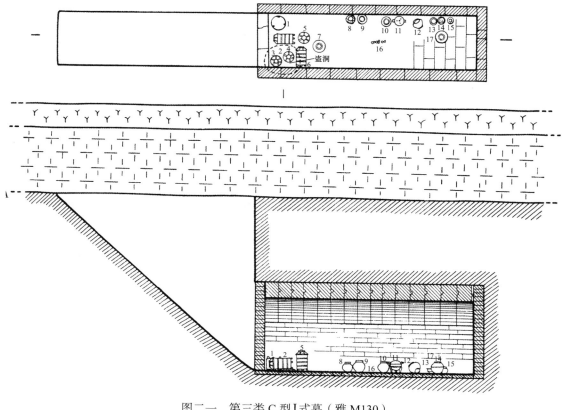

图二一　第三类 C 型 I 式墓（雅 M130）

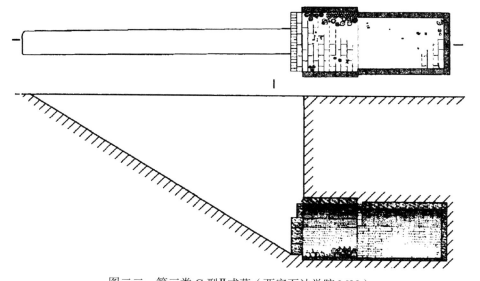

图二二　第三类 C 型 II 式墓（西安石油学院 M22）

二、典型器物的类型学分析

西安地区汉墓随葬品有陶、铜、铁、铅、玉石器等，陶器种类多，时代特征明显，铜镜、铜钱也是墓葬分期与年代研究的重要依据。下面对墓中出土典型陶器、铜镜、铜钱进行类型分析。

（一）陶器

西安地区西汉墓中出土的陶器，陶质主要有泥质灰陶和红胎釉陶，夹砂陶较少。器表装饰多样。器类主要有仿铜陶礼器和生活明器两大类，下面主要对时代特征明显的鼎、盒、钫、蒜头壶、壶、缶、罐、仓、灶、樽等进行类型分析。

鼎　泥质灰陶或红胎釉陶。由器盖、器身组成，盖多浅钵形，盖顶有小乳突或半环状纽，子母口，肩附双耳。依足的不同，可分二型。

A 型　蹄形足。数量多，流行时间长。部分足面边缘有一周台棱或模印阴线兽面纹。依底部的不同，可分二亚型。

Aa 型　平底。泥质灰陶。弧腹或深直腹，足根较鼓，盖面圆弧，腹与顶无明显分界。多素面，饰暗弦纹或施彩绘者极少。如世家星城（以下简称"星"）M211：1（图二三，1）[1]。

Ab 型　圜底。依腹、足、盖及装饰的变化，可分四式。

Ⅰ式：浅弧腹。泥质灰陶。最大径在腹中部或偏上，矮足。多施彩绘。如医 M51：18（图二三，2）[2]。

Ⅱ式：微深腹。泥质灰陶。最大径在口部，高足。多施彩绘。如医 M95：18（图二三，3）[3]。

Ⅲ式：深弧腹。多红胎釉陶。盖顶多环状纽、乳突等。施酱黄或红褐釉。如交 M161：7（图二三，4）[4]。

Ⅳ式：深直腹。多红胎釉陶。高足，盖面中心多为环形纽。部分足面模印兽面纹，部分素面或施彩绘。表多饰黄褐釉。如雅 M28：14（图二三，5）[5]。

B 型　兽形或"人"形足。多红胎釉陶。足有龙形、踞熊形、胡人形象，深腹，圜底，耳较高。盖面模印山峦、奔兽图案。多施墨绿釉。如医 1988M1：25（图二三，6）[6]。

盒　泥质灰陶或红胎釉陶。由器身和器盖组成，浅钵形盖，顶有矮圈足形捉手。身多子母口，碗形，平底或圈足。施彩绘和施釉两种。依底部的不同，可分二型。

---

① 西安市文物保护考古所：《西安南郊秦墓》，陕西人民出版社，2004 年。
② 西安市文物保护考古所：《西安龙首原汉墓（甲编）》，西北大学出版社，1999 年。
③ 西安市文物保护考古所、郑州大学考古专业：《长安汉墓》，陕西人民出版社，2004 年。
④ 西安市文物保护考古所、郑州大学考古专业：《长安汉墓》，陕西人民出版社，2004 年。
⑤ 西安市文物保护考古所、郑州大学考古专业：《长安汉墓》，陕西人民出版社，2004 年。
⑥ 西安市文物保护考古所、郑州大学考古专业：《长安汉墓》，陕西人民出版社，2004 年。

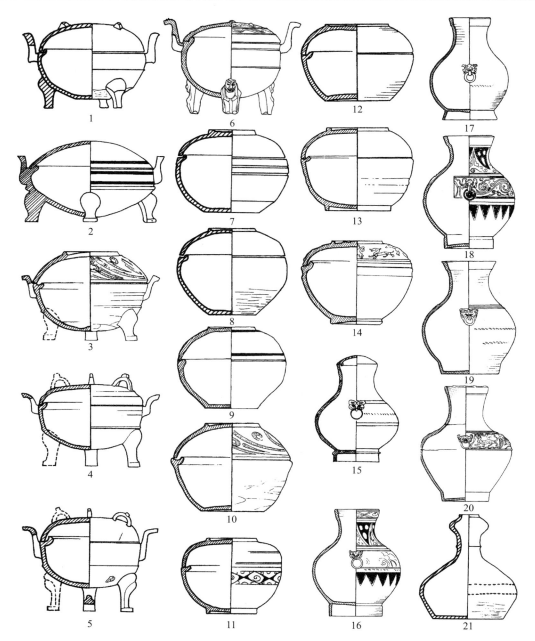

图二三　出土陶器（一）

1. Aa 型陶鼎（星 M211：1）　2. Ab 型 I 式陶鼎（医 M51：18）　3. Ab 型 II 式陶鼎（医 M95：18）　4. Ab 型 III 式陶鼎
（医 M161：7）　5. Ab 型 IV 式陶鼎（雅 M28：14）　6. B 型陶鼎（医 1988M1：25）　7. A 型 I 式陶盒
（星 M133：7）　8. A 型 II 式陶盒（星 M211：3）　9. A 型 III 式陶盒（医 M51：15）　10. A 型 IV 式陶盒
（医 M95：22）　11. B 型 I 式陶盒（枣园小区 M222：21）　12. A 型 V 式陶盒（雅 M17：6）
13. B 型 II 式陶盒（雅 M28：7）　14. B 型 III 式陶盒（医 1988M1：27）　15. A 型 I 式陶壶
（医 M99：1）　16. A 型 II 式陶壶（雅 M119：6）　17. A 型 III 式陶壶（兆 M1：35）
18. B 型 I 式陶壶（雅 M66：3）　19. B 型 II 式陶壶（雅 M17：13）　20. B 型 III 式陶壶
（医 1988M1：30）　21. 陶蒜头壶（星 M211：5）

A 型 平底或稍内凹。依腹部及装饰变化，可分五式。

Ⅰ式：浅弧腹。泥质灰陶。近底部常有一周削带。多素面。如星 M133：7（图二三，7）①。

Ⅱ式：微腹深。泥质灰陶。小平底。多素面。如星 M211：3（图二三，8）②。

Ⅲ式：深弧腹，泥质灰陶。平底。多施彩绘。如医 M51：15（图二三，9）③。

Ⅳ式：微斜腹，泥质灰陶。大平底。多施彩绘。如医 M95：22（图二三，10）④。

Ⅴ式：弧腹。多红胎釉陶。大平底。多施酱黄或红褐釉。如雅 M17：6（图二三，12）⑤。

B 型 矮圈足。深弧腹，浅盖。依器表装饰变化，可分三式。

Ⅰ式：施彩绘图案。泥质灰陶。如枣园小区 M22：21（图二三，11）⑥。

Ⅱ式：施黄褐釉。红胎釉陶。如雅 M28：7（图二三，13）⑦。

Ⅲ式：盖面模印奔兽、飞禽等图案。红胎釉陶。施墨绿釉。如医 1988M1：27（图二三，14）⑧。

钫 多泥质灰陶，红胎釉陶很少。由器身和器盖组成，覆斗形盖，子母口，身剖面呈方形，方口，束颈，鼓腹，方圈足。多施彩绘，颈部多饰波折纹，腹部饰云气纹及对称铺首衔环，部分下腹部饰一周三角纹，个别施黄褐釉。

蒜头壶 泥质灰陶。小口，细颈，宽扁腹，大平底，腹呈窄环带状。多素面，饰窝点纹或施彩绘者。如星 M211：5（图二三，21）⑨。

壶 泥质灰陶或红胎釉陶。依底部的不同，可分二型。

A 型 圈足。短束颈，圆腹。肩部多粘贴对称铺首衔环。依足部的变化，可分三式。

Ⅰ式：矮圈足呈折曲状。泥质灰陶。敞口，口外侧的环带不明显，腹最大径在中部偏下，铺首多为模制后再粘贴。多施彩绘。如医 M99：1（图二三，15）⑩。

Ⅱ式：矮圈足。泥质灰陶。环带口沿，最大径在中部。多施彩绘。如雅 M119：6（图二三，16）⑪。

Ⅲ式：圈足外撇。多泥质灰陶，红胎釉陶较少。环带口沿明显，少数有盘口，鼓腹。多素面。如西安三兆殡仪馆（以下简称"兆"）M1：35（图二三，17）⑫。

B 型 假圈足。依颈、腹、足部及装饰变化，可分三式。

Ⅰ式：足略折曲。泥质灰陶。短束颈，圆腹。多施彩绘。如雅 M66：3（图二三，

① 西安市文物保护考古所：《西安南郊秦墓》，陕西人民出版社，2004 年。
② 西安市文物保护考古所：《西安南郊秦墓》，陕西人民出版社，2004 年。
③ 西安市文物保护考古所：《西安龙首原汉墓（甲编）》，西北大学出版社，1999 年。
④ 西安市文物保护考古所、郑州大学考古专业：《长安汉墓》，陕西人民出版社，2004 年。
⑤ 西安市文物保护考古所、郑州大学考古专业：《长安汉墓》，陕西人民出版社，2004 年。
⑥ 西安市文物保护考古所、郑州大学考古专业：《长安汉墓》，陕西人民出版社，2004 年。
⑦ 西安市文物保护考古所、郑州大学考古专业：《长安汉墓》，陕西人民出版社，2004 年。
⑧ 西安市文物保护考古所、郑州大学考古专业：《长安汉墓》，陕西人民出版社，2004 年。
⑨ 西安市文物保护考古所：《西安南郊秦墓》，陕西人民出版社，2004 年。
⑩ 西安市文物保护考古所：《西安龙首原汉墓（甲编）》，西北大学出版社，1999 年。
⑪ 西安市文物保护考古所、郑州大学考古专业：《长安汉墓》，陕西人民出版社，2004 年。
⑫ 西安市文物保护考古所、郑州大学考古专业：《长安汉墓》，陕西人民出版社，2004 年。

18）①。

Ⅱ式：足矮。红胎釉陶。环带状口或盘口，鼓腹，最大径中腹。多施黄褐釉。如雅 M17：13（图二三，19）②。

Ⅲ式：足较矮。多红胎釉陶。直口或敞口，圆鼓腹，最大径在肩部，部分足腹分界不明显。表多施墨绿釉或黄绿釉，肩部多模印一周山峦、奔兽图案。如医 1988M1：30（图二三，20）③。

缶　泥质灰陶。小口，平沿或外斜，方唇或尖唇，短束颈，广肩，平底。部分饰弦纹。依腹部变化，可分二式。

Ⅰ式：折腹。斜肩，肩腹夹角小于锐角或直角。如星 M201：7（图二四，1）④。

Ⅱ式：微折腹。微弧肩，肩腹夹角大于 90 度。如医 M152：1（图二四，2）⑤。

罐　泥质灰陶或红胎釉陶。束颈、矮领、深弧腹，或鼓腹，或圆鼓，或直筒腹，平底或平底微内凹。依唇部不同分为凹唇罐、双唇罐、圆唇罐、方唇罐四类。

凹唇罐　泥质灰陶。直口或侈口，平沿或稍外斜，唇面内凹，束颈，鼓腹，平底或微内凹。部分器表饰肩、腹部饰密集细弦纹。依腹部不同，可分二型。

A 型　圆鼓。多素面，部分饰弦纹。如医 M51：4（图二四，3）⑥。

B 型　深弧腹。多饰密集细弦纹。如医 M11：9（图二四，4）⑦。

双唇罐　泥质灰陶或红胎釉陶。双唇。多饰数周凹弦纹，也有彩绘或浅浮雕式图案。依领、颈部的不同，可分二型。

A 型　束颈。侈口，卷沿，平底。依颈之不同，可分二亚型。

Aa 型　长颈。依腹部的变化，可分二式。

Ⅰ式：弧腹。斜肩或弧肩。如医 M3：2（图二四，5）⑧。

Ⅱ式：深弧腹。弧肩或鼓肩。如开 1997M13：17（图二四，6）⑨。

Ab 型　短颈。肩部多饰一至两组凹弦纹。依腹部变化，可分二式。

Ⅰ式：圆腹。弧肩，最大腹径在中部。如开 M13：8（图二四，7）⑩。

Ⅱ式：泥质灰陶。鼓腹斜收或内曲。圆肩或鼓肩，最大腹径在肩部。红胎酱黄或红褐釉的。如交 M75：7（图二四，8）⑪。

B 型　矮领。泥质灰陶或红胎釉陶。直口，鼓腹，平底。依唇部及装饰变化，可分三式。

Ⅰ式：双唇明显。如开 M31：6（图二四，9）。

① 西安市文物保护考古所、郑州大学考古专业：《长安汉墓》，陕西人民出版社，2004 年。
② 西安市文物保护考古所、郑州大学考古专业：《长安汉墓》，陕西人民出版社，2004 年。
③ 西安市文物保护考古所、郑州大学考古专业：《长安汉墓》，陕西人民出版社，2004 年。
④ 西安市文物保护考古所：《西安南郊秦墓》，陕西人民出版社，2004 年。
⑤ 西安市文物保护考古所、郑州大学考古专业：《长安汉墓》，陕西人民出版社，2004 年。
⑥ 西安市文物保护考古所：《西安龙首原汉墓（甲编）》，西北大学出版社，1999 年。
⑦ 西安市文物保护考古所：《西安龙首原汉墓（甲编）》，西北大学出版社，1999 年。
⑧ 西安市文物保护考古所：《西安龙首原汉墓（甲编）》，西北大学出版社，1999 年。
⑨ 西安市文物保护考古所、郑州大学考古专业：《长安汉墓》，陕西人民出版社，2004 年。
⑩ 西安市文物保护考古所、郑州大学考古专业：《长安汉墓》，陕西人民出版社，2004 年。
⑪ 西安市文物保护考古所、郑州大学考古专业：《长安汉墓》，陕西人民出版社，2004 年。

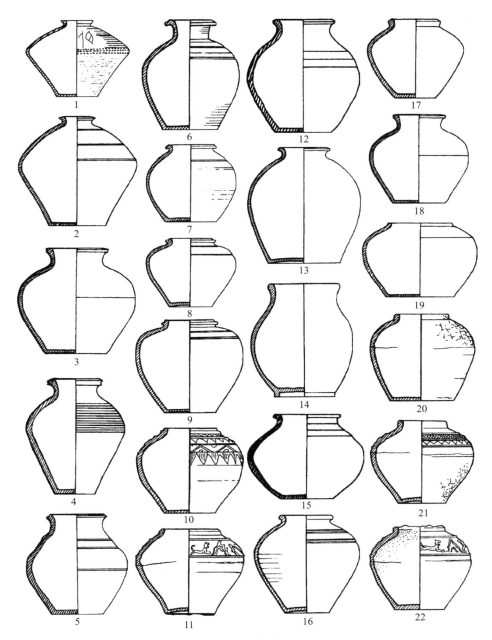

图二四　出土陶器（二）

1. Ⅰ式陶缶（星 M201：7）　2. Ⅱ式陶缶（医 M152：1）　3. A 型陶罐（医 M51：4）　4. B 型陶罐（医 M11：9）
5. Aa 型Ⅰ式陶双唇罐（医 M3：2）　6. Aa 型Ⅱ式陶双唇罐（开 1997M13：17）　7. Ab 型Ⅰ式陶双唇罐（开 M13：8）
8. Ab 型Ⅱ式陶双唇罐（交 M75：7）　9. B 型Ⅰ式陶双唇罐（开 M31：6）　10. B 型Ⅱ式陶双唇罐（交 M79：8）
11. B 型Ⅲ式陶双唇罐（交 179：6）　12. Aa 型Ⅰ式陶圆唇罐（医 M3：8）　13. Aa 型Ⅱ式陶圆唇罐（兆 M4：10）
14. Ab 型陶圆唇罐（交 M3：6）　15. Ac 型Ⅰ式陶圆唇罐（医 M97：10）　16. Ac 型Ⅱ式陶圆唇罐（开 1997M11：8）
17. Ac 型Ⅲ式陶圆唇罐（医 M93：5）　18. Ba 型Ⅰ式陶圆唇罐（医 51：9）　19. Ba 型Ⅱ式陶圆唇罐（医 M152：21）
20. Bb 型Ⅰ式陶圆唇罐（交 M79：7）　21. Bb 型Ⅱ式陶圆唇罐（交 M86：5）　22. Bb 型Ⅲ式陶圆唇罐（雅 M106：5）

Ⅱ式：双唇。肩部模印浅浮雕三角纹、波折纹。如交 M79：8（图二四，10）①。

Ⅲ式：双唇不明显。多红胎绿釉陶。肩部模印浅浮雕式山峦、奔兽等图案。如交 M179：6（图二四，11）②。

圆唇罐　泥质灰陶或红胎釉陶。依领、颈部的不同，可分二型。

A 型　束颈。依口、颈、腹部的不同，可分三亚型。

Aa 型　泥质灰陶。依腹部变化，可分二式。

Ⅰ式：圆腹或椭圆腹。最大径在中部或偏上。如医 M3：8（图二四，12）③。

Ⅱ式：弧腹。弧肩或圆肩，大平底。如兆 M4：10（图二四，13）④。

Ab 型　侈口或喇叭口。圆唇，束颈，圆腹，平底或圈足，少数颈部有两系或三系。如交 M3：6（图二四，14）⑤。

Ac 型　大口，短颈。依腹部及器表装饰变化，可分三式。

Ⅰ式：鼓腹。泥质灰陶。弧肩。多素面。如医 M97：10（图二四，15）⑥。

Ⅱ式：圆腹。泥质灰陶。圆肩，最大径在中部偏上。素面或施彩绘。如开 1997M11：8（图二四，16）⑦。

Ⅲ式：腹最大径在肩部。多红胎釉陶。多施酱黄釉或绿釉。如医 M93：5（图二四，17）⑧。

B 型　矮领。泥质灰陶。大口，平底。依腹部不同，可分二亚型。

Ba 型　圆鼓腹。最大径在中部或略偏上，体宽扁，大平底。多素面。依腹部变化，可分二式。

Ⅰ式：圆腹。如医 M51：9（图二四，18）⑨。

Ⅱ式：鼓腹。环带不明显。如医 M152：21（图二四，19）⑩。

Bb 型　器形较小，腹最大径在中部偏上。依腹部及器表装饰变化，可分三式。

Ⅰ式：弧腹。圆肩。素面或施酱黄釉或施绿釉。如交 M79：7（图二四，20）⑪。

Ⅱ式：鼓腹弧收或内曲。弧肩。肩部模印网格纹、三角纹等几何图案。如交 M86：5（图二四，21）⑫。

Ⅲ式：圆腹。肩部模印浅浮雕式奔兽纹、云气纹等。多红胎绿釉陶。如雅 M106：5

---

① 西安市文物保护考古所、郑州大学考古专业：《长安汉墓》，陕西人民出版社，2004 年。
② 西安市文物保护考古所、郑州大学考古专业：《长安汉墓》，陕西人民出版社，2004 年。
③ 西安市文物保护考古所：《西安龙首原汉墓（甲编）》，西北大学出版社，1999 年。
④ 西安市文物保护考古所、郑州大学考古专业：《长安汉墓》，陕西人民出版社，2004 年。
⑤ 西安市文物保护考古所、郑州大学考古专业：《长安汉墓》，陕西人民出版社，2004 年。
⑥ 西安市文物保护考古所：《西安龙首原汉墓（甲编）》，西北大学出版社，1999 年。
⑦ 西安市文物保护考古所、郑州大学考古专业：《长安汉墓》，陕西人民出版社，2004 年。
⑧ 西安市文物保护考古所、郑州大学考古专业：《长安汉墓》，陕西人民出版社，2004 年。
⑨ 西安市文物保护考古所：《西安龙首原汉墓（甲编）》，西北大学出版社，1999 年。
⑩ 西安市文物保护考古所：《西安龙首原汉墓（甲编）》，西北大学出版社，1999 年。
⑪ 西安市文物保护考古所、郑州大学考古专业：《长安汉墓》，陕西人民出版社，2004 年。
⑫ 西安市文物保护考古所、郑州大学考古专业：《长安汉墓》，陕西人民出版社，2004 年。

（图二四，22）①。

方唇罐　泥质灰陶或红胎釉陶。束颈，平底，或素面，或施彩绘，有施釉者。依领、颈部的不同，可分四型。

A 型　小口。长颈。多泥质灰陶。依腹部的不同，可分二亚型。

Aa 型　深弧腹。侈口，平沿外折，方唇，束颈，小平底。依肩、腹部的变化，可分二式。

I式：弧肩。最大径在中部偏上。多饰凹弦纹。如开 1997M4：4（图二五，1）②。

II式：圆肩。最大径在肩部。多饰密细弦纹。如交 M3：1（图二五，2）③。

Ab 型　弧腹。侈口或盘口，束颈。依腹与底部的变化，可分二式。

I式：浅圆腹，小平底。如医 M3：3（图二五，3）④。

II式：圆鼓腹，最大径在中部或偏上，大平底。如西安市电信局第二长途通信大楼（以下简称"电"）M166：8（图二五，4）⑤。

B 型　大口，长颈。泥质灰陶。喇叭口，方唇，束颈，圆腹，平底。如医 M48：7（图二五，5）⑥。

C 型　短颈。卷沿，方唇，平底。依腹部及装饰变化，可分三式。

I式：弧腹。泥质灰陶。最大径在中部或略偏上。素面。如医 M141：7（图二五，6）⑦。

II式：鼓腹斜收。泥质灰陶。圆鼓肩，最大径在肩部。素面。如交 M193：4（图二五，7）⑧。

III 式：圆鼓腹。多红胎绿釉陶。肩部多模印奔兽、山峦等图案。如电 M14：2（图二五，8）⑨。

D 型　大口，短颈。直口或侈口，圆肩或鼓肩，鼓腹，平底内凹。依腹部差异，可分二亚型。

Da 型　腹宽扁，器形较大。多泥质灰陶。素面。依腹部变化，可分三式。

I式：折腹内曲。斜直肩，中腹竖直呈环带状。肩部多饰细弦纹，中腹环带之上饰线状窝点纹。如星 M120：3（图二五，9）⑩。

II式：中腹较直，与肩及下腹有折棱。如医 M89：3（图二五，10）⑪。

III 式：圆鼓腹。如高陵张卜 III M15：3（图二五，11）⑫。

Db 型　圆腹。器形较小。依肩部变化，可分三式。

①　西安市文物保护考古所、郑州大学考古专业：《长安汉墓》，陕西人民出版社，2004 年。
②　西安市文物保护考古所、郑州大学考古专业：《长安汉墓》，陕西人民出版社，2004 年。
③　西安市文物保护考古所、郑州大学考古专业：《长安汉墓》，陕西人民出版社，2004 年。
④　西安市文物保护考古所：《西安龙首原汉墓（甲编）》，西北大学出版社，1999 年。
⑤　西安市文物保护考古所、郑州大学考古专业：《长安汉墓》，陕西人民出版社，2004 年。
⑥　西安市文物保护考古所：《西安龙首原汉墓（甲编）》，西北大学出版社，1999 年。
⑦　西安市文物保护考古所、郑州大学考古专业：《长安汉墓》，陕西人民出版社，2004 年。
⑧　西安市文物保护考古所、郑州大学考古专业：《长安汉墓》，陕西人民出版社，2004 年。
⑨　西安市文物保护考古所、郑州大学考古专业：《长安汉墓》，陕西人民出版社，2004 年。
⑩　西安市文物保护考古所：《西安南郊秦墓》，陕西人民出版社，2004 年。
⑪　西安市文物保护考古所：《西安龙首原汉墓（甲编）》，西北大学出版社，1999 年。
⑫　陕西省考古研究所：《高陵张卜秦汉唐墓》，三秦出版社，2004 年。

Ⅰ式：弧肩。泥质灰陶。最大径在中部。素面。如高陵张卜ⅢM22：7（图二五，12）[①]。

Ⅱ式：圆鼓肩。泥质灰陶。最大径在中部偏上。素面。如雅M151：9（图二五，13）[②]。

Ⅲ式：圆肩。泥质灰陶或红胎釉。最大径在肩部。表素面或饰网格纹、三角纹、奔兽纹等。如西北有色金属研究院M12：10（图二五，14）[③]。

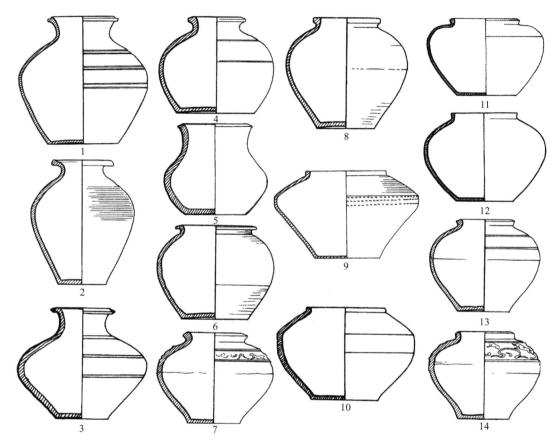

图二五　出土陶方唇罐

1. Aa 型Ⅰ式陶方唇罐（开 1997M4：4）　2. Aa 型Ⅱ式陶方唇罐（交 M3：1）　3. Ab 型Ⅰ式陶方唇罐（医 M3：3）
4. Ab 型Ⅱ式陶方唇罐（电 M166：8）　5. B 型陶方唇罐（医 M48：7）　6. C 型Ⅰ式陶方唇罐（医 M141：7）
7. C 型Ⅱ式陶方唇罐（交 M193：4）　8. C 型Ⅲ陶方唇罐（电 M14：2）　9. Da 型Ⅰ式陶方唇罐
（星 M120：3）　10. Da 型Ⅱ式陶方唇罐（医 M89：3）　11. Da 型Ⅲ式陶方唇罐（高陵张卜ⅢM15：3）
12. Db 型Ⅰ式陶方唇罐（高陵张卜ⅢM22：7）　13. Db 型Ⅱ式陶方唇罐（雅 M151：9）
14. Db 型Ⅲ式陶方唇罐（西北有色金属研究院 M12：10）

灶　泥质灰陶。前方后圆的马蹄形和长方形（方形），灶面有一至三釜，釜、灶或分体或连体。部分灶面、前壁模印炊具、食物及炊人等图案。依灶体的平面形状，可分

①　陕西省考古研究所：《高陵张卜秦汉唐墓》，三秦出版社，2004 年。
②　西安市文物保护考古所、郑州大学考古专业：《长安汉墓》，陕西人民出版社，2004 年。
③　西安市文物保护考古所、郑州大学考古专业：《长安汉墓》，陕西人民出版社，2004 年。

二型。

A型　前方后圆，呈马蹄形。依灶面釜的多少，可分三亚型。

Aa型　三釜。依其结构及灶面装饰不同，可分三式。

Ⅰ式：体宽短。釜、灶分体制作而后粘接，多不平，部分灶门不落地，少数有底，尾部烟囱较形象。素面。如医M27：2（图二六，1）[①]。

Ⅱ式：烟囱较简化。陶釜上半部分与灶面一次模制，下半部分粘接。如交M281：5（图二六，2）[②]。

Ⅲ式：烟囱简化。灶面较平，门拱形落地。面模印炊具、食物等图案。如交M178：12（图二六，4）[③]。

Ab型　二釜。依其结构及灶面装饰变化，可分三式。

Ⅰ式：釜、灶分体制作而后粘接。素面。如星M201：15（图二六，3）[④]。

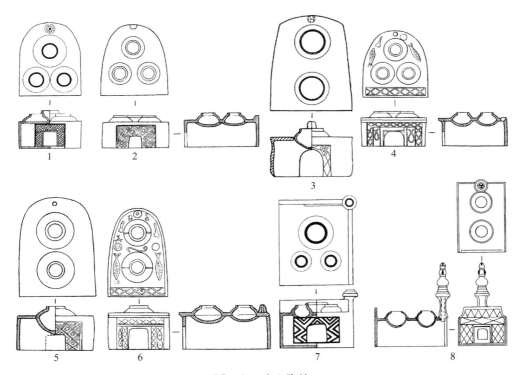

图二六　出土陶灶

1. Aa型Ⅰ式陶灶（医M27：2）　2. Aa型Ⅱ式陶灶（交M281：5）　3. Ab型Ⅰ式陶灶（星M201：15）

4. Aa型Ⅲ式陶灶（M178：12）　5. Ab型Ⅱ式陶灶（兆M1：4）　6. Ab型Ⅲ式陶灶（交M86：4）

7. Ba型陶灶（医M58：19）　8. Bb型陶灶（医M170：6）

①　西安市文物保护考古所：《西安龙首原汉墓（甲编）》，西北大学出版社，1999年。

②　西安市文物保护考古所：《西安龙首原汉墓（甲编）》，西北大学出版社，1999年。

③　西安市文物保护考古所、郑州大学考古专业：《长安汉墓》，陕西人民出版社，2004年。

④　西安市文物保护考古所：《西安南郊秦墓》，陕西人民出版社，2004年。

Ⅱ式：烟囱多简化成短柱或圆孔。釜上半部分与灶面一次模制，下半部分粘接。如兆M1：4（图二六，5）[①]。

Ⅲ式：面釜周围模印炊具、食物等。体较狭长，部分有底有足。如交M86：4（图二六，6）[②]。

B型　面呈长方形或方形。依釜的多少，可分二亚型。

Ba型　三釜。呈"品"字形布置。多有底，后端及一侧有矮墙。如医M58：19（图二六，7）[③]。

Bb型　二釜。釜、灶分体制作。小釜置于釜穴上。如医M170：6（图二六，8）[④]。

仓　泥质灰陶或红胎釉陶。有房形仓、方形仓和圆腹仓，圆腹仓又有圆肩、折肩、出檐之分，有平底和三足之别。施彩绘和素面者。有施釉者。依其形体差异，可分四型。

A型　房形。泥质灰陶。身长方形，上大下小，平底或圈足，顶为四面坡式庑殿顶，正面有仓门或窗。部分施彩绘。如医M51：1（图二七，1）[⑤]。

B型　方形。泥质灰陶。圆口，矮领，方唇或圆唇，平肩，四角略下斜，仓身直筒腹，剖面方形，近底部稍内收，底亦为方形，盖多为圆形子口。依形体变化，可分二式。

Ⅰ式：身短粗。如医M2：14（图二七，2）[⑥]。

Ⅱ式：身瘦高。如雅M78：5（图二七，3）[⑦]。

C型　圆肩，筒腹。多泥质灰陶。小口，矮领，平底或底附三足。腹多饰数组凹弦纹、凹弦纹，其间施彩绘。依底部的不同，可分二亚型。

Ca型　底附三兽形足，常见的为踞熊形。如医M169：4（图二七，4）[⑧]。

Cb型　平底。如雅M83：8（图二七，5）[⑨]。

D型　出檐或折肩圆腹仓。泥质灰陶或红胎釉陶。该型数量最多，小口，斜肩出檐或折肩，肩部多为竖向瓦棱，圆筒腹，平底三足或无足。腹部多饰数组凹弦纹。依肩部不同，可分二亚型。

Da型　肩部饰数道凸棱或板瓦棱。依肩、腹及装饰变化，可分四式。

Ⅰ式：斜肩稍出檐，直筒腹。多泥质灰陶。肩部均匀布置数道竖向凸棱。腹饰数组凹弦纹，部分弦纹之间施彩绘。如医M153：21（图二七，6）[⑩]。

Ⅱ式：腹上粗下细，肩径明显大于底径。多红胎酱黄或红褐釉陶。如西安石油学院

①　西安市文物保护考古所、郑州大学考古专业：《长安汉墓》，陕西人民出版社，2004年。
②　西安市文物保护考古所、郑州大学考古专业：《长安汉墓》，陕西人民出版社，2004年。
③　西安市文物保护考古所：《西安龙首原汉墓（甲编）》，西北大学出版社，1999年。
④　西安市文物保护考古所：《西安龙首原汉墓（甲编）》，西北大学出版社，1999年。
⑤　西安市文物保护考古所：《西安龙首原汉墓（甲编）》，西北大学出版社，1999年。
⑥　西安市文物保护考古所：《西安龙首原汉墓（甲编）》，西北大学出版社，1999年。
⑦　西安市文物保护考古所、郑州大学考古专业：《长安汉墓》，陕西人民出版社，2004年。
⑧　西安市文物保护考古所、郑州大学考古专业：《长安汉墓》，陕西人民出版社，2004年。
⑨　西安市文物保护考古所、郑州大学考古专业：《长安汉墓》，陕西人民出版社，2004年。
⑩　西安市文物保护考古所、郑州大学考古专业：《长安汉墓》，陕西人民出版社，2004年。

M22：3（图二七，7）^①。

Ⅲ式：肩部出檐较长。多红胎釉陶。肩部饰伞状板瓦棱。施墨绿釉。如医 M1：18（图二七，8）^②。

Ⅳ式：肩上板瓦之间有数周短粗凸棱。多红胎釉陶施墨绿釉。如开 M3：1（图二七，9）^②。

Db 型　折肩不出檐，肩部无竖棱。灰质陶或红胎釉陶。筒腹，上粗下细，平底或三足。如方新村 M19：29（图二七，10）^③。

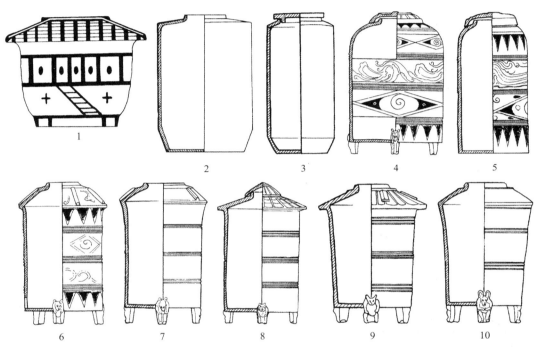

图二七　出土陶仓

1. A 型陶仓（医 M51：1）　2. B 型Ⅰ式陶仓（医 M2：14）　3. B 型Ⅱ式陶仓（雅 M78：5）
4. Ca 型陶仓（M169：4）　5. Cb 型陶仓（雅 M83：8）　6. Da 型Ⅰ式陶仓（医 M153：21）
7. Da 型Ⅱ式陶仓（西安石油学院 M22：3）　8. Da 型Ⅲ式陶仓（医 M1：18）
9. Da 型Ⅳ式陶仓（开 M3：1）　10. Db 型陶仓（方新村 M19：29）

樽　泥质灰陶或红胎釉陶。直口，方唇或圆唇，平底，三足。依足部的不同，可分二型。

A 型　蹄形足。足面或模印兽面纹，或蹄根有一周竖向凹槽。依器盖、器身、足及器表装饰变化，可分三式。

Ⅰ式：浅钵形盖。泥质灰陶。素面或施彩绘，足面素面或饰阴线兽面纹。如雅 M64：4（图二八，1）^④。

① 西安市文物保护考古所、郑州大学考古专业：《长安汉墓》，陕西人民出版社，2004 年。
② 西安市文物保护考古所、郑州大学考古专业：《长安汉墓》，陕西人民出版社，2004 年。
③ 西安市文物保护考古所、郑州大学考古专业：《长安汉墓》，陕西人民出版社，2004 年。
④ 西安市文物保护考古所、郑州大学考古专业：《长安汉墓》，陕西人民出版社，2004 年。

　　Ⅱ式：钵形盖。红胎釉陶。施酱黄或红褐釉。如雅 M134：11（图二八，2）[①]。

　　Ⅲ式：博山式盖。红胎釉陶。深弧腹。表施酱黄或红褐釉。如西安石油学院 M22：7（图二八，3）[②]。

　　B 型　兽形足或人形足。依盖、腹、足及器表装饰变化，可分四式。

　　Ⅰ式：无盖或浅钵形盖，直腹。泥质灰陶。素面或施彩绘图案。如枣园小区 M22：18（图二八，4）[③]。

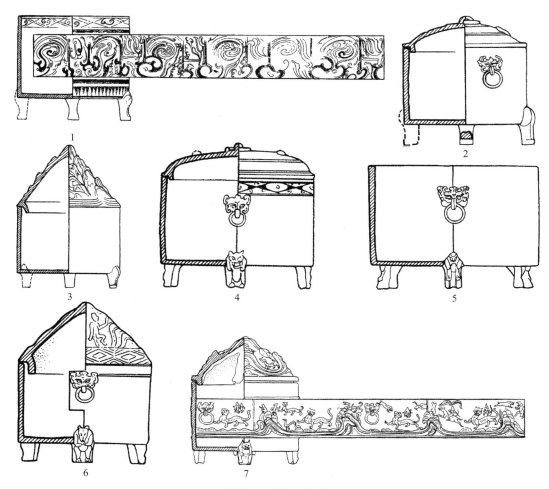

图二八　出土陶樽

1. A 型 Ⅰ式陶樽（雅 M64：4） 2. A 型 Ⅱ式陶樽（雅 M34：11） 3. A 型 Ⅲ式陶樽（西安石油学院 M22：7）
4. B 型 Ⅰ式陶樽（枣园小区 M22：8） 5. B 型 Ⅱ式陶樽（开 M31：11） 6. B 型 Ⅲ式陶樽（雅 M3：7）
7. B 型 Ⅳ式陶樽（医 M1：32）

① 西安市文物保护考古所、郑州大学考古专业：《长安汉墓》，陕西人民出版社，2004 年。
② 西安市文物保护考古所、郑州大学考古专业：《长安汉墓》，陕西人民出版社，2004 年。
③ 西安市文物保护考古所、郑州大学考古专业：《长安汉墓》，陕西人民出版社，2004 年。

Ⅱ式：无盖或浅钵形盖，直腹。红胎釉陶。施酱黄或红褐釉。如开 M31∶11（图二八，5）[①]。

Ⅲ式：博山形盖。红胎釉陶。施红胎酱黄、红褐釉。如雅 M3∶7（图二八，6）[②]。

Ⅳ式：博山形盖。红胎釉陶。腹模印浅浮雕奔兽、山峦等图案。施墨绿釉。如医 M1∶32（图二八，7）[③]。

（二）铜镜

西汉时期以铜镜随葬的风俗盛行。据不完全统计，近年西安地区汉墓中出土的铜镜有数百面，常见镜类有素面镜、蟠螭纹镜、螭龙纹镜、长乐未央镜、彩绘镜、花卉镜、草叶纹镜、星云镜、云雷纹镜、重圈铭带镜、清白镜、家常富贵镜、铜华镜、四乳禽兽纹镜、七乳禽兽纹镜、博局纹镜、昭明镜、日光镜等 20 余种。下面结合铜镜年代学研究的成果，对铜镜的类型、流行年代及与墓葬形制、出土器物的共存关系做简要分析。

素面镜　流行于西汉早期，基本上继承了战国、秦代素面镜的特点[④]。出土该类镜的墓葬主要为第二类 A 型Ⅰ式、第三类 A 型Ⅲ式。如咸阳 202 所西汉墓葬 M5[⑤]。同出陶器组合为 A 型Ⅲ式盒、钫等，如高陵张卜Ⅲ M43∶2（图二九，1）[⑥]。

蟠螭纹镜　流行于西汉早期[⑦]。出土该类镜的墓葬主要为第二类 A 型Ⅰ式和Ⅱ式，同出陶器组合有 A 型Ⅲ式盒、钫、Aa 型Ⅰ式圆唇罐、A 型Ⅰ式壶、Ⅰ式和Ⅱ式缶、Aa 型Ⅰ式和Ⅱ式灶等，如龙首村军干所 M9∶9（图二九，2）[⑧]。

螭龙纹镜　流行于文景至武昭宣时期[⑨]。出土此类镜的墓葬有第二类 A 型Ⅲ式和第三类 A 型Ⅲ式，同出陶器组合为 A 型Ⅱ式盒、A 型Ⅰ式壶、Ab 型Ⅱ式灶。如荆寺二村 M1∶6（图二九，3）[⑩]。

长乐未央镜　流行于文景至武帝时期[⑪]。出土此类镜的墓葬为第三类 A 型Ⅰ式，同出陶器组合有钫。如荆寺二村 M2∶3（图二九，4）[⑫]。

彩绘镜　流行于西汉早期，西汉中期也有少量发现[⑬]。出土此类镜的墓葬为第一类 C 型和第三类 A 型Ⅲ式。同出陶器组合为 Ab 型Ⅱ式鼎、A 型Ⅱ式和Ⅳ式盒、B 型Ⅰ式和 Ca 型仓、B 型Ⅱ式壶、B 型方唇罐、钫、Aa 型Ⅱ式和 Ba 型灶。如医 M170∶27（图二九，5）[⑭]。

① 西安市文物保护考古所、郑州大学考古专业：《长安汉墓》，陕西人民出版社，2004 年。

② 西安市文物保护考古所、郑州大学考古专业：《长安汉墓》，陕西人民出版社，2004 年。

③ 西安市文物保护考古所、郑州大学考古专业：《长安汉墓》，陕西人民出版社，2004 年。

④ 程林泉、韩国河：《长安汉镜》，陕西人民出版社，2002 年。

⑤ 咸阳市文物考古研究所：《陕西咸阳 202 所西汉墓葬发掘简报》，《考古与文物》2006 年第 1 期。

⑥ 陕西省考古研究所：《高陵张卜秦汉唐墓》，三秦出版社，2004 年。

⑦ 程林泉、韩国河：《长安汉镜》，陕西人民出版社，2002 年。

⑧ 西安市文物保护考古所：《西安龙首原汉墓（甲编）》，西北大学出版社，1999 年。

⑨ 程林泉、韩国河：《长安汉镜》，陕西人民出版社，2002 年。

⑩ 西安市文物保护考古所：《西安南郊荆寺二村西汉墓发掘简报》，《考古与文物》2009 年第 4 期。

⑪ 程林泉、韩国河：《长安汉镜》，陕西人民出版社，2002 年。

⑫ 西安市文物保护考古所：《西安南郊荆寺二村西汉墓发掘简报》，《考古与文物》2009 年第 4 期。

⑬ 程林泉、韩国河：《长安汉镜》，陕西人民出版社，2002 年。

⑭ 西安市文物保护考古所：《西安龙首原汉墓（甲编）》，西北大学出版社，1999 年。

图二九　出土铜镜（一）

1. 铜素面镜（高陵张卜ⅢM43：2） 2. 铜蟠螭纹镜（龙首村军干所 M9：9） 3. 铜螭龙纹镜（荆寺二村 M1：6） 4. 铜长安未央镜（荆寺二村 M2：3） 5. 铜彩绘镜（医 M170：27） 6. 铜重圈铭带纹镜（国棉五厂 M17：14） 7. 铜清白镜（咸阳 202 所 M9：1） 8. 铜家常富贵镜（枣园小区 M22：23） 9. 铜华镜（秦川机械厂 M11：1） 10. 铜四乳禽兽纹镜（开 2000M1：16） 11. 铜七乳禽兽纹镜（西北有色金属研究院 M29：1） 12. 铜博局纹镜（电 M110：25） 13. 第一类 A 型 I 式铜昭明镜（雅 M108：18）

花卉镜　主要流行于西汉早期[1]。出土此类镜的墓葬主要为第二类 A 型 I 式。同出陶器组合为 Ab 型 I 式鼎、A 型 III 式盒、钫、I 式缶、Ba 型 II 式圆唇罐、B 型凹唇罐、Aa 型 I 式和 Ab 型 I 式灶。如医 M54：86（图三〇，1）[2]。

草叶纹镜　流行于西汉早期和中期偏早阶段[3]。出土此类镜的墓葬主要为第二类 A 型 III 式，也有第三类 A 型 III 式，同出陶器组合有 Ab 型 II 式鼎、B 型 I 式盒、钫、Ab 型 I 式双唇罐、Ba 型 II 式和 Ac 型 II 式圆唇罐、Aa 型 II 式灶。如雅 M110：1（图三〇，2）[4]。

星云镜　出现于汉武帝时期，流行于昭宣时期[5]。出土此类镜的墓葬主要为第二类 A 型 II 式和 III 式。同出陶器组合有 Ab 型 II 式鼎、A 型 IV 式盒、II 式缶、钫、Ab 型 I 式和 II 式双唇罐、Ac 型 I 式和 II 式圆唇罐、Aa 型 II 式和 Ab 型 I 式方唇罐、Aa 型 II 式灶。如医 M95：10（图三〇，3）[6]。

云雷纹镜　出现于西汉中期[7]。出土此类镜的墓葬为第二类 A 型 II 式，同出陶器组合为 Ac 型 I 式圆唇罐、Aa 型 II 式灶。如国棉五厂 M41：1（图三〇，4）[8]。

重圈铭带镜　出现于西汉中期，常见于西汉晚期[9]。出土此类镜的墓葬有第三类 A 型 II 式，同出陶器组合为 Ab 型 III 式鼎、B 型 I 式盒、钫、Ab 型 I 式双唇罐、Da 型 I 式仓、Ab 型 II 式灶和 A 型 I 式樽。如国棉五厂 M17：14（图二九，6）[10]。

清白镜　出现于西汉中期偏晚，多见于西汉晚期[11]。出土此类镜的墓葬为第二类 A 型 II、III 式，同出陶器组合为 Ab 型 II 式鼎、钫、B 型 I 式壶、Ba 型 II 式圆唇罐、Ab 型 II 式双唇罐、C 型 II 式方唇罐、A 型 III 式灶、Da 型 III 式仓。如咸阳 202 所 M9：1（图二九，7）[12]。

家常富贵镜　流行于西汉中晚期或西汉晚期[13]。出土此类镜的墓葬为第二类 A 型 III 式和 C 型 I 式，也有第三类 A 型 II 式。同出陶器组合为 Ab 型 III 式鼎、A 型 IV 式和 B 型 I 式盒、Aa 型 II 式和 B 型 I 式双唇罐、B 型 I 式樽、Da 型 III 式和 IV 式仓、Aa 型 II 式灶。如枣园小区 M22：23（图二九，8）[14]。

铜华镜　多见于西汉晚期[15]。出土此类镜的墓葬为第二类 A 型 III 式，同出陶器有 C 型 II

①　程林泉、韩国河：《长安汉镜》，陕西人民出版社，2002 年。
②　西安市文物保护考古所：《西安龙首原汉墓（甲编）》，西北大学出版社，1999 年。
③　程林泉、韩国河：《长安汉镜》，陕西人民出版社，2002 年。
④　西安市文物保护考古所、郑州大学考古专业：《长安汉墓》，陕西人民出版社，2004 年。
⑤　程林泉、韩国河：《长安汉镜》，陕西人民出版社，2002 年。
⑥　西安市文物保护考古所、郑州大学考古专业：《长安汉墓》，陕西人民出版社，2004 年。
⑦　程林泉、韩国河：《长安汉镜》，陕西人民出版社，2002 年。
⑧　陕西省考古研究所：《白鹿原汉墓》，三秦出版社，2003 年。
⑨　程林泉、韩国河：《长安汉镜》，陕西人民出版社，2002 年。
⑩　陕西省考古研究所：《白鹿原汉墓》，三秦出版社，2003 年。
⑪　程林泉、韩国河：《长安汉镜》，陕西人民出版社，2002 年。
⑫　咸阳市文物考古研究所：《陕西咸阳 202 所西汉墓葬发掘简报》，《考古与文物》2006 年第 1 期。
⑬　程林泉、韩国河：《长安汉镜》，陕西人民出版社，2002 年。
⑭　西安市文物保护考古所、郑州大学考古专业：《长安汉墓》，陕西人民出版社，2004 年。
⑮　程林泉、韩国河：《长安汉镜》，陕西人民出版社，2002 年。

式方唇罐。如秦川机械厂 M11：1（图二九，9）①。

四乳禽兽纹镜　流行于西汉晚期和新莽时期②。出土此类镜的墓葬主要为第二类 C 型 I 式，第三类 C 型 I 式。同出陶器组合为 Ab 型 III 式和 B 型鼎，A 型 IV 式盒，B 型 III 式壶，Db 型 III 式方唇罐，Da 型 III 式仓，B 型 IV 式樽。如开 2000M1：16（图二九，10）③。

七乳禽兽纹镜　年代为西汉晚期后段至新莽时期④。出土此类镜的墓葬为第二类 A 型 III 式，同出陶器组合为 B 型 III 式壶、Db 型 III 式方唇罐、A 型 IV 式樽、Da 型 III 式仓。如西北有色金属研究院 M29：1（图二九，11）⑤。

博局纹镜　出现于西汉晚期前段，流行于西汉晚期和新莽时期⑥。出土此类镜的墓葬主要为第二类 C 型 I 式，也有第二类 A 型 II 式和第三类 C 型 I 式。同出陶器组合为 B 型 III 式壶、Bb 型 III 式圆唇罐、Db 型 III 式方唇罐、Da 型 III 式仓、B 型 IV 式樽、Ab 型 III 式灶。如电 M110：25（图二九，12）⑦。

昭明镜　出土数量较多。依纽座外装饰的不同，可分三类。

第一类：纽座外有一周内向连弧纹圈带。依铭文字体的不同，可分二型。

A 型　铭文似篆似隶，呈隶篆式变体。依铭文内加"而"字的多少，可分二式。

I 式：铭文中个别字间加"而"字。如雅 M108：18（图二九，13）⑧。

II 式：铭文相邻两字间加"而"字。如医 1988M1：16（图三〇，5）⑨。

B 型　铭文方正体，相邻字间均加"而"字。如雅 M90：15（图三〇，6）⑩。

第二类：纽座外饰一周凸弦纹和一周内向连弧纹。依铭文的不同，可分二型。

A 型　铭文为隶篆式变体。依隶化程度，可分二式。

I 式：铭文变篆体，但隶化程度已相当明显。如长安医院 M8：12（图三〇，7）⑪。

II 式：铭文似篆似隶。如西安石油学院 M22：40（图三〇，8）⑫。

B 型　铭文正方字，字铭间有"而"字。有圆形和并蒂连珠纹纽座。如开 1997M22：6（图三〇，9）⑬。

第三类：纽座圆周外饰一周或两周凸弦纹。依凸弦纹的多少，可分二型。

A 型　纽座外饰一周凸弦纹。部分铭文有"而"字。如交 M224：2（图三〇，10）⑭。

①　西安市文物管理处：《西安东郊秦川机械厂汉唐墓葬发掘简报》，《考古与文物》1992 年第 3 期。
②　程林泉、韩国河：《长安汉镜》，陕西人民出版社，2002 年。
③　西安市文物保护考古所、郑州大学考古专业：《长安汉墓》，陕西人民出版社，2004 年。
④　程林泉、韩国河：《长安汉镜》，陕西人民出版社，2002 年。
⑤　西安市文物保护考古所、郑州大学考古专业：《长安汉墓》，陕西人民出版社，2004 年。
⑥　程林泉、韩国河：《长安汉镜》，陕西人民出版社，2002 年。
⑦　西安市文物保护考古所、郑州大学考古专业：《长安汉墓》，陕西人民出版社，2004 年。
⑧　西安市文物保护考古所、郑州大学考古专业：《长安汉墓》，陕西人民出版社，2004 年。
⑨　西安市文物保护考古所、郑州大学考古专业：《长安汉墓》，陕西人民出版社，2004 年。
⑩　西安市文物保护考古所、郑州大学考古专业：《长安汉墓》，陕西人民出版社，2004 年。
⑪　西安市文物保护考古所、郑州大学考古专业：《长安汉墓》，陕西人民出版社，2004 年。
⑫　西安市文物保护考古所、郑州大学考古专业：《长安汉墓》，陕西人民出版社，2004 年。
⑬　西安市文物保护考古所、郑州大学考古专业：《长安汉墓》，陕西人民出版社，2004 年。
⑭　西安市文物保护考古所、郑州大学考古专业：《长安汉墓》，陕西人民出版社，2004 年。

B 型　纽座外饰两道凸弦纹。如雅 M92：1（图三〇，11）[①]。

第一类 A 型 I 式和第二类 A 型 I 式镜流行于西汉中期偏晚[②]。出土两类镜的墓葬为第二类 A 型 II 式。同出陶器组合为 Ab 型 II 式鼎、A 型 III 式和 IV 盒、B 型 I 式壶、钫、Ab 型 II 式双唇罐、Da 型 II 式仓、Aa 型 II 式灶。

第一类 A 型 II 式和第二类 A 型 II 式镜流行西汉晚期[③]。出土两类镜的墓葬为第二类 C 型 I 式和第三类 C 型 I 式。同出陶器组合为 Ab 型 IV 式鼎和 B 型鼎、B 型 III 式盒、B 型 III 式壶、Bb 型 III 式圆唇罐、Aa 型 II 式双唇罐、Da 型 III 式仓、A 型 III 式和 B 型 IV 式樽、Da 型 II 式仓。

第一类 B 型与第二类 B 型的共存关系相似，两类镜流行于西汉晚期，西汉中期也见有少量[④]。出土这两类镜的墓葬为第二类 C 型 I 式。同出陶器组合为 B 型鼎、B 型 III 式壶、Ab 型 II 式双唇罐、Db 型 III 式方唇罐、Da 型 III 式仓、B 型 IV 式樽。

第三类镜流行于西汉中晚期[⑤]。出土此类镜的墓葬为第二类 A 型 III 式，也有第三类 A 型 I 式。同出陶器组合为 Ab 型 II 式鼎，A 型 III 式和 IV 式盒、钫、A 型 III 式壶、Ab 型 II 式和 B 型 II 式双唇罐、Da 型 II 式和 III 式仓、Aa 型 II 式灶。

日光镜　数量最多，出现于武帝时期，流行于西汉中、晚期及新莽时期[⑥]。依纽座与铭文间主体纹饰不同，可分三类。

第一类：纽座与铭文间饰一周内向连弧纹。依内向连弧纹外有无短斜线纹，可分二型。

A 型　内向连弧纹外侧无短斜线纹。依铭文不同，可分三亚型。

Aa 型　铭"见日之光，久不可忘"。如医 M42：1（图三〇，12）[⑦]。

Ab 型　铭"见日之光，天下大明"。依据纽座与内向连弧纹间的装饰不同，可分二式。

I 式：纽座向外均匀伸出四条或八条短竖线。如交 M246：24（图三一，1）[⑧]。

II 式：纽座向外均匀伸出四单短弧线。如开 M6：28（图三一，2）[⑨]。

Ac 型　铭"见日之光，长毋相忘"。如开 1997M6：25（图三一，3）[⑩]。

B 型　内向连弧纹外饰一周短斜线纹。依纽座与内向连弧纹间的装饰不同，可分二亚型。

Ba 型　纽座向外均匀伸出四短弧线条，短弧线条间饰月牙纹或"◇"符号。如电 M28：23（图三一，4）[⑪]。

Bb 型　纽座向外伸出四组（每组三线）短竖线，其间饰四单短线条或月牙纹。如交 M79：3（图三一，5）[⑫]。

① 西安市文物保护考古所、郑州大学考古专业：《长安汉墓》，陕西人民出版社，2004 年。
② 程林泉、韩国河：《长安汉镜》，陕西人民出版社，2002 年。
③ 程林泉、韩国河：《长安汉镜》，陕西人民出版社，2002 年。
④ 程林泉、韩国河：《长安汉镜》，陕西人民出版社，2002 年。
⑤ 程林泉、韩国河：《长安汉镜》，陕西人民出版社，2002 年。
⑥ 程林泉、韩国河：《长安汉镜》，陕西人民出版社，2002 年。
⑦ 西安市文物保护考古所：《西安龙首原汉墓（甲编）》，西北大学出版社，1999 年。
⑧ 西安市文物保护考古所、郑州大学考古专业：《长安汉墓》，陕西人民出版社，2004 年。
⑨ 西安市文物保护考古所、郑州大学考古专业：《长安汉墓》，陕西人民出版社，2004 年。
⑩ 西安市文物保护考古所、郑州大学考古专业：《长安汉墓》，陕西人民出版社，2004 年。
⑪ 西安市文物保护考古所、郑州大学考古专业：《长安汉墓》，陕西人民出版社，2004 年。
⑫ 西安市文物保护考古所、郑州大学考古专业：《长安汉墓》，陕西人民出版社，2004 年。

图三○　出土铜镜（二）

1. 铜花卉镜（医 M54：86）　2. 铜草叶纹镜（雅 M110：1）　3. 铜星云镜（医 M95：10）　4. 铜云雷纹镜（国棉
五厂 M41：1）　5. 第一类 A 型Ⅱ式铜昭明镜（医 1988M1：16）　6. 第一类 B 型铜昭明镜（雅 M90：15）　7. 第二
类 A 型Ⅰ式铜镜（长安医院 M8：12）　8. 第二类 A 型Ⅱ式铜镜（西安石油学院 M22：40）　9. 第二类 B 型铜镜（开
1997M22：6）　10. 第三类 A 型铜镜（交 M224：2）　11. 第三类 B 型铜镜（雅 M92：1）　12. 第一类 Aa 型铜日光镜
（医 M42：1）

图三一　出土铜日光镜

1. 第一类 Ab 型Ⅰ式铜日光镜（交 M246∶24）　2. 第一类 Ab 型Ⅱ式铜日
光镜（开 M6∶28）　3. 第一类 Ac 型铜日光镜（开 1997M6∶25）　4. 第一类 Ba 型铜日光镜（电 M28∶23）　5. 第一类 Bb 型铜日光镜（交 M79∶3）　6. 第
二类 A 型铜日光镜（兆 M1∶40）　7. 第二类 B 型铜日光镜（雅 M123∶12）　8. 第三类 Aa 型铜日光镜（中新电
　力 M3∶12）　9. 第三类 Ab 型铜日光镜（雅 M61∶4）　10. 第三类 Ba 型Ⅰ式铜日光镜（雅 M58∶8）　11. 第三
类 Ba 型Ⅱ式铜日光镜（电 M164∶16）　12. 第三类 Bb 型铜日光镜（电 M197∶8）　13. 第三类 Ca 型铜日光镜（电
　M166∶21）　14. 第三类 Cb 型铜日光镜（电 M14∶7）

第二类：纽座与铭文带间的主体纹饰为一周较宽的凸弦纹圈带。依据纽座不同，可分二型。

A 型　连珠纹纽座。如兆 M1：40（图三一，6）①。

B 型　圆形纽座，纽座向外伸出四单短竖线。如雅 M123：12（图三一，7）②。

第三类：纽座与铭文之间饰一至三周凸弦纹。依纽座与铭文之间凸弦纹的多少，可分三型。

A 型　纽座与铭文之间饰一周凸弦纹带。依纽座与凸弦纹间装饰的不同，可分二亚型。

Aa 型　纽座向外均匀伸出四组（每组三线）短竖线。如中新电力 M3：12（图三一，8）③。

Ab 型　纽座向外均匀伸出八短弧线条纹。如雅 M61：4（图三一，9）④。

B 型　纽座与铭文带之间饰二周凸弦纹。依据纽座与凸弦纹之间的装饰不同，可分二亚型。

Ba 型　纽座向外伸出四组（每组三线）短竖线与四单短线条。依单短线的不同，可分二式。

Ⅰ式：四单线为短弧形。如雅 M58：8（图三一，10）⑤。

Ⅱ式：四单线为短直线形。如电 M164：16（图三一，11）⑥。

Bb 型　纽座向外均匀伸出四单短竖线，两周凸弦纹之间为四单短竖线。如电 M197：8（图三一，12）⑦。

C 型　纽座与铭间饰三周凸弦纹，依纽座与凸弦纹间装饰的不同，可分二亚型。

Ca 型　纽座向外四单短直线与四单短斜线相间环列，第一、二周凸弦纹间四组（每组三线）短线与四单短直线相间环列，第二、三周凸弦纹间四组（每组三线）短直线与四组（每组三线）短斜线相间环列。如电 M166：21（图三一，13）⑧。

Cb 型　纽座、凸弦纹间无纹饰。如电 M14：7（图三一，14）⑨。

第一类 Aa 型镜的年代为文景至武帝初年⑩，出土此类镜的墓葬为第二类 A 型Ⅰ式和第一类 C 型。同出陶器组合为 Ab 型Ⅲ式鼎、A 型Ⅰ式壶、钫、Ⅰ式缶、Aa 型Ⅰ式和 Ba 型Ⅱ式圆唇罐、A 型仓（房形仓）、Ba 型灶。

第一类 Ab 型Ⅰ式和 Ac 型镜的共存关系相似，其流行年代应相差不远，Ab 型Ⅰ式镜的年代为西汉中晚期⑪。出土这两种镜的墓葬为第三类 A 型Ⅱ式和 A 型Ⅲ式，第二类 A 型Ⅱ式

---

① 西安市文物保护考古所、郑州大学考古专业：《长安汉墓》，陕西人民出版社，2004 年。
② 西安市文物保护考古所、郑州大学考古专业：《长安汉墓》，陕西人民出版社，2004 年。
③ 西安市文物保护考古所、郑州大学考古专业：《长安汉墓》，陕西人民出版社，2004 年。
④ 西安市文物保护考古所、郑州大学考古专业：《长安汉墓》，陕西人民出版社，2004 年。
⑤ 西安市文物保护考古所、郑州大学考古专业：《长安汉墓》，陕西人民出版社，2004 年。
⑥ 西安市文物保护考古所、郑州大学考古专业：《长安汉墓》，陕西人民出版社，2004 年。
⑦ 西安市文物保护考古所、郑州大学考古专业：《长安汉墓》，陕西人民出版社，2004 年。
⑧ 西安市文物保护考古所、郑州大学考古专业：《长安汉墓》，陕西人民出版社，2004 年。
⑨ 西安市文物保护考古所、郑州大学考古专业：《长安汉墓》，陕西人民出版社，2004 年。
⑩ 程林泉、韩国河：《长安汉镜》，陕西人民出版社，2002 年。
⑪ 程林泉、韩国河：《长安汉镜》，陕西人民出版社，2002 年。

和Ⅲ式。同出陶器组合为 Ab 型Ⅳ式鼎、A 型Ⅳ式盒、钫、B 型Ⅰ式和Ⅱ式壶、B 型Ⅰ式和 Ab 型Ⅱ式双唇罐、Da 型Ⅰ式仓、Bb 型灶、A 型Ⅱ式樽。

第一类 Ab 型Ⅱ式镜流行于西汉晚期[①]。出土此类镜的墓葬为第三类 A 型Ⅲ式，同出陶器组合为 Ab 型Ⅱ式鼎、A 型Ⅳ式盒、B 型Ⅰ式壶、钫、Ab 型Ⅱ式双唇罐、Ca 型仓、Aa 型Ⅱ式和 Ab 型Ⅱ式灶。

第一类 Ba 型镜出现于西汉中期，流行于西汉晚期[②]。出土此类镜的墓葬有第二类 A 型Ⅲ式、C 型Ⅰ式和第三类 C 型Ⅰ式。同出陶器组合为 Ab 型Ⅳ式鼎、B 型Ⅱ式盒、B 型Ⅲ式壶、Ac 型Ⅲ式圆唇罐、Da 型Ⅲ式仓、B 型Ⅱ式灶、B 型Ⅳ式樽。

第一类 Bb 型镜出现于西汉中晚期，流行于西汉晚期和新莽时期[③]。出土此类镜的墓葬有第二类 A 型Ⅱ式、Ⅲ式和 C 型Ⅰ式，第三类 C 型Ⅱ式。同出陶器组合主要为 Ab 型Ⅳ式鼎、A 型Ⅴ式和 B 型Ⅱ式盒、B 型Ⅱ式壶、B 型Ⅰ式双唇罐、Da 型Ⅱ式仓、Ab 型Ⅲ式灶、A 型Ⅲ式和 B 型Ⅳ式樽。

第二类镜的共存关系较为相似，均流行于西汉中期[④]。出土此类镜的墓葬有第二类 A 型Ⅱ式和Ⅲ式、第三类 C 型Ⅰ式。同出陶器组合主要为 Ab 型Ⅱ式鼎、B 型Ⅱ式盒、A 型Ⅲ式壶、Ab 型Ⅱ式双唇罐、Da 型Ⅰ式仓、Ab 型Ⅱ式灶、A 型Ⅰ式和Ⅱ式樽。

第三类镜 A 型和 C 型的共存关系相似，流行于西汉晚期和新莽时期[⑤]。出土这类镜的墓葬有第二类 A 型Ⅱ式和Ⅲ式，同出陶器组合有 B 型鼎、B 型Ⅲ式壶、B 型Ⅰ式双唇罐、C 型Ⅲ式方唇罐、Da 型Ⅲ式仓、B 型Ⅳ式樽。

Ba 型镜流行于西汉晚期和新莽时期[⑥]。出土此类镜的墓葬为第二类 A 型Ⅱ式。同出陶器组合为 B 型鼎、B 型Ⅲ式盒、B 型Ⅲ式壶、B 型Ⅳ式樽。

Bb 型镜出现于西汉中期和晚期墓葬中[⑦]，仅见于电 M197[⑧]，墓葬形制为第二类 A 型Ⅲ式，陶器组合为 B 型鼎，Aa 型Ⅱ式方唇罐，B 型Ⅳ式樽。

（三）铜钱

西安地区西汉墓中出土大量铜钱，种类有半两、五铢钱和驳杂的新莽钱。

半两钱　根据半两钱的文字特征与钱径大小，可分三型。

A 型　字狭长，有小篆风格，"两"字上平划较长。直径 2～2.2、穿宽 0.9～1.1 厘米。如医 M170∶41（图三二，1）[⑨]。该型半两钱为汉初的榆荚钱，出土该型钱的墓葬主要为第二类的 A 型Ⅰ式，第三类 A 型Ⅲ，同出陶器组合有 Ab 型Ⅰ式鼎和少量的Ⅱ式鼎、A 型Ⅲ式盒、Ⅰ式和Ⅱ式缶、B 型凹唇罐、Ba 型Ⅱ式圆唇罐、钫、Aa 型Ⅱ式灶和少量的 Ba 型灶，此

① 程林泉、韩国河：《长安汉镜》，陕西人民出版社，2002 年。
② 程林泉、韩国河：《长安汉镜》，陕西人民出版社，2002 年。
③ 程林泉、韩国河：《长安汉镜》，陕西人民出版社，2002 年。
④ 程林泉、韩国河：《长安汉镜》，陕西人民出版社，2002 年。
⑤ 程林泉、韩国河：《长安汉镜》，陕西人民出版社，2002 年。
⑥ 程林泉、韩国河：《长安汉镜》，陕西人民出版社，2002 年。
⑦ 程林泉、韩国河：《长安汉镜》，陕西人民出版社，2002 年。
⑧ 西安市文物保护考古所、郑州大学考古专业：《长安汉墓》，陕西人民出版社，2004 年。
⑨ 西安市文物保护考古所：《西安龙首原汉墓（甲编）》，西北大学出版社，1999 年。

外还出现了房形仓。

B 型　字高挺，"半两"二字的上笔一般比穿的上边缘要高。直径 2.6 厘米以上，以 2.7～3 厘米为多。如西安绕城高速公路 M16（图三二，2）[1]。当为高后八铢半两钱，出土该型钱的墓葬主要为第二类中的 A 型 I 式和第三类 A 型 III 式，也有第二类中的 A 型 II 式，同出陶器组合有 Ab 型 II 式鼎和少量的 I 式鼎、A 型 III 式盒、I 式和 II 式缶、Aa 型 I 式圆唇罐、钫、房形仓（A 型）、Aa 型 I 式和 II 式灶。

C 型　字扁平，趋于方正。径 2～2.6 厘米，以约 2.4 厘米最多。如医 M28：2（图三二，3）[2]。为文、景及武帝时期的四铢半两钱，出土该型钱的墓葬主要为第二类的 A 型 I 式，A 型 II、III 式已经出现，此外有第一类 C 型，陶器组合有 Ab 型 II 式鼎和少量的 Ab 型 I 式鼎、A 型 III 式盒、A 型 I 式壶、钫、Aa 型 I 式圆唇罐、B 型凹唇罐、房形仓（A 型）、I 式和 II 式缶、Aa 型 II 式和 Ba 型灶。

五铢钱　根据五铢钱的形制特点和钱文特征，可分为六型。

A 型　"五"字宽扁，交笔缓曲或斜直。"铢"字"金"头三角形或箭头形，之下四短竖点，"朱"头方折，下划圆折或方折，笔画较粗。边郭较深，部分正面穿上有一横郭或穿下有一星纹，少数正面穿下有一横郭。如雅 M110：3-3（图三二，4）[3]。为郡国五铢钱，年代为武帝元狩五年至元鼎三年。出土该型五铢钱的墓葬为第二类的 A 型 III 式，与之共存的陶器组合为 Ab 型 II 式鼎、B 型 I 式盒、钫、Ab 型 I 式双唇罐、Ac II 式圆唇罐、Aa 型 II 式灶。

B 型　"五"字瘦长，竖划较直或缓曲，"铢"字金头有的为"◇"形，有的似为"△"形，头字笔画较粗，钱肉表面不太平整。符号有"穿上一横"、"穿下一横"、"穿上一星"、"穿下一星"和"四角决文"等多种。如医 M95：15-42（图三二，5）[4]。为武帝三官五铢钱，出土该型钱的墓葬主要为第二类的 A 型 II 式，A 型 III 式开始出现。陶器组合有 Ab 型 II 式鼎、A 型 IV 式盒、钫、Ac 型 II 式圆唇罐、Ab 型 II 式双唇罐、Da 型 I 式仓、Ab 型 II 式灶。

C 型　"五"字较宽大，竖划较直或缓曲，两竖笔有明显靠拢内收，"铢"字金头三角锐长，"朱"方折，略带圆意。如开 M6：24-33（图三二，6）[5]。流行于昭帝及宣帝前段时期，出土该型钱的墓葬以第二类的 A 型 II、III 式为主，还有第三类 A 型 III 式。陶器组合 Ab 型 III 式鼎和少量的 II 式鼎、A 型 IV 式盒、Aa 型 II 式壶和 B 型 II 式壶、钫、Ab 型 II 式双唇罐、Da 型 I 式和 Ca 型仓、Aa 型 II 式灶、A 型 I 式和少量的 II 式樽。

D 型　"五"字较宽，竖划甚曲，末端近乎平行，"金"头呈"△"形而锐尖，金字四点近圆而小，"朱"头方折，"五铢"二字排列整齐。如医 M107：13-1（图三二，7）[6]。流行于宣帝后期以及西汉晚期，出土该型钱的墓葬主要为第二类的 A 型 III 式，第二类 A 型 II 式。陶器组合为 B 型鼎和 Ab 型 III 式鼎、B 型 II 式盒、B 型 III 式壶、Db 型 III 式方唇罐、Aa 型 II 式圆唇罐、Ab 型 II 式双唇罐、B 型 II 式和 IV 式樽、Da 型 II 式至 IV 式仓、Ab 型 III 式灶。

①　陕西省考古研究所：《白鹿原汉墓》，三秦出版社，2003 年。
②　西安市文物保护考古所：《西安龙首原汉墓（甲编）》，西北大学出版社，1999 年。
③　西安市文物保护考古所、郑州大学考古专业：《长安汉墓》，陕西人民出版社，2004 年。
④　西安市文物保护考古所、郑州大学考古专业：《长安汉墓》，陕西人民出版社，2004 年。
⑤　西安市文物保护考古所、郑州大学考古专业：《长安汉墓》，陕西人民出版社，2004 年。
⑥　西安市文物保护考古所、郑州大学考古专业：《长安汉墓》，陕西人民出版社，2004 年。

E 型　磨郭五铢，也称"剪轮五铢"。字体多与 D 型相似，也有少量同 B、C 型相似者。如医 M107：13-13（图三二，8）[①]。

F 型　小五铢，"五"字宽大，交笔甚曲，末端近乎平行，之下多为四圆点，"朱"头方折，下划亦多方折。如电 M28：20-13（图三二，9）[②]。

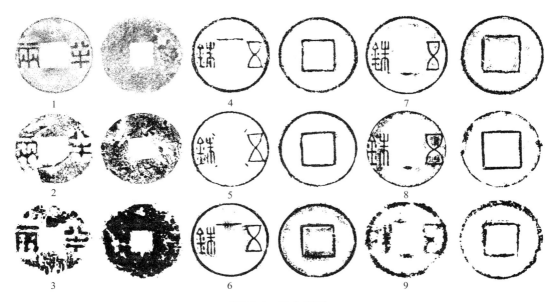

图三二　出土铜钱

1. A 型铜半两钱（医 M170：41）　2. B 型铜半两钱（西安绕城高速公路 M16 出土）　3. C 型铜半两钱（医 M28：2）　4. A 型铜五铢钱（雅 M110：3-3）　5. B 型铜五铢钱（医 M95：15-42）　6. C 型铜五铢钱（开 M6：24-33）　7. D 型铜五铢钱（医 M107：13-1）　8. E 型铜五铢钱（医 M107：13-13）　9. F 型铜五铢钱（电 M28：20-13）

E 型和 F 型五铢钱流行年代同 D 型相似，墓葬形制和随葬的陶器组合与之相近。

新莽时期的钱币特征鲜明，主要有大泉五十、小泉直一、货泉、大布黄千、差布五百、幼布三百和幺布二百等。出土这些钱币的墓葬主要为第二类的 C 型 I 式，也有第二类的 A 型 III 式和第三类 C 型 I 式。陶器组合为 B 型鼎、B 型 II 式盒、B 型 II 式壶、Aa 型 II 式圆唇罐和 Bb 型 III 式圆唇罐、Db 型 III 式方唇罐、Da 型 III 式和 IV 式仓、B 型 IV 式樽、Ab 型 III 式灶。如电 M164[③]。

三、墓葬的分期与年代

西安地区西汉墓出土器物依性质可分礼器、乐器、车马器、日常用具、殓葬器具、俑

① 西安市文物保护考古所、郑州大学考古专业：《长安汉墓》，陕西人民出版社，2004 年。
② 西安市文物保护考古所、郑州大学考古专业：《长安汉墓》，陕西人民出版社，2004 年。
③ 西安市文物保护考古所、郑州大学考古专业：《长安汉墓》，陕西人民出版社，2004 年。

等，其中仿铜陶礼器、生活用具明器两大类器形变化最快，时代特征也最明显，所以墓葬的分期主要以这两类器物的组合关系及器形变化为基础，再结合出土的铜镜、钱币对墓葬的年代进行断定。根据墓葬出土器物的组合、器形特征的共存关系，西安地区西汉墓出土器物可分六组。

第一组，器物组合为仿铜陶礼器和明器两类，仿铜陶礼器以鼎、盒、蒜头壶为主，也有少数不完整者；明器以罐、缶、灶、釜（鍪）为主，伴出有盆、甑等。器形组合为 Aa 型鼎，A 型 I 式、A 型 II 式盒，蒜头壶，I 式缶，凹唇罐，Ba 型 I 式圆唇罐，Da 型 I 式方唇罐，釜，Aa 型 I 式、Ab 型 I 式灶等。与该器物组合对应的墓葬主要有第一类 A 型 I 式、C 型、E 型土圹墓，第二类 A 型 I 式土洞墓。

第二组，器物组合与第一组基本相同，分为仿铜陶礼器和明器，仿铜陶礼器以鼎、盒、钫为主，亦有以壶代钫者，亦有钫、壶并出者；明器以罐、缶、灶、仓为主，另外伴出的还有盆、甑、陶饼等。器形组合为 Ab 型 I 式鼎，A 型 II 式、A 型 III 式、A 型 IV 式盒，钫，A 型 I 式壶，II 式缶，凹唇罐，Aa 型 I 式双唇罐，Aa 型 I 式、Ac 型 I 式、Ba 型 I 式、Ba 型 II 式圆唇罐，Ab 型 I 式、B 型、Da 型 II 式、Da 型 III 式方唇罐，Aa 型 I 式、Aa 型 II 式、Ab 型 I 式、B 型灶，A、B 型仓，A 型 I 式樽等，与该器形组合对应的墓葬主要有第一类 A 型 I 式、B 型、C 型、E 型土圹墓，第二类 A 型 I 式、A 型 II 式、A 型 III 式土洞墓，第三类 A 型 I 式、A 型 II 式、A 型 III 式土洞墓。

第三组，仿铜陶礼器组合与第三组基本相同，主要以鼎、盒、钫为主，也有以壶代钫或钫、壶并出者；明器以罐、仓、灶、樽为主，常见的还有小陶釜、小陶盆、小陶甑等。器形组合 Ab 型 II 式鼎，A 型 IV 式盒，钫，A 型 I 式、A 型 II 式、B 型 I 式壶，II 式缶，Aa 型 II 式、Ab 型 I 式双唇罐，Ac 型 II 式圆唇罐，Aa 型 I 式、C 型 I 式、Db 型 I 式、Db 型 II 式方唇罐，Aa 型 II 式、Ab 型 II 式灶，B 型 II 式、C 型、Da 型 I 式仓，A 型 I 式樽等。与该组器物对应的墓葬主要有第一类 E 型土圹墓，第二类 A 型 II 式、A 型 III 式土洞墓，第三类 A 型 I 式、A 型 II 式、A 型 III 式土洞墓。

第四组，仿铜陶礼器以鼎、盒、壶为主，次为鼎、盒、钫或鼎、盒、钫、壶；明器组合与第三组相同，主要有罐、仓、灶、樽等。器形组合关系为 Ab 型 III 式、Ab 型 IV 式鼎，A 型 V 式、B 型 I 式、B 型 II 式盒，钫，A 型 I 式、A 型 II 式、A 型 III 式、B 型 II 式壶，Ab 型 II 式、B 型 I 式双唇罐，Ac 型 II 式、Ac 型 III 式、Bb 型 I 式圆唇罐，Aa 型 II 式、C 型 II 式、Db 型 II 式方唇罐，Aa 型 II 式、Ab 型 II 式、Ab 型 III 式、Bb 型灶，C 型、Da 型 I 式、Da 型 II 式、Db 型仓，A 型 II 式、A 型 III 式、B 型 I 式、B 型 II 式、B 型 III 式樽等。与该组器物组合对应的墓葬主要有第一类 A 型 I 式、A 型 II 式、F 型土圹墓；第二类 A 型 II 式、A 型 III 式土洞墓，B 型 I 式空心砖墓，C 型 I 式、C 型 II 式砖室墓；第三类 A 型 I 式、A 型 II 式、A 型 III 式土洞墓，B 型 I 式空心砖墓，C 型 I 式、C 型 II 式砖室墓。

第五组，仿铜陶礼器组合为鼎、盒、壶，但完整的组合较少，大部分无鼎或无盒；明器类为罐、仓、灶、樽等。器形组合关系为 B 型鼎，B 型 III 式盒，B 型 III 式壶，B 型 II 式、B 型 III 式双唇罐，Aa 型 II 式、Ab 型、Ac 型 III 式、Bb 型 II 式、Bb 型 III 式圆唇罐，Aa 型 II 式、Ab 型 II 式、C 型 III 式、Db 型 III 式方唇罐，Aa 型 III 式、Ab 型 III 式灶，Da 型 II 式、Da 型 III 式、Da 型 IV 式仓，B 型 III 式、B 型 IV 式樽等。与之对应的墓葬主要有第一类 A 型 I 式、

A 型 II 式、G 型土圹墓；第二类 A 型 II 式、A 型 III 式、A 型 IV 式土洞墓，B 型 II 式空心砖墓，C 型 I 式、C 型 II 式砖室墓；第三类 A 型 I 式、A 型 II 式、A 型 III 式土洞墓，B 型 II 式空心砖墓，C 型 I 式、C 型 II 式砖室墓。

第六组，该组器类组合与第五组基本相同，但完整的仿铜陶礼器组合少见。器形组合为 B 型鼎，B III 式盒，B III 式壶，Ab 型、Bb 型 III 圆唇罐，C 型 III 方唇罐，Aa 型 III 式、Ab 型 III 式灶，Da 型 III 式、Da 型 IV 式仓，B 型 IV 式樽等。与该组器物对应的墓葬主要有第一类 A 型 II 式土圹墓；第二类 A 型 II 式、A 型 III 式、A 型 IV 式土洞墓，C 型 I 式、C 型 II 式砖室墓；第三类 A 型 I 式、A 型 II 式、A 型 III 式土洞墓，C 型 I 式、C 型 II 式砖室墓。

根据墓葬形制、器物组合、器形特征及出土的铜镜、钱币的不同，西安地区西汉墓可分为四期，其中三、四期又可分为前后两段，期组的对应关系如下。

第一期，与之对应的器物组合为第一组。本期器物组合和墓葬形制与战国晚期、秦代墓葬有较多的相似之处，仿铜陶礼器组合为鼎、盒、蒜头壶，明器中以罐、缶、釜、盆、甑等为主，中小型墓葬多采用墓道宽于墓室的竖穴墓道土洞墓和竖穴土圹墓，大型墓葬多采用带斜坡墓道的土圹墓。但出现了不少新的因素，新出现炊具灶，器形方面也有较大变化；鼎盖圆弧形，壁、顶无明显界限，鼎身直腹或弧腹，底多为平底，不同于战国、秦代的垂腹、圜底，蹄形足足根较鼓，战国、秦代鼎足足根一般较扁平，装饰方面多素面，与战国晚期的暗弦纹不同；盒身、盒盖腹壁圆润，无明显折棱，器腹也较战国、秦代盒深；蒜头壶多为扁腹，大平底，制作较粗糙；缶小口，广斜肩，肩腹夹角较小，呈环带状，下斜腹或内收，战国、秦陶缶肩部略弧，无折肩或折肩不明显，下腹也略弧收。葬俗方面流行仰身直肢葬，随葬钱币现象开始流行，均为半两钱，有秦代晚期半两、吕后八铢半两、汉初榆荚钱等，出土铜镜以素面或弦纹镜为主，也有纹饰繁缛的蟠螭纹镜，均镜面平直，镜体较薄，具有战国晚期铜镜的特征。根据出土铜钱、铜镜，结合器物组合与器形特征，我们认为该期墓葬的时代当在秦末汉初，最晚至文帝时期。

第二期，与本期对应的组合关系为第二组。与第一期相比，仿铜陶礼器组合有较大变化，仿铜陶礼器以鼎、盒、钫为主，蒜头壶少见，一期常见的平底 Aa 型鼎少见，以浅腹、圜底或尖圜底 Ab 型 I 式鼎为主，盒以深弧腹小平底的 A 型 III 式盒为主，新出现斜腹或略弧的 A 型 IV 式盒。明器中陶饼、房形仓、方缸、樽为本期新出现器类，炊具以灶为主，除前方后圆后马蹄形灶之外，新出现方形或长方形灶，红陶釜不见。出现肩部略鼓的 II 式缶，凹唇罐、双唇罐较第一期流行。器表装饰方面与第一期相比变化较大，彩绘装饰发达，鼎、盒、钫、壶等仿陶铜陶礼器多施彩绘。葬俗方面随葬钱币较一期发达，出现了冥币陶饼，钱币均为半两钱，从钱型分析多为文帝四铢半两和武帝四铢半两钱，也有汉初荚钱。铜镜类型也较一期多样，除一期常见镜类之外，新出现草叶纹镜、日光镜等。墓葬形制较一期多样，出现墓道与墓道等宽、墓室宽于墓道的竖穴土洞墓和斜坡墓道土洞墓，土洞木椁墓极具时代特征。从出土钱币、铜镜及器组合，我们认为该期的年代当在文帝至武帝前期（元狩五年以前）。

第三期，根据器物组合变化可分为前、后两段，前段与之对应的器物组合为第三组，后段与之对应的器物组合为第四组。前段，仿铜陶礼器组合与第二期基本相同，以鼎、盒、钫为主，也有以壶代钫或钫、壶并用者，鼎多为浅腹圜底 Ab 型 II 式，盒多为斜腹或略弧的 A 型Ⅳ式盒，壶除二期的折曲状圈足壶之外，新出现空心假圈足壶，樽较二期流行，二期流行的房形仓不见，方形仓延续二期，但器身较细长，新流行筒形圆腹 C 型、Da 型Ⅰ式仓，双唇罐较为流行。器表装饰方面，彩绘很流行，但与二期相比显得单调，以单色红彩为主，复色彩、白彩少见，釉陶器开始出现。墓葬形制方面，墓室宽于墓道的竖穴土洞墓少见，以墓道与墓室等宽、墓道窄于墓室的竖穴土洞墓和斜坡墓道土洞墓为主。葬俗方面，除流行单人墓外，夫妇合葬墓开始流行。随葬钱币较为流行，以五铢钱为主，有郡国五铢、武帝三官五铢、昭帝五铢、宣帝前段五铢，规模较大的墓葬还随葬仿金陶饼。伴出铜镜主要有日光镜、昭明镜、草叶纹镜、星云纹镜、家常富贵镜等。根据出土钱币、铜镜及器物组合关系，我们认为前段的年代当在武帝后期至宣帝前期。后段，与该段对应的器物组合为第四组。陶礼器组合以鼎、盒、壶为主，钫已居次要地位，器类与前段基本相同。器形方面，鼎腹较前期深，盖面中央常饰环形纽；新出现圈足盒；壶则以假圈足壶为主；樽身与前段基本相同，足除蹄形外，新出现兽形足，樽盖或为浅钵形或为博山形；灶面开始出现模制炊具、食物图案，仓、罐与前段无多大区别。在器物装饰方面最大的变化是红褐釉和酱黄釉陶器的流行，彩绘陶器已居次要地位。墓葬形制与前段基本相同，以竖穴墓和斜坡墓道土洞墓为主，新出现前、后室墓和砖室墓。伴出镜类主要有日光镜、昭明镜、清白镜、家常富贵镜等，出土钱币均为五铢钱，除前段的武、昭、宣帝前段五铢外，新出现宣帝后段、元帝时期的五铢钱。根据出土铜钱、铜镜和器物组合，我们认为该段的年代大体在宣帝后段及元帝时期。

第四期，依器物组合及出土钱币的不同可分前、后两段，与之对应的组合分别为第五组和第六组。四期前段，仿铜陶礼器为鼎、盒、壶，钫不见，完整的礼器组合较少，或无鼎或无盒，生活明器组合与三期后段无多大区别，以罐、仓、灶、樽为主，器形变化较大，新出现盖面有模印图案的 B 型鼎和 B 型Ⅲ式盒、肩部模印图案的 B 型Ⅲ式壶及肩部模印图案的 B 型Ⅱ式和 B 型Ⅲ式双唇罐、Bb 型Ⅲ式圆唇罐、Db 型Ⅲ式方唇罐、小口筒腹罐等，灶面流行模印炊具、食物图案的 Ab 型Ⅲ式灶，新出现出檐较长、肩部模印板瓦棱的 Da 型Ⅲ式绿釉陶仓和腹部模印图案的 Ab 型Ⅳ式樽。器表装饰主要流行施墨绿釉，器盖、肩、腹模制浅浮雕图案。出土铜镜除日光镜、昭明镜外，新见四乳镜、博局镜等镜类，伴出钱币均为武、昭、宣、元时期的五铢钱，也有新出现的哀、平时期的五铢钱。墓葬形制与三期后段基本相同，唯砖室墓和夫妇合葬墓更为流行，前后室穹隆顶墓开始出现。从出土铜钱、铜镜及器物组合分析，我们认为该段墓葬的年代当在元帝以后至新莽之前。四期后段，器物组合、器形、墓葬形制方面与前段无大区别，唯完整的仿铜陶礼器组合较前段更为少见，以壶、罐、仓、灶为主，与前段的重要区别在于伴出钱币方面，前段均为五铢钱，后段除出五铢钱外，还有种类多样的新莽钱币，如大泉五十、小泉直一、货泉、货布、大布黄千等，据此我们认为，四期后段墓葬的年代当在新莽时期或稍后。

（此文与张翔宇合著，原载于《考古学报》2011 年第 2 期）

有关墓葬考古学研究的思考
——以两汉墓葬为例

考古学的研究对象是实物资料。作为考古学研究对象的实物，应该是古代人类通过各种活动遗留下的，经过人类有意识加工过的。如果是未经人类加工的自然物，则必须是与人类的活动有关的，或是能够反映人类的活动的。古代人类通过各种活动遗留下来的实物，通常包括遗物和遗迹两大类。前者如工具、武器、日用器具和装饰品等器物，后者如宫殿、住宅、寺庙、作坊、矿井、都市、城堡、坟墓等建筑和设施[①]。在这些与人类活动相关的实物资料中，城址、墓葬和手工业遗址中所保留下来的信息，最能反映人类生产活动的全貌。而相对于城址和手工业而言，墓葬应该是包含信息最为丰富的；其所包含的信息除了涉及当时社会的政治、经济、文化及社会生活之外，还全面地反映了人的精神思想、宗教思想及社会上层建筑的方方面面。因此，对墓葬的研究，就显得极为重要。因为它不仅能向人们展示古代社会的生产力水平与生产关系状况，而且还能深层次地显露当时人们对精神层面的追求与向往，为大家展现一个立体而全面的古代社会风貌。

自从中国考古学诞生之时起，墓葬就成为学界关注和研究的重心。究其原因，大致有三点：其一，在考古发掘中，发现最多的遗迹是墓葬；其二，在中国传统文化中，丧葬之礼长期影响着中国人的思想和行为；其三，古人"事死如生"的观念使得墓葬包罗万象，成为研究古代社会最直接的实物资料。

对于墓葬的考古学研究，除了对墓葬形制、随葬品的考古类型学研究外，还包括对墓葬及其随葬品所反映出的社会关系、思想意识的深层次研究。也就是说对物质遗存、丧葬制度、精神意识这三方面的研究，才能构成对墓葬的全方位的考古学研究。

一、墓葬及其包含内容的分析

纵观中国古代墓葬，从其建筑模式到随葬物品，大致可以划分为三个系统，即天神系统、人间系统和阴界系统。

（一）天神系统

天神系统是在墓葬中最经常见到的形象。从墓室壁画到棺椁再到随葬物品，它们的形象无处不在。而在这个系统中，又可以划分出两个层次的内容：一方面是以日月星辰等为主的表现古人崇天思想的图案；另一方面是以神怪和珍禽异兽等为主的表现古人对神仙崇拜的图案。而这两种图案又经常杂糅一体，密切联系，成为代表天界和神界的一个大系统。

---

① 中国大百科全书考古学编辑委员会：《中国大百科全书·考古学》，中国大百科全书出版社，1986年，第1页。

在中国文化中，天地不仅是天文学研究的主要对象，也是古代哲学、美学所探讨的主要问题，许多思想家、文学家都经常谈天说地，如屈原的《天问》等[①]。由此可以看出，天在古人心目中的地位和作用。两汉时期，这种崇天的思想更加深刻地反映于墓葬之中。例如，汉代复杂一些的大型墓室往往造成穹隆顶，便是崇天思想的表现之一。

汉代墓葬中出土画像砖和画像石，也明显反映出崇天的思想。例如，南阳市王寨汉墓的彗星图，图左刻背负日轮的阳乌，中部刻内有蟾蜍的满月和天庙星，图右刻东欧星，东欧星上下各有一彗星[②]；南阳市东关汉墓出土的日月合璧图（即日食图），"整幅图像由苍龙星座、毕宿、阳乌、日月合璧四部分组成。日月合璧刻画为，图中一金乌，背负日轮，日轮内刻一象征月亮的蟾蜍"[③]；唐河县针织厂汉墓墓顶天文画像石中的三足乌图，画面左刻一白虎，右刻一日轮，日轮内刻三足乌[④]。另外，还有日月同辉图、北斗星图、苍龙星座图、白虎星座图等。

两汉时期的人们，对天上的神界充满了憧憬与向往。长沙马王堆一号墓棺椁上彩绘了复杂的云气纹以及神怪和珍禽异兽[⑤]，这些珍禽异兽多非人间所有，是时人想象中神界的仙人和瑞兽。山东临沂金雀山九号墓的棺盖上有一幅帛画，帛画顶上绘有日、月、云朵，下有蓬莱、方丈、瀛洲三仙山[⑥]，即象征天界和神界。洛阳卜千秋墓壁画的全部内容都是升仙的题材[⑦]。在南阳地区的画像石墓中常见羽人、神兽、天帝出行等画像。河南密县打虎亭汉墓画像石中有大量死后升天图像[⑧]。东汉时期流行于四川成都平原的画像砖墓也有不少神灵图案[⑨]。

另外，墓葬随葬的漆器、釉陶器和铜器上，也多出现神兽、禽怪的形象和题材。例如，西汉中晚期的鸟兽带纹、博局纹铜镜上就多饰仙人、神怪、羽人、四神等图案。东汉的神兽镜、神人车马画像镜上有五帝、句芒、南极老人、东王公、西王母等形象[⑩]，都反映了两汉人们的天、神思想。

（二）人间系统

在古人的思想中，"事死如事生"的观念始终贯穿于墓葬的内容与形式之中。因此，在墓葬中联系最为密切的应该是人间系统，在这个系统中所包含的内容，都是与死者在现实生活中的实际情况相关联的、真实地反映死者生前生活的东西。

比如西汉时期的诸侯王中山靖王刘胜和夫人窦绾墓，在其墓道"两侧有对称的南北耳室，分别放置多辆马车或炊厨用器。……刘胜墓的甬道、南耳室、北耳室和中室以及窦绾墓的中室，原来在洞室内还有瓦顶的木构房屋"。在两墓后室"主室设棺床，上置棺椁。侧室

①　朱存明：《汉画像的象征世界》，人民文学出版社，2005 年。
②　陈长山、魏仁华：《南阳县王寨汉墓中的彗星图》，《中原文物》1982 年第 1 期。
③　王玉金：《南阳汉画与汉史研究》，《南都学坛》（哲学社会科学版）1999 年第 1 期。
④　王玉金：《南阳汉画与汉史研究》，《南都学坛》（哲学社会科学版）1999 年第 1 期。
⑤　湖南省博物馆等编：《长沙马王堆汉墓》，文物出版社，1979 年。
⑥　临沂文化馆：《山东临沂金雀山九号汉墓发掘简报》，《文物》1977 年第 11 期。
⑦　洛阳博物馆：《洛阳西汉卜千秋壁画墓发掘简报》，《文物》1977 年第 6 期。
⑧　河南省文物研究所：《密县打虎亭汉墓》，文物出版社，1993 年。
⑨　赵殿增、袁曙光：《"天门"考——兼论四川汉画像砖（石）的组合与主题》，《四川文物》1990 年第 6 期。
⑩　刘卫鹏：《汉代神、鬼观念在墓葬中的反映》，《咸阳师范学院学报》2002 年第 3 期。

置铜盆、熏炉、铜灯，象征浴室。在棺椁里外放置大量兵器（刘胜）、玉石佩饰（窦绾）以及铜钱等珍宝器物"[1]，从墓室的建筑格局到随葬的器物，都可以说是墓主人生前生活的真实再现。

两汉墓葬中，不仅诸侯王的墓葬真实地反映了墓主人生前的生活，就是普通的官吏和平民百姓的墓葬也尽可能地再现死者生前状态。例如，两汉墓葬随葬品中常见的物品陶仓、陶井、陶灶、陶质家禽家畜以及陶楼等模型明器，都明显地反映出两汉时期人们的日常生活。还有两汉时期的画像砖、画像石墓中所出的画像中，有大量反映车马出行、迎宾宴饮、邀观比武、乐舞演奏等内容，同样也反映出墓主生前的生活面貌。

（三）阴界系统

古人认为，人死以后地下还有另外一个世界，即阴界。在阴界当中，存在各种阴神鬼怪。因此，两汉墓葬中，反映阴间的生活也是墓葬的一项主要内容。例如，西汉初年的江陵凤凰山一六八号汉墓出土竹简就记载了死者向地下官吏祷告的文书[2]。此类文书在江陵凤凰山十号墓、江陵毛家园一号墓、马王堆三号墓中都有出土。还有东汉时期墓葬中流行的买地券，也是与墓主阴间生活密切相关的。

两汉墓葬中的画像石、画像砖和壁画，也有许多如方相氏、执斧神人、材官蹶张、辟鬼神兽等题材，都与阴界相关。

随葬品中，最有代表性的应该是镇墓瓶。在这些镇墓瓶上一般都有朱书文字，有不少对地下世界和鬼神的描述。这些"汉墓中之镇墓文（瓶）就是为解除死者魂灵的问题，以防止作祟生人"[3]，目的就是使死者的魂灵得到安宁，也就是为解决死者的灵魂的问题[4]。同时，这些镇墓瓶的另外一个重要作用就是辟邪驱鬼，使得鬼魅不能进犯。

东汉时期还有一种比较特殊的驱鬼镇邪之物——"黄神越章"。黄神，应该指的是太平道信奉尊神。越，可能就是超越，超出之意，总体就是指黄神之权力无边[5]，也是可以来镇鬼的。

二、墓葬所反映的社会关系

（一）墓主与墓葬的关系

墓葬所反映的社会关系，应该说墓主与墓葬的关系是最主要的，也是最紧密的。

第一，墓主个人的思想方式对其本人丧葬是有着重要影响。这种影响最突出的表现就是帝陵的预建寿藏制度。早在战国时期，诸侯国王生前治陵已蔚然成风。《史记·赵世家》记赵肃侯"十五年起寿陵"[6]，所见文献中较早的关于建筑寿陵的记载。秦始皇陵也是按照寿藏制度营建的，"始皇初即位，穿治郦山"。两汉帝陵也大多采取此制。西汉皇帝即位不

① 黄展岳：《汉代诸侯王墓论述》，《考古学报》1998 年第 1 期。
② 纪南城凤凰山一六八号汉墓发掘整理组：《湖北江陵凤凰山一六八号汉墓发掘简报》，《文物》1975 年第 9 期。
③ 韩国河：《秦汉魏晋丧葬制度研究》，陕西人民出版社，1999 年，第 179 页。
④ 刘卫鹏：《汉代神、鬼观念在墓葬中的反映》，《咸阳师范学院学报》2002 年第 2 期。
⑤ 韩国河：《秦汉魏晋丧葬制度研究》，陕西人民出版社，1999 年，第 181 页。
⑥ （汉）司马迁：《史记》卷四十三《赵世家》，中华书局，1959 年。

久，就为自己营筑陵墓。据《汉书》诸帝记载，汉景帝于"五年，作陵邑"；武帝即位第二年，就"初置茂陵邑"；元帝即位第八年"为初陵"；成帝即位第二年"以渭城延陵亭部为初陵"①。《后汉书》中也记载光武帝、明帝"初做寿陵"②。《后汉书·礼仪》中引"汉旧仪略载前汉诸帝寿陵曰：'天子即位明年，匠作大将营陵地'"③。由此可以看出，这种预建寿藏制度是修建帝陵的一项重要程式，主要体现帝王自己的意愿。不仅帝王陵墓如此，现在已发现的一些两汉诸侯王墓也是如此。就连一些中小型的砖室墓也是需要一段时间才能建好，因此必须预建。另外，墓葬的形制也体现了墓主自身的个性思想。这方面最典型的范例就是汉文帝霸陵。《史记》载，霸陵之地"山川因其故，毋有所改"，即"因山为藏，不复起坟"④。文帝放弃了先前帝陵使用的起坟丘的陵墓形式，而采取凿山为陵的崖墓形式。这样不遵祖制的陵墓制度，常常与墓主个人的思想认识有密切关系。

第二，从墓葬的形制上看，无论是诸侯大墓中的正藏系统、外藏系统、黄肠题凑、梓宫和便房，还是中小型墓葬中的砖砌墓室，都是模仿人们日常居住的房屋形式修建而成，从这一层次上讲，墓葬可以视为墓主生前所居建筑在地下世界的反映。

第三，两汉时期，随着生产力的不断发展，人们所拥有的物质财富大量增加，个人追求财富成为时尚。这些社会思潮都如实地反映在陵墓当中，如汉景帝阳陵周围的从葬坑中出土了大量的陶羊和陶猪，就是如此。还有西汉时期中小型墓随葬品中礼器的逐渐减少直至消失，日用陶器数量大幅增加，尤其是陶质模型明器的出现并大量使用，其种类涵盖了象征财富的所有物品和种类。从中可以看出，两汉时期人们对私有财富的向往，对物质占有的强烈愿望，即使到了阴间，也仍然希望自己的周围聚集如此之多的财富和物品。

（二）墓主与其家人的关系

古人重家的观念十分浓厚。其原因一方面是小农经济的耕织结合是以家庭为单位来进行，家庭成为全体成员衣食住行生活的重要保障；另一方面，中国古代的神权政治和集权政治体制，促使家庭政权化，政权家庭化⑤。因此，在墓葬中，逝者与家庭成员之间就存在着相当密切的关系。逝者的丧葬诸事是由其家庭成员操办的，这样虽然逝者在生前可能对自己的丧葬有过安排，但是不能排除丧葬的过程中家庭成员的意愿。

这种关系，墓葬随葬品也有反映。也就是说，两汉墓葬中大量的随葬品，除了象征墓主人生前的生活与财富，也蕴涵着墓主家人对死者的情感和寄托，希望死者能够在阴间生活舒适。所以，在那些象征财富的模型明器当中，大到庄园院落，小到猪、马、牛、羊等，其生活起居所用之物样样俱全。

如众所知，汉文帝治霸陵，主张薄葬，认为"当今之时，世咸嘉生而恶死，厚葬以破业，重服以伤生，吾甚不取"，"治霸陵皆以瓦器，不得以金银铜锡为饰，不治坟，欲为省，

①　王学理：《秦汉相承帝王同制——略论秦汉皇帝和诸侯王陵园制度的继承与演变》，《考古与文物》2000年第6期。另外也见于杨树达：《汉代婚丧礼俗考》，上海古籍出版社，2000年。
②　记载分别见《后汉书》卷一下《光武帝纪》；《后汉书》卷二《显宗孝明帝纪》。
③　（宋）范晔撰，（唐）李贤等注：《后汉书》志第六《礼仪下》，中华书局，1965年。
④　（汉）司马迁：《史记》卷十《孝文本纪》，中华书局，1959年。
⑤　雷家宏：《中国古代家庭观念述论》，《江西社会科学》1994年第3期。

毋烦民"①。有学者通过对文献的分析指出,汉文帝的"薄葬"并非真实②。即便是有薄葬意愿,也可以认为"一方面他是一位开明薄欲的君主,对厚葬之风确有限制的成功举措,另一方面,因为其本身阶级的局限性,又导致出许多厚葬行为"③。除了这种阶级的局限性外,汉景帝对霸陵陪葬的影响也是不可忽视的重要原因。近来就有学者提出霸陵中"多获珍宝"的一种可能性是汉景帝不从文帝遗诏由薄葬改为厚葬④。尤其是在汉代这样一个"以孝治天下"的时代,景帝为了表明自己对父亲的爱戴和敬仰,更为了向天下标榜自己的"孝道",这种矫诏的行为很有可能发生。

此外,这种家庭成员同死者的关系,还表现在两汉中小型墓葬的形制上。从西汉初年的单室砖室墓,到西汉中期出现夫妇合葬墓再到东汉时期大家庭合葬墓的出现,这种由单人一墓向多人一墓的转变,正说明了夫妇之间、父母与儿女之间以及整个家族之间的关系开始变得更加紧密。

（三）墓主与周围社会人的关系

人生活在社会这个大环境中,死后也会与周围社会人发生联系。在封建社会中,这种关系主要包括大臣与皇帝之间的关系、与门生故吏的关系等。

大臣与皇帝之间的关系。若大臣在其生前极受皇帝的器重或曾对朝廷做出巨大的贡献,他死后,皇帝为了表彰他生前的功绩,可能会特赐一些以死者身份等级而无法享用的葬具和物品。例如,《汉书·霍光传》记载:"光薨,……赐金钱、缯絮、绣被百领,衣五十箧,璧、珠玑、玉衣、梓宫、便房、黄肠题凑各一具。"作为西汉的大臣,玉衣、梓宫、便房、黄肠题凑都不是霍光所能使用的葬具,但因其生前的功绩,皇帝特赐他在墓葬中使用。

墓主与其门生故吏的关系主要在西汉中期以后表现充分,如门生故吏的服丧制度就作为汉代丧葬制度中的一部分被固定下来。两汉时期,随着门生故吏的发展,门生、故吏、友人皆可成服师长、长吏、挚友,并沿袭成一种制度⑤。可见,在两汉种种社会关系中,师长、长吏与门生故吏之间的关系是十分密切的。那么,就不能排除在墓葬的随葬品中,存在着某些物品是这些门生故吏或挚友敬献的。还有,其他社会人的关系,也主要体现在赠襚礼制上。

三、墓葬反映的社会文化与精神

（一）礼制

礼制,是指由政府推行的或由礼典一类的文本规定确立的礼的准则,是一种制度化的产物⑥。而汉代则是"中国礼制发展史上承上启下、继往开来的一个重要时期,汉代礼制对

① （汉）司马迁:《史记》卷十《孝文本记》,中华书局,1959年。
② 黄宛峰:《汉文帝并非薄葬》,《南都学坛》(哲学社会科学版)1995年第1期。
③ 韩国河:《论秦汉魏晋时期的厚葬与薄葬》,《郑州大学学报》(哲学社会科学版)1998年第5期。
④ 王子今:《霸陵薄葬辨疑》,《考古与文物》2002年第2期。
⑤ 韩国河:《秦汉魏晋丧葬制度研究》,陕西人民出版社,1999年。
⑥ 杨志刚:《汉代礼制和文化略论》,《复旦学报》(社会科学版)1992年第3期。

后世中国文化的发展具有深远的影响"①。

西汉时，统治者十分重视礼制，"治身者斯须忘礼，则暴嫚人之矣；为国者一朝失礼，则慌乱及之矣"②，将礼看成是与国家社稷休戚相关的大事。汉初叔孙通采秦礼和古礼制定朝仪，开汉代制礼的先河，奠定了有汉一代礼仪的基础③。东汉以后，统治者在因承前礼的基础上，制定了祭礼、养老礼和丧礼等。汉明帝时推行上陵礼，并将养老礼制度化，进一步强化了礼的伦理性，使得中国古代的礼制系统化、规范化、严密细致化，深深地融入并影响到社会生活的方方面面。同时，礼制也被纳入儒家文化的范畴，完成了中国礼制的儒家化④，使礼制与法律紧密地联系在了一起。

墓葬的内容正好反映出这种礼制的形成和演变。例如，西汉前期，由于礼制相对宽松，再加之生产力的提高，物质财富极大丰富，墓葬中的随葬品也随之增多，形成了厚葬之风，而且诸侯王的葬礼往往比于皇帝，也可以用"梓宫""金缕玉衣"等随葬品。汉武帝以后，独尊儒家，丧葬也被纳入儒家的体系当中，从言死称谓、谥法、饭含、殓衣到封土、墓阙、列石、植树，直至祭祀和祠堂建筑，都有了较为严格的规定。到了东汉之时，诸帝虽然倡导简约，但等级性进一步强化，明帝时，礼定诸侯王葬制，规定诸侯王只能用樟棺、银缕玉衣，规格比帝王降了一级。同时，在两汉的礼制中，还对奔丧、居丧礼严格执行，对违背奔丧、居丧礼的人进行严厉的惩罚等，都体现了两汉时期丧葬礼对于整个社会的重要作用。

（二）统治思想

两汉时期，统治者极力推崇儒家。儒家思想学说在社会政治、思想中逐步占据了统治地位。儒家所提倡的以孝为仁之本的思想和三纲五常的伦理道德规范，适应着汉代大土地所有制迅速发展的经济基础，符合为巩固这种封建家族关系和社会统治秩序的需要。所以，孝的思想和孝亲行为更为封建统治阶级推崇和重视⑤。以孝治天下，不仅皇帝自己以身为例，自惠帝始至东汉末之刘氏子孙皇帝，都标榜孝悌，皆以孝作谥⑥。而且统治者更是在全国范围内提倡孝道，优待孝子，提倡诵读《孝经》，并推荐孝子入仕，即举"孝廉"，推举那些在孝道方面十分优秀的人做官。

因此，终汉一代，统治者都是对孝道很重视的。而孝的一个突出表现，就是对父母等先人奉行"厚葬"（可以解释为东西厚多或行为厚道），因而人们"崇饬丧纪以言孝，盛飨宾客以求名"，"今生不能至其爱敬，死以奢侈相高；虽无哀戚之心，而厚葬重币者则称以为孝，显名立于世，光荣著于俗。故黎民相慕孝，至于发展卖业"。只有通过厚葬这种形式，才能表达自己在血缘传承中的位置，才能确定祖先、自己和子孙的联系⑦。

① 杨志刚：《汉代礼制和文化略论》，《复旦学报》（社会科学版）1992 年第 3 期。
② （汉）班固撰，（唐）颜师古注：《汉书》卷二十二《礼乐志》，中华书局，1962 年。
③ 顾向明：《试论汉代礼制的形成与演变》，《民俗研究》1998 年第 4 期。
④ 杨志刚：《汉代礼制和文化略论》，《复旦学报》（社会科学版）1992 年第 3 期。
⑤ 蒋英炬、杨爱国：《汉代画像石与画像砖》，文物出版社，2001 年，第 24 页。
⑥ 赵克尧：《论汉代的以孝治天下》，《复旦学报》（社会科学版）1992 年第 3 期。
⑦ 姚义斌：《试论汉墓形制的演变及原因》，《南京艺术学院学报》（美术与设计版）2004 年第 3 期。

从墓葬的形制而言，两汉时期砖室墓的出现和普遍使用，也体现了这一现象。在原有洞室墓的基础之上，西汉中期出现了用砖砌墓室的小砖券顶洞室墓。砖应用于墓葬之中，充分反映了人们对墓葬的重视程度。比起简单的土洞洞室墓，这种用砖修砌的墓室，不仅更加美观、坚固，而且与死者生前居住的房屋的建筑形式相似，即体现了古人"事死如事生"的思想，也能反映出子孙后辈对先人的孝道。

从随葬品的种类和数量上看，两汉时期的贵族墓葬都随葬了大量的物品，如前所提及的西汉中山靖王刘胜夫妇墓中，随葬器物有 4200 多件（套）；徐州狮子山崖洞墓早年被盗，在未被盗的三耳室中出土遗物 2000 多件（套），其中有官印和封泥 240 多枚，玉器 200 多件，金扣腰带 4 件，半两钱 20 余万枚①。而在中小型墓中，也出土大量的物品，包括日用陶器、模型明器、漆器和仿漆陶器等。这些随葬的器物，不仅表现"事死如事生"的观念，也反映两汉厚葬的传统，更从中体现了两汉时期以孝为本的社会风气，也是统治者提倡"以孝治天下"指导思想的直接反映。

（三）宗教思想

两汉时期的墓葬所反映的宗教意识，主要表现在以下四个方面，即灵魂观念、神鬼观念和早期道教思想、佛教思想等。

1. 灵魂观念

从旧石器时代起人们就相信灵魂的存在，并且认为人死后灵魂依然活着。灵魂不朽的信仰其实就是人类否定死亡、追求生命永恒的一种信念，这种信念深深地扎根于人类本能的情感之中②。在中国，旧石器时代的山顶洞遗址中专门墓地的出现表明，"人们对死者的尸体由原来随意抛弃到有意识埋葬，意味着对死者的态度由原来的无所谓转变到重视，这种转变意味着灵魂不灭观念的产生。人们认为死者在灵魂世界中仍然生存，而且其灵魂具有更大的能力"③。

这种认为灵魂不死的灵魂观念，从旧石器时代发始，经过新石器时代不断深化，商周时期的形式多样化（祭祀、大量的陪葬），到了秦汉时期，更是形成了一种信仰的力量，并与神鬼观念相结合，大量的出现在两汉时期的墓葬中。

在灵魂观念中，人们相信灵魂是由魂和魄两部分组成的，并认为在人死后，人的魂会脱离人的肉体而上天，而人的魄则会跟随人的肉体埋入地下，进入阴间世界。在大量汉代镇墓文的内容中就存在这样的观念和意识，如一件出土的东汉熹平二年（173 年）的镇墓瓶上就有"黄神生五岳，主生人录；招魂招魄，主死人籍"④。在一些汉墓出土画像石上也有相似的内容。另外，"汉代墓室壁画在整体构思和图像的选择和配置上通常按照墓室本身的空间架构，把壁画分上、下两大部分来安排。上部（主要是墓室顶部、隔梁上部，间或也

---

① 黄展岳：《汉代诸侯王墓论述》，《考古学报》1998 年第 1 期。
② 贺西林：《古墓丹青：汉代墓室壁画的发现与研究》，陕西人民美术出版社，2001 年，第 115 页。
③ 魏女：《从考古资料看史前原始宗教的产生和初步发展》，《东南文化》2002 年第 5 期。
④ 吴荣曾：《镇墓文中所见到的东汉道巫关系》，《文物》1981 年第 3 期。

有四壁上端）一般绘日月天象，下部（主要是墓室四壁）一般绘地下阴宅，两部分共同构成一个宇宙自然景观。上部象征着魂的归宿，下部则是形魄栖息、生存的空间，完全遵循着'魂气归于天，形魄归于地'这种当时对灵魂自然属性的认识观念"①。

由此可以看出，两汉时期人们的灵魂观念，比起先民的那种朴素的灵魂观念，不管是在内容还是在形式上，都丰富充实了许多。这种灵魂观念，与神鬼观念相结合，深刻地影响着两汉墓葬。

2. 神鬼观念

神仙思想可追溯至战国时期，一部分来自荆楚文化，一部分源出燕齐文化。而两汉时期，更是神仙思想大发展的阶段，"好神仙事"的思想盛行全国。这种思想在墓葬中反映得尤为突出，诸多的考古发现证实，在两汉时期的墓葬中，反映人们这种神鬼观念的物品极为丰富，在墓葬的棺椁、装饰品及随葬的漆器、釉陶器和铜器中都有表现。典型者如汉墓画像石中常见的羽人形象，便是汉代神仙思想中表现升天成仙思想的一种体现。

同样，古人也相信人死灵魂不灭，并转移到地下世界。所以，汉人对鬼魂也是十分重视的。在墓葬中，除了有买地券、朱书魂瓶和黄神越章这些典型的与鬼魂有关的物品外，其中所出土的木简文书中也记载了很多关于地下世界的描述。

神、鬼是两个相互对立的世界，但是它们又经常共存在同一座墓葬之中。这种既对立又统一的神鬼观念，也许正是体现了"阴阳合一""融会贯通"的观念，杂糅一体地表现在两汉的丧葬信仰观念之中。

3. 早期道教思想

道教，是指在中国古代宗教信仰的基础上，沿袭方仙道、黄老道的某些宗教观念和修持方法而逐渐形成，以"道"为最高信仰，相信人通过某种实践经过一定修炼有可能长生不老、成为神仙的中国本民族的传统宗教②。它是由道家思想、儒家思想（主要是纲常伦理思想、易学和阴阳五行思想）、墨家思想、神仙思想和神仙方术、古代宗教思想和巫术等杂糅而成。这种新的宗教的产生与发展，在两汉时期与丧葬制度相结合，首先表现出的是急功近利的现实主义印记③，反映在墓葬中，镇墓券、镇墓瓶、镇墓门、解除瓶是很多墓葬中常见的随葬品。这些极具宗教特色的物品，表现了原始道教的产生和发展。尤其是早期道教中长生不死、得道成仙的思想，更成为两汉时期人们的精神生活中所追求的至高理想。

4. 佛教思想

佛教思想传入中国内地，是佛教史上的重大事件，也是中国古代宗教史上的重要事件。但对传进的具体时间，说法很多。学界一般认为，汉哀帝元寿元年（前2年），大月氏王使臣伊存口授《浮屠经》，当为佛教传入汉地之始。在佛教界，则普遍把汉明帝夜梦金人，遣

---

① 贺西林：《古墓丹青：汉代墓室壁画的发现与研究》，陕西人民美术出版社，2001年。
② 卿希泰、唐大潮：《道教史》，江苏人民出版社，2006年。
③ 韩国河：《论秦汉魏晋时期丧葬礼俗的宗教性》，《中州学刊》1997年第3期。

使求法，作为佛教传入中国的开始。而事实上，《后汉书·楚王英传》记，永平八年（65年），佛教在皇室贵族层已有相当的知名度。此外，还有汉武帝时传入说。总之，根据信史的记载，佛教传入汉地，当在两汉之际，即公元前后[①]。

在佛教传入中国内地后的相当长的一段时间内，它并没有迅速地成为社会的主流信仰，而是长期游离于主流之外，主要因为"那时，起于中国本土的神仙思想和早期道教，占据着宗教信仰的主要位置，佛教还处于附庸状态"[②]。

随着佛教的逐渐汉化，它开始逐步影响人们的生活，进而渗透到人们日常生活的细节，并开始在墓葬中出现。其中包含壁画、画像镜、魂瓶、画像砖（石）、柱础、钱树、熏炉、铺首、陶俑、壶、罐、瓶、戒指、铜棺、墓砖等上面或本身的装饰[③]。例如，1984年河南省孟津县獐羊村出土的一面"老子浮屠镜"（汉和帝永元五年，93年）是中国最早的佛教图像，"上面的浮屠像乃是中国人以神仙的原型创作出的仙佛模式"[④]，另外，像俞伟超先生在《东汉佛教图像考》一文中就举证有和林格尔东汉晚期壁画墓前室顶部的"仙人骑白象"和舍利（猞猁）像图，山东沂南画像石墓中室八角擎天石柱上刻的东王公、西王母和两尊立佛像，山东滕州市东汉画像残石上的六牙白象，四川乐山麻濠和柿子湾墓的坐佛像等，都是佛教信仰开始影响墓葬的实例[⑤]。

四、研究存在的问题

墓葬是古代人遗留下来最能反映社会关系和意识的实物资料，也是最能反映人本身精神世界的物质资料。因此，对墓葬的充分研究十分重要。

但是，在对墓葬的考古学研究，还存在有一些认识的问题。首先，应该知道丧葬是一个繁杂而严格的过程，包括死者从去世到服丧、埋葬以及祭祀的整个过程。而墓葬只是整个丧葬过程的一个环节。通过对墓葬的研究，我们也只能是利用墓葬的形制、葬具和随葬品，了解当时人们丧葬观的一个主体，而并非其全貌。现在人们之所以重视墓葬及其所含内容，只是因为墓葬是现在人们所能接触到的关于古代丧葬礼制的唯一实物资料，这样如果仅仅是依靠这些墓葬中所包含的物品来研究古代丧葬制度，就可能会得出比较片面的结论。这就要求研究当中，一定要注意考古资料之间、文献之间、考古资料与文献之间的比较研究是不可缺少的方法，也是最重要的研究方法。只有在对考古资料深入探讨的基础上，加以文献资料的印证，才能较为全面地揭示古代丧葬制度的风貌。

其次，墓葬是一个"宁滥无缺"的世界，从这个意义上讲，墓葬中所反映的生活场景未必一定是当时现实生活的真实的全部，只能是种种现实的折射反映。这种思想表现在两汉墓葬中尤为显著。两汉统治思想中浓厚的孝道思想，深刻地影响着当时人们的思想，上至帝陵、诸侯王陵等贵族陵墓，下至中小型平民墓葬，无不厚葬成风。这种厚葬之风，无

① 杜继文主编：《佛教史》，江苏人民出版社，2006年。
② 俞伟超：《东汉佛教图像考》，《文物》1980年第5期。
③ 韩国河：《秦汉魏晋丧葬制度研究》，陕西人民出版社，1999年。
④ 温玉成：《公元1至3世纪中国的仙佛模式》，《敦煌研究》1999年第1期。
⑤ 俞伟超：《东汉佛教图像考》，《文物》1980年第5期。

形当中给平民百姓增加了很大的负担。在两汉魏晋的文献中，经常可以看到子女卖身葬父、葬母的记载。由此可以看出，这样的贫民墓葬应该不会是死者生前生活的真实反映，只是表达了生者及逝者对美好生活的向往。所以，在分析研究两汉墓葬尤其是中小型墓葬时，并不能完全依据墓葬出土的随葬品来认定当时社会的经济及社会状况，而应该考虑到两汉墓葬"宁滥无缺"的特性。

再次，墓葬与社会思潮之间，既有同时性，还有滞后性。当统治政权发生更迭时，墓葬的内容就会产生变化。这种变化不仅反映在出现了给人直观印象的标志性的语言文字，还体现在墓葬中某些特定的葬式、随葬品的变化上。这样的变化，受时代大潮的影响，也与时代潮流同步产生、变化和发展。同时，我们也要看到墓葬反映社会潮流的滞后性，墓葬所反映的文化传统发生变化与统治政权发生更迭有着不同步性，即文化传统的变化需要一个循序渐进的过程，它不会随着政权的变更而立刻发生变化，只会在统治阶级思想的影响之下，潜移默化地影响人们的思想和行为，进而逐步使丧葬文化特色发生变化。因此，在墓葬的研究中，应当注意这种同时性与滞后性，准确地区分各种文化因素，从而更加清晰地把握社会思想文化发展变化的每一个步骤。

（此文与柴怡合著，此文是我给研究生上课的一个章节，经柴怡同学整理成文，原载于西北大学考古学系、西北大学文化遗产与考古学研究中心编：《西部考古》（第一辑），三秦出版社，2006年）

关于中小型汉墓研究的思考

中小型墓葬是两汉考古学文化中最为丰富的遗存，如今相关的材料日益丰富，近年来更是成为博士、硕士论文选题的热点内容。迄今，汉墓分区和分期工作基本完成，各地区的汉墓发展序列已经建立，这种状况似乎使中小型汉墓的研究陷入瓶颈。本文通过对中小型汉墓研究的现状做一梳理，在此基础上对中小型汉墓进一步深入研究提三点粗浅的意见。

一、中小型汉墓研究广度的拓展

随着考古学科的发展，中外文化交流和开展国外考古学研究成为热点，其目的在于尝试解释古代中国之于东方乃至世界和世界之于中国的问题[1]。张骞通西域后，中外文化交流愈加频发，这些在考古学上都有较多体现。但从目前的研究状况来看，中小型汉墓研究的视野相对狭窄，大多数研究仅限于国内。蔡万进先生提出用全球史观重新构建秦汉考古学体系[2]，中小型汉墓是秦汉考古研究的重要内容，因此该方面研究的广度需要拓展。

第一，汉代幅员辽阔，其疆域范围和人群分布同当今有一定的差异。汉武帝扩展了汉朝的疆域，在朝鲜半岛设置乐浪等四郡，在今越南境内设日南、九真等三郡。汉文化随之传入这些地方，学界也有相关的研究，如高久健二[3]、郑君雷[4]等先生对汉代乐浪郡的墓葬进行了考察，探讨其人群构成。汉墓的分区工作从 20 世纪 70 年代开始，俞伟超先生就将西汉前期墓分为六区[5]；最新的研究成果为《中国考古学·秦汉卷》，该书中将全国的汉墓分为 14 个区，对各区的汉墓进行分期，并分析各区汉墓的主要特征[6]。但是要全面了解汉文化的传播范围和准确的分区状况，需要突破国内材料的束缚，探明"朝鲜四郡"与辽东地区、"越南三郡"与岭南地区汉墓的关系，从而更为全面地掌握汉文化的影响范围和分区状况。汉代活跃在北方的匈奴、鲜卑以及西域的大月氏、乌孙等民族的墓葬，其分布同样是跨越多个国家，其中匈奴[7]、鲜卑[8]等民族墓葬的研究，学界已有了较大的进展。

第二，中外文化交流是学界研究的热点，目前涉及中小型汉墓的内容突出表现在铜镜、玻璃器等方面，该方面的研究需要进一步加强。王仲殊先生曾在 20 世纪五六十年代就开始

---

① 考古学科"十二五"规划调研报告课题组：《考古学科"十二五"规划调研报告》，《南方文物》2011 年第 1 期。
② 蔡万进：《全球史视野下的秦汉考古学体系重构》，《史学理论研究》2011 年第 1 期。
③ 高久健二：《乐浪古坟文化研究》，学研出版社，1995 年。
④ 郑君雷：《从墓葬材料透视汉代乐浪郡的居民构成》，《北方文物》2005 年第 2 期。
⑤ 俞伟超：《战国秦汉考古》，北京大学油印本，1973 年。
⑥ 中国社会科学院考古研究所：《中国考古学·秦汉卷》，中国社会科学出版社，2010 年。
⑦ 单月英：《匈奴墓葬研究》，《考古学报》2009 年第 1 期。
⑧ 孙危：《鲜卑考古学文化研究》，科学出版社，2007 年。

关注中日的文化交流，做了大量的研究工作，其中有不少涉及中小型汉墓的内容 ①。李学勤先生对阿富汗席巴尔甘出土的汉镜进行了考证 ②。进入 21 世纪后，相关的论著逐渐丰富起来，研究的地域范围更加广阔。铜镜仍是文化交流的重要载体，笔者曾考察了日本发现的三角缘神兽镜源流 ③；白云翔先生对中亚出土的汉式铜镜有深入的研究 ④；贾璞、于皓阳先生考察了百戏的发展特点，并阐释其在中西文化交流方面的作用 ⑤。谢崇安先生通过对中江塔梁子东汉崖墓胡人壁画雕像的考释，讨论了印欧人种入居我国西南的时代问题 ⑥。此外，日本弥生时代流行的方形周沟墓，据俞伟超先生考证这种葬俗是受到中国秦文化的影响 ⑦。从考古学上探讨中外文化交流是一个大课题，在汉墓研究方面，除了进一步加强汉代统治腹地汉墓遗存的分析外，丝绸之路沿线的中小型汉墓需要多层次的研究，此外还要加强对周边国家同时期墓葬资料的了解，从而能够较为全面地探讨汉代与其他国家的文化交流。

第三，考古学的比较研究需要更广阔的视野，要用全球史观对比其他文明发展状况。李学勤先生在《比较考古学随笔》一书中提出五个层次的比较研究，即中原地区各文化的比较、中原文化与边远文化的比较、中原地区与邻近文化的比较、环太平洋诸文化的比较以及世界各古代文明的比较 ⑧。布鲁斯·G·崔格尔先生对埃及、美索不达米亚、商代中国、玛雅等七个记载丰富的早期文明进行了详尽的比较，从而发现早期文明显示出大量的跨文化统一性，特别是在社会政治和宗教领域 ⑨。公元 1 世纪前后的 400 年间，欧亚大陆的东西方并存着秦汉和罗马两大文明，二者之间又存在安息、贵霜两大帝国，通过跨文化的比较，不仅能了解各文明之间的互动与交流，更能深层次地考察各文明在社会结构、宗教信仰、价值观等方面的异同，而中小型汉墓是进行该方面研究的重要载体。

二、中小型汉墓研究高度的提升

考古学是根据古代人类通过各种活动遗留下来的实物以研究人类古代社会历史的一门科学，其最终目标在于阐明存在于历史发展过程中的规律 ⑩。中小型汉墓的研究不仅要解决墓葬的分期和分区的问题，更要在此基础上进一步阐释汉代的社会制度、组织结构等各方面内容。

"汉制"的形成与发展是一个总体的规律，其中包含的大量信息需要用汉墓资料来进行

① 王仲殊：《关于日本三角缘神兽镜的问题》，《考古》1981 年第 4 期；王仲殊：《论日本出土的青龙三年铭方格规矩四神镜——兼论三角缘神兽镜为中国吴的工匠在日本所作》，《考古》1994 年第 8 期。

② 李学勤：《阿富汗席巴尔甘出土的一面汉镜》，《文博》1992 年第 5 期；李学勤：《重论阿富汗席巴尔甘出土的汉镜》，《史学新论》，河南大学出版社，2005 年。

③ 韩国河、程林泉：《日本发现的三角缘神兽镜源流述论》，《考古与文物》2002 年第 4 期。

④ 白云翔：《汉式铜镜在中亚的发现及其认识》，《文物》2010 年第 1 期。

⑤ 贾璞、于皓阳：《古代中西文化交流中的百戏》，《中原文物》2012 年第 5 期。

⑥ 谢崇安：《中江塔梁子东汉崖墓胡人壁画雕像考释——兼论印欧人种入居我国西南的时代问题》，《四川文物》2005 年第 5 期。

⑦ 俞伟超：《日本方形周沟墓与秦文化的关系》，《古史的考古学探索》，文物出版社，2002 年。

⑧ 李学勤：《比较考古学随笔》，广西师范大学出版社，1997 年。

⑨ 〔加〕布鲁斯·G·崔格尔著，徐坚译：《理解早期文明》，《比较研究》，北京大学出版社，2014 年。

⑩ 中国大百科全书考古学编辑委员会：《中国大百科全书·考古学》，中国大百科全书出版社，1986 年。

解读。俞伟超先生通过对汉代诸侯王和列侯墓葬形制的分析，总结了其渊源和演化过程，探索出汉代的埋葬习俗由"周制"转化为"汉制"，最后向"晋制"过渡[①]。此外，俞先生还从整体上分析了考古学中的汉文化问题，概括了汉代考古学文化的发展规律和总体特征[②]。"汉制"的形成，各地区的发展有不平衡性，发展模式也有很大的差异，学界有较多相关的研究。在区域性汉墓研究领域，郭德维先生通过墓葬材料讨论了江陵地区战国晚期至西汉前期文化面貌的转化状况[③]；张翔宇先生分析了西安地区汉墓的文化因素构成[④]；徐承泰先生以南阳丰泰墓地为代表，探讨了南阳地区汉代考古学文化的内涵[⑤]；刘晓明先生讨论了南越国时期汉越文化融合的问题[⑥]；蒋晓春先生以重庆地区中小型汉墓资料入手，探讨了巴文化融入汉文化的过程[⑦]。郑君雷先生总结了汉代边远地区汉化过程的几个类型，即"移民类型""土生类型""转生类型""涵化类型"等，指出在岭南的汉化过程中产生了"次生越人"，这些人群是当地汉文化的代表[⑧]。杨哲峰先生选取了江东地区战国晚期至汉初墓葬中出土的陶瓷器，从器形和质地两方面来进行分析，探讨了该地区考古学文化的转型[⑨]；杨勇先生通过对云贵高原战国秦汉墓葬的考察，探讨了该地区在这一时期各文化的融合以及汉化的过程[⑩]。在形制分析方面，李如森先生分析了洛阳地区战国至西汉洞室墓的源流[⑪]；黄晓芬先生分析了汉墓形制的变革，探讨了汉墓形制由竖穴式椁墓向横穴式室墓的演变过程[⑫]。夫妇同穴合葬是汉代葬俗的重要特征之一，相关的研究较多，有针对某种合葬方式的论述[⑬]；有通过合葬习俗来探讨社会制度变革[⑭]；笔者也曾考察过汉晋丧葬礼俗的演化过程[⑮]。近年来，随着汉墓资料的日益丰富，区域性汉墓研究成为热点，据笔者不完全统计，仅硕、博士学位论文数量就有七十余篇，大多数论文涉及"汉制"的问题。但值得注意的是，目前的汉墓研究大多停留在考古学文化的研究层面，该方面的研究需要进一步提升至对汉代社会的综合考察。从汉代的政治制度来看，汉制的形成模式至少包括三类：中央直属的汉郡、诸侯国以及边远地带。因此，在进行汉墓分区研究时，要考虑到汉代统治模式对汉墓在发展

---

① 俞伟超：《汉代诸侯王墓与列侯墓葬的形制分析——兼论"周制"、"汉制"与"晋制"的三阶段性》，《先秦两汉考古学论集》，文物出版社，1985 年。

② 俞伟超：《考古学中的汉文化问题》，《古史的考古学探索》，文物出版社，2002 年。

③ 郭德维：《试论江陵地区楚墓、秦墓、西汉前期墓的发展与演变》，《考古与文物》1983 年第 2 期。

④ 张翔宇：《西安地区西汉墓文化因素分析》，《考古与文物》2013 年第 5 期。

⑤ 徐承泰：《南阳秦汉考古学文化内涵及其历史诠释——以南阳丰泰墓地为个案进行的考察》，《江汉考古》2012 年第 1 期。

⑥ 刘晓民：《南越国时期汉越文化的并存与融合》，《东南文化》1999 年第 1 期。

⑦ 蒋晓春：《从重庆地区考古材料看巴文化融入汉文化的过程》，《文物》2005 年第 8 期。

⑧ 郑君雷：《俗化南夷——岭南秦汉时代汉文化形成的一个思考》，《华夏考古》2008 年第 3 期。

⑨ 杨哲峰：《文化变迁中的器形与质地——关于江东地区战国秦汉之际墓葬所见陶瓷器组合的初步考察》，《文物》2012 年第 4 期。

⑩ 杨勇：《战国秦汉时期云贵高原考古学文化研究》，科学出版社，2011 年。

⑪ 李如森：《略论洛阳地区战国、西汉洞室墓的源流》，《社会科学战线》1988 年第 3 期。

⑫ 黄晓芬：《汉墓形制的变革——试析竖穴式椁墓向横穴式室墓的演变过程》，《考古与文物》1996 年第 1 期。

⑬ 蒋廷瑜：《汉代同坟异穴夫妻合葬墓浅议》，《南方文物》1993 年第 1 期；吴桂兵：《西汉中后期的夫妇同穴合葬》，《四川文物》1998 年第 1 期。

⑭ 李如森：《从汉墓合葬习俗看汉代社会变化轨迹》，《史林》1996 年第 2 期。

⑮ 韩国河：《试论汉晋时期合葬礼俗的渊源及发展》，《考古》1999 年第 10 期。

演变中的影响，反之要用考古资料对其进行解读。在区域选择方面，要注重与汉代历史文化背景相结合，同时要注意自然环境的区域差别对于丧葬文化的影响①。在讨论"汉制"形成的问题，还要注意分区的层次性，以上提到的三种模式为第一层次，在此之下的区域差异可划为第二层次，当然在文化复杂性较强的地区可考虑进一步划分，这样可以更全面地了解汉代的统一多样性文化。

从考古学科"十二五"规划调研报告可以看出，墓葬考古的研究重点应放在等级制度、墓地整体布局、墓葬反映的意识形态及宗教观念的演变等方面②。其中等级制度方面的研究是汉墓研究的薄弱环节，一些较为明确的两千石官吏墓和斗石官吏墓为重点研究对象，同时要注意两汉时期的社会制度状况，特别是东汉的封建庄园制度。目前学界通常将汉墓分为大型墓与中小型墓两类，两者之间的互动研究很少，可参考"大传统与小传统"③的思路来进行。钱穆先生在《读诗经》一文中指出，"由于古代中国的大小传统是一种双行道的关系，因此大传统一方面固然超越了小传统，另一方面又包括了小传统"④。余英时先生在讨论汉代的文化传播问题时也有相关的论述，"大传统是从许多小传统中逐渐提炼出来的，后者是前者的源头活水。不但大传统源自民间，而且最后又必须回到民间，并在民间得到长久的保存"⑤。以上的论述都说明了在东周两汉时期上层贵族与下层平民的文化有密切的关系。因此，在汉墓研究方面，不能把大型墓和中小型墓的研究割裂，需结合文献资料，充分考虑汉代社会的文化背景，联系当时的政治、经济状况，建立起从上层到下层相对完整的文化体系。从另一个角度看，"大传统"和"小传统"又分别代表了汉代的主体思想文化与地域文化，这恰恰是汉代统一多样性文化的另一种解读，"大传统"为"汉制"的主体内容，在区域性汉墓研究中，特别是在探讨汉文化与本地文化融合的方面，首先要辨清每个时期的"大传统"。

三、中小型汉墓研究深度的加强

中小型汉墓的研究需要进一步细化，尽可能地全面了解当时社会风貌。这需要在分区明确的前提下，针对性地选取某个区域或某个墓地来进行，注意汉墓中的每个细节问题，包括墓地分布、墓葬形制以及随葬品的摆放位置等问题。此外，一些问题则需要借助科技分析的方法来进行。

墓地制度的研究，是了解汉代社会家庭结构、宗族关系乃至社会政治、经济制度的重要渠道。目前有关汉代墓地制度的论述不多，特别是涉及中小型汉墓方面，李如森先生从整体上分析了两汉家族墓地的形成和发展状况⑥；笔者也曾探讨了秦汉魏晋时期的家族墓地

① 杨哲峰：《汉墓研究中的七种区域选择类型》，《中国文物报》2004 年 11 月 19 日第 7 版。
② 考古学科"十二五"规划调研报告课题组：《考古学科"十二五"规划调研报告》，《南方文物》2011 年第 1 期。
③ 这种研究思路最早由美国文化人类学者罗伯特·芮德菲尔德在 20 世纪 50 年代提出，大传统代了社会上层或城镇的精英文化，小传统代表了下层平民或乡村的大众文化。
④ 钱穆：《读诗经》，《中国学术思想史论丛（一）》，台北东大图书公司，1976 年。
⑤ 余英时：《士与中国文化》，上海人民出版社，2013 年。
⑥ 李如森：《汉代家族墓地与茔域上设施的兴起》，《史学集刊》1996 年第 1 期。

制度①。一个墓地的包含要素较多，从宏观上看，包括其周围山水格局、空间分布以及与城址的关系等方面；从微观上看，主要有家族墓的排列、墓葬形制、随葬品、葬俗以及陶文等方面。前者的研究可借助地理信息系统（GIS 技术）来进行，选取的区域对象应根据汉代的行政区划，以一个或几个城址为核心来进行，在分期的基础上建立每个时期墓葬的空间分布模式，从而能更好地了解两汉各时期的墓地制度及其包含的丧葬思想。微观研究方面，可选取一个家族墓地来进行剖析，分析其中每座墓的具体年代，对墓葬的形制、随葬品特征进行全方位解读，从一个研究点窥探汉代的社会结构。

随葬品组合的研究是汉墓研究的重要内容，特别在探讨墓葬分期方面是主要的研究对象。但学界大多忽视了随葬品摆放位置的问题，汉墓的发展是逐步宅第化的过程，其核心思想是"事死如事生"，随葬品的空间分布对研究汉代丧葬制度的发展与成熟有重要研究价值。此外，随葬品的组合不仅仅包括了器形和形制特征，器物的装饰纹样和墓葬内的各种装饰和设置同样需要进一步整合，进而探讨整个墓葬空间内构造出何种场景。其中涉及汉代装饰墓的研究问题，杨爱国先生曾论述了墓葬内的装饰与随葬品的关系，指出墓室的装饰代替了部分随葬品的作用②。汉代装饰墓的研究论著数量较多，研究焦点大多集中于对壁画或画像内容的考释方面，信立祥先生对汉代画像石进行了综合研究，集中解决了汉代画像石的分区、分期以及题材含义等问题③。对于装饰墓的研究，同样不能忽视有关"组合"的问题，其中有三层含义，一是墓内装饰图案的组合；二是装饰图案与墓葬形制、随葬品的组合；三是区域性的时代组合。其中前两种组合是第三层研究的基础，只有充分分析了墓葬中的各种文化因素，才能更好地了解汉代社会思想信仰等方面的发展历程。

2000 年以后，科技手段越来越多地应用到考古研究中，为深层次地全面了解古代社会状况有很大的帮助，但从目前的研究状况来看，科技手段涉及中小型汉墓的研究较少。原因有二，其一，汉代已经建立了统一王朝，全国的文化面貌逐渐趋同，甚至在饮食、服饰等方面在全国都有一定的相似性；其二，汉代的文献记载相对丰富，许多关键性的问题均能从文献中找到相对合理的解释，如农业问题，有《氾胜之书》《齐民要术》等著作。而事实的情况并非如此，首先是汉代麦类遗存问题，从文献记载中可知，汉代是"五谷俱全"，麦类作物已是大面积种植④。从考古学上看，汉墓中出土的陶仓等器物上有较多关于麦类的墨书，此外在出土的汉简上常能见到有关麦的种植信息，如江苏连云港尹湾 M6 中出土的《集簿》木牍中记有"□种宿麦十万七千三百 [八] 十一顷多前九百二十顷八十二亩"⑤。但从出土的实物遗存上看，汉代出土的麦类遗存以新疆、甘肃等地区居多，而西安、洛阳地区的数量较少⑥。《西安东汉墓》中共 45 件陶仓内有植物遗存，其中粟的比例达 45%，大麦

①　韩国河：《论秦汉魏晋时期的家族墓地制度》，《考古与文物》1999 年第 2 期。
②　杨爱国：《汉代墓室建筑装饰与随葬品的关系》，《四川文物》2001 年第 4 期。
③　信立祥：《汉画像石分区与分期研究》，《考古类型学的理论与实践》，文物出版社，1989 年；信立祥：《汉代画像石综合研究》，文物出版社，2000 年。
④　卫斯：《我国汉代大面积种植小麦的历史考证——兼与（日本）西嶋定生先生商榷》，《文物季刊》1989 年第 1 期。
⑤　连云港市博物馆：《江苏东海县尹湾汉墓群发掘简报》，《文物》1996 年第 8 期；连云港市博物馆：《尹湾汉墓简牍释文选》，《文物》1996 年第 8 期。
⑥　韩国河、赵海洲、刘尊志、朱津：《中国古代物质文化史·秦汉》，开明出版社，2014 年。

和小麦的比例仅有 7% 和 2%[①]。要解决这个矛盾冲突，需借助于对汉墓出土的人骨分析，其数量丰富，样品来源较为常见。首先是碳、氮稳定同位素的分析，选取典型的墓地按时代统计人骨中 C_3 和 C_4 的比重；其次是牙结石的提取，根据其淀粉粒的种类来辨别死者生前摄取的食物种类，两种方法互有利弊，需要结合进行，从而得出相对科学的结论。此外，汉代是中外文化交流较为频繁的时期，新疆、甘肃、青海等地的汉墓资料尤为关键，通过体质人类学对出土人骨的研究，能更为直接地研究汉代疆域内的人种问题。

四、余　　论

中小型汉墓的发掘及研究是秦汉考古中最基础的一项工作及任务，虽然考古发现的数量居历史时期墓葬考古的发现之首，但比较于两汉 6000 万左右的庞大人口数量，并考虑到 400 多年历史长段中人口的生死自然更替，几万或数十万座汉墓的考古发现仍然是微不足道。这种现象就要求我们在发掘和整理过程中尽可能全面地收集和公布墓葬信息，特别是对墓地资料的公布，包括其周围的地形、中小型汉墓地貌、与中心城址、聚落的位置关系以及完整的墓地平面图，在对资料采集方面，随葬品、人骨、埋葬材料等必须科学收集，从而为下一步的研究提供完整的信息。

另外，墓葬的研究应当树立一种意识，也就是刘庆柱先生提到的"人学"研究[②]，在此基础上，对汉代墓葬的分析，尤其是考古材料反映出来的精神、意识领域现象的推测不能脱离汉代文化演进的基本框架，不能泛宗教化、更不能把墓葬材料当成汉代社会发生的全部史实，如何辩证、动态、全面、综合、透物见人的研究也是今后我们努力的一个方向。

总之，中小型汉墓的探讨是一项涉及政治、经济、文化、精神、制度、社会、国家、民族、礼俗、人类体质、建筑等多方面的学科研究，如何在广度、深度、高度三个层次上加大提升力度，是我们秦汉考古领域学者与同仁的共同追求和责任。本文论述不太全面，仅仅是抛砖引玉。

（此文与朱津合著，原载于《文博》2015 年第 3 期）

---

① 赵志军：《西安地区两汉墓葬出土陶仓内植物遗存的鉴定和分析》，《西安东汉墓》，文物出版社，2009 年。
② 周群、陈静：《"透物见人"：考古学的真实境界——访考古学家刘庆柱》，《中国社会科学报》2012 年 9 月 27 日第 4 版。

四

书评

古代铁器研究的物证与心证
——读《先秦两汉铁器的考古学研究》

2005 年 7 月读到了白云翔先生的新著《先秦两汉铁器的考古学研究》，洋洋洒洒，60余万言。这是一部作者用 10 多年的时间对古代先秦两汉时期铁器进行全面考古学梳理的研究成果。

全书共分八章，绪论中阐述了先秦两汉铁器研究的历史现状、必要性、研究的方法及途径，然后按照时代发展的脉络讨论中国冶铁的起源、战国秦汉铁器的考古类型学研究和古代铁器工业的初步形成与全面发展。最后，集中研究先秦两汉铁器发展的动因、社会作用和文化交流，究明铁器使用与社会变革之间的辩证关系，提出了今后古代铁器研究的任务。其研究环环相扣，层次分明，精彩纷呈。

我们知道，大凡一部有学术影响力的人文社科著作，可以说是当时新理论、新思维、新角度、新方法、新材料、新问题、新过程等方面的结晶。一部有学术生命力的人文社科著作都是在学术内涵上得到了至少两个层面的升华，第一个层面是对阐述问题进行的学科深度综合研究；第二个层面是对阐述问题进行超学科的哲学思辨，或者说是对人类社会本身发展"道""理"的总结。仔细研读了《先秦两汉铁器的考古学研究》，感受到了来自上述两个层面研究的心路历程，遂以"古代铁器研究的物证与心证"来概括其书其意。

一、有关古代铁器研究问题的提出

（一）"铁器研究"的支撑点

铁，作为一种重要金属材料，在今天人们的社会生活中得到广泛应用。对"铁"的一些物理性能如色态、硬度、延展性、密度、熔沸点、导电、导热性等，大家都有所认识。也就是说，在我们的生活中"铁"扮演着非常重要的角色。尤其是 20 世纪 80 年代以前，在没有普及机械化耕作的时代，铁犁、铁耙、铁锄、铁锨、铁镰、铁叉、铁凿、铁剪、铁锤等简单的工具支撑着几亿人的生活。如果稍作对比，令人惊奇的是历史上自两汉以来，上述诸多生产工具的种类和基本形态 2000 多年来没有大的变化。针对这种情况，人们禁不住要问：铁是怎么来的？冶铁技术是如何形成的？铁器在 2000 多年的人类生活中是怎样普及的？古代的铁器在社会发展中起到过怎样的作用？现代的钢铁工业又是如何形成的？等等。这些问题的阐述和研究，就构成了"铁器研究"的核心。

《先秦两汉铁器的考古学研究》第一章"绪论"中，明确指出古代铁器技术层面的研究主要是通过对铁器的科学技术分析和鉴定并结合有关冶铁遗存的考察，就钢铁冶炼技术及铁器制造工艺等的发生、发展、进步、体系及其演变轨迹进行探讨；文化层面的研究也就是广义历史学层面的研究，不仅要梳理古代铁器的演变轨迹和发展脉络（第一层次的考古学基本研究），也要探讨铁器工业的发生和发展，以及在铁器的出现和应用在社会历史发展进程中的作用（第二层次的历史学研究），更要对科学技术与生产力、生产力与社会变革之间的关系及相互作用进行理论性研究（第三层次的理论研究）。这两个层面和三个层次成为"先秦两汉铁器研究"的支撑点，也是古代铁器研究的基本方法、路径和内容。当然，由于铁非常容易锈蚀，据说世界上每年约占产量 1/4 的铁因生锈而被腐蚀。从这一特性出发，作者认为对铁器形态的描述不可能像石器、玉器、铜器等那样精细，对铁器的类型学研究也不宜过细，对铁器的艺术性研究不能期望过高。这些都是对"铁器研究"的实事求是的科学态度，也是研究中必须关注的一些环节。

（二）"铁器研究"的联结线

铁器的发展史犹如一条源远流长的大河，在它的上游发源、中游汇聚、下游奔放的空间和时段内，有许许多多的联络点，这些点连在一起成为铁器研究的关键线。

中国冶铁的起源及初期发展一直是"铁器研究"的一个热点和难点，这不仅关系到冶铁术的来源问题，从某种意义上讲它和"四大发明"一样，也有着一种民族文化的情愫在萦绕。通过文献的查证和考古发现的早期铁器辨析及类型学的研究，作者认为中原地区人工冶铁制品以三门峡虢国墓地出土的西周晚期铁援铜戈、玉柄铁剑和铜骹铁叶矛等最为古老，当在公元前 800 年前后。中原地区人工冶铁最初的发生地域，有可能是在今豫西、晋南及关中一带。新疆地区的人工冶铁制品虽然出现于前 10 世纪甚至更早，但是，它的来源尚不明了，也没有对整个中国古代冶铁的发生及发展产生大的影响。相反，中原地区的人工冶铁技术及其制品有着独立起源、连续发展的完整链条，并由此发展成为整个古代中国完整的冶铁体系。因此，我国铁器时代的开始应当以中原地区的人工冶铁及其制品为基准来确定。为了确定"铁器研究"这样一个最重要、最原始的基准点，作者又考察了迄今中原地区发现的 80 余件有明确出土地点的春秋时期的人工冶铁制品，推定新疆地区和中原地区分属于各自特有的铁器传统，在不排除人工冶铁发生之初两地之间有着某种信息的交流和传播的同时，认为中原地区的人工冶铁是以陨铁的长期加工和利用为基础，在商代西周高度发达的青铜冶铸业的背景下发生的，并且在初期发展中很快形成了块炼冶铁技术与液态生铁冶炼技术并存发展的独特的钢铁技术传统。

源清本正，作者又注意到了"铁器研究"中的另外一个关键点，即中原地区东周时期铁器应用的普及化进程及生铁制钢技术、淬火技术和锻制技术等钢铁技术的进步状况。通俗地讲，除了说明战国时期块铁如何变硬、白口铁变脆、硬铁如何变软的技术问题之外，还从技术、类型和文化三个角度究明了战国时期铁器鲜明的区域特点，在此基础上，重点阐述中原地区铁器工业的初步形成。具体表现有四：一是已经形成了从采矿、冶炼到铸造和加工制造等一套较为完整的铁器生产体系；二是钢铁技术在某些方面取得长足进步，如上述的两个关键技术问题；三是铁器的应用领域和应用程度不断扩展和提高；四是官营、私营铁器工业并存。这四个方面为秦汉时期铁器工业的成熟奠定了坚实基础。

秦汉时期铁器的广泛应用可以说是古代"铁器研究"中最重要的一个联结线，因为它的背后是一个强大的统一的秦汉帝国。作者用 1/2 的篇幅论述了秦汉铁器的考古发现及类型学的研究乃至古代铁器工业的全面发展。具体而言，边远地区在从中原大量传入铁器与技术的同时，也进一步丰富和改进了当地的铁器类型和传统。中原地区出现了铁钱币和铁度量衡器等新的类型，各种铁器的类型更加多样化，尤其是锻铸技术的应用奠定了横銎铁器的标准化进程，这是中国生产工具史上的一大变革。中原地区的铁器进程中有几个关键时段，一是秦代及西汉前期生产工具率先基本实现铁器化；二是西汉中晚期随着盐铁官营政策的实行，各种铁器更加专门化和多样化，百姓的日用器具初步实现铁器化；三是东汉早期社会各个领域中各种铁器的使用量都在不断增加；四是东汉中晚期盐铁官营废除，铁器工业自由发展。这些现象一方面反映出铁器化进程在不同区域、不同时间逐渐推进的历史化进程，另一方面也督促我们思考当时生产力与生产关系之间是怎样的一种关系，因为这涉及如何分析两汉时期的社会生产总量乃至人口大幅增加的要因。

（三）"铁器研究"的延伸面

纵观世界科技史的发展，科学技术的每一次跨越式发展确实都引起了社会生产力和生产方式的重大变革，不但创造了社会经济发展的巨大机遇，也改变了人类社会的生活方式乃至思维方式。"以今论古"，冶铁技术的改进及铁器的普及化进程对先秦两汉时期的社会带来了哪些变化呢？

作者把先秦两汉时期的铁器发展史分成六个阶段，公元前 8 世纪初至公元前 5 世纪初为人工冶铁的出现及初步形成阶段；公元前 5 世纪中叶至公元前 4 世纪中叶为铁器、冶铁快速发展和铁器工业出现阶段；公元前 4 世纪中叶至公元前 3 世纪中叶为铁器的初步普及和古代铁器工业的初步形成阶段；公元前 221 年至公元前 119 年为铁器的进一步普及和古代铁器工业的进一步发展阶段；公元前 118 年至公元 87 年为铁器化进程的基本实现和古代铁器工业高速发展并走向成熟的时期；公元 88 年至公元 220 年为铁器化基本实现和铁器工业成熟后的平缓发展时期。这六个阶段的划分不但从纵向上说明了"先秦两汉铁器研究"上下的联结轨迹，也从横向上提出了冶铁发展的时段动因。除了传统的青铜冶铸技术的影响之外，农业及工商业的发展、盐铁官营等国家政治经济政策的干预、钢铁技术自身的创新、人口的移动与交流，以及边疆地区的开发与经营等，都对铁器化进程起到了巨大推动作用。反之，铁器化的进程又对农业、手工业、大型土木工程、军事装备乃至文化艺术等方面产生了直接或间接的积极影响。并且，在当时的国际文化交流与融合中，铁器也成为一种极为重要的物质媒介和载体，促进了朝鲜半岛和日本列岛的铁器化进程。

更为重要的是，先秦两汉中原地区铁器化进程与当时社会变革、生产关系变革有着一种相互促进的"转化"关系，虽然未必同步，但"区间"的关系仍然是理解新的生产关系建立的一把金钥匙。

二、考古学、历史学、科学技术与科学史的综合研究

我们知道，任何一门学科的成立与发展，都有自己独立的理论与方法。但是，学科本身的发展与创新，必然要突破自身的学科界限，呈现出多学科的交叉、融合与互补，考古学的研究同样如此。《先秦两汉铁器的考古学研究》一书虽然称为考古学研究，体现出的却是考古学、历史学、科学技术与科学史的综合研究成果。

（一）考古学研究的大综合

由于先秦两汉的铁器主要出自历史时代的墓葬、铁工场址、窖穴、城址、聚落等，考古地层学的研究相对淡出，考古类型学的研究更加灵活，铁器的质地、颜色、种类、形态、纹饰、制法等六大要素在《先秦两汉铁器的考古学研究》中都得到了充分体现。作者对中国早期的铁器考古发现的陈述虽然没有型式学的划分，但详细的观察与记录仍然凸现出了时代特征辨析的结果，如"所谓'早期铁器'之辨正"一节（第29~32页）就是如此。对战国至两汉铁器的研究除了形态差异的型、式划分之外，作者重点把握了同类与不同类铁器的发生与演变，从而得出一些规律性的新见解，层层积累，勾勒出六七百年间铁器类型与结构演进的画卷。例如，对战国铁锄的观察（第113页）：锄板（分A、B、C三型）和六角锄（分A、B、C三型）大致产生于战国中期，到战国晚期其细部形态和结构开始多样化，如六角锄的背部形态至少有三种形制，并且出现了半圆锄。……特别需要指出的是战国中期横銎锄的出现以及稍后横銎板状镢和多齿镢的出现，是铁器形态结构的一次飞跃，也是生产工具发展史上的一次变革。又如对秦汉时期谷物收割和刈草铁工具的分析（第285页）：背部有凸棱的铸制的铁锋刃镰刀和铚刀趋于消失，而大小有别、形态各异的各种锻制的扁平条形镰刀迅速流行，并于西汉早期出现了带骹铁镰，尤其是矩尺形镰刀的出现，成为镰刀形制结构的一大进步。可谓是纤微之处见真知，需要读者细细品味。

考古学另一个核心的研究方法是考古学文化的理论。虽然《先秦两汉铁器的考古学研究》中体现出的不是"原汁原味"的一定时期和一定地域，并有一定特征共同体的考古学文化的概念和原则，但作为历史时期的铁器文化研究，仍然在对自然环境、人文环境和共同的文化特征的分析手段上进行了轻重不同的组合与应用，尤其是对秦汉时期边远地区铁器化进程的分析表现得淋漓尽致。例如，对秦汉时期岭南铁器文化分析（第313~318页）：中原铁器传入岭南，最早可追溯到战国晚期，但其地域仅限于岭南北部边缘与楚国相邻的地区。……综合岭南各地发现的秦汉时期铁器的类型及其形态结构来看，可大致分为两类：一类是形态结构和制作技法与中原地区铁器相同的铁器，……另一类是与中原地区铁器形态近似但结构上有别且具有当地特点的铁器。……考古发现和研究表明：相对于战国时期而言，秦和西汉前期岭南地区铁器的使用已经比较普遍；南越国已经掌握了热锻加工和淬火处理，而且学会铸造铁器；有的可能是用铸铁脱碳钢作为原料，经加热锻打表面渗碳而成。但是，南越国尚未拥有自己的冶铁业。……岭南地区建立自己的冶铁业很可能与推广铁犁牛耕同步，都是在汉平南越以后，特别是东汉初期加

强对岭南的统治时才逐步推广的。

（二）相关学科研究的贯通与融合

由于考古学属于广义的历史学，考古学的研究自然离不开历史学的研究方法，更何况是历史时期的考古学研究。戴逸先生在《二十世纪中国史学名著》的"总序"[①]中说：20 世纪的中国历史学三个主要特征，一是进化史观的引进，二是唯物史观的学习和运用，三是理性精神的张扬或曰理性的发醒。《先秦两汉铁器的考古学研究》虽然是对具体铁器的研究，但处处都体现着马克思主义唯物史观的学术观念和思想，贯穿了理论与实践并重的研究原则。另外，考古学研究中大家提得最多的是王国维提倡的"二重证据法"，也有人称为"多重证据法"。其中，一个最重要的表现是对历史文献的甄别与利用。《先秦两汉铁器的考古学研究》在"中国冶铁起源的相关诸说"中对早期冶铁的文献进行了详细梳理和辨正，最后结合考古发现，提出了自己的合理见解。在论述秦汉时期"铁器生产的组织管理与铁器的流通"当中，结合文献和前人研究成果认真分析了两汉二十郡国的铁官设置，总结出盐铁官营时期汉代铁器生产的组织管理和铁器工业体系。最为突出的是对《国语·齐语》文献记载的"美金"（优质青铜）与"恶金"（劣质青铜）的考据，体现出传统的实证史学观。

由于铁器史的研究也分属于科学技术与科技史的范畴，《先秦两汉铁器的考古学研究》虽然没有对铁器技术层面的研究，但忠实地记录和应用了自然科学的研究成果。尤其是在冶铁制钢技术方面的研究，都是建立在冶金史学界的报告与分析基础之上，如第六章"秦汉铁器的应用与古代铁器工业的全面发展"，此不赘言。

（三）"铁器研究"体系的建立

《先秦两汉铁器的考古学研究》作为一部考古学的专著，在结构上采用了前人研究的成果、存在的问题、资料全面搜集与整理、主论部分（创新点）、结语、附录这样一种程式，但在"点、线、面"的结合上更加有机和交融，不但创新点很多，更为难得的是"填补了全面、系统研究先秦两汉铁器考古类型学的空白"。从这个意义出发，该书的"大一统"体系可以逐步延伸到魏晋至明清时期的铁器考古学研究。再顺言之，在全面的"考古学、历史学、科学技术与科学史等学科的综合研究"基础之上，重新评估中国古代铁器研究的体系及与社会历史发展之关系，体会一定更加深刻，评估一定更加客观。

三、"铁器研究"之学与"心史""道学"的共鸣

（一）"铁器研究"再言

既然铁器的研究属于多学科交叉的领域，自然需要多学科的支持与介入。"铁器研究"最基本的两个层面虽然都可以达到"个案的研究、全面的概括到理论的升华"之效果，但

---

① 戴逸：《二十世纪中国史学名著·总序》，河北教育出版社，2000 年。

是完全实现自然科学与人文学科的交融仍需要几代人的努力。具体到"铁器研究"今后面临的几大课题，正如作者在"关于新世纪古代铁器考古学研究的思考和展望"当中所提到的那样，第一个问题是新疆等边远地区早期铁器的研究，实质上主要是年代学和冶金学方面的研究，这也是作者提出"在不排除人工冶铁发生之初两地之间有着某种信息的交流和传播"的同时，推断中原地区有着自己独特的冶铸起源和传统，从而为今后重新探讨西亚及中国新疆、中原的冶铁关系埋下了伏笔。第二个问题是加强铁工场址的考古发掘及研究，第三个问题就是建立"大一统"的"铁器研究"体系。但是，考古学所能发掘的只能是古代铁器的小小的碎段与残片，加上铁器本身出土状况的限制和容易锈蚀的状态，所以，许多比较和深入研究不能进一步开展。鉴于此，建立"铁器研究"体系至关重要，然后是逐步补充和拼对关联"铁器研究"的读码和音符。

（二）心史之路

前些时，读姜伯勤先生的《敦煌艺术宗教与礼乐文明》[①]，其引论就是敦煌心史序说，旨在说明一个大时代心灵提升的轨辙和敦煌显现出的中国文化繁荣的心灵历程。张承志先生在《考古学是什么》[②]的序言当中，认为考古学"它不是对古代的结论，却是对已发掘和整理清晰的古代现象的结论。它不涉及逝者全貌，却源源不断地发现着逝者的部分。它不妄言逝事的规律，却科学地宣布着一条条遗物的规律"。考古学的"心史"之路除了用物质化的载体去说明当时社会历史文化风貌、记录一条条遗物规律之外，更重要的是领悟"古今一体""为了今天"的大"道"。《先秦两汉铁器的考古学研究》没有强调它是铁器的心史研究，但已经为我们展现出了一幅幅像山东滕州汉画像石那样情趣盎然的冶铁场景，为我们提供了先秦两汉时期先民们"举锸为云，决渠为雨"的潜在画面，为我们理解战国末年的二千万人口至西汉末年增加到六千万人口提供了确凿物证。

（三）闻道有声

《先秦两汉铁器的考古学研究》的"后记"中，围绕该书的撰写云翔先生感谢了许多专家与同仁。读完了这部沉甸甸"天命之年"的"铁器研究"著作，越发理解孔子说的"志于道，居于德，依于仁，游于艺"的本质与含义。关于古代生产工具和器物制作技术方面的研究，作者曾经在《考古》《农业考古》《东南文化》等刊物上发表过系列论文，如关于"早期铜器与青铜器的起源研究"，无论是立论还是证据都与"早期铁器的起源研究"有着相通的学术思想，从中折射出该书应当是集大成的结果，因此，对这部考古学新著的评介，我想应当是"闻道有声"之作。换而言之，类似这样的考古学研究不但能见物"道"，还要能见人"道"；见人"道"既要见历史之人，还要见"心史"之路。所以，我们衷心希望有着这样"心史之路"的"道学"考古学研究繁荣起来。

掩卷而思，《先秦两汉铁器的考古学研究》也有不足之处。比如铁器起源的问题，既然古代西亚及小亚细亚发现了距今四五千年的人工冶铁器，作者也承认中原最早的人工冶铁

① 姜伯勤：《敦煌艺术宗教与礼乐文明》，中国社会科学出版社，1996年。
② 俞伟超：《考古学是什么》，中国社会科学出版社，1996年。

与新疆（近西亚）的铁器"两地之间有着某种信息的交流和传播"，那么，这种信息是什么呢？需要进一步阐述与证明。再如古代铁器的矿产问题，《尚书·禹贡》说梁州的贡赋有"镠铁银镂砮磬"，虽然不足以证明夏代有冶铁，但间接证明古代西南地区很早就有铁矿，因此，早期铁矿业的研究应当引起重视。还有，铁器作为先进生产工具对社会发展作用的判断，不仅是一种动态的空间、时间考察，也是一种地域的、个案性质的综合辨析，铁器使用与社会历史变革的"区间"关系的理论仍可以进一步探索。

（原载于《考古》2006 年第 10 期）

明代帝王陵墓研究的成功之作

——读刘毅先生《明代帝王陵墓制度研究》一书有感

　　帝王陵墓作为历史文化遗产一个特殊组成部分在我国古代墓葬发展史中有着极为重要的地位，对帝王陵墓进行研究，一方面可使我们对古代陵墓制度尤其是帝王的丧葬制度有一个较为全面的认识，另一方面也可对当时的历史与社会文化进行深入的理解，因此关于古代陵墓制度的研究历来是文物考古界的热点学术问题。

　　近年来，关于古代帝王陵墓方面的著作所出甚多，一方面是针对某一时期帝王墓葬的报告和研究，如《秦始皇陵研究》《西汉十一陵》《唐十八陵》《北宋皇陵》等，另一方面是与帝王墓葬相关的综合性研究，如《中国古代陵寝制度史研究》《秦汉魏晋丧葬制度研究》《中国帝王陵寝》等，其中很多是深入性的研究，为我们认识古代帝王陵墓及其陵寝制度提供了指导和帮助。不过，相比较而言，唐宋之前帝王陵墓的资料公布较多，研究也较深入，而元、明、清三代的帝王陵墓则相对薄弱，相关研究亦略显滞后。《明代帝王陵墓制度研究》[①]一书的出版，在很大程度上既提高了对元明清三代帝王陵墓研究的深度，也理清了较多的学术问题。

一

　　《明代帝王陵墓制度研究》一书对明代帝王陵墓的考古资料进行了系统梳理，对相关墓葬做了比较客观全面的考古学描述。在此基础上，作者大量使用文献资料，对明代帝王陵墓制度及相关问题进行了分析和研究，可以说是明代陵墓制度和明代历史结合研究的一部综合性著作。

　　全书正文共分五章。第一章探讨了中国古代陵寝制度研究的范畴和学术意义，对明代之前我国古代陵寝制度的发展演变做了详细论述。作者对与研究相关的考古与文献资料的梳理极为细致和深入，对今后的研究有较大裨益。第二章和第三章是本书的主要部分，重点研究了明代皇帝与诸侯王的陵墓制度。其中第二章对明代皇陵的建置沿革进行了概述，分析了明代皇陵陵园结构的异同，进而归纳出它们的基本特征，并以已发掘的明神宗定陵为基础，参照明清以来有关文献记载，总结出明代皇陵玄宫结构的基本特征。同时，结合明代后妃的陪葬制度进一步分析了明陵玄宫各部分的用途和玄宫制度的变化。第三章叙述了明代皇子制度和王陵概况，对明代王陵的陵园形态、陵园制度及玄宫形态、玄宫制度进行了探讨，总结出其时代特征和地域特色。在该章中，作者还采用了已公布的王妃和郡王墓葬的考古资料作为补充参考，使得研究更为全面。在第四章中，作者对第二、第三章中

---

① 刘毅：《明代帝王陵墓制度研究》，人民出版社，2006年。

不便展开的问题进行了探讨，如对明代皇陵与南宋等前代皇陵的关系，明代帝王陵址的卜选规则，明代帝王的埋葬制度和随葬品，明代皇陵的祭祀，明代的"陵山之祭"，影响明陵制度变化的原因等问题进行了专题研究。第五章为余论，归纳了明代帝王陵墓制度的基本特征和它对清代及民国时期陵墓的影响，并讨论了明代帝王陵墓的保护、开发和研究等问题。

该书旁征博引，资料丰富，既有对我国古代陵寝制度的回顾和思考，也有对作者所要研究的明代帝王陵墓制度的重点探讨，并对与明代帝王陵墓相关的渊源、选址、埋葬与随葬品、祭祀等进行了全面而深入的研究。

二

众所周知，墓葬作为考古学研究对象中的一个重要组成部分，除墓葬形制、葬式及出土遗物外，墓葬还较为全面地反映出当时社会的政治、经济、文化、社会生活及当时人们的精神世界等。帝、王陵墓作为最高统治者的墓葬，集中体现了当时墓葬的发展水平和相关社会内容，《明代帝王陵墓制度研究》一书对明代帝王陵墓及其制度，明代帝王陵墓所反映的相关社会内容等进行了深入剖析和研究，学术意义重要。

"事死如事生，事亡如事存"的丧葬观念使得古人对于死后世界——墓葬的修建、保护及随葬品的种类和放置方法等极为重视，这也使得墓葬能够为我们展示一个立体而全面的古代社会面貌①。追溯帝王墓葬的营建历史，墓葬的营建历来都受到了最高统治集团的重视，如秦始皇陵，陵区范围达 56 平方千米，其内设施齐全，布局宛若都城②。汉代，"天子即位一年而为陵，天下贡赋三分之一，一供宗庙，一供宾客，一充山陵"③。及至唐宋，帝王对于陵墓修建也是十分重视，力求达到陵墓如宫殿、陵园如都城的效果。陪葬品方面，如汉武帝营造茂陵时，"多藏金钱财物，鸟、兽、鱼、鳖、牛、马、虎、豹、生禽，凡百九十物，尽瘗藏之"④。"比崩，陵中不复容物。"⑤明代，帝王对于陵墓依旧十分重视，这表现在不仅为在位皇帝修建陵墓，而且还为明太祖朱元璋的先祖修建了祖陵和皇陵等。作者通过对历史大背景的把握与思考，向我们清晰地展现了明代帝王的陵园制度、玄宫制度、埋葬及陪葬品制度、祭祀制度等，从而为认识明代帝王陵墓及其制度，帝王陵墓所蕴含的其他社会内容等找出合理的答案和途径。我们不但可以了解明代帝王的社会生活、明代的丧葬文化，加深理解其所宣扬的帝王"威德"和"文治武功"，也对认识古代的礼制文明和传统文化乃至封建社会"皇权至上"的社会本质有了更为深刻的认识。

---

① 韩国河、柴怡：《有关墓葬考古学研究的思考——以两汉墓葬为例》，《西部考古》（第一辑），三秦出版社，2006 年。

② 王学理：《秦始皇陵研究》，上海人民出版社，1994 年，第 52～57 页。

③ （唐）房玄龄等撰：《晋书》卷六十《索琳传》，中华书局，1974 年。

④ （汉）班固撰，（唐）颜师古注：《汉书》卷七十二《贡禹传》，中华书局，1962 年。

⑤ （元）马端临撰：《文献通考·王礼考》，中华书局，1991 年。

三

具体而言，《明代帝王陵墓制度研究》一书学术问题研究主要是围绕对明代帝王陵墓及其制度和与二者相关的问题来展开的，扼要举几例说明。

关于明代皇陵的陵园制度，作者通过动态的历史考察，认为明代皇陵的陵园结构与唐、宋等前代陵园结构迥然有别，为一种全新的制度。同时因建成时代的不同，这一时期的陵园结构亦有差异。其中，凤阳皇陵基本套用了宋代等前代制度，南京孝陵则创立了新的布局，北京长陵对孝陵有所继承但也有改作，献陵以后的各陵则进入守成期。这一科学的论断，对于研究明代帝陵的分期与发展演变有着重要的指导意义。关于皇陵的玄宫制度，作者通过考古资料结合文献中众多的零散记载研究后认为明代皇陵玄宫制度依时代前后存在变化，既有定陵式的五室玄宫，也有更高级的九室玄宫，可能还有七室玄宫和较为简单的三室玄宫。这一观点体现出明代帝陵的发展变化和时代特征。

对于明代王陵制度，作者通过横向的对比分析，进行了大篇幅的探讨，指出明代王陵不仅有明显的时代特征，还有更为鲜明的地域特征。诸王陵园模制帝陵但又有明显的等级差异，各亲王之间的陵园规制也存在不同，与朝廷的有关等级规定亦不完全吻合。作者将明代王陵玄宫分为八种形态进行研究，分别为七室玄宫、五室玄宫、三室玄宫、十室玄宫、四室玄宫、二室玄宫、单室玄宫、石灰椁墓等。一些王陵的规模较之帝陵规模要大，而一些王陵的规模较小，和一些中小型墓几无差别，这表明明代王陵玄宫制度并不统一，发展变化也不尽规范。作者还对明代王陵的玄宫进行了类型比较，将明代王陵分为四期，并探讨了其发展变化的规律，这在考古学文化研究上无疑有重要价值。

涉及明代陵墓的相关问题，作者也是尽求完善，详细论述。例如，明代皇陵对于前代皇陵制度的继承方面，作者认为明代皇陵制度与前代相比是创新多于继承，这可以说是作者实事求是客观分析的结果。认为明代帝王陵墓的选址受到地理、政治、风水、礼制等因素影响，基本选择在山阳漫坡，并注意穴点与周围的环境，但在不同时期，相对于不同的皇帝，影响陵址选择的因素也会有不同侧重。

本书还对帝王陵墓的埋葬制度与陪葬品进行了总结，填补了这一研究的空白。同时作者还指出明代皇陵的陵祭比前代发生了根本变化，取消寝祭，突出殿祭，而陵墓之祭在很多方面重于太庙之祭。其他还有较多新颖的观点和卓识，限于篇幅，不再一一赘举。

诚然，像其他很多著作一样，《明代帝王陵墓制度研究》中也存在个别文字的疏误，少数插图不甚清晰的现象。一些论述也值得进一步推敲，如第三章将明代亲王墓葬分为四期十分恰当，现在来看如果将这一分期研究与整个明代的分期结合起来研究就更加清晰，也更有益于以后研究者的参考和使用。另外，该书总结出的一些规律，限于目前相关资料少且零散，则还有待文献和考古资料的进一步发现来证实。

四

最后，值得一提的是作者在写作过程中的执着和严谨。不但对于已发表的相关资料，作者收集得十分全面。而且为了追求研究的完美，作者又走遍大江南北，亲临每一处调查的陵墓，颇有司马迁《史记》之风。我们知道，明代重要陵墓分属全国各地，不是每一处墓葬都位于交通便利、环境优雅的地方，为了学术研究的客观判断，作者排除不少困难，全力以赴进行调查。书中所采用的很多插图就是作者亲临现场所拍摄，这种执着是值得提倡及发扬的。另外，本书的重要发现还得益于作者的严谨。就文献资料而言，作者不仅大量翻阅，而且从中得到很多有益的启发，如明代皇陵的玄宫结构，在梳理了大量文献中去寻找蛛丝马迹，从而得出明代皇陵玄宫并非与定陵一样，同属"五室三隧"之制的科学论断。我们知道，在 20 世纪初，国学大师王国维先生提出著名的"二重论证法"，即将考古资料与文献资料密切结合的科学方法。作者不仅完全融汇了这一方法的应用，也从历史的高度辩证地总结出一些具有影响意义的论断和结论，将明代帝王陵墓的研究推向了一个新的高度。可以说正是作者的执着和严谨，才使我们能够读到了一部洋洋洒洒几十万言的研究性著作。《明代帝王陵墓制度研究》，足可以称得上是一部关于明代帝王陵墓研究的成功之作。

（原载于《中原文物》2009 年第 1 期）

究古代陵寝之道，结精力弥满之实
——读《中国古代物质文化史·陵墓》

  古代墓葬作为人类共有的文化遗产，自然是古代物质文化史的重要组成部分，也一直是考古学研究的核心对象。其中，中国古代帝王墓葬——陵墓，作为政治集权和礼仪规范的重要载体，更是古代丧葬礼制研究的重中之重。毫无疑问，中国古代陵墓及其相关制度反映的不同时代政治背景、思想文化、宗教观念乃至礼仪化的行为方式，对认识两千多年中国封建社会的上层建筑、意识形态及价值趋向都有着深刻的历史意义和社会意义。

  关于中国古代陵墓的论述，通史性的著作先后有杨宽《中国古代陵寝制度史研究》[①]，董新林《中国古代陵墓考古研究》[②]，贺云翱、郭怡《古代陵寝》[③]，刘毅《中国古代陵墓》[④]等，相比较断代陵墓方面的研究著作和考古发掘报告，成果数量显然相对比较少，且缺少全面深刻的论述。近年来，随着考古工作的不断深入，新的陵墓资料补充，以往研究的观点和论证需要修正和完善，刘毅教授的新作《中国古代物质文化史·陵墓》[⑤]（下文简称《陵墓卷》）恰逢其时刊出，其内容就是在已有研究的基础上，结合最新考古发现，对中国古代帝王陵墓的发展历程进行了系统、细致的归纳，可以说是一部深入研究的通论性著作。

一、历时考察，揭示中国古代陵寝制度发展轨迹

  《陵墓卷》的绪论部分，作者首先通过对陵、寝、庙等三个方面的详细解读，明确了中国古代陵墓的研究对象和范畴，认为"陵墓"是专门指代中国古代帝王的墓葬，内涵包括用于埋葬棺椁的椁室或墓室，以及地面陵园建筑和其他附属设施；陵墓制度则是历代帝王墓葬及其附属设施和各种礼仪规范的总和，地面陵园制度和地下埋葬制度是其主要内容。明确的研究对象和范畴是进行深入研究的基础。其次总结概括了中国古代陵墓制度研究的学术意义及研究方法，并列举了相关研究资料的种类。然后从地理位置因素、风水因素、政治因素、礼制因素等角度，详细阐述了中国古代帝王陵墓的卜选规则，并指出不同时期、不同历史条件下影响陵墓选址的因素会有不同。最后作者将中国古代陵墓的发展历史分为七期，明确了本书研究的时间范围，概括了不同阶段的陵墓的总体特征，为后文展开奠定了基础。

---

① 杨宽：《中国古代陵寝制度史研究》，上海人民出版社，1985年。
② 董新林：《中国古代陵墓考古研究》，福建人民出版社，2005年。
③ 贺云翱、郭怡：《古代陵寝》，文物出版社，2008年。
④ 刘毅：《中国古代陵墓》，南开大学出版社，2010年
⑤ 刘毅：《中国古代物质文化史·陵墓》，开明出版社，2016年。

全书九章，按照时间顺序梳理了从商周至明清历朝历代帝王陵墓的考古发现与相关研究情况，概括了不同时期陵墓的特点，分析陵墓制度出现重大转变的原因及影响，对不同时期陵墓制度进行了总结归纳，并对一些具体现象进行解读。第一章商周王陵，此阶段是中国古代陵墓的发端起源时期，从新石器时代晚期初现陵墓的雏形开始入手，结合考古与文献资料，探索了中国王陵的起源，归纳了商周王陵的基本特征和特点，并对"墓祭"问题进行了有深度的探讨。第二章东周至秦代陵墓制度，是中国古代陵墓的初步形成时期，大型封土墓开始普遍出现，该章分析了封土出现的原因；在对东周王陵和各诸侯国君墓考古资料分析的基础上，对战国中山王𰷁墓和秦始皇陵两个个案的陵园制度进行了专门的讨论。第三章汉代陵墓制度，是古代陵墓的发展和完善时期，讨论了西汉和东汉时期的陵园制度、埋葬制度、祭祀制度等，并重点分析了西汉皇陵陵园制度特点及发展变化以及东汉皇陵制度相对于西汉出现的变革。第四章三国至隋代陵墓制度，是古代陵墓制度由衰微到逐步复兴时期，通过对三国、西晋、东晋、南朝、北魏、北朝晚期、隋代等各个时期帝王陵墓制度的分析，详细勾勒出中国古代陵墓制度由曹魏时期的彻底废除，到东晋南北朝的逐步恢复发展，再到隋代全面复兴的发展历程。第五章唐代陵墓制度，是中国古代陵墓新的发展时期，论述了唐陵的陵园制度和玄宫制度，认为"唐代皇陵以北朝和隋代陵墓制度为基础，兼采南朝陵墓的某些特点，将汉代以来的陵寝制度发扬光大，并推向了一个新的高峰"。第六、七章分别是五代两宋陵墓制度和辽夏金元陵墓制度，这一阶段是中原地区的陵墓制度徘徊发展和北方地区新因素的出现时期，此二章除了阐述各朝陵墓制度的相关内容外，着重探索了宋代皇陵制度的特点，特别是辽、西夏、金三朝皇陵制度中的新因素及其影响。第八、九章分别是明代陵墓制度和清代陵墓制度，明清时期是古代陵墓全新发展和集大成时期，明代皇陵呈现出与以往明显不同的特色，中国古代陵墓制度进入一个全新的发展阶段；清承明制，尽管存在诸多相似之处，明清两朝陵墓制度也存在明显的差异，这些异同特征共同铸就了中国古代陵墓制度的最后灿烂。

二、瞄准靶位，究明陵寝制度研究中关键节点

如众所知，中国各阶段考古学研究成果的不均衡，尤其是宋代以后与陵寝相关的考古调查需进一步加强，学界对陵园布局的研究多集中于汉、唐帝陵，对宋代及以后的皇陵布局研究较少，对北朝至隋代、五代十国等处于转折节点的帝陵研究还远远不够。限于研究资料较少的局限性，很多论著对陵园要素的具体分析还不够深入。该书以"通"见长，在宏观探索中国古代陵墓整体发展脉络的同时，对于一些具有重要研究意义的问题做出了深入的分析阐述，尤其是对于一些存在争议的具体问题提出了较为独到的见解，比如：

1. 关于墓祭问题

作者认为"古无墓祭"之说更接近实际，上古乃至西汉时期"上冢、祭墓等活动，局限于上食、供奉衣冠等，参加人员亦仅限于墓主亲属，与属于礼制范畴的'祭'有明显区别……应该属于'歆享'一类"；而"东汉时开始举行的'上陵礼'，其主旨不再是以上食和敬奉衣冠为事，而是被赋予了鲜明的政治礼仪色彩，它与上古乃至西汉原有的上冢、上

陵之礼以及其所谓的'祭墓'有本质的区别，是载入国家祀典的重要礼仪和政治活动，这才是真正意义上墓祭的开始"。从政治权力和陵寝建设的角度看，这个结论是有道理的。

2. 关于封土墓出现的原因

在前人研究成果的基础上，作者认为封土墓大量出现的最根本原因应该是西周宗法制的破产，新型官吏和富有者崛起，利用高大的坟冢展示权力和财富，同时封土也便于如孔子一般的"东南西北之人"辨识先人葬所；礼墓之俗渐长、墓葬地位变化、人们对于灵魂观念认识的转变、社会风俗的发展等，都是促进封土墓出现并日渐流行的原因。此外，作者还考虑到江浙地区土墩墓和西北地区乃至外来文化因素的影响。笔者以前也写过封土墓流行原因的文章，现在来看，综合性分析封土墓的产生历史背景更为合适。

3. 关于东汉皇陵制度的变革

从陵园结构、陵墓形制、玄宫结构、合葬制度、石殿设施、神道石刻、宗教寺院等七个方面阐述了东汉皇陵制度的变革，分析全面、深入，强调了东汉皇陵制度变革在陵寝制度发展史上的重要性，对理解丧葬制度的变化、陵园结构及相应制度的变化有重要意义，随着今后新的考古资料发现，学者会加深这方面的认识。

4. 关于南朝陵寝制度的承继作用

南朝陵寝制度较之魏晋有了很大的不同，如安置神道石刻、地面有封土、按家族聚葬、帝后合葬、祭陵更加常态化等，都反映了南朝皇陵从模仿汉制出发，陵墓制度有了一定的恢复发展，有些还传承并影响了后代。对于南北朝时期，学者一般意义上认为是分裂时期地域因素的扩张所致，但对后世陵寝文化的影响无疑也是巨大而深远。

5. 关于北方少数民族因素对隋唐陵的影响

鲜卑等少数民族统治下的北朝，陵墓制度也在逐渐恢复和发展，其陵墓有汉制和北方少数民族习俗的双重特性，其陵墓制度中的一些因素，对隋唐陵寝制度产生了一定的影响。唐高祖献陵的营造规制、太宗昭陵的早期玄宫结构等都有明显的北方因素，而不是简单的"一仿汉制"。

6. 关于辽西夏金北方三朝陵墓的地位问题

作者认为，辽、西夏、金三朝的皇陵制度中包含了很多不同于唐宋的新因素，并且，"在陵墓选址、陵园布局和建置、多室的玄宫结构、陵山崇祭、皇帝亲祭先陵等方面，对明清皇陵制度有明显的影响"。"就中国古代帝王陵墓制度的发展演变序列而言，绝不是简单的汉—唐—宋—明等中原'正统'王朝简单的直线传递，契丹、羌、女真等北方少数民族对于中国式帝王陵墓制度的最后定型也起了很大的作用"。

宋至清代皇陵制度一直是该书作者多年来重点研究的对象，此次也有一些新见和研究方法论的探索，文中不再一一列出。需要指出的是，通过以上许多关键节点的论述，笔者认为《陵墓卷》的一个很大贡献是指明了陵寝发展之道不是直线传递，而是交叉甚至是跨时段的继承与发扬；同时，陵寝演进之道的本质和国家文化认同联系在一起。

三、二重证据，彰显精力弥满之实

自王国维先生倡导"二重证据法"开始，三重乃至多重证据成为了人文社科研究方法的主线。研究古代历史社会，只叙述分析考古发现不结合各种文献的佐证显然是自说自话无精神也无生命力。与一般墓葬研究不同，古代陵墓的研究必须依靠大量的文献资料，如礼制典章类史籍、档案资料、诗文笔记、方志资料等，古代文献数量之多，浩如烟海，在如此大量的文献中找寻与古代陵墓研究相关的资料想必不是易事。《陵墓卷》一书中引用了大量的文献资料，引用规范，出处明确，疏误较少，作者严肃治学的认真态度由此可见一斑。

最为珍贵的是，关于各代陵墓的考古发掘、调查资料已公布很多，内容丰富，但作者并没有仅仅依靠这些间接资料进行研究，而是实地考察了各代许多陵墓的遗址和遗迹，有些结论就是通过现场调查得出的（体现于陵墓选址），有的是与同行讨论问证得出的（体现于西汉文帝霸陵的形制、东汉帝陵的陵主认定等）。记得作者在撰写《明代帝王陵墓制度研究》[①]的时候，作者就骄傲地给我讲自己跑遍了各地明代藩王墓葬所在地，为了著述该书，又不辞辛苦走进了历代的陵墓所在地，如"后记"所言，该书中所用的照片均由作者亲自实地调查拍摄，这种追求实证的精神非常值得我们学习。

总之，六十多卷本的《中国古代物质文化史》是一部恢宏巨制，这套书以物质遗存为基础，书写了一部全面详尽的中国古代文化史，从中我们可以感受到历史发展的脉搏，探索历史最生动的层面，还原历史本来面貌。作为"中国古代物质文化史"系列丛书的其中一卷，《陵墓卷》也秉承"以物质遗存为基础，探索中国古代文化史"的理念，以古代帝王陵墓为切入点，深入探寻中国传统文化特别是物质文化，构建出中国古代帝王陵墓从产生到发展再到集大成的基本面貌，其内容时间跨度长，论及上古至明清；论述完整，包含陵墓制度的方方面面，为我们展现了不同时期陵墓所反映的古代文化，是一部通史性、通论性的重要著作，为今后的陵墓研究打下了深厚的基础。

当然，《陵墓卷》中也存在一些疏漏之处，如个别文字错误、图片不够清晰等。此外，全书缺少相应的总结章节，对于一些最新考古资料的消化、解读也还有值得商榷之处，如二里头遗址中墓葬性质的认定等。总体上，无论从收集调查资料、梳理整合文献、分析论述观点，还是作者治学态度来看，《陵墓卷》都可以称为陵墓研究优秀之作，值得大家细细品味。

（原载于《中原文物》2017 年第 6 期）

---

① 刘毅：《明代帝王陵墓制度研究》，人民出版社，2006 年。